中国社会科学院创新工程学术出版资助项目

网络信息治理的刑法边界

冯建华　著

中国社会科学出版社

图书在版编目（CIP）数据

网络信息治理的刑法边界/冯建华著．—北京：中国社会科学出版社，2023．11

ISBN 978－7－5227－2184－2

Ⅰ．①网…　Ⅱ．①冯…　Ⅲ．①网络信息资源—信息管理—刑事犯罪—研究—中国　Ⅳ．①D924．364

中国国家版本馆 CIP 数据核字（2023）第 123009 号

出 版 人　赵剑英
责任编辑　陈肖静
责任校对　刘　娟
责任印制　戴　宽

出　　版　中国社会科学出版社
社　　址　北京鼓楼西大街甲 158 号
邮　　编　100720
网　　址　http://www.csspw.cn
发 行 部　010－84083685
门 市 部　010－84029450
经　　销　新华书店及其他书店

印　　刷　北京明恒达印务有限公司
装　　订　廊坊市广阳区广增装订厂
版　　次　2023 年 11 月第 1 版
印　　次　2023 年 11 月第 1 次印刷

开　　本　710×1000　1/16
印　　张　22．5
插　　页　2
字　　数　326 千字
定　　价　119．00 元

凡购买中国社会科学出版社图书，如有质量问题请与本社营销中心联系调换
电话：010－84083683

序　一

本书以网络信息治理为主题，重点研究刑法应该和可以到达的边界。

互联网问世以来，经历了从通信工具到媒体到基本生活设施这样的发展过程，至今已全面介入了人类的社会生活。正如本书回顾的那样，世界各国对互联网的规制大都有先后相继从基础设施进到信息内容这样的历程。

通读本书，可以了解我国网络信息治理基本历程：我国自1994年正式接入国际互联网起，即制定行政法规构建对境内网络系统特别是网络安全的管理规范，其中就有关于传输信息内容的界定。2000年全国人大常委会颁布《关于维护互联网安全的决定》，提出禁止“有害信息”的概念，申明国家刑法所禁止的传输各类“有害信息”行为的规定同样适用于互联网；尚不构成犯罪的，依法予以行政处罚，对其他责任人员则予以行政或纪律处分。以此为上位法依据，国家陆续发布《互联网信息服务管理办法》等行政法规以及若干部门规章，对网络信息予以规制。及至21世纪第一、二两个十年之交，随着移动互联网的兴起，传统媒体建构的单一、线性的信息传播形态遭到彻底颠覆，网络内容安全形势复杂严峻，甚至形成舆论乱象。国家及时果断采取各种法治措施，在2016年颁行《网络安全法》，为保障网络安全奠立了基础性系统性的法律。在制止有害、违法信息方面，一是通过对原有刑法罪名进行司法解释，将与网络有关的传播有害内容而构成犯罪行为纳入刑法规定的罪名之下，如2013年“两高”发布《关于办理利用信息网络实施诽谤等刑事案件适用法律若干问题的解释》；二是人大常委会行使修正《刑法》的权力创立新的罪名，如2015年《刑法修正案（九）》增设“编造、故意传播虚假信息罪”“拒不履行信息网络安全管理义务罪”等。依据上位法，各主管部门纷纷出台有关规范以及组织开展各类专项治理行动，在各种综合措施下，网络生态持续向好，推动意识形态领域取得全局性、根本性的改变。

本书致力于从宏观理论视角对刑法介入网络空间信息治理进行整体性研究，立论扎实。在网络理论方面，作者系统梳理了“网络空间”“网络安全”“网络秩序”“网络表达”“网络信息安全”等概念，着重阐述了随着网络和数字科技的发展，这些概念内涵不断扩展丰富，与实际社会生活之间的关系日益紧密化、复杂化，早期以确保设施和运营安全为旨要的互联网规制，发展为关乎国家安全和国际关系的网络空间治理，其中信息治理日益成为一项重要课题。在刑法理论方面，作者着重考察了21世纪在我国刑法学界引起热烈争议的“风险刑法”理论，指出这种理论受到关注的背景，与网络和数字技术发展、社会生活安全风险增大，网络犯罪在刑事案件总量下降背景下反而趋向上升，因而需要将刑法作为抗御风险的重要手段存在一定联系，其核心要义是将刑法作为抗御风险的优先手段。同时也论证这种理论存在缺陷，可能引发更大的风险隐患乃至权力冲突。在司法实践中既要充分发挥刑法能动机制作用，又要恪守刑法谦抑性原则，准确地区分罪与非罪。网络信息治理有赖于网络空间三大基本主体即公权力部门、平台机构和公众（网民）共同协作，建立健全综合治理体系。正如作者所言，本书并不是简单倡导或者反对刑法介入网络空间信息治理，而是重在探析刑法介入网络空间信息治理如何把握“时、度、效”。

关注和研究我国贯彻刑法有关规范、打击网络传播犯罪的司法实践，是本书论述又一重点。刑法治理网络空间“有害信息”的功能，是依法惩处构成犯罪的传播有害信息的行为，本书将研究重点放在21世纪以来以司法解释将刑法原有规定适用于网络空间的罪名和依据网络传播犯罪的特点设立新的罪名，并以具有广泛社会影响和争议的典型案例展开讨论。论述清晰，言而有据。如有：对“两高”2013 年网络诽谤等适用刑法的司法解释确立的将寻衅滋事罪适用于网络的规定，书中通过“解释”发布后不久宣判的“秦火火”案说明此“解释”规定的“造成公共秩序严重混乱”应理解为造成了现实社会生活秩序的严重混乱，同时指出网络空间公共秩序实际上具有双重结构，不仅涵盖虚拟空间的“信息网络秩序”，而且指向物理空间的“现实社会秩序”，应以这种双重结构理念完整理解网络空间秩序的意涵。同时列举此后一些案例说明，此条司法解释在适用中不时表现出扩张化趋势，需要注意改进。再如对此司法解释有关诽谤罪提起公诉的规定，书中以写入 2021 年最高检工作报告的两男子偷拍取快递女子并在网上造谣其“出轨”，指导检察机关将受害人自诉转为公诉一案，说明两被告人行为不仅损害受害人人格权，而且经网络社会这个特定社会领域和区域迅速传播，给广大公众造成不安全感，从而严重危害社会秩序，表明互联网正在改变诽谤行为的发展路径和影响范围，尤其是在自媒体十分发达的当下，传统诽谤治理模式已经不足以发挥作用，网络传播环境下公众安全感的集体性保护需要加强。同时也对近年因批评公务人员引起的刑事诽谤案件大多作为公诉案件这样的扩大趋势提出批评。鉴于平台已成为网络空间传播形态中有别于传统大众传播的特殊主体，本书以专章研究平台规制，主要涉及其相关行为的罪与罚。作者系统梳理了我国网络法制一贯赋予互联网服务提供者对其提供的网络传输空间的权责规定，认为平台服务商已成为政府管理网络社会的中间组织，并以新设“拒不履行信息网络安全管理义务罪”生效之前发生的 2016 年以“传播淫秽物品牟利罪”判决的深圳快播公司案为例，指出“快播”的“中立帮助”行为构成不作为犯，其心理状态是“放任”，即间接故意。结合此案，作者引用“刑九”相关条文和 2019 年“两高”关于帮助信息网络犯罪活动司法解释，对这条以互联网服务提供者为特定主体的罪行的主客观诸方面作出详尽讲解，指出如果超越这些法定界线将会造成权责配置严重失当的后果。通过这样的理论释法与案例讲解相结合的论述，本书对刑法介入网络空间信息治理的边界作出三项归结：不能突破网络空间秩序结构的边界、罪刑法定的边界和刑罚权正当性的边界。

本书视野宽广，多处涉及美、欧诸国有关网络规管制度。他国的有些规范和做法，足以为我们提供借鉴。而我国在许多方面，特别如确立互联网服务提供者对网络信息传播负有主体责任而取得明显成效等，则显然走在国际的前列。我国网络治理的成就，为世界提供了中国经验、中国模式、中国榜样。

本书原是作者的博士学位论文，在通过答辩程序、取得学位后几经修改补充，得以出版，成为网络法治研究的一项新成果。而令人痛惜的是，他的导师、中国人民大学陈绚教授已在两年前英年早逝，此书是对她的最好纪念。我也在此对陈绚教授寄托深切的怀念。

魏永征

2023 年 6 月 5 日

序　二

信息接收和传播是网络社会每个人的一种生活日常。前数字化社会，人们渐次通过报纸、广播、电视等大众传播手段，获得关于这个世界的最新信息，借由这些信息，个体也可以获得相应的关于这个世界的认知和与他人交往时的谈资，从而更好地完成自己社会化的过程。进入数字化社会，网络的出现带给整个社会尤其是传媒业革命性的变革，所有的社会成员，也在最初的好奇、观望、尝试之后，全身心地投身于数字洪流中。雨后春笋般诞生的各类新媒体平台以野蛮生长的方式，构建了传媒业前所未有的媒介奇观。在这种媒介奇观中，网络世界海量的信息不仅作为外在的信息存在，还作为个体联结现实世界与虚拟世界、建立人际关系必不可少的介质，并以数字人的方式存在于这些信息中，成为信息的一个有机部分。借由网络社会的到来，现代社会真正进入“人人都是传播者”的公共传播时代。这当然是一件令人兴奋的事。个体的表达自由曾经因为大众传播媒体的稀缺而显得高不可攀，从而无法得到实际的有效享受。进入公共传播时代，各类社交媒体、自媒体给所有的社会成员进行传播赋权，表达自由由此也获得了广泛、现实的享受。但是，我们也必须看到，在数字化传播技术打造出人人都参与传播过程的传播盛景后，传播乱象也层出不穷。庸常无聊、低俗无趣的信息形成了严重的信息污染，而色情、暴力、反社会等非道德、非法信息的传播，则更是对良好的传播秩序构成严重冲击。面对这些传播乱象，众多学者从不同的层面进行深入的理论探讨，试图为整治这些传播乱象提供有价值的学术建议。《网络信息治理的刑法边界》一书就是在这样的背景下产生的，而从网络信息治理手段“最后选择”的刑法介入入手探讨数字化治理的路径，则体现了本书的独创性和时代价值。

在对网络失范行为的习惯认知中，人们感知最多的是非道德的行为和相对比较轻微的非法行为，对刑法介入网络信息治理的必要性认识不足。确实，在网络传播中，人们对网络暴力、隐私泄露甚至色情信息的传播等有着直观、普遍的感知。时有发生的“网暴”事件，无处不在的隐私泄露案件令现代公民苦不堪言。这些广受诟病的传播乱象得到了众多不同学科专家的广泛关注，也形成了一批高质量的研究成果。这些成果给相关部门制定相应的规制对策法规提供了重要的理论支撑。值得重视的是，在网络传播中，触犯刑法的网络信息犯罪虽然并不多发，但社会危害性更为严重。更具前瞻性理论研究的及时介入，对于规避可能的社会风险显得十分迫切。目前这方面的研究成果相对较少，尤其以专著这样厚重的形式呈现的理论成果更为鲜见，冯建华这部著作的理论价值和现实意义由此也显得更为重要。

在网络信息治理中，刑法为何介入、如何介入，介入的边界何在，这是本书探讨的三个核心问题，也切中了这个主题研究的关键。第一，关于刑法为何介入网络信息治理。作者认为，刑法作为“最后手段”介入网络信息治理“不仅有必要，而且成为迫切之需”，其深层动因，是网络空间传播变革带来的巨大压力，与网络治理模式及其背后各种权力机制的演变亦紧密相关。一方面，随着微博、微信等社交媒体在中国社会的快速兴起，网络违法有害信息一度呈现肆虐传播趋势，曾经行之有效的传媒法规，已经呈现出力有不逮的无力感，难以有效体现网络信息治理中刚性规范“底线保护”的作用。另一方面，大数据和人工智能技术在信息传播过程中的广泛应用给刑法介入网络信息治理带来了巨大的难度与压力。算法推荐、深度伪造等智能技术的广泛应用，给网络信息治理带来了前所未有的复杂局面。网络治理需要从以内容管理为重点的治理转向以国家战略为导向的网络空间治理，这种因应时代变革的转向一定会深刻影响治理模式背后的权力机制。在具体实践过程中，针对网络违法行为的肆虐，我国曾采取密集立法立规的方式予以应对，也产生了一定的效果，但这种做法也可能导致网络治理中“刑法积极介入诱发因素的滋长”，导致对公民表达自由的伤害。有关部门动用刑法手段介入网络信息治理，是国家公权力意志的体现，具有足够的合法性，但如果掌握不好“度”，也可能伤及公民的表达权利，影响网络的创新发展，因此，需要从科学的层面，探寻刑法介入网络治理的“度”如何科学把握。

第二，关于刑法如何介入网络信息治理。气象万千的网络传播给我国的传播生态带来了日新月异的变化。信息传播中的网状联结使每个社会个体都成为不可或缺的传播节点：热搜信息的病毒式传播，反转新闻的频频上演，各类信息的持续证“实”和证“伪”等，都与之相关；形式多样的传播平台和传播样式令人们的信息传播和接收方式眼花缭乱：微博、微信、公众号、客户端以及算法推荐、用户画像等，都是传统媒体时未曾有过的新“物种”；海量信息内容让用户在信息接收时难于选择，莫衷一是：海量的信息让真正有价值的信息淹没在众多无序和无价值的信息之中。本书认为无论网络传播呈现怎样的变化，传受之间的权利和义务关系并未发生本质性的变化。在这个基本的前提下，包括刑法在内的法律对网络信息治理，总体上依然应遵循既有的法律原则。也就是说，我国刑法介入网络信息治理，和世界大多数国家一样，不必“另起炉灶”，而是通过有针对性地出台司法解释和刑法修正案，从而调适介入的尺度和路径。同时，针对特定的问题和现象谨慎出台专门法案。在网络社会，从立法思路和规制倾向看，“我国刑法规制违法信息呈现一个比较明显的趋势，就是从早期注重个体法益保护（传统意义的侮辱罪和诽谤罪），转向偏重于保护社会集体法益（编造、故意传播虚假恐怖信息罪、编造、故意传播虚假信息罪等）”。这是本书关注的一个重点，作者在关于这个问题的探讨中提出了一系列有创意的观点。

第三，关于刑法介入的边界。边界是讨论刑法介入网络信息的核心问题，也是本书的核心价值所在。随着网络社会的到来，边界消融问题受到了诸多专家学者的关注，其中最关键的边界——公共空间和私人空间的边界消融最受重视。确实，随着人们的言行全部被数字化，公私边界的消融已成事实。这给我们讨论权利和义务问题带来了深刻影响，但是，这种社会生活中宏观边界的消融，并不会从根本上影响刑法介入边界的区隔。事实上，既有的区隔对刑法介入的正当性和合法性依然存在决定性意义。在本书中，作者从显性的层面和隐性的层面探讨了刑法介入网络信息治理的边界。从显性的层面看，这个边界体现在这两个方面：在立法禁止层面，必须严格遵守罪刑法定原则，不能轻易以司法解释、类推乃至以权代法等手段突破罪与非罪的界限。在司法禁止层面，必须限制刑罚权的启用程序及范围，从而防止其滥用。从隐性层面看，强调刑法介入网络空间信息治理必须恪守刑法谦抑性原则，即在穷尽所有常规手段之后的“最后选择”。固守刑法的“本分”，要求其有所为，有所不为。这种边界区隔的认知是极有见地的。在实施网络信息治理过程中，既要充分尊重表达自由的价值追求，又要合理区划表达自由的法律边界。表达自由是我国《宪法》第三十五条明确规定的一项宪法权利，必须得到尊重。与此同时，任何权利都不能滥用，更不能成为伤害他人、社会的理由。

交叉融通与辩证平衡是冯建华在本书撰写过程中体现出的重要研究特色，也是其良好学术能力的体现。网络信息传播问题主要是新闻传播学专业关注的问题，就学科特点上更倾向于关注现实社会的迅捷变化，需要有较多的感性参与的“沉浸式”状态。刑法介入则是一个法学问题，就学科特点而言强调用理性的姿态对社会问题进行“冷眼旁观式”的观察思考。这种不同学科间的自由切换，需要研究者有比较丰富的多学科专业知识作为基础，更需要对这些交叉学科知识的融通运用。本书令人欣喜的创新和学术价值，正是得益于作者在这个层面成功的探索。在本书中，冯建华十分强调“动态调适网络秩序与表达自由之间的紧张与冲突”以“区划网络言论自由与网络言论犯罪的合理区间”，强调“刑法介入网络空间信息治理必须恪守刑法谦抑原则，即在穷尽所有常规手段之后的‘最后手段’”，从而真正让网络这个“最大的变量”转变成推动国家事业发展的“最大增量”。这种辩证平衡的思维习惯不仅体现了一个成熟研究者科学的研究态度，也体现了其学术研究过程中拥有的人文关怀这样一种可贵的学术情怀。

1999 年，冯建华从江西孤身来到南京读研，由此开始了我们二十多年的师生情缘。毕业以后他长期在北京和广州之间为工作奔忙，但是，繁忙的工作并没有消解他对学术的浓厚兴趣，我们不时会在学术会议相逢，我也经常会在学术期刊上读到他富有新意的学术创见，由此也可以持续感知他的勤勉、睿智和永不放弃的进取心。祝福并相信这位不断奔跑着的优秀学者会变得越来越好！

中国新闻史学会媒介法规与伦理专业委员会理事长
南京师范大学新闻与传播学院教授、博士生导师　顾理平
2023 年 6 月

目　录

第一章　绪论

第一节　选题背景与意义

在全面依法治国时代进程中，我国网络空间法治化建设不断迈向深入。2023 年 3 月 16 日，国务院新闻办公室发布《新时代的中国网络法治建设》白皮书。这是中国首次通过白皮书的方式，对海内外介绍中国网络法治建设情况。白皮书指出，互联网在促进经济社会发展的同时，也对监管和治理形成巨大挑战。实践证明，法治是互联网治理的基本方式。运用法治观念、法治思维和法治手段推动互联网发展治理，已经成为全球普遍共识。进入新时代，在习近平新时代中国特色社会主义思想指引下，中国顺应全球信息化发展大势，立足中国互联网发展实践，将网络法治建设融入全面依法治国战略布局，不断深化对依法治网的规律性认识，在探索中发展、在发展中坚持，走出了一条中国特色的网络法治道路。

随着网络空间与现实生活日益交融互构，网络安全已成为国家安全的重要组成部分。意识形态工作是为国家立心、为民族立魂的工作。习近平总书记指出，掌握网络意识形态主导权，就是守护国家的主权和政权。要推动依法管网、依法办网、依法上网，确保互联网在法治轨道上健康运行。党的十八大以来，我国不断强化网络安全顶层设计和总体布局，以网络安全法为核心的网络安全法律法规和政策标准体系基本形成，网络安全“四梁八柱”基本确立。[①]

党的二十大报告指出，国家安全是民族复兴的根基，社会稳定是国家强盛的前提。必须坚定不移贯彻总体国家安全观，把维护国家安全贯穿党和国家工作各方面全过程，确保国家安全和社会稳定。在纷繁复杂的国际舆论环境下，构造清朗健康的网络传播生态，是推进国家治理体系和治理能力现代化的重要内容，也是贯彻总体国家安全观的基本要求。在人类历史长河中，任何一种新媒介的诞生，都会带来传播结构的剧烈变动。互联网作为新媒介快速崛起，其在带来信息传播和言论表达海量暴增的同时，也使得网络违法信息不时呈现滋长蔓延之势，对网络秩序和网络安全构成严峻挑战。党的十八大以来，为了遏制“网络舆论乱象丛生”的局面，党中央高度重视互联网这个意识形态斗争的主阵地、主战场、最前沿，通过健全互联网领导和管理体制，坚持依法管网治网，我国意识形态领域形势发生了全局性、根本性转变。[②]

（一）刑法因何介入：现实环境分析

随着依法治网的力度不断加大，刑法作为“最后手段”介入网络信息治理，在特定情况下，不仅实有必要，而且成为迫切之需。刑法介入网络空间信息治理是网络犯罪现象演变与风险刑法观兴起交相作用的结果，从深层动因来看，是因应网络空间传播变革带来的巨大压力，与网络治理模式及其背后的权力机制亦有内在关联。随着微博、微信等社交媒体在中国快速兴起，网络违法有害信息一度呈现肆虐传播之势。为维护网络传播秩序，加强网络生态治理，我国有关部门密集展开网络违法和不良信息专项治理行动。在两个月左右时间内，山西省刑拘 49 人、批捕 23 人，河南省批捕 131 人，陕西省批捕 22 人。[③] 2020 年新冠疫情防控工作开展以来，北京市公安局在一个半月时间内

---

① 中共中央宣传部：《中国共产党宣传工作简史》（下卷），人民出版社 2022 年版，第 629 页。

② 参见《中共中央关于党的百年奋斗重大成就和历史经验的决议》，人民出版社 2021 年版，第 50—53 页。

③ 于志刚：《全媒体时代与编造、传播虚假信息的制裁思路》，《法学论坛》2014 年第 2 期。

共查处编造、传播涉疫谣言类案件450起，采取刑事强制措施33人；截至2月27日，依法查处违法犯罪人员27人。[①] 2020年2月，最高人民法院、最高人民检察院、公安部、司法部联合发布《关于依法惩治妨害新型冠状病毒感染肺炎疫情防控违法犯罪的意见》，提出既要“依法严惩造谣传谣犯罪”，即对于恶意编造虚假疫情信息，制造社会恐慌，挑动社会情绪，扰乱公共秩序，特别是恶意攻击党和政府，借机煽动颠覆国家政权、推翻社会主义制度的，要依法严惩，同时又要对虚假疫情信息案件做到“依法、精准、恰当处置”，其中对于因轻信而传播虚假信息、危害不大的，不以犯罪论处。这是我国严格贯彻宽严相济刑事政策的具体体现。

随着互联网深度卷入社会生活，我国通过多种手段不断加大网络空间传播秩序刑法治理力度。2000年12月，全国人大常委会发布《关于维护互联网安全的决定》，对刑法如何适用于网络空间做出了权威性的法律解释。这不仅为刑法介入网络空间信息治理提供了法律依据，而且表明了我国维护网络安全和网络秩序的刑法立场。2001年12月，针对利用互联网等现代高科技手段进行恐怖犯罪的案件不断增多的现实，《刑法修正案（三）》设立“编造、故意传播虚假恐怖信息罪”，即在刑法第二百九十一条后增加一条，作为第二百九十一条之一：“投放虚假的爆炸性、毒害性、放射性、传染病病原体等物质，或者编造爆炸威胁、生化威胁、放射威胁等恐怖信息，或者明知是编造的恐怖信息而故意传播，严重扰乱社会秩序的，处五年以下有期徒刑、拘役或者管制；造成严重后果的，处五年以上有期徒刑。”21世纪初期，我国互联网尚处于商业化运营的起步阶段，互联网作为“新媒介”并没有充分体现出开放性和交互性的传播优势（门户网站和BBS论坛），网络空间传播生态问题也因而并未得以足够凸显。这是在出台《关于维护互联网安全的决定》和刑法设立编造、传播恐怖信

① 陈杭、袁秀月：《北京警方已查处涉疫情谣言案件27起》，https：//www. chinanews. com/sh/2020/02－27/9106732. shtml，2021年4月28日。

息罪之后，我国刑法没有另辟新路介入网络空间信息治理一个重要的客观原因，从中可以窥见国家动用刑法治理互联网的敏锐意识和立场倾向。

直至2012年以后，伴随着社交媒体和自媒体的快速发展，我国网络违法信息传播形势变得日趋严峻，网络空间成为新型风险的高发地带。2013年9月6日，最高人民法院与最高人民检察院（简称“两高”）联合发布《关于办理利用信息网络实施诽谤等刑事案件适用法律问题的解释》（下文简称《网络诽谤解释》）。该司法解释不仅调整了网络环境下诽谤罪的构成要件，降低了网络诽谤犯罪门槛，而且将寻衅滋事罪引入网络空间，明确规定了其在网络空间的适用情形。2013年9月16日，最高人民法院审判委员会发布《最高人民法院关于审理编造、故意传播虚假恐怖信息刑事案件适用法律若干问题的解释》。该司法解释根据社会形势变化和网络虚假信息发展演变趋向，不仅扩大了虚假信息传播犯罪的行为类型，而且扩大了虚假恐怖信息的种类范围，即把“重大灾情、重大疫情”等可能引起社会恐慌或者公共安全危机的不真实信息列为“虚假恐怖信息”。[①] 2015年8月，在编造、故意传播虚假恐怖信息罪的基础上，《刑法修正案（九）》增设“编造、故意传播虚假信息罪”，进一步扩展了刑法打击的虚假信息种类范围（包括有关“险情、疫情、灾情、警情”四类虚假信息），创立了“拒不履行信息网络安全管理义务罪”“帮助信息网络犯罪活动罪”等专有罪名，并将网络违法信息传播犯罪行为类型从“捏造”“扩散”等“前台”行为，进一步拓展至“组织”“指使”“帮助”等“幕后”行为，对于为网络违法信息传播犯罪行为提供互联网接入、服务器托管、网络存储、通信传输等技术支持，或者提供广告推广、

① 第一条规定，编造恐怖信息，传播或者放任传播，严重扰乱社会秩序的，应认定为编造虚假恐怖信息罪；明知是他人编造的恐怖信息而故意传播，严重扰乱社会秩序的，应认定为故意传播虚假恐怖信息罪。第六条规定，本解释所称的“虚假恐怖信息”，是指以发生爆炸威胁、生化威胁、放射威胁、劫持航空器威胁、重大灾情、重大疫情等严重威胁公共安全的事件为内容，可能引起社会恐慌或者公共安全危机的不真实信息。

支付结算等帮助的行为独立入罪。这使得刑法制裁对象不仅包括作为平台运营方的网络服务提供者，而且包括处于外围的“网络公关公司”“网络推手”等相关主体，打击对象范围几乎涵盖网络违法信息传播全过程、全链条。

刑法对于严重危及社会主义核心价值观的网络违法有害信息也有针对性地加大了打击力度。2018 年，为了加强对英雄烈士的保护，传承和弘扬英雄烈士精神、爱国主义精神，我国专门出台了《中华人民共和国英雄烈士保护法》，其第二十六条规定，“以侮辱、诽谤或者其他方式侵害英雄烈士的姓名、肖像、名誉、荣誉，损害社会公共利益的”，构成犯罪的，依法追究刑事责任；第二十七条规定，“亵渎、否定英雄烈士事迹和精神，宣扬、美化侵略战争和侵略行为，寻衅滋事，扰乱公共秩序”，构成犯罪的，依法追究刑事责任。2020 年，《刑法修正案（十一）》在前述特别法基础上，专门增设“侵害英雄烈士名誉、荣誉罪”，对于以侮辱、诽谤或者以其他方式侵害英雄烈士名誉、荣誉的特定行为，处于三年以下有期徒刑、拘役、管制或者剥夺政治权利。这使得以英雄烈士为侵害对象的网络违法信息传播行为有了更加明确具体的刑事处罚依据。2021 年 5 月，被告人仇子明（新浪微博名“辣笔小球”），因在网络上公开诋毁贬损卫国戍边英雄官兵，被判处有期徒刑八个月。作为侵害英雄烈士名誉、荣誉罪的首个案例，网民“辣笔小球”案一度受到社会舆论高度关注。2022 年 5 月，因在微博账号发表侮辱抗美援朝长津湖战役中牺牲的中国人民志愿军“冰雕连”英烈的违法言论，作为网络“大 V”的罗昌平被判有期徒刑七个月。前有“辣笔小球”，后有罗昌平，法院的判决和网民的呼声，表明网络不是法外之地，英烈名誉、荣誉绝不容诋毁。我国刑法、民法典和英雄烈士保护法均规定网络言行有边际，网络开放和自由也必须以遵守法律法规为前提。[①] 由于针对英雄人物的网络诽谤刑事犯罪案

① 周光权：《网络不是法外之地，一言一行均需谨慎》，《人民法院报》2022 年 5 月 6 日第 2 版。

件不时出现，为依法惩治侵害英雄烈士名誉、荣誉违法犯罪活动，最高人民法院、最高人民检察院、公安部联合发布《关于依法惩治侵害英雄烈士名誉、荣誉违法犯罪的意见》，对英雄烈士的概念和范围、入罪标准、办案要求等关键问题进一步提出了规范性要求。

（二）刑法为何介入：内在动因分析

随着网络违法信息传播犯罪案件呈现增多之势，刑法应怎样以及如何介入网络空间信息治理，成为学界关注的重要问题。从上文分析可以看出，刑法规制网络违法信息更多是依据对既有罪名的适用和解释，创设新罪名只是有限的补充手段。在网络违法信息治理过程中，既要充分发挥刑法能动机制作用，又要牢牢恪守刑法谦抑性原则。两者辩证统一，不可偏废。刑法具有较强的暴力性，在法律体系结构中被置于最后序列。传统刑法观认为，犯罪是具有严重社会危害性的行为，情节显著轻微的，不是犯罪。可是，在多重复杂因素推动下，作为一种威慑性管控手段，刑法不时被推到社会治理的最前线，导致刑法介入行为不同程度变得活跃起来。

从技术和媒介层面来分析，刑法介入网络空间信息治理是因应网络空间传播变革带来的巨大压力。在大数据、云计算、人工智能等新兴传播技术的促动下，媒介社会化与社会媒介化呈现交互变革的趋势，推动传统媒体时代封闭式的“集束化大众传播”走向全媒体时代开放式的“网络化公共传播”。与传统媒体相对封闭传播环境下的确定性相比，网络空间开放式传播的显著特征是“不确定性”趋于常态化。这一方面带来了网络空间信息传播和言论表达的空前活跃与多元，另一方面也带来了网络违法有害信息的屡禁不止，在特定时空下甚至变得愈演愈烈，从而使得网络传播秩序问题更加凸显。从权责配置模式来看，网络空间信息治理完全不同于传统媒体管理，对于复杂多变的网络违法信息传播行为采用常规意义的民法和行政法手段往往显得力有不逮，难以达到足够的“震慑”效果。为了应对与日俱增的网络信息治理压力，构建健康有序的网络生态环境，通过扩大犯罪圈、降低入罪门槛等方式，适当加大网络违法信息刑事处罚力度，便成为不得不采取的必要手段。

从制度和文化层面来分析，刑法介入网络空间信息治理与网络治理模式及其背后权力机制亦有着内在关联。应该看到，网络违法信息肆虐传播日趋演变为风险社会的显在表征，如何在加强和完善互联网内容治理的基础上，探索构建与中国国情相适应的网络综合治理体系，已成为一项重大而急迫的课题。随着现实生活与网络社会不断交互融构，以内容管理为重点的互联网治理开始走向以国家战略为导向的网络空间治理，从而推动互联网治理理念与手段不断得以更新和优化。据中国互联网络信息中心（CNNIC）发布的第51次《中国互联网络发展状况统计报告》，截至2022年12月，我国网民规模达10.67亿人，较2021年12月增长3549万人，互联网普及率达75.6%。中国网民人数快速攀至世界之最[①]，带来了网络使用的自由程度与受控程度双双扩大和增强。在西方国家及联合国等国际组织的官方文件中，“Internet Governance”通常被翻译成“互联网治理”，而在中国官方文件与学术研究中，却时常被翻译成“网络管理”或“网络监管”。[②]“监管”与“治理”是两个具有不同意涵的概念，虽然目前“治理”的理念得到普遍认同，但特定语境下翻译措辞的不同，在一定层面也多少反映了不同主体对于互联网的角色功能及治理模式存在观念和认知上的差异，而且这种认知差异作为一种文化惯性仍可能或隐或显地反映或体现于实践之中，当然，这种差异并非存在绝对的价值优劣之分。应该看到，随着互联网治理实践和观念的发展，网络空间治理模式从早期由政府或商业机构主导的单一主体模式，逐步走向政府部门、商业机构、社会组织、网络用户等多元主体协同合作的治理模式，只是在不同的国情和社会背景下，多元协同合作治理模式的主体架构与动力机制有所不同。

---

① 在2008年召开的中国互联网大会上，时任工业和信息化部副部长奚国华介绍，截至2008年6月，中国网民数量达到了2.53亿人，成为世界上网民最多的国家。

② 张卓、王瀚东：《中国网络监管到网络治理的转变——从“网络暴力”谈起》，《湘潭大学学报》（哲学社会科学版）2010年第1期。

自1994年全功能接入国际互联网以来，经过近三十年的探索，我国互联网治理模式主体架构基本成形并趋于稳定。随着新兴技术的快速发展，智能化新媒体在极大提升传播效能的同时，也因引发颠覆性传播变革而对互联网治理能力现代化水平提出了更高要求。受多种因素影响，我国互联网治理理念和手段有时仍难以完全脱离传统媒体管理的思路与做法，一度造成互联网法规政策纷纷出台，导致不时出现规则重叠、规制冲突等现象。[①] 在特定时期内，密集式立法立规有利于应对网络空间快速变动的现实，对于加强网络秩序和安全管理实有必要，但在客观上也可能导致刑法积极介入诱发因素的滋长。随着国务院授权国家互联网信息办公室负责全国互联网信息内容的监督管理执法工作，那种由于“政”出多门而带来规则重叠和加码的现象，在一定层面上已经得到了有效遏制，但潜藏于制度文化中的惯性或习性（如重刑主义思想等）在短时间内难以彻底消除，进而可能转化为推动刑法积极介入网络信息治理的内在力量。

从社会环境因素来看，刑法介入网络空间信息治理是网络犯罪现象演变与风险刑法观兴起交相作用的结果。网络犯罪的形态特性及其社会危害不断发生演变，与传统社会的犯罪形态相比，网络犯罪的行为方式、危害后果发生了巨大变化。这呼唤着刑事立法、刑法理论与时俱进式的回应。[②]《网络诽谤解释》的颁布施行，实质上就是试图探索解决互联网作为新型“犯罪空间”的问题。

风险社会的来临，特别是恐怖犯罪、网络犯罪、环境犯罪等新型风险犯罪的滋生，促动了风险刑法观的兴起。风险刑法观的提出有着特定的社会背景，长期以来，对其虽存在不同认识乃至争议（后文详述），但也不能否认其对某种社会事实具有特别的解释力。风险刑法观以“抗制”风险（在刑法中表现为“社会危害性”）为导向，重在

① 张文祥、周妍：《对20年来我国互联网新闻信息管理制度的考察》，《新闻记者》2014年第4期。

② 于志刚、郭旨龙：《网络恐怖活动犯罪与中国法律应对——基于100个随机案例的分析和思考》，《河南大学学报》（社会科学版）2015年第1期。

发挥刑法强力维护社会秩序之功能。在不确定性凸显的高风险社会，人们对于安全的渴求，比以往任何时期都越发迫切。当社会中出现某种难以解决或被认为具有严重危害性的问题时，很多人习惯性地将希望寄托在刑法之上，认为重刑之下必能达到预防风险和管制秩序之效果。风险刑法观故而又被称为“安全刑法观”或“积极刑法观”。我国刑法自 1979 年颁布以来，最为显著的变化之一就是积极主义刑法观的确立，刑法回应社会问题、参与社会治理变得积极活跃。[①] 由于认为刑法具有解决社会问题的即刻效应，社会上总是存在各种建言新增罪名的拳拳之情和热切呼吁。[②] 在风险刑法观念驱动下，社会治理便可能染上刑法浪漫主义色彩，其突出表现就是刑法立法变得日益活跃，刑法修正案频繁颁布。[③]

通常而言，社会危害性难有客观评判标准，其一旦脱离司法实践与社会发展进程，以消除社会危害性为指向的风险刑法观念，便可能导致象征性立法的出现。象征性立法是刑事立法政策化的产物，传递的是立法者的情绪、姿态或立场，主要追求的不是实际效果而是满足社会期待。[④] 一种意见认为，为了回应国民对于社会安全的诉求，展现应对风险的主动姿态，刑罚便可能成为“国家自导自演、国民自我满足的手段”。[⑤] 另一种意见认为，为应对特定领域的行政管制力不足，消除日益凸显的社会危害性，风险刑法观也可能导致过度刑法化现象的出现，其突出表现是对某些性质模糊或处于演变中的中性行为犯罪化，或者变通乃至降低犯罪构成要件，以达到强力维护社会秩序的紧迫需要。从实际效果来看，象征性立法不仅会削弱刑法的刚性权威，而且浪费本已稀缺的刑法资源。

风险刑法观实质关乎刑法的价值功能定位，即刑法是偏重“社会

① 何荣功：《刑法与现代社会治理》，法律出版社 2020 年版，第 5 页。

② 熊永明：《我国罪名建言热潮之隐忧及其批判》，《法学评论》2015 年第 6 期。

③ 何荣功：《社会治理“过度刑法化”的法哲学批判》，《中外法学》2015 年第 2 期。

④ 刘艳红：《象征性立法对刑法功能的损害——二十年来中国刑事立法总置评》，《政治与法律》2017 年第 3 期。

⑤ 周光权：《积极刑法立法观在中国的确立》，《法学研究》2016 年第 4 期。

防卫”还是“法益保护”。前者强调刑法对于国家和社会集体法益的维护，后者更注重对公民、机构等特定对象合法权益的保护。网络违法信息传播行为不仅关涉公民个人法益保护，而且可能关系国家安全和社会稳定。无论从立法还是司法来看，我国刑法介入网络空间信息治理，更多是出于维护网络秩序和网络安全的需要，其不同程度是受到了风险刑法观的影响或推动。对此，既要辩证看待风险刑法观存在的合理性和必要性，又要防止由此而可能陷入象征性立法和过度刑法化的误区。

法律是解决纷争与冲突的刚性规则。从法律社会学层面来分析，在矛盾和纷争迭起的现代社会，价值认同弱化带来的精神与道德层面的分化，在一定层面上导致对刚性法律有了更大依赖。在急剧变革的转型社会中，对于作为解决冲突工具的法律需求越大，社会自我修复机制就可能变得越弱，从长远来看，法律的实际效能亦会呈递减趋势。而在道德价值观念统一、凝聚力强大的社会中，为解决冲突而诉诸法律的情形相对较少，对于法律的依赖性也较小，但法律的效能却非常高。[①] 作为充满不确定性纷争与冲突的新型场域，网络空间的规则体系和结构秩序尚处于演化与调适之中，存在较大的可塑性和变动性，这也导致网络空间对于法律规则特别是极具威慑力的刑法，在特定时空条件下往往有着较大的功能化需求。这为理解刑法介入网络空间信息治理提供了更为深层的观察和分析视角。

（三）探寻和总结网络空间社会主义法治文化之“理”

随着网络社会与现实社会不断交互渗透，线上线下逐渐连为一体，互联网已从犯罪对象、犯罪工具升级为犯罪空间。不同于权力主导的传统媒体规制模式，网络信息治理是多方力量博弈与合作的动态化过程。在新兴传播技术赋能之下，网络犯罪手段不断翻新升级，导致网络空间风险积聚放大，网络信息治理压力随之成倍增长。出于维护秩

① ［美］卜思天·M. 儒攀基奇：《刑法：刑罚理念批判》，何慧新等译，中国政法大学出版社 2002 年版，第 2 页。

序与安全的需要，有关部门动用刑法手段介入网络空间信息治理，是国家公权力意志的体现，具有足够的合法性。但与此同时，由于具有较强的暴力性，刑法介入网络空间信息治理如若掌握不好“度”，也可能会带来诸多破坏性作用，如压制公民表达权利、扰乱网络空间结构秩序以至阻遏互联网创新发展等。网络信息治理是一项综合系统工程，如何在刑法的能动性和谦抑性之间找到最佳平衡点，合理区划网络信息治理的刑法边界，从而既能达致国家治理层面的“安全”，又能促进互联网平台的“发展”，实现公共性和市场性的有机统一，以更好地推进数字中国和网络强国建设，无疑是一个具有重大理论与现实意义的课题。

随着网络空间法治化进程不断加快，我国学界近年来对于网络信息治理中的刑法介入或适用问题日趋关注。从既有学术成果来看，大多是偏重于微观视角的实践问题研究，如探讨网络虚假信息的刑法规制、网络空间寻衅滋事罪的构成要件、网络服务提供者的刑事责任等，而从宏观视角对刑法介入网络空间信息治理进行整体性研究的成果则相对比较缺乏。在立法和司法实践中强调刑法边界的重要性，更多是旨在确立一种底线意义上的“规则”意识。在网络舆情瞬息万变的信息传播环境下，确立底线规则往往比倡导自由更为迫切，因为前者有时能够起到纲举目张之效。

从实际效果而言，网络治理模式无所谓优劣之分，关键在于能否促进互联网事业和数字文化的健康发展，从而最大限度提升广大网民在网络空间的获得感、幸福感、安全感，让互联网更好地造福于人类社会。客观而论，优先追求网络秩序价值，传统观念中存在的重刑思想，在特定条件下这些都可能成为推动我国刑法介入网络空间信息治理的制度文化因素。任何事物都有正反两面性，这些因素能否或如何转化为网络治理的积极动力，则主要取决于对刑法介入时机和尺度的把握。从这个意义上讲，探析网络信息治理的刑法边界，是一个极具复杂性和挑战性的跨学科研究课题。

网络信息治理需要树立新的思维，采取新的手段，探索新的模式。

中国正致力于从互联网大国向互联网强国迈进。互联网强国之“强”，不单是用体量来衡量，更多是体现于互联网的制度和文化层面。为全面推进依法治国建设，中办、国办在《关于加强社会主义法治文化建设的意见》中提出，到2035年，基本形成与法治国家、法治政府、法治社会相适应，与中国特色社会主义法治体系相适应的社会主义法治文化，基本形成全社会办事依法、遇事找法、解决问题用法、化解矛盾靠法的法治环境。网络空间法治化是构建中国特色社会主义法治体系的重要内容，其最终目标是在网络空间培育和促长社会主义法治文化，最终形成与法治国家、法治政府、法治社会相适应的网络法治环境。全面推进中国特色社会主义法治体系建设，要始终坚持以人民为中心，坚持法治为了人民、依靠人民、造福人民、保护人民，把体现人民利益、反映人民愿望、维护人民权益、增进人民福祉落实到法治体系建设全过程。“我们要建设的中国特色社会主义法治体系，必须是扎根中国文化、立足中国国情、解决中国问题的法治体系，不能被西方错误思潮所误导。”① 国际社会在网络空间治理领域的较量与博弈，究其根本，是互联网制度与文化之争。网络信息治理不仅要做到治而有“理”，更要做到治而成“理”。在网络空间法治化和网络强国建设进程中，探索确立网络信息治理的刑法边界，其根本用意正是为了探寻和总结网络空间社会主义法治文化之“理”，以加快推动形成具有中国特色的互联网治理制度与文化，提升我国法治体系和法治理论的影响力和话语权。

第二节　研究现状与核心问题

刑法介入网络空间信息治理是个综合性研究课题，有关理论资源和研究成果主要集中在法学、新闻传播学、政治学、公共管理、国际

① 习近平：《全面推进中国特色社会主义法治体系建设》，《习近平谈治国理政》（第四卷），外文出版社2022年版，第301页。

关系等学科领域。从目前来看，我国学界主要是针对法律规范及典型案例展开研究，大体从内容规制和平台规制两个层面展开。

在内容规制层面，有关研究主要是围绕《网络诽谤解释》的理解与适用以及相关罪名、案例展开多维度的研究。其中，一个焦点问题是探讨创设网络空间寻衅滋事罪以及降低网络诽谤行为入罪门槛的正当性和必要性，具体论题包括网络造谣传谣型寻衅滋事的刑法适用、网络诽谤入罪的构成要件以及网络诽谤罪公诉适用条件等。针对《网络诽谤解释》的理解与适用，主要分歧在于是采取形式解释立场还是实质解释立场。因为从不同的解释立场出发，看待问题的角度往往不同，甚至存在根本性差别。严格说来，采取不同的解释立场并无绝对的对错之分，而是表现在对于不同性质的问题，采取何种解释立场更加切合实际而已。

从法学发展史来看，早期的法解释学重在追寻立法者原意，近代的法解释学偏于追问立法目的，现代的法解释学则走向追寻原意与追问目的的辩证统一。无论从世界刑法解释论的发展趋势来看，还是从我国刑事司法的现实需求来看，我国总体偏重于采取刑法实质解释的立场。如有学者就提出了“以刑释罪”的实质解释立场，强调刑法解释不能拘泥于刑法条文的字面含义，而应在坚持罪刑法定原则的前提下，更加注重刑罚的必要性和妥当性。[①] 法律的解释体现在多个层面，包括学理解释、法律解释、司法解释等，后两项都属于国家法律制度，人大常委会和司法机关对于法律的解释，究竟采取何种立场，需要根据各自权限以及实际问题等情况进行综合判断。本书主要是从学理解释层面，对《网络诽谤解释》是采取形式解释立场还是实质解释立场展开贯通性讨论。综合来看，本书主张采取实质解释的立场，认为《网络诽谤解释》的出台具有必要性和合理性，关键是在司法实践中如何对其进行全面、准确地理解和适用。后文将结合实际问题展开具体分析。

① 徐松林：《以刑释罪——一种刑法实质解释方法》，法律出版社2015年版，第1—2页。

在平台规制层面，既有研究大多是结合法律条文及司法案例，多层面探讨网络服务提供者的刑事责任范围、刑事责任模式及刑法规制边界等，其中核心问题是如何界定网络服务提供者的“中立帮助行为”及其是否背离了法定意义上的“不作为义务”。伴随着网络平台在网络空间的结构地位不断提升，对其法律责任的相关研究已成为一个学术热点。

基于既有研究现状，本书主要讨论三个核心问题：刑法为何介入网络空间信息治理、刑法如何介入网络空间信息治理、刑法应当怎样介入网络空间信息治理。第一个问题前文已作分析，本节重点梳理后两个问题。

（一）刑法如何介入网络空间信息治理

在法律手段采用上，网络信息治理更多是采取民法、行政法等常规手段，动用刑法则需非常慎重，应作为最后的防御救济机制。从国外情况来看，刑法介入网络空间信息治理主要是出于保护特殊群体和特殊利益之需要，如阻断网络淫秽信息流向未成年人，严防国家核心机密和高度敏感政治信息外泄等。从我国情况来看，刑法介入网络空间信息治理主要是出于维护网络秩序和网络安全的需要，从立法和司法层面不断加大网络违法有害信息的刑事处罚力度。网络空间只是改变了信息传播方式，并未从根本上改变信息传播主体间的权利和义务关系，这是世界上多数国家没有采取“另起炉灶”方式专门制定网络空间法律体系的主要原因。在法律实践中，我国主要是以出台司法解释和刑法修正案等方式，不断调适网络信息刑法治理的尺度和路向。

总体来看，我国刑法制裁网络违法信息的罪名体系比较严密。经粗略统计，我国《刑法》中目前共约有相关罪名 40 个，散见于不同条款（见表一），主要涉及七种罪名类型，其中因应互联网而创立的罪名主要有 5 个（表中加黑显示），这说明我国刑法规制网络违法信息仍主要是依靠传统刑法罪名。

罪名类型	主要罪名
危害国家安全罪	1. 第一百零三条第二款“煽动分裂国家罪”；2. 第一百零五条第二款“煽动颠覆国家政权罪”；第一百一十条“间谍罪”；3. 第一百一十一条“为境外窃取、刺探、收买、非法提供国家秘密、情报罪”。
危害公共安全罪	1. 第一百二十条之三“宣扬恐怖主义、极端主义、煽动实施恐怖活动罪”；2. 第一百二十条之六“非法持有宣扬恐怖主义、极端主义物品罪”。
破坏社会主义市场经济秩序罪	1. 第一百六十一条“违规披露、不披露重要信息罪”；2. 第一百八十条“泄露内幕交易信息罪”；3. 第一百八十一条第一款“编造并传播证券、期货交易虚假信息罪”；4. 第二百一十九条“侵犯商业秘密罪”；5. 第二百二十一条“损害商业信誉、商品声誉罪”；6. 第二百二十二条“虚假广告罪”。
侵犯公民人身权利、民主权利罪	1. 第二百四十三条“诬告陷害罪”；2. 第二百四十六条“侮辱罪”“诽谤罪”；3. 第二百四十九条“煽动民族仇恨、民族歧视罪”；4. 第二百五十条“出版歧视、侮辱少数民族作品罪”；5. 第二百五十三条之一**“侵犯公民个人信息罪”**。
妨害社会管理秩序罪	1. 第二百七十八条“煽动暴力抗拒法律实施罪”；2. 第二百八十七条**“非法利用信息网络罪”“帮助信息网络犯罪活动罪”**；3. 第二百九十一条“编造、故意传播虚假恐怖信息罪”**“编造、故意传播虚假信息罪”**；4. 寻衅滋事罪；5. 第二百九十九条“侮辱国旗、国徽、国歌罪”**“侵害英雄烈士名誉、荣誉罪”**；6. 第三百零八条“泄露不应公开的案件信息罪”“故意泄露国家秘密罪”“过失泄露国家秘密罪”“披露、报道不应公开的案件信息罪”；7. 第三百五十三条之一“引诱、教唆、欺骗他人吸毒罪”；8. 第二百六十三条之一“制作、复制、出版、传播淫秽物品牟利罪”；9. 第三百六十四条之一“传播淫秽物品罪”。
危害国防利益罪	1. 第三百七十三条“煽动军人逃离部队罪”；2. 第三百七十八条“战时造谣扰乱军心罪”。
渎职罪	第三百九十八条“故意泄露国家秘密罪”“过失泄露国家秘密罪”。
军人违反职责罪	1. 第四百三十二条“故意或过失泄露军事秘密罪”；2. 第四百三十三条“战时造谣惑众罪”。

从以上罪名可以看出，刑法制裁的网络违法信息类型主要包括谣言和诽谤类虚假信息、宣扬暴力和恐怖主义虚假信息、淫秽色情信息、教唆或煽动性信息、泄密类信息、诈骗类虚假信息等。一般来说，后五类网络违法信息的认定及规制路径比较清晰，或因涉及国家安全等重大法益，通常不会引起较大争议，而第一类谣言和诽谤类虚假信息（两者时有重合，如以造谣、传谣手段进行诽谤）的刑法规制问题则

相对比较复杂。这类网络虚假信息不仅容易滋生蔓延，而且可能造成更大负面社会影响，以致危及社会秩序稳定，故而不时成为刑法重点打击对象。这也是本书将网络谣言和诽谤类虚假信息作为主要研究对象的原因所在。

对于编造、故意传播虚假信息的犯罪行为，我国刑法目前没有确立一个统摄性的专有罪名，《刑法修正案（九）》增设的“编造、故意传播虚假信息罪”仅是针对有关“险情、疫情、灾情、警情”四类社会危害较大的虚假信息。按照侵害对象类型来划分，现刑法涉及编造传播虚假信息的罪名主要涉及：（1）侵犯公民人身权利、民主权利罪，包括侮辱罪、诽谤罪及煽动民族仇恨、民族歧视罪等。（2）破坏社会主义市场经济秩序罪，包括损害商业信誉、商品声誉罪，编造并传播证券、期货交易虚假信息罪等。（3）扰乱社会管理秩序罪，包括编造、故意传播虚假恐怖信息罪，编造、故意传播虚假信息罪，侵害英雄烈士名誉、荣誉罪等。（4）危害国防利益和军事安全罪，包括战时造谣扰乱军心罪、战时造谣惑众罪等。

进入互联网时代，从立法思路和规制倾向来分析，我国刑法规制违法信息呈现一个比较明显的趋势，就是从早期注重个体法益保护（传统意义的侮辱罪和诽谤罪），转向偏重于保护社会集体法益（编造、故意传播虚假恐怖信息罪，编造、故意传播虚假信息罪等）。这是将具有严重社会危害性的虚假网络信息从众多虚假信息中分离出来，在公民的预见能力之内予以立法明确的主要原因。[①] 其中有的是传统罪名在网络空间的适用或延伸，有的罪名则是因应网络传播环境的变化而创立，如编造、故意传播虚假信息罪，其首先针对的正是“在信息网络上”传播的有关险情、疫情、灾情、警情的虚假信息。

在刑法介入网络空间信息治理问题上，网民“秦火火案”是一个标志性事件。2013 年 7 月 23 日，甬温线特别重大铁路交通事故造成

① 杨蓝：《浅析编造、故意传播虚假网络信息的刑法规制》，《法治与社会》2016 年 6 月（中）。

40 人死亡，约 200 人受伤。当时网上流传一种说法，称中外遇难者在“动车事故”中得到的赔偿相差很大，其中有名意大利籍遇难者的家属更是得到了高达 2000 万欧元的赔偿。得知这一传闻，网民“秦火火”随即发布自称是内部消息的微博，并将 2000 万欧元的赔偿款改为 3000 万欧元。该微博在两小时内被转发 1.2 万次，“秦火火”一炮走红。当年 8 月 9 日，秦志晖以涉嫌寻衅滋事等罪名被公安机关抓获。经调查，2011—2013 年，秦志晖利用微博发布或参与炒作多起引发轰动的事件，如“郭美美”“干爹门”等。2014 年 4 月，北京市朝阳区人民法院一审判决被告人秦志晖构成诽谤罪、寻衅滋事罪，数罪并罚决定执行有期徒刑 3 年。作为《网络诽谤解释》生效后的首个典型案例，网民“秦火火案”受到社会高度关注。围绕该案及其引发的寻衅滋事罪在网络空间的适用问题，我国学界展开了广泛而持续地讨论。

《网络诽谤解释》对于遏制网络传播乱象和加强网络时代人格权的刑事保护发挥了积极作用，在某种意义上对于推动后期刑法修改和增设专有罪名也起到了先导性和缓冲性的作用。但也应该看到，由于受不当因素的干扰，社会上也曾存在一种担心，就是认为该司法解释可能将导致刑法打击网络谣言扩大化，从而把“禁谣”变成了“禁言”。有学者甚至认为，网民“秦火火案”使得刑法制裁网络谣言的正当性问题重新回到了讨论的起点。[①] 而从事实来看，刑法制裁网络谣言案件数量，只占网络信息犯罪案件总量的极少部分。毋庸讳言，去除媒体议程强化的效果印记，网民“秦火火案”之所以受到外界格外关注，正如上文所述，其背后实质上反映了一种社会心态，就是担心刑法过度介入网络信息治理可能会侵蚀公民言论表达权，进而破坏网络空间传播和舆论生态。从目前来看，这种担心并未成为现实。司法解释的理解和适用是复杂性的动态过程，从立法行为到司法实践亦并非简单的线性传导关系。从学术研究层面而言，针对《网络诽谤解

① 殷勤：《网络谣言的犯罪化及其限度——以刑法修正案（九）编造、故意传播虚假信息罪为依据》，《人民司法》2016 年第 1 期。

释》及“秦火火案”展开的相关讨论，为本书研究提供了一个颇佳的分析视角，以此能够更加直观地反映刑法介入网络空间信息治理的复杂性和敏感性。

在《网络诽谤解释》出台前，打击无特定指向网络虚假信息的专有罪名主要限于编造、故意传播虚假恐怖信息罪。即言之，除虚假恐怖信息外，网络空间比较容易滋生蔓延的那类无特定侵害对象、以扰乱社会秩序为目的的网络谣言类虚假信息（如“艾滋病感染者扎针路人”等）较难得到刑法制裁。这一度成为网络信息治理中遇到的较大司法难题。在快速多变的现实面前，法律通常具有相对滞后性。从这个层面来看，《网络诽谤解释》出台对于破解上述难题，总体上起到了较好的积极效果。与此同时，却也由此引发了一些争论，对之有必要予以概括和分析，主要体现在以下三个方面。

1. 网络空间寻衅滋事罪的理解与适用。我国《刑法》第二百九十三条规定：有下列寻衅滋事行为之一，破坏社会秩序的，处五年以下有期徒刑、拘役或者管制：（一）随意殴打他人，情节恶劣的；（二）追逐、拦截、辱骂、恐吓他人，情节恶劣的；（三）强拿硬要或者任意损毁、占用公私财物，情节严重的；（四）在公共场所起哄闹事，造成公共场所秩序严重混乱的。

《网络诽谤解释》第五条第二款规定：编造虚假信息，或者明知是编造的虚假信息，在信息网络上散布，或者组织、指使人员在信息网络上散布，起哄闹事，造成公共秩序严重混乱的，依照《刑法》第二百九十三条第一款第（四）项的规定，以寻衅滋事罪定罪处罚。

由上可见，《网络诽谤解释》第五条第二款是对《刑法》第二百九十三条第（四）种寻衅滋事情形，即“在公共场所起哄闹事，造成公共场所秩序严重混乱的”作出的引申性解释，以此将寻衅滋事罪适用于网络空间。这种解释是否反映了相关条款的本意及刑法立法精神，引发学者广泛讨论。

根据《网络诽谤解释》上述条款规定，网络空间寻衅滋事罪是结果罪，入罪要件是“起哄闹事”并“造成公共秩序严重混乱”。“起哄闹事”是“造成公共秩序严重混乱”之手段，“造成公共秩序严重混乱”是“起哄闹事”之结果。由此而言，需要追问的是，在网络空间编造、散布违法信息是否属于刑法意义上的“起哄闹事”？该司法解释所指“造成公共秩序严重混乱”是否等同于刑法中的“造成公共场所秩序严重混乱”？申言之，“公共秩序”是否等同于“公共场所秩序”？两者是否存在或者说在何种条件下存在相互替代的关系？从学者既有讨论来看，大多表现出理性审慎的倾向，持完全肯定和持完全否定者，均为极少数。一种代表性观点认为，寻衅滋事罪具有较强的“口袋性”特征，对网络空间“公共秩序”及其“严重混乱”不作严格清晰的限定，其固然可起到严厉打击网络谣言之效，但也可能由此带来诸多负面效应，如导致司法实践处理程序和处理结果的飘忽不定。[①] 另一种代表性观点则认为，现有刑法罪名体系的特点是专有罪名规制范围有限、非专有罪名规制乏力，为了防止刑事立法的“力有不逮”与刑事司法的“越俎代庖”，当不宜采取司法解释的方式，而应根据网络犯罪的特殊性，从法律结构层面重构罪名体系，这才是“刑法规制网络造谣、传谣行为的应然路径”。[②] 前者观点旨在呼吁提升立法水平，防止寻衅滋事罪成为打击网络谣言的“口袋罪”；后者观点是从完善罪名体系的制度化层面，主张提高打击网络违法信息的法律层级水平，从而防止“打补丁式”立法可能带来的消极影响。

2. 网络空间诽谤罪的入罪要件。根据《刑法》第二百四十六条规定，诽谤罪的构成要件之一是“捏造事实诽谤他人”，即只有同时存在编造（“捏造事实”）与传播（“诽谤”）两种行为才能构成诽谤罪，其中“捏造事实”是前提条件，“诽谤他人”是危害后果。《网络诽谤

① 孙万怀、卢恒飞：《刑法应当理性应对网络谣言——对网络造谣司法解释的实证评估》，《法学》2013 年第 11 期。

② 刘宪权：《网络造谣、传谣行为刑法规制体系的构建与完善》，《法学家》2016 年第 6 期。

解释》第一条将“捏造事实诽谤他人”扩大至三种行为类型，其中前两类[①]没有实质问题，第三类却引起了较大争议，即明知是捏造的损害他人名誉的事实，在信息网络上散布，情节恶劣的，以“捏造事实诽谤他人”论。一种普遍性观点认为，通过司法解释的方式将“单纯散布他人捏造的虚假事实的行为”予以犯罪化，实则违背了罪刑法定的原则。如果单独设罪，容易导致与《刑法》第二百四十六条关于诽谤罪的规定出现重复交叉。[②]

此外，《网络诽谤解释》第二条第一款关于“情节严重”适用情形的规定，创立了网络诽谤入罪的数量标准，即“同一诽谤信息实际被点击、浏览次数达到五千次以上，或者被转发次数达到五百次以上的”，应当认定为刑法第二百四十六条第一款规定的“情节严重”。依凭单一的数量标准入罪，会不会造成网络诽谤罪的过度扩张？学界对此形成了两种截然不同的意见。持否定意见者认为，“诽谤信息转发500次入刑”的规定不仅具有合理性，而且符合刑法原理，更不存在违宪一说。对该司法解释存在所谓质疑，不过是对司法解释的“一种解释”罢了，不能先入为主地将司法解释作为批判对象，不考虑司法解释出台的社会情势与理论背景，“认真对待司法解释，而不是随意嘲笑司法解释是亟需倡导的法律意识和法律理念”。[③] 有学者进一步分析认为，“诽谤信息转发500次”构成网络诽谤“情节严重”，标志着诽谤罪在虚拟空间中呈现“积量构罪”特征，这种量化入罪标准模式因网络空间与传统物理空间存在巨大差异而具有合理性，也是治理网络犯罪的一种新型探索。[④] 与此相对照，持肯定态度者则认为，《网络

---

① 第一，捏造损害他人名誉的事实，在信息网络上散布，或者组织、指使人员在信息网络上散布；第二，将信息网络上涉及他人的原始信息内容篡改为损害他人名誉的事实，在信息网络上散布，或者组织、指使人员在信息网络上散布。

② 高铭暄、张海梅：《网络诽谤构成诽谤罪之要件——兼评“两高”关于利用信息网络诽谤的解释》，《国家检察官学院学报》2015年第7期。

③ 杨柳：《“诽谤信息转发500次入刑”的法教义学分析——对“网络诽谤”司法解释质疑者的回应》，《法学》2016年第7期。

④ 刘期湘：《人工智能时代网络诽谤“积量构罪”的教义学分析》，《东方法学》2019年第5期。

诽谤解释》规定“数量标准入罪”的情形，不符合比例原则，已经超出“司法解释”的范畴，是司法机关越权对法律的“续造”，存在违宪嫌疑。[①] 从另一个层面来看，这一规定不符合罪责相当、罪责自负和主客观相统一的基本原则，是“客观归罪”，不符合刑法教义学的基本原理。[②]

根据犯罪形势和社会环境的变化，司法解释确能发挥“造法”之功能，在法定范围内对入罪要件作出新的或者延伸性的解释不仅正当而且必要，但前提是不能违背基本法律的立法精神与本意，更不能突破法律程序而“创设”新的罪名。在理论学术层面上，学者对《网络诽谤解释》“造法”行为的妥当性和合法性进行反思乃至质疑是有意义的，应有的理性态度是结合特定的法律和社会背景对之进行整体性的实质评价，而应避免从字面上简单采取形式解释的立场。从实然性来分析，重要的是防止两种极端倾向：一种是对司法解释本身进行根本性的否定，另一种是在实践中简单化套用乃至扩张性滥用司法解释。

3. 网络空间诽谤犯罪公诉适用情形。我国《刑法》第二百四十六条第二款规定，诽谤罪“告诉的才处理，但是严重危害社会秩序和国家利益的除外”。即言之，诽谤罪属于自告罪，只有达到“严重危害社会秩序和国家利益”的例外情形方可启动公诉手段。《网络诽谤解释》第三条对此规定了七种公诉适用情形。我国近年来出现的某些“诽官案”，不同程度存在滥用刑事公诉手段打击“批评者”现象，如“刘虎案”[③]

---

① 尹培培：《“诽谤信息转发500次入刑”的合宪性评析》，《华东政法大学学报》2014年第4期。

② 李晓明：《诽谤行为是否构成犯罪不应由他人的行为来决定——评“网络诽谤”司法解释》，《政法论坛》2014年第1期。

③ 刘虎曾在多家新闻媒体供职，曾实名举报华润集团董事长宋林及多名省部级官员。北京市公安局移送审查起诉意见书认定：刘虎自2012年5月至2013年8月间，通过新浪微博账户“记者刘虎”先后发布多条微博，严重损害他人名誉；肆意散布他人负面信息，变相勒索钱款共计人民币65万元；恶意炒作社会敏感问题，严重扰乱互联网正常秩序，损害政府部门公信力。北京市东城区人民检察院经审查并退回补充侦查后认为，刘虎涉嫌犯罪的事实和证据不符合提起公诉的条件，依照《中华人民共和国刑事诉讼法》第一百七十一条第四款规定，决定对刘虎不起诉。参见田文生《刘虎案：检方决定不起诉》，《中国青年报》2015年9月11日第3版。

等。有学者据此分析认为，由于我国司法体制和刑事诉讼程序仍有待完善，强化公诉手段可能会造成“制度规定的潜在缺陷”被利用和放大，从而给被批评的国家工作人员干预司法提供了便利条件，可能导致“诽谤罪的现实运作妨碍了批评权利发挥其应有的宪法价值”①，不利于我国民主法治国家之建成。②

从司法解释的本意而言，规定公诉情形是为了严格限制并规范公诉手段的启用。它不仅为司法实践提供了可操作性路径，而且为难以取证的普通网民开启了一扇维权之门。正是在这个意义上，发生于杭州的“郎某、何某诽谤案”（俗称“取快递女子被造谣出轨案”，案情分析见后文）引发了对网络诽谤案“自诉”转“公诉”的大讨论。该案不仅成为 2020 年十大法律监督案例，而且被写进了 2021 年全国“两会”最高人民检察院工作报告。在“人人都有麦克风”的数字传播环境下，本案启动公诉程序追究“诽谤者”刑事责任，对全社会具有积极、正向的标杆作用，亦为检察机关关于自诉转化为公诉案件的法律监督提供了一个范例。③ 此案是彰显网络时代惩处侮辱诽谤类犯罪司法动向的最新案例，值得高度重视和研究。④ 这种功能需求导向下的刑法扩张逻辑，反映了现行刑法合理扩大“法益保护范围和对象”的基本立场，以及切实保障网络空间安全的“积极预防姿态”。⑤ 从网络诽谤犯罪追诉模式可能蕴含的变化而言，此案具有一定的法治宣示意义，绝不仅仅是一件个案。

随着网络诽谤刑事案件逐渐增多，有关诽谤罪的去留与调整问题再次引起学者讨论。从世界范围来看，为防止公权力对公民表达权进

---

① 侯健：《诽谤罪、批评权与宪法的民主之约》，《法制与社会发展》（双月刊）2011 年第 4 期。

② 张海梅：《诽谤罪之检视》，《宁夏大学学报》（人文社会科学版）2014 年第 5 期。

③ 樊崇义：《诽谤罪之自诉转公诉程序衔接——评杭州郎某、何某涉嫌诽谤犯罪案》，《检察日报》2020 年 12 月 28 日第 3 版。

④ 刘仁文：《依法惩处网络诽谤强化公民私权和公共利益保护》，《检察日报》2020 年 12 月 28 日第 3 版。

⑤ 孙道萃：《民法典时代网络诽谤案件的刑法应对》，《检察日报》2020 年 12 月 28 日第 3 版。

行不当干预，欧美一些国家和地区实行“诽谤除罪化”，更多主张以民事赔偿的方式追究诽谤者责任。根据国际人权组织提供的资料，有些国家的刑事诽谤法退出了历史舞台，有些国家和地区虽保留诽谤罪的法律条文，但在司法实践中却很少适用，基本属于“纸面上的法律条文”。[①] 有学者对此分析认为，从严格意义上来看，诽谤罪似乎不是完全欠缺刑罚正当性的犯罪类型，学界对其质疑多半集中在“立法保护是否过当（比例原则）的层次，而不是从根本上否定名誉保护的必要性”。[②] 为妥善处理和平衡惩治犯罪和保障人权的关系，防止诽谤罪公诉权“在实务中存在被滥用风险”，可以通过修改刑法将诽谤罪区分为“情节不严重”“情节严重”“情节特别严重”三种形态，只有情节特别严重的诽谤犯罪可以依法公诉，除此之外则慎用。也有学者主张以不同方式取消诽谤罪公诉例外情形。为防止造成刑法体系内部的混乱与冲突，诽谤罪仅规制侵犯公民名誉权和其他个体法益的危害行为，现有诽谤罪关于“严重危害社会秩序和国家利益的除外”的规定可予以删除，对于严重危害社会秩序和国家利益的网络言论行为，可采用我国《刑法》其他相关罪名依法追究刑事责任。[③] 为了化解网络诽谤罪司法解释带来的扩张性适用，应对诽谤罪提起公诉设定严格条件，在条件成熟时逐步取消公诉诽谤罪。[④] 为防止立法保护过当，中国大陆刑法应借鉴他国刑法的规定，将“诽谤罪”规定为纯正亲告罪，取消公诉追诉模式。[⑤]

作为网络空间重要基础设施，网络服务提供者既可成为内容发布者，又可作为平台为用户提供传播通道。总体来看，后者目前仍是网络服务提供者作为市场主体的主要角色功能，其主要是通过智能算法机制对内容进行选择和导流而获得不同程度的媒体属性与社

---

① 郑文明：《诽谤的法律规制——兼论媒体诽谤》，法律出版社 2011 年版，第 77 页。

② 林钰雄：《诽谤罪之实体要件与诉讼证明——兼评大法官释字第五〇九号解释》，《台大法学论丛》2002 年第三十二卷第二期。

③ 金鸿浩：《论互联网时代诽谤罪的公诉范围》，《政治与法律》2021 年第 3 期。

④ 孙煜华：《网络诽谤罪司法解释的合宪性审视》，《中国法律评论》2015 年第 4 期。

⑤ 张海梅：《诽谤罪之检视》，《宁夏大学学报》（人文社会科学版）2014 年第 5 期。

会动员能力。网络平台某种程度上可以决定网络信息流动的速率和方向，在网络空间权力结构中处于居间调控的中枢地位。从网络治理思路和实践来看，刑法介入网络空间信息治理呈现出从注重内容规制转向内容规制与平台规制并重。而且，从治理动能和效率来看，刑法对于网络平台的规制将会逐渐加强，从创设针对网络服务提供者的专有罪名“拒不履行信息网络安全管理义务罪”即可从中窥见一斑。

网络服务提供者（Internet Service Provide，ISP）掌握着网络信息流动的“阀门”，在网络治理架构中占据重要地位。某种意义上，管住了网络服务提供者，则犹如遏制了网络空间信息流通的“咽喉”，可达到“一两拨千斤”之效。如何界定和落实网络服务提供者的平台主体责任，已成为网络空间立法的重点和难点，在司法实践中也是容易引发争议的焦点。“快播案”（具体案情见后文）的发生，使得网络服务提供者的刑事责任成为一大研究热点，就充分说明了这个问题。

如何做到权责结构动态平衡，是刑法规制网络服务提供者的关键。各国法律对网络服务提供者的权责配置存在一定差异，但面对网络信息治理普遍面临的压力或困境，不断强化网络平台的主体责任呈现出共同化趋向。作为新出现的法律主体，网络服务提供者是推动互联网立法的重要原因，而立法的重点则是对网络服务提供者的权利义务进行规定。[①] 政府管理部门对于算法运作过程的治理失灵，从制度成本上强烈刺激着平台企业的机会行为，由此可能产生诸多负外部性问题。“平台既是一个市场，又是一个企业”，这种双重属性使其难以找到市场公共利益与企业私人利益的平衡方案，平台治理遭遇困境的根源正在于此。[②] 从另一方面来看，平台在控制网络信息流动及决定用户获取信息范围方面掌握了大量实权，而它们对流经其平台的信息却又往

---

① 李海英：《网络空间法治化的全球视野与中国实践》，法律出版社 2016 年版，第 4 页。

② 张兆曙、段君：《网络平台的治理困境与数据使用权创新——走向基于网络公民权的数据权益共享机制》，《浙江学刊》2020 年第 6 期。

往享有豁免权,[①] 从而导致网络服务提供者权责结构处于失衡状态。而事实上，作为代替或协助政府管理网络社会的第三方力量，网络服务提供者在很多情形下能够发挥代替裁判乃至决策的作用，对于一些严重的网络犯罪行为起着重要作用，理当为此承担相应的法律义务，必要时应当入罪化。[②] 作为网络空间信息流动的“守门人”，网络服务提供者有能力也有义务对其平台上所产生的犯罪风险进行前置性防控，这是网络平台提供者承担主动审查义务的正当性根据。[③]

当然，也有学者指出，互联网发展比较成熟的国家普遍倾向于最大限度降低网络服务提供者的法律责任，在多元化的网络时代，要求企业履行“网络警察”的义务，这种社会分工的错位，最终可能会阻碍甚至窒息整个互联网行业的发展。[④] 有学者进而提出，设置网络服务提供者刑事责任不宜采取激进立场，在整体架构规则不完善的情况下，易导致对网络服务提供者“更倾向于惩罚而非保护”。基于权益保护和利益平衡的原则，首先应免除网络服务提供者的一般性监控义务；为避免立法上的失误和不足，应对网络服务提供者实施有条件的免责制度，更为重要的是，不论针对网络服务提供者的保护规则在立法设计上如何成功，其能否真正融入我国本土法律环境才是关键。[⑤] 为此，中国应当积极借鉴吸收德国与欧盟的有益经验，首先对网络服务提供者进行类型划分并以此科学合理区分不同类型平台责任。否则，在可预见的未来，会遇到越来越多关于网络服务提供者刑事责任认定难题，中国将可能面临“立法粗疏与理论空白的双重困境”。[⑥]

从预防和控制犯罪来看，加强网络服务提供者刑法规制无疑切中

---

① ［美］劳拉·德拉迪斯：《互联网治理全球博弈》，覃庆玲等译，中国人民大学出版社 2017 年版，第 178—179 页。

② 李源粒：《网络安全与平台服务商的刑事责任》，《法学论坛》2014 年第 11 期。

③ 敬力嘉：《论拒不履行网络安全管理义务罪——以网络中介服务者的刑事责任为中心展开》，《政治与法律》2017 年第 1 期。

④ 车浩：《谁应为互联网时代的中立行为买单?》，《中国法律评论》2015 年第 1 期。

⑤ 孙禹：《论网络服务提供者的保护规则——以刑事责任的限制为视角》，《北方法学》2019 年第 2 期。

⑥ 王华伟：《络服务提供者的刑法责任比较研究》，《环球法律评论》2016 年第 4 期。

要害。随着网络犯罪主体及形态不断发生变化，刑法评价和制裁的重心将由单一的行为人责任转向行为人和平台责任并重，网络服务提供者的刑事责任认定成为网络空间治理不容回避的关键问题。[①] 面对网络信息犯罪多发态势，在看到刑法规制网络服务提供者必要性的同时，如何对拒不履行信息网络安全管理义务罪的正当性、现实状况以及不作为性质进行阐释，也成为理论界和实务界普遍关注的焦点问题。[②] 创设该罪未必是全面处罚的故意，但其中形成的“共犯正犯化的处罚逻辑”与“偏向刑事化判断的思维逻辑”，值得进一步分析和探讨。[③] 从另一个层面来分析，本罪立法效果也有待实践检验。[④] 学界对此持有两种完全不同的观点。一方学者认为，本罪对于网络服务提供者将产生超强的威慑力，进而成为刑法整治网络平台的主要手段；另一方学者则通过对相关案件进行实证分析提出，本罪属于纯正的不作为犯，其义务来源只能是刑法，但由于“责令改正而拒不改正”的构成要件设置了过高的入罪门槛，导致本罪在司法实践中不仅不存在“处罚范围过大”的问题，反而可能存在“被弃用的风险”。[⑤] 从不同的视角和立场出发，上述两种观点均有一定合理性，但由于尚无全面、充分认识到立法和司法之间存在的张力及其所具有的复杂性和动态性，导致两者也同时含有较强的主观性和片面性。

如何界定网络服务提供者的信息网络安全管理义务，是拒不履行信息网络安全管理义务罪能否发挥实效的基本前提。有学者从完善立法的角度提出，我国刑法虽设立了拒不履行信息网络安全管理义务罪，可事实上并未对网络服务提供者的信息网络安全管理义务进行统一而

---

① 于冲：《“二分法”视野下网络服务提供者不作为的刑事责任划界》，《当代法学》2019年第5期。

② 王肃之：《论拒不履行信息网络安全管理义务的不作为性质》，《南大法学》2020年第3期。

③ 徐远太、陆银清：《网络服务商中立行为犯罪化及其限度——兼议刑法修正案（九）第二十九条》，《预防青少年犯罪研究》2016年第2期。

④ 葛立刚：《网络服务商不作为刑事责任的边界》，《西南政法大学学报》2016年第12期。

⑤ 参见邱陵《拒不履行信息网络安全管理义务罪探析》，《法学杂志》2020年第4期。

明确的规定，而是将该义务导向了“法律和行政法规”的规定，其更多表现为一般性、抽象性的义务规定，涵盖的内容过于宽泛，存在缺乏明确性、系统性和类型性的问题。[①] 事先经监管部门责令改正的立法模式存在限制刑罚发动的初衷，为此应当跳出传统思维的窠臼，对网络平台信息网络安全管理义务进行另行调整与修正，实现由“被动履行”到“主动担责”的变迁。“滴滴平台司机强奸杀人案”等不时发生的恶性事件[②]，从反面折射出既有治理模式的力不从心，为此应实现网络平台信息安全管理义务的适度前置，以合理化解刑事立法表现出行政从属性而带来的现实隐忧。[③] 当然，从另一个层面来看，刑法无疑可以设定拒不履行信息网络安全管理义务罪，但是，设置具体管理义务显然不是刑法的主要职能，而是需要辅以发挥行政法、经济法等配套法律的职能。法律体系的健全和完善是综合系统工程，不可苛求一项立法解决所有问题，这在某种意义上也正是法律修正案和司法解释所具有的协同性价值之所在。因而，对于上述观点应该抱持辩证思维予以理性看待和分析。

（二）刑法应当如何介入网络信息治理

从宏观价值层面探讨刑法应当如何介入网络信息治理，是为了更好掌握刑法运用于网络空间的原则和边界。这是本书重点论述的另一个核心问题。刑法边界主要是关乎刑罚正当性和合法性问题，在司法实践中体现为刑法介入网络空间信息治理的尺度和限度。刑罚正当性（legitimacy）的说明和论证，是刑法学研究的基本问题。确立刑法边界是保障刑罚正当性的重要路径。刑法边界是限制刑法扩张的主要手

---

① 童德华、马嘉阳：《拒不履行信息网络安全管理义务罪之“义务”的合理性论证及类型化分析》，《法律适用》2020 年第 21 期。

② 类似案件有“深圳女教师乘坐顺风车被害案”“5·6 郑州空姐打车遇害案”等。遭人诟病的是，在有关案件中，滴滴平台客服以安全专家介入、保护隐私为由拒绝向受害者家属提供司机车牌号、手机号，最终因错失时机而导致悲剧出现。如何从法律上明确界定网络平台的权责范围，成为日益紧迫的社会问题。

③ 陈伟、石莹：《网络平台安全管理义务的归责反思及其重塑》，《理论探索》2019 年第 2 期。

段，其主要体现于两方面：一是立法层面的刑法禁止，即必须严格遵守罪刑法定的原则，不能轻易以司法解释、类推乃至以权代法等手段突破罪与非罪的边界；二是司法层面的刑罚禁止，这主要是限制刑罚权的启用程序及范围，以防止刑罚权的滥用或过度使用。

如何理解刑法的本质与功能是确立刑法边界的首要前提。惩罚犯罪，保障人权，是我国刑法之两大目的。前者是实现后者的手段，后者是前者所为之目的。从法律属性上说，刑法是维护社会秩序稳定和保障个人权利的最后防线。对人民而言，刑法存在固然是入罪的标准，但同时也是人民自由权利的保证书。[①] 慎重而人道地使用刑事制裁，刑法就是人类自由和社会安定的保障；如果不加选择地和强制地使用刑事制裁，它就是人类自由和社会安定的威胁。[②] “为了惩罚而惩罚”的刑法实践和“为了惩罚而解释”的刑法学研究，实质上都是漠视权利的表现，为此应当提出以权利来制衡刑罚权，如此才能去实践正义，而非标榜正义。[③] 从长远来看，刑事立法和司法必须把维护秩序和保障人权放在重要位置，惩罚犯罪只是不得已采取的“最后的手段”。

筑牢刑法边界关键在于坚守刑法谦抑性原则。刑法谦抑性的本质在于固守刑法的“本分”，要求其有所为，有所不为。刑法要有所不为，则必须确立刑法介入社会生活的程度及边界，为此需要在国家与国民之间适当分权，最终使得两受其利。在社会治理中，通常只有当其他法律手段无能为力时方可启用刑法，故刑法的谦抑性又被称为刑法的最后手段性。从这个意义上讲，刑法除了是一个“道德哲学课题”，必须回答国家将强制力施加于公民的正当性问题，而且还是一个“政治哲学问题”，因为从本质上讲，国家的政治形态最终决定刑罚权的配置及运行规则。[④] 故此，刑法介入网络空间信息治理不仅需

---

① 黄荣坚：《基础刑法学》（上），台北：台湾元照出版公司2004年版，第11页。

② ［美］哈伯特·L. 帕克：《刑事制裁的界限》，梁根林等译，法律出版社2008年版，第363页。

③ 时延安：《刑罚的正当性探究——从权利出发》，《法制与社会发展》2010年第2期。

④ 何荣功：《社会治理“过度刑法化”的法哲学批判》，《中外法学》2015年第2期。

要考虑正当性与合法性，更要防止其脱离乃至突破国家的政治形态。

任何法律都是价值权衡的结果。探讨网络空间信息治理的刑法边界，关键在于对其关涉核心价值进行考量与平衡。刑法介入网络空间信息治理关涉三大核心价值：网络秩序、网络安全与表达自由。习近平指出，法治建设要为了人民、依靠人民、造福人民、保护人民。必须牢牢把握社会公平正义这一法治价值追求，努力让人民群众在每一项法律制度、每一个执法决定、每一宗司法案件中都感受到公平正义。①《网络安全法》第十二条提出，国家保护公民、法人和其他组织依法使用网络的权利，促进网络接入普及，提升网络服务水平，为社会提供安全、便利的网络服务，保障网络信息依法有序自由流动。同时又强调，任何个人和组织使用网络应当遵守宪法法律，不得利用网络从事违法传播犯罪活动，如煽动颠覆国家政权、推翻社会主义制度，煽动分裂国家、破坏国家统一，宣扬恐怖主义、极端主义，宣扬民族仇恨、民族歧视，传播暴力、淫秽色情信息，编造、传播虚假信息扰乱经济秩序和社会秩序，以及侵害他人名誉、隐私、知识产权和其他合法权益等。这不仅为刑法介入网络空间信息治理提供了法律依据，而且在价值目标上确立了根本遵循。要言之，就是刑法介入网络空间信息治理既要保障网络秩序和网络安全，又要充分促进网络信息依法有序自由流动，以为社会提供安全、便利的网络服务，让人民切实感受到社会公平正义。秩序（安全）和自由是辩证统一的关系。通常而言，失去秩序则自由难以保障，失去自由则秩序难以持久。如何动态平衡秩序（安全）与自由之关系，是刑法介入网络空间信息治理需要考量和应对的根本性问题，其中首要难题是如何把握好网络言论犯罪与表达自由之间的界限。

刑法介入网络空间信息治理既要充分尊重表达自由的价值追求，又要合理区划表达自由的法律边界。有学者提出，网络空间言论自由

① 习近平：《坚持以全面依法治国新理念新思想新战略为指导，坚定不移走中国特色社会主义法治道路》，《习近平谈治国理政》（第三卷），外文出版社 2020 年版，第 284 页。

与言论犯罪之间的紧张关系进一步升级，如何划分公民的言论自由权利与网络时代言论型犯罪的界限，是当下司法实务面临的重要问题。[①]刑法启用具有极大的权力宣示效应，其不当介入可在网络空间制造无形的紧张氛围，对网络空间信息流动或会起到严重抑制作用。因此，刑法介入网络空间信息治理对秩序层级要求不宜过高，能用其他方式解决的问题，则不轻易使用刑罚手段。此外，刑法介入网络空间信息治理需要处理好一般法和特别法的关系。在一般法能够满足现实需求的情况下，不宜过度强调特别法的作用。在坚持依法治网、依法办网、依法上网的前提下，如何在做到网络秩序总体可控范围内实现最大限度的表达自由，当是刑法介入网络空间信息治理不懈追求的理想目标。

在实践中如何把握刑法介入网络空间信息治理的尺度和边界是关键问题。法律边界通常难以做到清晰可见，只能大体确立基本的规则或底线。有学者提出，刑法介入网络空间信息治理应当遵循三大基本原则[②]：（一）实质恶意原则。即行为人明知信息本身存在整体性虚假而故意扩散传播；（二）实质危害性原则。即行为人只有直接造成被害人的人格、名誉遭受严重贬损，或者造成现实生活中公共场所秩序出现严重混乱，才可能遭受治罪处罚；（三）公私领域区分原则。即对涉及公领域言论内容的法律保护门槛通常要低于私领域。也有学者从另种角度提出，从宪法保护言论自由的目的出发，刑法介入网络空间信息治理需要肯定人民的“小额反抗权”[③]，以给网络空间留出足够的“呼吸空间”。可以肯定的是，网络信息治理过度依赖刑法手段必定引发“寒蝉效应”，这将较大影响网络空间信息流动的速率与活性，以致在真正面临险情、疫情、灾情、警情时，因惧怕受到刑事处罚而不敢直言发声，导致信息流动不充分，进而影响乃至错过消除社会风险的最佳有利时机。

防止刑法介入网络空间信息治理突破边界，关键在于合理配置网

① 刘艳红：《网络时代言论自由的刑法边界》，《中国社会科学》2016 年第 10 期。
② 廖斌、何显兵：《论网络虚假信息的刑法规制》，《法律适用》2015 年第 3 期。
③ 张明楷：《言论自由与刑事犯罪》，《清华法学》2016 年第 1 期。

络主体权责结构。作为制度安排的最优目标，“权责一致理论”以确定性和规范性成为国家治理的核心工具。现实具有高度复杂性，非人格化组织的理论预设难以简单适用于具体行政实践，当对效率的追求占据主要位置时，组织就会寻找替代性机制来实现利益最大化。[①] 由此而言，从制度层面而言，刑法介入网络空间信息治理应坚持公共利益最大化原则，避免过度追求“效率”价值而使刑法介入成为一种“替代性机制”。从防止公权力滥用的角度来看，不能抱持“刺激—恐惧—反应”式的传统思维而对网络违法信息动辄启用刑罚手段。有学者为此提出，司法机关在指控公民网络言论构成寻衅滋事罪的时候，必须提出能够证明有关言论确实造成现实公共场所发生混乱的具体证据，以免导致公权力滥用和腐败。[②] 刑事制裁的重点对象是现实世界中发生的实际危害行为，而且这种危害必须是可见的或迫近发生的，而不是源自相关人员的主观预判乃至臆想。

秩序是对稳定性与规范性价值的追求。秩序实现是动态平衡的结果，一般只需要求做到总体可控，而不是意味着管制越严、秩序越好。网络信息传播本质上属于言论表达范畴，很难说有既定“秩序”可言，对其施以“秩序”要求并非管制内容本身，而主要是针对由表达行为引发或即将引发的实际严重后果，如煽动冲击国家机关、致使受害人人格尊严严重受损乃至自杀等。只有坚持主客观相结合的原则，刑法介入网络空间信息治理才能避免走向过度扩张。在网络信息治理中，主要依凭传播者主观动机而不计客观后果就轻易动用刑罚手段，很可能会引发更大的不可控风险。历史证明，刑法严厉管控下的言论壅塞，带来的溃堤之害将更加严重。

在高风险社会中，刑法的功能性特征不断凸显。刑法权是和平时期国家最具暴力性和工具性的国家公权力。国家刑罚权能不能受到刑

---

① 倪星、王锐：《权责分立与基层避责：一种理论解释》，《中国社会科学》2018 年第 5 期。

② 张千帆：《刑法适用应遵循宪法的基本精神——以“寻衅滋事”的司法解释为例》，《法学》2015 年第 4 期。

事法的有效约束，是一个国家在刑事领域是否实现法治的根本标志，也是判断一个国家是否为法治国的基本标志。[①] 为了防止刑法暴力性破坏网络空间基本秩序结构，刑法介入网络空间信息治理只有面向不特定的“多数人”才能凝聚最大化的公共利益，而不至于沦为维护“少数人”特定利益之手段；刑法介入网络空间信息治理不能以实质剥夺人的基本需求与基本权利为代价，而应最大限度保障网络公民依法享有的意思自治和个体自由空间；刑法维护网络空间公共秩序是基于现实社会秩序的主客观综合判断，而不是建立在抽象社会危害性之上的主观设想。[②] 在网络信息治理过程中，什么情况下适用刑法，什么情况下该慎用刑法，什么情况下不能动用刑法，必须有着相对严格的界限约束，不然刑法对于秩序“安全性”价值的惯性追求，将可能影响乃至窒息互联网发展的活力和空间。

第三节　研究思路与创新价值

本书研究选题缘于强烈的问题意识。自 2010 年以来，随着微博、微信等社交媒体快速兴起，我国网络空间违法有害信息不断滋长蔓延，其中以网络谣言类虚假信息肆虐传播最为显著，给社会安定乃至国家安全造成较大冲击。为了加强维护网络秩序，有关管理部门自上而下密集展开网络违法信息专项治理行动。在多种因素交互作用下，刑法介入网络空间信息治理的需求和动力随之不断增强。

从网络空间法治化的角度来看，我国当下不仅要解决刑法介入网络空间信息治理的“合法性”问题，更要扎牢刑法介入网络空间的“正当性”根基。前者主要解决有法可依的问题，后者更多关乎能否做到良法善治。在一定意义上讲，后者相较前者显得更为迫切。因为只有以“善治”为基础，方可更好发挥“良法”的治理效果。而要做

① 梁根林：《刑事法网：扩张与限缩》，法律出版社 2005 年版，第 2 页。

② 冯建华：《试论网络传播秩序治理的刑法界限》，《新闻大学》2020 年第 11 期。

到善治，一个重要前提就是必须固守法之边界。刑法介入网络空间信息治理势所必然，对其正当性的考量，关键在于恪守刑法的谦抑性原则，防止出现过度刑法化。唯有筑牢法之边界，刑法介入网络空间信息治理才能更好发挥外向性社会意义，而不至于引发“内爆”效应。

刑法边界研究是比较宏大而抽象的论题，如何选择与之匹配的研究视角和方法显得至关重要。这是在选题构思和写作过程中，摆在作者面前的首要问题。在一定层面上讲，研究视角决定主体框架的确立，研究方法关乎创新价值的开掘。总体来看，既有研究更多注重法学专业研究的内部视角，重在分析法律规范和刑法罪名的理解与适用，而对于诱发网络违法信息传播行为的外在客观因素，即网络空间的媒介和传播特性往往缺乏深入关注。基于此，本书采取多学科交叉研究方法，大体分为两条论述主线：一是基于刑法的价值和功能分析刑法介入网络空间信息治理的“合法性”，二是基于网络空间的媒介和传播特性探讨刑法介入网络空间信息治理的“正当性”。通过两条主线交叉结合，力求从内外两个层面双向构筑网络空间信息治理的刑法边界。

本书主体框架体现出研究视角的体系性。第一章是知识论部分，主要论述网络信息治理的内涵、特质及其面临的挑战，同时从风险刑法观层面简要分析刑法介入网络空间信息治理的内因和动力，以简要交代和明晰本书的问题背景与理论框架。第二、三章是实践论部分，主要结合法律法规和司法案例，从内容规制和平台规制两个层面，分析刑法介入网络空间信息治理的路径及边界。上文已述，在内容规制的有关章节中，本书主要选取了两类网络虚假信息：一类是以扰乱社会秩序为指向的“网络谣言”；另一类是以侵害他人名誉和人格尊严为后果的网络诽谤。采取“以小见大”的方式，既可收紧论述主线、聚焦关键问题，又可达到“一叶知秋”之效。第四章是价值论部分，重点分析刑法介入网络空间信息治理关涉的核心价值。刑法介入网络空间信息治理有着多重价值考量，只有深入理解和把握其背后关涉的核心价值及其内在结构关系，对刑法介入网络空间信息治理才能不仅“知其然”，而且“知其所以然”。第五章是方法论部分，主要是在刑法观念演变的历史视域下，结合立法要义及司法实践，从不同层面探析刑法介入网络空间信息治理的原则与边界。本章并非意在提供操作性路径，而是旨在倡导和确立一种底线意义上的“规则”意识。在刑法立法和司法实践中，从正向角度守住法律边界是非常复杂的事情，而从反向角度探索怎样防止突破法律边界则相对容易达成共识。

在研究方法和学术观点上力求有所创新。本书运用刑法学、传播学、媒介社会学、公共管理学等学科理论知识资源，采用跨学科综合分析研究方法，致力于将现实案例融于理论分析之中，做到学术性、思想性与可读性相结合。例如，在论述刑法规制网络服务提供者的理论依据时，对如何界定“中立帮助行为”的性质，本书结合“快播案”展开了比较专业而又通俗地分析；在探讨刑法介入网络空间信息治理的原则与边界时，引用了较多最新的刑事案例，既使得论证分析更加扎实有力，又避免流于抽象空泛。在观点创新上，基于我国网络治理实践，分析提出了“网络信息安全辩证观”和“新时代网络传播秩序观”；从法社会学的角度分析论证了网络谣言犯罪化的“双向悖论”现象；从法律解释学的角度分析提出了网络空间公共秩序的“双重结构”；以媒介为变量考察分析了网络环境下诽谤罪价值构造的结构演变趋向。当然，本书尚存在诸多不足，如基于一手材料的理论分析相对不足，对完善立法尚未提出体系性的对策建议等。这些问题都有待于在后续研究中不断加以完善。

第二章　风险刑法视域下的网络信息治理

网络信息的质量与流速，在很大限度上决定互联网发展的活力与前景。网络空间是一个充满复杂性的矛盾体。在彰显自由、开放价值的同时，若任由信息肆意、无序流动，网络空间就可能演变成“火药桶”，严重影响社会秩序和国家安全。随着网络空间违法信息传播形势日趋复杂，网络犯罪性质与手段不断演变升级，网络空间信息治理已成为国际社会普遍面临的棘手难题。刑法介入网络空间信息治理系因多重因素推动，而风险刑法观的兴起则为其提供了一个理论分析视角，可由此更加真切、深入地把握问题所植根的社会语境和制度土壤。只有在了解网络空间基本特征的基础上，充分认识和把握网络信息治理的特质、模式及其面临的挑战，刑法介入网络空间信息治理才能做到更具科学性和有效性。

第一节　网络空间的基本特征

作为一个复数性概念，网络空间是虚实交织的开放性场域。随着技术、政治、社会、文化等外在环境的变化，网络空间的形态与特征处于动态演化之中。在不同的语境与学科视野中，对网络空间的认识和理解存在一定差异。本节主要从概念内涵、价值属性与传播变革等层面，探讨网络空间作为媒介环境和新型场域的基本特征。

一 网络空间的概念

网络空间的定义经历了一个演变过程，由最初的技术层面的描述，逐步发展到现实社会层面的概括。“网络空间”译自英文单词 cyberspace，由 cybernetics 和 space 两个单词组合而成。20 世纪 60 年代末，随着互联网技术被美国军方发明并加以扩散运用，“网络空间”这一概念逐渐萌芽。通常认为，美国科幻小说作家威廉·吉布森（William Gibson）最早提出了“网络空间”一词，出自其 1984 年出版的著作《神经漫游者》（*Neuromancer*）。该词本意是指将电子信息设备与人体神经系统相连接后所产生的一种虚拟空间。其显然是技术想象的产物，无论是内涵还是外延，均与现今意义上的网络空间存在本质差别。

21 世纪以来，随着互联网全方位卷入人们的工作生活，“网络空间”由技术构织的虚拟空间逐步演变为权力和利益博弈的现实场域，与国家安全和社会安定日益密切相关，由此被确立为国家战略的新兴领域。如今，“网络空间”早已走出科幻想象的界域，成为诸多学科关注和研究的前沿领域。

在大数据、算法、人工智能等新兴技术推动下，虚拟网络空间与现实社会环境不断交互渗透，呈现高度融合之势，其演变形态及可能影响表现出较大的可塑性与不确实性。这在一定程度上造成国际社会对网络空间目前尚无普遍认可的定义。

从发展脉络来看，网络空间的意涵是从最初的技术层面不断向政治、经济、军事、社会等层面延展，表现出立体化和综合化的显著特点。2010 年，联合国国际电信联盟（ITU）从技术层面将网络空间定义为由计算机、计算机系统、网络及其软件、计算机数据、内容数据、流量数据以及用户等要素创建或组成的物理或非物理的交互领域。美国在《网络空间政策评估》中将网络空间定义为由互联网、计算机系统和嵌入式处理器组成的相互依赖的信息基础设施。[①] 前者定义重在

① 鲁传颖：《试析当前网络空间全球治理困境》，《现代国际关系》2013 年第 11 期。

突出网络空间具有物理和非物理两种形态，交互性是其主要特点；后者主要强调网络空间日益突出的战略地位，说明其已由单一功能的传播渠道演变为复合功能的基础设施。

近年来，随着不同学科对网络空间展开多角度的研究，其内涵变得日趋丰富。不同于早期阶段偏重技术层面的现象描述，有学者开始关注到网络空间的结构与功能。网络空间凝聚着技术与资本的双重力量，携带着政治与社会的博弈与协作。作为一种社会实在，网络空间正在全面重塑我们的生存环境与日常生活。[①] 作为信息技术设施和规则的集合体，网络空间为人类提供了开放式的信息发布与社会交往平台，构造了一种独特的社会人文生活空间。[②] 有学者从国家安全的角度提出，网络空间构成国家安全的“一个新的制高点与承载体”，与“陆、海、空、天”四维并列，可被称为“第五疆域”。随着信息技术及其产品的升级换代，网络空间正从“低政治”层面向“高政治”范畴靠拢，将可能迸发出更多超乎人想象的特质。[③]

综上所述，网络空间是指由新兴传播技术和社会环境交互推动构织的基于互联网络的开放性场域，它已从单一的技术空间演变为现实与虚拟相互交织、全球与本土实时连接、“我者”与“他者”动态博弈的复合型空间。

二　网络空间的价值属性之争

如何理解和把握网络空间的价值属性，国际社会至今仍存较大争议。基于不同的价值立场和社会背景，对网络空间往往具有不同甚至截然相反的认识与定位。这在很大程度上决定了不同国家对网络空间往往采取不同的治理理念、模式与路径，由此导致出现的分歧乃至冲

① 李良荣：《以互联网寻路国家治理方式与治理能力现代化》，载张志安主编《网络空间法治化——互联网与国家治理年度报告（2015）》，商务印书馆 2015 年版，第 1 页。

② 参见韩德强主编《网络空间法律规制》，人民法院出版社 2015 年版，第 1 页。

③ 檀有志：《网络空间全球治理：国际情势与中国路径》，《世界经济与政治》2013 年第 12 期。

突，无疑会影响互联网全球治理的整体进程。概言之，对于网络空间的价值属性，主要存在两方面的争议。

1. 网络空间的本质是自由还是控制？互联网突破了传统媒体单向式的传播模式，在多元开放的网络空间，每个人都有“麦克风”，人人都是“自媒体”，技术和媒介赋权大大释放了公众表达的欲望与能量。于是，很多人就此主张或在潜意识中认为，互联网的本质是自由，网络空间发展实则是不断突破控制、走向自由的过程。一些美国自由主义者就指出，不同于一般的通信网络，互联网孕育了一种新的自由精神：公开性、实验性，在网络空间里，这些价值必须“完整地得到保留”；甚至还有观点认为，广播、电视节目是“推的技术”，受众是被动地接受并受到其影响，具有一种“主动侵入性”，而互联网是交互式的媒体，需要使用者主动寻找特定的网页和应用，属于“拉的技术”，故而“没有必要对互联网进行管制”。[①]

与此相反，有部分学者则认为，网络空间实质是一种无处不在却又难以察觉的隐性控制。这些人以美国网络法专家劳伦斯·莱斯格为代表，他在《代码 2.0：网络空间中的法律》一书中对此有专门的分析论述。[②] 劳伦斯·莱斯格提出，“网络空间”可追溯到“控制论”（cybernetics）领域，对后者的研究其实远早于《神经漫游者》的出版时间。从这个意义上讲，“网络空间”的本质在于控制，而非自由。在他看来，与真实世界不同，网络空间是一个特别的“地方”，有着独特的结构、规则以及行为方式。它被某只“看不见的手”控制，这只“看不见的手”就是由软、硬件构成的“代码”，以及基于这种代码，由多种力量共同推动构筑、能够实现最佳控制并使高效规制成为可能的“架构”。虽然人们可以选择不同的架构，但对于技术的可塑性不能过于乐观，一种形式的权力虽被摧毁了，另外一种或已正在取

① 严茜：《美国互联网的内容管制与表达自由的冲突问题——以 CDA 被判违宪为案例》，《新闻界》2009 年第 4 期。

② ［美］劳伦斯·莱斯格：《代码 2.0：网络空间中的法律》，李旭、沈伟伟译，清华大学出版社 2009 年版，第 32—89 页。

代它。他进而预言，在未来将形成的架构中，网络空间将成为有史以来最具规制性的空间，网络空间的自由“本质”将被颠覆。

2. 网络空间的范畴是属于“全球公域”还是“国家主权”？基于技术上的先发优势及意识形态方面的考量，以美国为代表的西方发达国家宣称，网络空间是“全球公域”，它不设边界，在信息自由流动中，各利益相关方对网络空间的资源和权力展开平等竞争。表面上看，这只是一种技术乌托邦主义，但其背后暴露出日益滋长的霸权意识。由于综合力量存在很大差异，网络空间一旦成了所谓的“全球公域”，这将为西方发达国家支配乃至把持网络空间提供合法性和正当性，使其扩张和垄断行为变得更加肆无忌惮，通过最大限度摄取网络空间战略性资源，进一步扩大国与国之间的数字信息和制度文化鸿沟。

以中国为代表的广大发展中国家则认为，网络空间是国家主权的重要组成部分，没有网络空间的安全，就没有国家的安全。为建立“多边、民主、透明”的全球互联网治理体系，习近平在第二次世界互联网大会上首次系统提出了全球网络治理的“中国主张”，并提出了推进全球互联网治理体系变革的四个基本原则，其中首个基本原则就是“尊重网络主权”。区别于以美国为首的西方国家所持的“网络自由论”，网络主权论使得中美之争进一步升温。① 中国在网络社会治理过程中，始终坚持的是国家绝对主权逻辑，其主要体现在三个方面②：（1）坚持“预先同意”原则，即主权国家的同意是境外信息进入主权国家境内的前提；（2）试图对跨境信息流动进行绝对控制；（3）强调信息网络领域的司法管辖权。

---

① 方兴东、张静：《中国特色的网络治理演进历程和治网之道——中国网络治理史纲要和中国路径模式的选择》，《汕头大学学报》（人文社会科学版）2016 年第 2 期。

② 作者同时认为，传统的国家主权治理逻辑在网络社会中已受到巨大冲击。首先，网络技术削弱了国家控制信息流动的能力，降低了按照主权国家逻辑进行规管的能力。其次，政府试图通过“预先同意原则”来防止境外信息进入主权国家的努力，越来越难以奏效。网民能够通过境外公司发布“翻墙”软件，突破主权国家的网络封锁，访问海外敏感网站，获得境外信息。再次，网络技术增加了意识形态生成和控制的难度。最后，网络技术带来的负面问题（黑客攻击、有组织的网络犯罪等），冲击着国家主权逻辑支配下的管辖权基础。参见郑智航《网络社会法律治理与技术治理的二元共治》，《中国法学》2018 年第 2 期。

网络空间的价值属性之争，最终影响的是网络治理的模式之争。因难以达成共识，网络空间的价值属性不时成为互联网全球治理中引发争议的核心问题，国际社会为此展开过多次激烈交锋。在 2012 年召开的第 66 届联合国大会上，中国、俄罗斯联合上合组织成员国提出，网络空间治理应尊重各国历史、文化和社会制度多样性，有关公共政策问题的决策权属于国家主权范畴，并据此向联合国提交了“信息安全国际行为准则”。这种倡议遭到以美国为首的西方国家强烈抵制。另一次交锋是在同年迪拜召开的国际电信联盟大会上，针对“成员国拥有接入国际电信业务的权力和国家对于信息内容的管理权”能否写入《国际电信规则》，发展中国家与西方发达国家在这个问题上出现了截然对立。在后者的联合抵制下，该条约最终没有生效。毫无疑问，国际社会对于网络空间的价值属性之争，还将会在不同领域以不同方式体现出来。这是全球网络治理发展演进的内在驱动力，在一定层面上将影响乃至决定网络空间的未来走向。

三　网络空间的传播变革

一种新媒介的诞生，都会不同程度引发思想观念和新闻业态的变革。从长远影响来看，这种变革通常不会对既有传播秩序和格局造成根本性冲击，新旧媒介很快会找到各自的时代方位，实现差异化发展。而互联网作为新兴媒介的崛起，却引发了颠覆性的传播变革。究其要者，大体表现在三个方面。

第一，传播模式由相对封闭的“大众传播”走向开放式的“公共传播”。在传统媒体时代，媒介渠道作为稀缺资源由组织机构掌控，公共话语权主要由少数精英阶层主导，新闻信息生产经由组织化选择和加工，基本是沿着既定轨道发布和流动。在这种自上而下、单向性的传播模式中，作为社会大多数的“受众”通常只能处于被动地位，在媒体塑造的拟态图景中构建和想象外在世界。

进入互联网时代，网络空间交互式的传播方式，大大提高了受众的结构地位，使之能够作为“草根记者”或“公民记者”，主动参与内容生产与传播，进而以多种方式影响舆论走向。传播主体由单一化走向多元化，是网络空间传播模式发生质变的主要根源。在新技术构造的网络化空间，由于传受双方界限的消弭，信息传播方式从单向式走向分享式、互动式，从传统媒体单方主导走向专业媒体、社会化媒介与普通公民共同参与，大众传播与人际传播更加紧密地结合与汇流。[①] 随着数字媒介的应用与普及，传播模式发生了质的变革，一个基本的面向是从机械模式的线性传播走向智能模式的界面传播。[②]

随着网络化和智能化媒介技术的深入发展，偏向职业传播主体的新闻主体观，正在转向“共同主体”观。在互联网构织的开放性场域中，每个人都是传播主体，既有的传受界限被打破，难有主客体之分。这意味着是“我们”为“我们”创造新闻世界，而不是“他们”为“我们”或一部分人为另一部人塑造新闻世界。[③] 与传统媒体相比，网络空间信息生产关系和传播方式显然发生了根本性变化。

第二，新技术赋能推动传播权力结构由“少数人”垄断转向“多数人”博弈。传播主体的多元化，带来的结果之一就是重塑传播权力格局。在开放交互式的网络空间，社会化媒体特别是自媒体的兴起，使得“人人都有麦克风”成为新的传播景观。网络空间虽可构筑“防火墙”，但要做到密不透风几无可能，由少数主流媒体主导和操控舆论走向的境况早已一去不复返。

互联网作为新媒介的出现乃至主流化是对传统媒介权力结构的否定或修正。网络技术带来的权力分散化，促使网络运营商、网络专家和普通民众成为权力的掌握者和施行者，从而形成一种信息权力。这种信息权力直接冲击着传统社会集权主义逻辑，颠覆了权力精英对于信息源与话语权的垄断，大大降低了区分中心与边缘、上级与下级的

---

① 蔡雯：《媒介融合前景下的新闻传播变革——试论“融合新闻”及其挑战》，《国际新闻界》2006 年第 5 期。

② 部书锴：《数字传播变革的三个面向》，《现代视听》2011 年第 9 期。

③ 杨保军：《我国职业新闻传播观念的几个宏观转向——以“后新闻业时代”开启为背景》，《新闻记者》2014 年第 5 期。

意义，从而导致网络治理的分权化。因而，广大网民能够以互联网为技术平台，以舆论压力为围观手段，来促进社会问题或社会矛盾的解决。[①] 在以互联网为代表的新媒体时代，受众的传播解放，使得媒介权力出现了结构性变化，即原本垄断性的“公共权力”，被部分转移到受众一方。[②] 互联网出现赋予了普通公民一种崭新的角色，即任何人都可在不同程度上发挥出传统“记者”的角色功能，将其所见所闻第一时间向公众传播。这打破了专业媒体与专业记者在传播格局中的垄断地位，让话语权利从“少数人”扩展到“多数人”。[③]

网络空间打通了大众传播和人际传播的区隔，使两者共处于同一个场域，彼此相互影响，相互制约。垄断型传播权力格局一旦被打破，多元异质化的信息将不断涌现，在特定条件下会形成“信息噪音”乃至“信息污染”，从而给现实社会秩序带来一定冲击。对此现象应予以辩证看待。一方面，要尽可能防止或减轻“信息噪音”和“信息污染”的负面影响；另一方面，也应看到，随着网络空间规则体系日趋完善，网络公民媒介素养不断提升，网络空间对违法有害信息将会不断滋生内部修正机制，提高自我净化能力。致力于构建多元、开放的网络空间公共传播系统，充分赋予公众传播权与选择权，同时提高网络公众在非中心传播环境下的信息免疫能力，将是增强网络空间发展活力和后劲的长远之计。

第三，传播效果由相对可控走向不可控。在传统媒体环境下，大众媒体被视为社会舆论的化身。在很多情况下，社会舆论基本由少数主流媒体操控。只要抓住了大众媒体中的关键少数，往往就能大体掌握社会舆论走势。在多元开放的网络空间，这种操控舆论手段已然失效。

在网络空间，人人都是潜在的传播主体，难有地位高低之分。普

---

① 王君君：《自媒体时代的网络治理：基于网络围观现象的考察》，《北京警察学院学报》2016 年第 5 期。

② 部书锴：《数字传播变革的三个面向》，《现代视听》2011 年第 9 期。

③ 蔡雯、郭翠玲：《“公民新闻”的兴起与传统媒体的应对——对西方新闻变革的观察与分析》，《新闻战线》2009 年第 9 期。

通网民在网络平台上的一言一行，都可能成为“引爆点”，作为核心信息源而被关注、被围观，成为改变舆论走向乃至推动社会发展变革的关键节点。历史前进的动力往往正是来自诸如此类的偶然性。在众声喧哗的网络空间，这种不经意的“偶然性”可能随时发生，无法预料，更难管控。

顺应网络空间传播变革趋势，树立动态平衡的传播效果观，网络信息治理才能化被动为主动，在复杂多变的舆论环境中立于不败之地。所谓动态平衡的传播效果观，是指网络传播效果是动态变化的，起伏不平，只能在顺应动态变化中追求总体性平衡。这是一个“水到渠成”的过程，而不是靠人为设定即可达到预期效果。在开放式的网络空间，只有抱持积极、开放的心态，主动参与传播，直面舆论纷争，方可能达到理想化的传播效果。一味采取“堵”“卡”的方式，甚至不惜动用刑法手段，意图将舆论的“牛鼻子”单方面紧紧地抓在自己手里，结果将很可能适得其反。传统媒体环境下的“舆论一律”现象逐渐远去，更多情况下取而代之的将是由开放式网络传播环境带来的“舆论不一律”，且往往只能在“舆论不一律”中追求和凝聚内生性的“舆论一律”。在人类信息传播的历史长河中，这是一个否定之否定的过程。

第二节 网络信息治理的内涵、模式与挑战

网络空间的传播变革，使得互联网成为大容量、超能量的信息交互复杂系统。数以亿万计的信息或数据穿越于网络空间，信息与信息的交汇，主体与主体的碰撞，构成了纷繁复杂的网络社会。网络空间价值属性内蕴的多重张力，线上线下的渗透融合，使得网络空间不再是变幻莫测的虚拟存在，而是事关个人、社会和国家利益的战略高地。在不断推进网络信息治理体系和治理能力现代化的时代征程中，如何遵循科学化和法治化原则，构建松紧适度的网络传播秩序不仅成为当务之急，更成为亟待正视的严峻挑战。

一 从网络治理到网络信息治理

随着网络社会快速发展，网络空间已从技术容器装置演化为重要的信息基础设施。经移动化、智能化终端广泛联结，互联网络空间日趋扩张，全面渗透并影响国家与社会的方方面面。由于互联网络集多种功能于一身，特别是其媒介政治属性不断彰显，网络治理（严格意义上应称为互联网治理）日益成为国际社会展开博弈与合作的重要领域。

由于网络空间呈现多重特性，对网络治理的理解亦有所不同。早在2005年6月联合国互联网治理工作组就提出，网络治理是指政府、私人部门、用户等多元主体各自制定和执行的、用于规范互联网发展和使用的原则、标准、规定、决策程序与共同计划。[①] 有学者认为，网络治理包括两大部分，分为政府主导的管理与非政府主导的社会化治理。网络治理的根本目标是建立和维护网络空间秩序。[②] 有学者持类似观点，认为网络治理的基本目标是在线行为的有序化与合秩序，以达成网络自由与社会秩序的均衡状态。[③] 总体来看，各种不同定义均强调网络治理的主体多元性，只是在价值落点上有所差异，如前者聚焦本体属性，后两者注重结构功能。

毋庸置疑，网络治理在不同时期必然带有不同价值偏向，后者并不具有唯一性。换言之，秩序不应成为网络治理的唯一价值目标。与自上而下的“管理”相比，治理具有多中心、多向度的特点。由此而言，网络治理应是多元主体通过动态博弈实现最大价值共识和公共利益最大化的过程。网络治理既要建立必要秩序，又要充分保障自由；既要看到网民离散分化的状态，又要直面网络群体行为激发出来的巨能。基于此，网络治理体现为双重结构：对网络内容的规范和对网络主体特别是公权力的约束。在网络治理理论与实践中，更多看到的是

① 郑文明：《互联网治理的进程、模式争议与未来走向》，《新闻与传播评论》2020年2月。

② 方兴东、张静：《中国特色的网络治理演进历程和治网之道——中国网络治理史纲要和中国路径模式的选择》，《汕头大学学报》（人文社会科学版）2016年第2期。

③ 何明升：《中国网络治理的定位及现实路径》，《中国社会科学》2016年第7期。

第一层结构，第二层结构往往被有意无意地忽视。其实两者都是网络治理体系的有机组成部分，缺一不可。第一层结构重在构建秩序，第二层结构旨在进行边界约束，以确立秩序的限度。没有第二层结构的防护，网络治理易沦为简单粗暴的网络管制，缺少内在的调适能力，也就难以真正实现秩序的价值，即构建秩序是为了更好地促进而非限制互联网发展。

从治理模式来看，网络社会大体形成了技术治理模式和法律（组织）治理模式两大类型。在治理手段上，前者偏重技术代码，后者偏重权力规则。[①] 如何正确处理法律治理与技术治理的关系，最终形成二元共治结构，是提升网络治理综合能力和整体水平的理想之路。在这个过程中，公共的与私人的、个人的与机构的、市场的与官方的意愿和利益都能被纳入其中，并在国家、市场、社会多中心之间形成均衡治理的格局。[②]

关于网络治理的概念及构成要素，目前各界尚未形成统一的认识。网络治理是伴随互联网技术变革而不断演进发展的，从最初的技术治理到互联网内容管理，再到网络空间治理，网络治理已经从原有的技术性、专业性领域转向更广泛的政治、经济等领域，网络治理的内涵和外延不断扩展。[③] 从中国治理实践来看，网络治理的重心大体经历了三次转移：从科研主导到产业发展主导，再到媒体管理主导，再到网络空间主导。[④] 随着网络治理重心不断转移，网络治理的复杂性亦相应不断增强。从网络治理辐射效应来看，网络空间的开放性使得网络治理早已超出了国家和民族疆域范围。网络治理全球博弈的背后，是技术支撑下政治权力和经济实力的综合较量。如何定位政府的角色功能，是其中一个关键性变量。这使得网络空间治理并不是一国

---

① See Jack Goldsmith & Tim Wu, Who Controls the Internet? Illusions of Borderless World, Oxford University Press, 2006, p. 23.

② 郑智航：《网络社会法律治理与技术治理的二元共治》，《中国法学》2018 年第 2 期。

③ 闫晓丽：《网络治理的概念及构成要素》，《网络空间安全》2018 年第 5 期。

④ 方兴东、张静：《中国特色的网络治理演进历程和治网之道——中国网络治理史纲要和中国路径模式的选择》，《汕头大学学报》（人文社会科学版）2016 年第 2 期。

一地的事情，在诸多问题上它需要兼顾考虑国内和国际两端的力量因素。正是由于网络治理所具有的复杂性和敏感性，导致刑法介入网络空间信息治理更需抱持辩证和长远的眼光，而不能局限于一时一地之效。

从管理到治理的转变，是网络治理区别于传统媒体规制的本质所在。根据劳伦斯·莱斯格的分类，自下至上，网络空间由物理层、规则层和内容层组成。物理层主要是指网络空间的基础设施，规则层主要是指互联网的各项标准和协议，内容层主要是指网络上存储与流动的信息和数据。网络信息治理主要是针对内容层，重在探究如何通过制定法律或规范体系，以实现对这些内容进行管控，或是如何规定用户访问内容权限。[①]

信息是网络治理的重要内容和核心变量。从这个意义上讲，网络信息治理是网络治理最具社会效应的基础性工程。网络信息治理，在中国又被称为网络内容建设、网络内容管理或网络内容规制。网络空间共享式的权力结构和弥漫性的传播方式，使其造成的实时影响大大高于传统媒体，处于更加不可控的状态。从长远来看，网络信息治理只有真正树立“治理”理念[②]，注重协商与合作，减少管制与对立，才能切实推动构建网络空间人类命运共同体。

二　网络信息治理的特质

网络信息传播带来的诸多新问题，其根源程度不同都是因应网络空间发生的颠覆性传播变革。只有顺应网络空间传播变革的趋势，才能更好把握网络信息治理不同于传统媒体管理的特质，从而在实际工作中找准方向，达到预期理想效果。如果把现实压力（如网络违法信息蔓延、网络暴力泛滥、网络群体性事件涌现等）视为显性动因，网

① ［美］劳拉·德拉迪斯：《互联网治理全球博弈》，覃庆玲等译，中国人民大学出版社2017年版，第23—24页。

② 与强调自上而下、政府主导、权力控制的“管理”理念相比，“治理”理念包含开放、对话的意涵，强调上下互动、多元参与、平等协商。

络空间传播变革则是推动网络信息治理的隐性动因。前者更多是体现于事物表征，后者才反映问题的本质。抓不住本质，则很难对“症”下药，其结果很可能是“头疼医头”乃至“头痛医脚”。

互联网引发的颠覆性传播变革，正在全面重塑社会权力结构，影响至为深远。在这个背景下，网络信息治理固然应当因时而变，不断更新理念和手段，但同时更要抓住其特质，以不变应万变，如此才能找到一条既不同于传统媒体管理又顺应互联网发展规律的道路。

1. 网络信息治理必须面向网民凝聚最大化公共利益

进入全媒体时代，网络空间内容生产和传播的开放，必然带来主体的开放。前者以后者为前提，后者以前者为目的。即言之，没有主体开放带来的多元化，就不可能带来信息和内容生产的多样化与多质化，反过来，信息和内容生产的多样化与多质化，也会进一步促进主体的开放化和多元化。两者实际上是互为目的和手段的关系，但从根本上说，主体开放能否或在多大程度上激发网络公众的参与性，是互联网可持续发展之关键。申言之，作为最广大的用户主体，网民（公众）参与的体量和能量大小，直接关乎网络空间发展的根基与前景。由此而言，网络信息治理必须面向网民凝聚最大化公共利益，而不仅是传统媒体管理所主要指向的媒体机构及其从业人员。离开广大网民的认同、参与和支持，网络信息治理自然难以发挥出最大化的公共效能。在最大限度促进网络公众参与、保障网络公众正当权益的前提下，网络信息治理必须树立互联网思维，遵循新媒体发展规律，而不能走向以权力为导向的科层制行政管理。在个体“受众”被激活的网络空间公共传播模式下，简单依靠自上而下式的发号施令，往往只是网络信息治理的一时之策，不仅难以取得长远效果，在特定情况下反而可能加剧网络信息传播的“破窗效应”，形成更大的“信息黑市”。

2. 网络信息治理需要新型治理模式

传播权力由“少数人”垄断向“多数人”博弈转移，要求网络信息治理应更多地采取协商共治的新型治理模式，尽量避免使用单向性的强制性管控模式。网络信息治理应立足长远，不能急功近利。究其实质，网络信息治理并非以单一主体（特别是公权力）的强权或集权为导向，而是适当分权和平权的过程。只有合理配置网络权力资源，积极探索构建新型治理模式，使多元主体能够充分参与网络空间规则构建，网络信息治理才能更好做到治而有“理”，治而成“理”，而不至于演变为简单粗暴的网络信息管控。

3. 网络信息治理是一个合作博弈的过程

网络空间信息传播效果由相对可控走向不可控，使得网络信息治理是一个合作博弈的过程，在非特殊情况下不宜通过采取运动式整治模式，力求毕其功于一役。如上所述，在传统媒体时代，社会舆论基本由少数主流媒体主导。只要抓住了大众媒体中的关键少数，往往就能大体掌握社会舆论走势。而在多元开放的网络空间，这种单向操控舆论的手段已然失效。只有通过多元主体充分展开协商、对话乃至博弈，网络信息治理才可能实现传播势能的平衡，从而达到舆论疏通与引导之目的。

4. 网络信息治理旨在确立“自由的秩序”

从长远来看，网络信息治理应在自由和秩序之间动态调适价值平衡点，最终追求一种自由的秩序。所谓自由的秩序，就是以自由为价值基座的秩序。大体而言，网络信息治理在短时间内可以维护秩序为目的，但在长时段内须以促进自由为旨归。换言之，维护秩序是为了塑造更有利于促进自由生长的环境。不能为了维护一时之秩序，动辄对网络信息流动予以管控，乃至诉诸刑罚手段。这种行为势必给公众制造一种紧张氛围，也给公权力滥用留下空间，其最终挤压的可能是公众正当的表达权利。任何以实质牺牲自由为代价的网络信息治理之举，从长远来看，都将是得不偿失的。

三　网络信息治理模式的演化

受政治体制、技术条件、文化传统等因素影响，各国对网络信息治理模式的选择不尽相同，在价值理念及实践路径上甚至存在根本性差异。从主体角色功能来划分，网络信息治理模式大体可分为两类：一类是以网络服务提供商为核心动力的市场化自治模式，另一类是政府主导下的协同治理模式。这两类模式都是特定国情下的制度选择，难有优劣之分，仅有适合与否之别。需要指出的是，这两类模式并非截然分明，主要是从动力源的结构化层面所作的大体区分。随着网络空间安全成为国家战略的重要组成部分，政府在网络治理中的角色地位无疑将日益凸显。因此，从长远来看，政府主导下的协同治理模式将会成为主要趋向。

由于政治经济结构的原因，一些西方发达国家偏重采用市场化自治模式，只要不触及国家核心利益，政府更多是作为“幕后力量”而存在。这些国家大多是互联网技术先发国家，市场运行机制比较成熟，更多是通过市场调节和行业自律等手段实行互联网治理。在价值层面上，奉行所谓的“网络无界”“市场驱动，私营主导”等自由主义理念，网络治理规则大多是通过自下而上、非集中化的方式形成，强调没有政府参与的自由和平等。[①] 相对而言，市场化自治模式有利于释放互联网创新活力，但与此同时，随着网络空间日益深层嵌入全球政治、经济、社会等复杂利益和现实之中，网络信息自由流通与网络安全管控之间的冲突也会随之不断加剧。在这种形势下，网络信息治理的市场化自治模式日益显得捉襟见肘，难以适应现实需求。如“9·11”事件之后，以美国为代表的西方发达国家出于打击网络恐怖主义之紧迫需要，通过出台和修改法律等手段，加大对网络空间信息流动，特别是跨境网络与电子信息往来的审查力度，以增强本土“内部安全”。2013 年“斯诺登事件”的发生，更是暴露出一贯以网络自由自居的美国，在背后同样是动用国家权力并且利用自身技术优势实施大面积网络信息监控。围绕网络监控与反监控，发达国家与发展中国家、发达国家与发达国家之间展开了明争暗斗的交锋。

出于国家战略利益和技术力量对比的现实考量，一些发展中国家主要采取的是政府主导的互联网协同治理模式。这些国家将维护网络秩序放在优先位置，在注重网络开放性的同时，更加强调政府在网络

① 杨君佐：《发达国家网络信息内容治理模式》，《法学家》2009 年第 4 期。

空间治理中的权威性与可控性。应该看到，西方国家之所以主张网络空间实行市场自由化的政策，主要是基于技术优势而作出的利益最大化选择。从另一个层面来看，大多数发展中国家选择政府主导的协同治理模式则是源于网络信息治理和意识形态安全的压力，这同样也是出于利益最大化的战略选择。正是如此，有学者将政府主导的网络治理模式称为压力型整治模式。在这种治理模式中，政府是网络规制的领导者、支配者和监督者，企业机构、社会团体、科研单位和公民等非政府行为体一般只能有限参与。[①] 采用压力型整治模式，有利于发挥制度优势，集中利用政府网络管理资源，能够在短时间内取得较好的治理效果。但也应该看到，这种治理模式通常主要适用于特殊时期或特定情况，对其常态化能否持续有效，则表现出很大的不确定性，需要根据具体情况对其利弊进行综合权衡。

面对纷繁复杂的网络信息传播环境，网络信息治理必须打破行业区隔化的规制思维，顺应时势变化探索构建具有最大价值共识基础的协同共治模式，以积聚内生性的规制合力，而不是主要依靠外力的强制干预。犹如一首“协奏曲”，这种新型规制模式需要政府、国际组织、企业、个体等多元主体共同参与，协同合作，不断提升作为市场主体的自治和自律能力。[②] 在网络空间演绎的“协奏曲”中，既要发现其中的“和弦”，又要保留个中的“神韵”。这种复合规制模式也因此被通俗地称为“公共—私人联合管制模式”。[③] 只有既充分发挥公共规则的协调作用，又充分保障私人的自由空间，网络信息治理才能保持适当的内生张力，发挥出最大化的积极效能。

随着网络空间战略资源博弈不断升级，治理模式一旦失当，掌握权力或资本的一方将会逐步占据优势乃至垄断地位，网络空间集权化

---

① 左文君、叶正国：《论网络规制模式的转换及其立法选择》，《学习与实践》2014 年第 12 期。

② 李继东：《复合规制：媒介融合时代的规制模式探微》，《国际新闻界》2013 年第 7 期。

③ ［英］安德鲁·查德威克：《互联网政治学：国家、公民与新传播技术》，任孟山译，华夏出版社 2010 年版，第 343 页。

现象将可能由此不断滋长。在这种情况下，更加需要构建复合规制模式对此予以纠偏或反制，否则网络空间将日益偏离其开放、共享的本质，成为权力操控的圈地。当然，也应该看到网络空间信息流动并非绝对以权力意志为转移，而是因应变动社会中人们对优质信息的刚性需求，不断突破时空限制而肆意奔涌，生生不息。总体来看，依靠单一主体主导网络信息治理将会变得日趋困难，这也是推动网络信息治理模式创新和优化的现实动力。

网络信息治理复合规制模式是多元化的统一，而不是外在性的统合机制。需要强调的是，由于各国情况千差万别，网络信息治理不能用一个标准来衡量，用一个法律来规范，用一个模式来治理。失去了多样性与地方性，互联网的历史书写是不完整的。一个国家或民族选择什么样的互联网治理模式，采取什么样的治理手段，应充分尊重所在地的政治制度与历史文化传统，以不突破其社会承受力为界限。

四　网络信息治理模式的创新与优化

网络信息治理的核心问题是治理模式的选择。治理模式决定着网络信息治理的道路方向与实践路径。当技术条件与现实环境发生变化，网络信息治理模式亦应有所变动与调整。从一定程度来讲，网络信息治理力度如何，与治理模式创新与优化的效度存在直接关系。推进网络信息治理模式创新与优化，必须顺应网络空间传播变革趋势，把握网络信息治理的特质及价值定位，直面应对较传统媒体管理更为复杂艰巨的挑战，致力于塑造共建共治共享的网络治理格局。大体而言，当前网络信息治理模式创新与优化，可以确立三个着力点。

1. 不断推进网络空间法治化进程，探索构建权责明确、边界清晰的规则体系

网络空间是各种利益与矛盾的交汇之所，只有切实依法治网，运用刚性法律手段才能更有力平衡各方主体关系，使其在健康有序的轨道内更好运行发展。在网络信息传播过程中，政府、网络平台、公众等多元主体各自负有什么权责？边界何在？这些关键问题不明确，网

络空间法治化进程就难以取得实质进展，网络信息治理也就难以真正形成协同共治模式。

从近年情况来看，一些国家针对网络信息治理出台了诸多政策法规，包括针对社交媒体、网络虚假信息、短视频、网络服务提供者等关键业务领域和运营主体的管理规范。这些政策法规的制定，一方面应体现互联网蕴含的开放、包容精神，最广泛地凝聚公众意志；另一方面重在平衡各方主体的权责配置，防止出现权责失衡甚至权责倒置现象。例如，作为网络空间公共平台，网络服务提供者是网络信息流动的中介者与控制者，被赋予相对较大的信息管理责任自在情理之中，“谁管理，谁负责”的主体责任设置也实有必要，但也不能使其负重承担超过其技术和业务能力范围的注意义务，如要求其完全像传统媒体一样做到“先审后发（播）”，对流经其间的每条信息进行实时无差别地核实或筛查等。

网络服务提供者权责配置失当带来的后果，不仅是影响乃至窒息互联网发展活力，制约互联网产业发展步伐，而且可能会反噬公众的表达权利，悖逆网络信息治理的价值追求。同时又要谨防出现另一种权责失衡的情况：对网络服务提供者约束不力而导致其管理权力过于膨胀，从而成为网络传播生态系统中的垄断性乃至破坏性力量。此外，对于何为网络违法信息，判断标准应具有明确的法律依据，而不能由相关部门根据不同需要而主观认定，否则网络信息治理将可能成为权力滥用的“合法手段”。

2. 不断完善网络空间治理生态，推动多元主体间形成相互依托、相互制约的良性互动机制

作为网络空间三大基本主体，政府部门、平台机构与公众（网民）之间只有做到力量相对均衡，进而形成相互依托、相互制约的良性互动机制，网络信息治理的主体架构才能平稳。具言之，政府部门若过度扩大权力，网络空间将失去创新动力与活力；平台机构如若权力过大，将侵蚀网络信息多元性与公共性；公众（网民）自由空间如若过大到不受边界约束，网络空间将会成为法外之地。

构建相互依托、相互制约的良性互动机制，是推动网络信息治理走向善治的基本前提。网络信息治理是对网络资源的调配与整合。只有在多元主体之间建立良性互动机制，才可能在网络空间形成相互依托、相互促长的共同体关系，而不是简单的管理与被管理的关系。从长远来看，网络信息治理唯有做到互信共治，才能汇聚更大合力，从而不断提升自我净化与自我免疫的能力，逐步生成内部修复与循环机制。相反，如果各方主体之间长期处于互不信任甚至相互敌视的状态，网络空间不是演变为险象环生的“火药桶”，就可能是变成“一潭死水”。对于如何构建良性互动机制，可以通过重构技术代码、治理架构等手段，在不同条件下具体做法虽有所差别，但必须遵循一个共同前提，就是充分激发网络空间活力与动力，更好发挥互联网对于推动国家与社会文明进步的正向作用。

3. 积极融入全球网络治理进程，建立内外联动、科学理性的舆情分析与风险评估机制

互联互通是网络空间的基本属性，只有积极融入全球网络治理进程，建立内外联动的磋商与合作机制，网络信息治理才能取得更大成效。任何国家如果背离全球网络治理普遍性规则，无原则地各自为政，私设“藩篱”，网络空间将会走向“墙内花园”。在坚持网络主权的原则之下，只有在全球网络治理体系中最大限度地寻求协同合作，价值共识的底面越大，网络信息安全的“根基”才能更加牢靠。处于全球信息空间的每一个个体都不是孤立的存在，实现和维护网络信息安全需要国际合作。加强各国之间的合作，制定共同适用的国际规则，形成有效的国际合作机制，是应对信息安全问题的必然途径。[①]

网络信息治理要做到张弛有度，有赖于建立科学理性的舆情分析与风险评估机制。网络信息治理手段的选择与运用，是对于网络信息传播造成的实际后果或者可能带来的迫在眉睫的危害所作的总体判断，

① 张新宝：《论网络信息安全合作的国际规则制定》，《中州学刊》2013年第10期。

这个判断必须是基于相关网络舆情的整体分析而作出的决策，而不能是凭空设想的主观预判。从社会危害性的角度出发，过度强调网络信息治理的防控性，毫无根据地加大网络信息治理强度，其结果可能是反向激发负面信息喷涌而出，从而使网络信息治理处于高压制、高风险的境地。

网络信息治理模式的创新与优化，应该朝着法治化、精细化与规范化的方向发展。基于不同利益立场，网络空间的价值属性之争，决定了存在不同的网络信息治理模式。由于政治、法律、文化等因素不同，网络信息治理模式在发达国家（崇尚自治）与发展中国家（强调管控）之间曾出现两元分化的趋势，如今已呈现向复合共治模式演进的普遍趋势。随着网络空间信息安全形势日益复杂多变，在具体手段采用方面，越来越多国家开始不断加大法律治理的力度。

治理模式的创新与优化是推进网络信息治理的根本动力。网络信息治理模式的创新与优化可以采取不同路径，涵盖多个不同层面，同时应该根据不同情况确立相应的着力点。从长远来看，网络空间信息治理应超越对策运用之“术”，致力于在制度和文化之“道”层面，更好地平衡自由、秩序与安全的关系。只有做到“三位一体”，网络信息治理才能形成必要的平衡机制，保持足够的内生张力，从而真正形成共建共治共享的善治模式。

五　网络信息治理面临的挑战

相比于技术、架构等隐性治理，网络信息治理更多体现在显性层面。前者是后者的基础与支撑，后者决定前者的方向与尺度。网络空间基本形态主要表现为信息交互平台，其间的一切行为最终都以或直接或间接的方式作用于这个平台。由于信息在流动中附带着文化价值观，使其不时成为被规制的对象。网络空间在一定程度上消解了信息传播的体制化阻力，但与此同时，一种新的权力结构正在形成。网络空间形态的特殊性与变动性，使得网络信息治理不断面临新的挑战。究其要者，体现在以下三个方面。

1. 能否达成或达成多大的价值共识，将决定网络信息治理的方向

网络空间突破了时空限制，超越了国家和民族的地理疆域范围，导致网络信息治理并非事关一个国家或民族的问题，也不是一个国家或民族所能完全掌控的事情。只有在各自权限范围内获得最大限度的价值共识，才能更好地建立网络信息治理的核心架构与规则体系，网络空间也才能做到最大范围、最大限度地互联互通。从这个意义上讲，网络信息治理旨在使网络空间信息更加自由、顺畅、有序地流动，而并非仅是为了达到管控、阻隔信息传播一时之效。

价值共识主要是解决由谁治理以及如何治理的问题，以明确网络信息治理的动力、方向及底线。在价值和权力多元开放的网络信息治理领域，确立底线比单纯倡导自由更加切合实际，也更加重要。当下，在网络信息治理领域，需要力求达成价值共识的核心问题包括：网络信息治理的主体是谁？网络信息治理主体权责如何配置？网络信息治理的权力边界何在？只有在诸如这些核心问题上达成共识，网络信息治理才能找准方向，汇集最大化合力，而不是应急管理模式下的“打补丁”。网络信息治理是复杂的系统工程，因国情或境况不同，采取的具体手段也会有所不同。因此，在凝聚价值共识的基础上，必须充分尊重多样化的道路选择。

2. 如何防范或破解网络信息传播垄断集中的趋势，将决定网络信息治理的效度

在互联网架构中，技术与资本是两大支柱。正是靠着技术与资本的推动，互联网产业化才会高歌猛进，迅速成长为国家新兴支柱性产业。但是，经济发展与媒介演变历史均表明，与产业高速化发展伴随而来的将可能是产业的集中与垄断。事实上，互联网在产业与媒介两个层面均表现出垄断化趋势。在中国，BAT（百度、阿里巴巴、腾讯）奠定三足鼎立格局；在国际上，脸书（Facebook）、谷歌（Google）、推特（Twitter）在各自领域展现出独霸天下的实力。2019 年 10 月，美国众议院司法委员会对脸书、谷歌、亚马逊（Amazon）、苹果（Apple Inc.）的调查报告显示，这四家科技巨头已从“富有挑战精神的初

创企业”转变成为“我们曾在历史上看到过的如石油大亨和铁路大亨那样的超级垄断者”。技术巨头形成垄断的真正原因并非在于规模和结构，而是植根于技术巨头在权力行使过程中依靠强大的技术壁垒形成的“易读性障碍”。对科技巨头利用技术权力形成“垄断”的过程，当前西方国家往往难以及时革新监管工具，从根本上缺乏有效的强制执行措施和手段。①

依靠技术与资本快速崛起的网络服务提供商（网络平台企业），掌握着网络架构中的关键节点，在很大程度上决定网络空间信息流动的速率与流向，有些已经或正在发展为可与主流传统媒体抗衡的新型平台媒体。从现实情况来看，这些实力强劲的平台媒体已成为网络信息治理的关键变量，而那些占据垄断地位的网络服务提供商，则是关键中的关键。信息通信技术使网络平台组织走向“扁平化”，新媒介为公众赋权弱化了外界对于互联网的直接控制能力，政府管理部门只能逐步转为间接控制，越来越多地借助于网络平台等市场化力量。这表明平台服务商已成为网络治理的实际操作和执行主体，政府管理部门职能更多的是进行政策调控和宏观规划。在技术赋权之下，平台服务商既可以成为政府的“积极合作者”，又可在不同层面不同程度上扮演政府“消极对抗者”的角色。因而，能否有效防范这些占据绝对流量优势的网络平台走向垄断，进而防范其利用垄断地位干扰网络空间正常信息流动，是网络信息治理亟待正视的迫切问题（Facebook 用户数据泄露事件就充分说明了这一点）。可以说，能否有效防范或化解这一难题，将决定网络信息治理的整体效度。

3. 如何划分公权力与私权利的界限，将决定网络信息治理的前景

网络空间是由“力的多边形”构成的复杂巨系统，需要平衡和处理好公权力（国家公权力机关依法享有的强制力量）与私权利（具有“私人”或个人性质）的关系。这主要是从权利（权力）行使主体的角度所作的粗略划分，并非严格法律意义上的分类。公权力部门、平

① 樊鹏、李妍：《驯服技术巨头：反垄断行动的国家逻辑》，《文化纵横》2021 年第 1 期。

台机构和公众（网民）是网络空间三大基本主体。主体间权力配置决定网络空间的性质与形态。权力配置关键是划分公权与私权的界限。网络信息治理可以采取多种手段，主要包括立法、行政监管、技术控制、行业自律与公众监督等。总体而言，公权力部门是网络空间规则体系构建的主导性力量，如制定法规、行业监管等；平台机构主要担负技术运维、内部自治等功能；公众（网民）主要是通过内容发布、参与立法或规则制定等方式，对网络信息治理起到参与、推动和监督的作用。在三者构成的权力结构中，公权力与公众基本处于前后两端，平台机构介于两者之间，起到执行、调适、缓冲等作用。

从网络空间力量对比来看，"公权力"（对象主体为国家和国家授权的公共组织）与私权利（对象主体为个体公民和市场企业）一旦失衡或界限不清，出现的可能结果不是"公权"侵蚀"私权"，就是"私权"越界妄为。前者表现为网络空间的过度拦截、非法监控等，后者体现为网络暴力泛滥、网络违法信息肆虐传播等。只有合理配置网络空间权力资源，厘清并恪守公权力与私权利之边界，网络信息治理才能更好地服务于国家总体发展目标，营造健康有序而又不失活力的网络生态环境。互联网治理的核心在于责任基础上的社会各方对公权力与公民权利的再配置，这个再配置过程充斥着公权力、公民权利与责任之间的博弈与震荡，更离不开公众参与。[①]

第三节　作为理论视角的风险刑法观

互联网具有不同于传统媒体的传播特征，网络治理自然亦不能完全照搬传统媒体管理的思维理念和制度体系。网络治理能力现代化是全面推进网络空间法治化的基础工程。没有网络治理能力现代化，网络空间法治化也就难以真正落到实处，更谈不上将互联网的"最大变量"转变成促进国家事业发展的"最大增量"。而要实现网络治理能

① 褚松燕：《中国互联网治理：秩序、责任与公众参与》，《探索与争鸣》2015 年第 1 期。

力现代化，一个重要前提就是在遵循互联网传播特性的基础上，不断探索既符合世界潮流又适合中国国情的网络治理模式与道路。刑法介入网络空间信息治理，虽然相比其他手段更具强制性和威慑力，但从实现网络治理能力现代化的原则与要求来看，其同样必须遵循网络治理的特性和规律。上文对网络空间的基本特征和网络治理的特质、模式及挑战进行了简要论述，其用意正在于此。

随着网络空间与现实社会不断交互渗透，早期以确保运营安全和内容安全为旨要的互联网治理，已经演变为关乎国家安全和国际关系的网络空间治理。作为网络空间核心要素，网络信息附带着各种利益和价值诉求。网络空间信息传播具有隐匿性、交互性和实时性等特点，使得网络信息治理相较于传统媒体管理变得更加复杂而敏感。针对不同层面和不同性质的问题，网络信息治理应采取差异化的手段，如此才能更好地做到网络治理的精细化、科学化和正当化。

鉴于网络空间信息传播的公共性和复杂性，网络治理主要是由政府部门制定全局性或宏观性的规则体系。在具体实践中，政府规制的执行更多的是依托于网络服务提供者及其所属不同类型化的平台，后者也由此被赋予网络内容管理的主体责任。在法律手段的运用上，网络违法信息传播扰乱了网络社会秩序，通常是采取行政法手段，对网络违法嫌疑人进行治安管理处罚，或者对网络平台进行行政管理处罚。网络违法信息传播损害了公民和组织的合法权益，通常是采取民事诉讼的方式，用以化解网络空间权利主体之间的矛盾和冲突。只有网络违法信息传播行为达到刑法层面规定的“情节严重”，乃至于“严重危害社会秩序和国家利益”的情形，相关当事人才可能遭受刑事处罚。为了最大限度防止刑法暴力性带来超比例的反冲效应，刑法介入网络空间信息治理必须恪守刑法谦抑性原则，其须是在穷尽所有常规手段之后的“最后选择”。

刑法介入网络空间信息治理有着非常复杂的社会动因，对此可以进行多层面的分析和探讨。本书提出以风险刑法理论分析刑法介入网络空间信息治理的问题，仅是提供了一种解释性视角，以此聚焦高风险社会中的刑法能动机制及其可能带来的影响。需要特别说明的是，本书并不是简单倡导或者反对刑法介入网络空间信息治理，而是重在探析刑法介入网络空间信息治理如何把握“时、度、效”，从而更好地发挥刑法调控网络社会的正向功能。

随着网络空间风险因素不断积聚放大，网络空间犯罪手段日趋复杂多变，在各种内外压力之下，网络信息治理动用刑法手段往往成为“不得已”的应急之策。在网络空间法治化的原则框架内，刑法参与网络信息治理在特定情况下不仅必要，亦无可厚非。刑法为何以及如何介入网络空间信息治理，需要综合考虑诸多主客观因素。从社会动力学来分析，刑法在不同情况下介入网络空间信息治理与风险刑法观念存在程度不同的关联，其共同价值导向是在社会治理中日益看重刑法对于风险预防的提前介入干预作用。

刑法在法律体系结构中属于最后序列，“不得已”为其显著特征。在多种因素促动下，出于社会风险管控之需要，被动式刑法将可能逐渐变得积极主动，风险刑法由此顺应而生。风险刑法的核心要义是将刑法作为“抗制风险”的优先手段。从世界范围来看，晚近现代信息风险社会促使刑事立法日益活性化，刑法谦抑主义面临结构性改变。在这种时代背景下，积极刑法立法观不仅是一种立法指导思想，更是一种刑法立法方法论和行动，并活跃在国民的观念中。刑法如何参与现代社会治理，成为事关刑法发展方向性和根基性的问题。[①]

在高风险社会背景下，网络空间成为风险聚集和扩散的重要场域，网络违法有害信息滋长蔓延成为其突出表征之一。各种区域性风险借助网络空间向全球蔓延扩散，不仅变得更加难以控制，而且严重威胁国家安全与社会安定。在某种意义上讲，网络空间不仅成为风险传播的主要渠道，而且已然演变为社会风险的代名词。在现实社会形势与风险刑法观念交互促动下，刑法介入网络空间信息治理的内驱力不断滋长。

---

① 何荣功：《刑法与现代社会治理》，法律出版社2020年版，第2页。

刑事立法是以社会危害性的有无和大小为核心动力。社会危害性决定犯罪圈的大小，决定法定刑的轻重。[①] 网络违法信息传播的社会危害性，有时并非主要源于信息内容本身，而是与违法信息赖以滋生的社会环境有关。而且，社会危害性的判断通常难有客观标准，其主要根据往往是源自对于当时社会秩序形势的考量与评估。社会危害性的“风险”评估级别越高，刑法介入的可能性则越大。在现实生活中，网络违法有害信息特别是那类蛊惑性较强的无特定指向的社会性网络谣言，对于社会秩序的稳定构成重要危害性因素，从理论上说刑法对之提前介入和干预实有必要。但从实际效果来看，由于网络信息治理是一项复杂系统工程，抱持传统思维动用刑法威慑性手段，有时更多是起到宣示性的象征作用，以此表明主管部门应对和处置网络社会风险的态度与决心。从这个意义上讲，风险刑法为观察和分析刑法介入网络空间信息治理，提供了一个具有特定解释力的理论视角。

① 赵秉志:《社会危害性理论之当代中国命运》,《法学家》2011 年第 6 期。

第三章　内容规制：网络违法信息入罪的是与非

信息与互联网的关系，犹如“鱼”与“水”的关系。失去前者，互联网犹如一潭“死水”；没有后者，信息将失去滋养，难以更好更快地“繁衍生息”。互联网传播的开放性和隐匿性在带来信息海量增长的同时，也使得网络信息质量变得良莠不齐，鱼龙混杂，特别是大量违法信息滋生并伴随网络犯罪不断升级，对网络秩序与网络安全构成巨大威胁。网络信息治理既要阻遏网络违法信息肆意传播，又要促进网络空间信息自由流动。前者是实现后者之手段，后者是前者所为之目的。当前亟待厘清的问题是，何谓网络违法信息？如何对网络违法信息传播行为定罪量刑？刑法规制网络违法信息的正当性何在？

第一节　违法信息的界定及类型

从法律规制的角度而言，信息大体可分为合法信息与违法信息。简言之，法律明确禁止传播的信息是违法信息，法律未明确禁止传播的信息大体可称为合法信息。进一步细分，介于违法信息与合法信息之间的信息，有部分则属于通常所言的“不良信息”。这类信息主要是违背道德伦理规范和社会公序良俗，在特定社会条件下存在转化为违法信息之可能。

出于维护国家、社会及个人权益的需要，任何主权国家都不会容许违法信息绝对自由地传播，在特定条件下会采取不同手段实施监管和打击。如“9·11”事件后，出于防范国际恐怖主义需要，美国国会以压倒性优势通过相应法案，授权美国联邦政府对美国境内的数字通信活动进行监视，互联网服务提供商必须允许政府机构获取通过其网络传送的数据信息；在欧洲人权法院默许下，欧盟各成员国有权通过立法赋予政府对互联网所传播的有害信息进行监控和屏蔽。[①] 主权国家一般会通过法律法规限定违法信息类型，只是禁止范围及处罚程度存在不同而已。根据国家限定违法信息宽严幅度的不同，可以大致分为“宽松限定原则”“适度限定原则”和“严格限定原则”三类。[②]

一　国外关于非法信息的规定

违法信息在国外多被称为“非法信息”。1999 年 1 月，欧洲议会、欧洲理事会发布《关于采取通过打击全球互联网上的非法和有害内容以促进更安全使用互联网的多年度共同体行动计划的决定》，规定各成员国可适当通过国内立法，将“种族歧视”“国家分裂主义”等互联网信息内容列为法所禁止的非法信息内容。但在非法信息类型方面，各成员国之间的立法规定存在一定差距。例如，德国立法承认“宣扬纳粹主义”“否定纳粹大屠杀事件”等相关信息属于非法信息内容，而当时同属欧盟成员国的英国以及位于大洋彼岸的美国，却认为此类信息或观点并非属于“非法信息内容”，而是公民言论自由的表现形式。[③]

从目前来看，基于对人权、平等、自由观念的重视，西方发达国家普遍将宣扬种族歧视、国家分裂、暴力恐怖、未成年淫秽色情表演等网络内容信息作为非法信息类型予以重点打击。其中，有些国家已经把宣扬种族歧视包括憎恨、仇视外国人的言行规定为刑事犯罪，可在利用互联网“散布”种族主义和仇外主义内容的犯罪行为定性方

① 陈欣新：《对信息内容可分级法律规制》，《检察日报》2013 年 1 月 24 日第 3 版。

② 马志刚：《中外互联网管理体制研究》，北京大学出版社 2014 年版，第 107 页。

③ 马志刚：《中外互联网管理体制研究》，北京大学出版社 2014 年版，第 108 页。

面，国际社会仍持不同意见，立场不一。2001 年，欧洲理事会（The Councilof Europe）通过的《网络犯罪公约》（Cyber-crime Convention），是系统规定网络犯罪的首个国际公约。2003 年，欧洲理事会通过《网络犯罪公约》首个附加议定书——《〈网络犯罪公约〉关于将通过计算机系统实施种族主义和仇外性质的行为犯罪化附加议定书》（2006 年生效，简称《议定书》），用以重点打击通过计算机网络宣扬种族歧视和仇视外国人的信息传播行为。《议定书》指出，计算机系统为全球间的言论和通信自由提供了前所未有的便利方式，为了确保在言论自由和有效打击种族主义和仇外性质行为之间保持适当平衡，《议定书》第 3—5 条特别规定了三种犯罪，分别是通过计算机系统传播种族主义和仇外材料罪、基于种族主义和仇外动机的威胁罪、基于种族主义和仇外动机的侮辱罪。在此基础上，为了防止将此类具有严重危害性的非法信息内容向公众扩散，议定书第六条将通过计算机系统向公众传播或使公众知悉有关“否认、过分淡化、批准或者为种族灭绝或反人类罪进行辩护”等信息的行为规定为“反人类罪”。[①] 这体现了欧洲理事会一直以来不刻意区分少数人的权利、立足于全面禁止歧视、禁止一切形式的歧视、保障所有人不加歧视地享有基本人权与自由的理念。[②]

不同于欧洲理事会，欧盟理事会（Council of the European Union）发布《打击种族主义和仇外框架决议》，提出对仅实施了《议定书》第 3—5 条所规定的单一传播（宣扬）行为，成员国可不予处罚，但可作为量刑加重情节予以综合考量。而对公开煽动暴力或仇恨和通过向公众散布或分发包含此类内容的小册子、图片或其他此类的行为，应按犯罪处罚。这种犯罪类同于《议定书》规定的反人类罪，只是在传播介质上有所区别，即后者特别规定是通过“计算机系统”，前者是针对“小册子、图片”等传统媒介。两者犯罪定性及处罚严厉程度

① 皮勇：《网络恐怖活动犯罪及其整体法律对策》，《环球法律评论》2013 年第 1 期。

② 张颖军：《打击网络犯罪中的少数人权利保护》，《中南民族大学学报》（人文社会科学版）2011 年第 2 期。

有所不同，显然与不同媒介类型及其社会影响力大小存在直接关联。

英国《2003年通信法》（Communications Act 2003）规定了两类需要追究刑事责任的非法信息：（1）通过公共电子通信网络（PECN），发送或帮助发送含有粗暴攻击、色情、淫秽或者威胁性质的信息；（2）以骚扰、威胁、恐吓他人为目的，持续使用并通过公共电子通信网络发送或帮助发送明知虚假的信息。《2010年英国数字经济法》（Digital Economy Act 2010）第四十条进一步扩大了范围，共包括八类非法信息类型[①]：（1）针对人类或动物的暴力描写，不论其是否逼真或是否产生明显损害；（2）针对除人类或动物以外其他事务的真实性暴力描写；（3）能够引起违法犯意的犯罪活动描写；（4）有关非法毒品或毒品滥用活动的描写；（5）能够引起酒精、烟草使用欲望的文字、图片；（6）故意传送色情信息的文字、图片；（7）诋毁或诅咒；（8）能够引发违法犯罪的，有关种族、性别、残疾、宗教、信仰、性倾向或其他方面的文字或图片。可见，英国对非法信息类型有着比较具体而严格地规定，不仅意在防止犯罪，而且将社会伦理秩序和个人身心健康都纳入法律保护范围。

与英国相比，德国对于非法信息类型及其处置要求的规定更为细化，也更具操作性。2017年，德国通过《网络强制法》（Network Enforcement Act），明确规定了不少于14种非法信息类型[②]，如传播违反德国宪法的组织宣传资料的行为、煽动颠覆国家政权、公开煽动他人犯罪的行为、宣扬仇恨言论等，并将社交网络和部分IT行业作为重点管辖对象，要求社交网络提供者须在用户提出投诉后的24小时内屏蔽或删除非法信息。

---

① 马志刚：《中外互联网管理体制研究》，北京大学出版社2014年版，第108—109页。

② 非法信息类型主要包括：传播违反德国宪法的组织宣传资料的行为；煽动颠覆国家政权；公开煽动他人犯罪的行为；宣扬仇恨言论；传播暴力音视频资料；煽动、支持刑事犯罪的行为；传播、获取和持有儿童色情产品的行为；通过广播、媒体或电信传播淫秽表演的行为；侮辱行为；污蔑行为；诽谤行为；侵犯他人肖像权和隐私权的行为；有重大犯罪倾向的行为；伪造证据的行为，等等。参见党俊琦《德国〈网络强制法〉的现状及其对我国的启示》，《铁道警察学院学报》2018年第2期。

与西方国家和国际组织相比，韩国和新加坡等亚洲国家对于非法信息类型的规定，则相对体现出权威主义国家所具有的比较鲜明的地域政治文化色彩。《韩国信息通信网促进利用与信息保护法》（2009年修订）规定了九类非法信息：（1）发布、散播、出租、出售含有色情的符号、文字、声音、图像或影像，或公然面向社会展示含有该类内容的信息；（2）以诋毁、诽谤他人为目的，公开宣扬事实或虚构事实，或者含有毁损他人名誉权内容的信息；（3）向他人反复发送、散播含有恐怖内容的符号、文字、声音、图像或影像等信息；（4）向信息通信系统发送、传输含有妨害其应用功能的信息，导致信息通信系统或其数据、应用程序等毁损、灭失、变更、伪造的；（5）以营利为目的提供《未成年人保护法》规定的有害未成年人媒体内容，但是未依法标示“未满19岁者不得使用”字样，或未依法采取未成年人接取限制措施的；（6）含有法律禁止的、有关赌博等射幸行为内容的信息；（7）含有法定秘密级别以上、涉嫌泄露国家机密的信息；（8）含有《国家保卫法》禁止行为相关内容的信息；（9）含有用于犯罪目的或者教唆、帮助犯罪相关内容的其他信息。新加坡2001年修订的《互联网行业准则》（又称《互联网络内容指导原则》）主要规定了三类非法信息类型[①]，重点惩处危害治安和国防、影响种族和宗教和谐以及违反公共道德的信息，动摇公众对执法部门信心的内容，引起人们痛恨和蔑视政府，激发对政府不满的内容等。[②]

对于非法信息的界定，一般应做到明确具体，其主要可概括为两大类：一类是针对国家和社会层面的煽动颠覆政权、泄露国家秘密、

① 三类非法信息类型为：（1）危害治安和国防的信息。包括危及公共安全、国防安全的内容；动摇公众对执法部门信心的内容；惊动或误导社会公众的信息内容；引起人们痛恨和蔑视政府，激发对政府不满的内容。（2）影响种族和宗教和谐的信息。包括抹黑和讥讽任何种族或宗教团体的内容；在任何种族和宗教之间制造仇恨的内容；提倡异端宗教或邪教仪式（如恶魔崇拜）的内容。（3）违反公共道德的信息。包括含有色情及淫秽的内容；提倡性放纵和性乱交的内容；刻画或大肆渲染暴力、裸体、性和恐怖的内容；刻画或宣扬变态性行为（如男同性恋、女同性恋、奸污儿童）的内容。

② 马志刚：《中外互联网管理体制研究》，北京大学出版社2014年版，第110—113页。

煽动或诱导犯罪、宣扬种族歧视、淫秽色情类信息等；另一类是针对个人名誉、隐私、宗教信仰等进行诽谤、侮辱、攻击类信息。由于政治社会背景和法律文化传统不同，不同国家对于非法信息类型的规定，在价值倾向性上存在较大差异，甚至持有完全相反的态度。如上所述，有些国家对于非法信息的限定主要是出于保护国家和社会的重大利益以及对于特殊群体如未成年人的倾向性保护，而有些国家特别是崇尚威权主义的国家，对于非法信息的规定有的是出于保护政府权威，如在新加坡“动摇公众对执法部门信心的内容”“引起人们痛恨和蔑视政府，激发对政府不满的内容”等被视为非法信息。这无疑赋予政府较大的非法信息处置权。

二　中国有关“有害信息”的规定

在我国法律法规、司法解释及政府规范性文件中，关于信息指称有些比较具体，如虚假信息、淫秽色情信息、行政违法信息、违法犯罪信息等，有些则比较模糊或笼统，如不良信息、低俗庸俗信息、有害信息等。《全国人民代表大会常务委员会关于维护互联网安全的决定》（以下简称《关于维护互联网安全的决定》）是最高国家立法机关常设机构首次针对互联网通过的立法性文件，其采用的是“有害信息”用语，将造谣、诽谤等含有违法内容的信息统称为“有害信息”。受此影响，在相关法律法规、部门规章、政府规范性文件及理论学术研究中，“网络有害信息”“网络违法有害信息”用语使用较为普遍。遵循约定俗成原则，本书沿用此用语。需要特别说明，本书所指网络违法信息主要是限于言论表达领域，并不涵盖一般意义上的政务公开信息、法律保护的个人信息及不准公开的案件信息。①

① 有学者提出，违法犯罪信息主要是指行为人受到刑事处罚或行政处罚的记录，或者在接受刑事处罚、行政处罚之前涉嫌违法犯罪的事实描述，前者主要体现在已决案件中，后者主要体现在未决案件中。前者所言违法犯罪信息显然主要是指向个人信息层面，并非言论表达范畴。参见于冲、巩宸宇《违法犯罪信息公开的功能定位与模式选择》，《中州学刊》2020 年第 7 期。

有害信息是泛指给特定主体合法权益造成或可能带来损害的信息。从刑法规制意义上讲，网络有害信息是指网络空间发布、传播的以图文、音视频、多媒体等形式出现的，含有严重危害国家安全、社会秩序或公民权益等内容的信息。除了刑法相关规定外，在我国互联网法律法规中，有害信息的概念可追溯至“有害数据”一词，其出自1994年制定的首部互联网行政法规《中华人民共和国计算机信息系统安全保护条例》[①]。在技术发展早期，互联网作为新兴媒体的属性尚未凸显，法律重在保护计算机系统安全和数据安全，而非网络传播秩序。随着网络空间分层化发展，网络信息和网络数据表现出既有内在联系又呈现相互分离的趋势，即前者主要指向内容层（前台，具有传播属性），后者则更多指向技术层（后台，具有资源或财产属性）。《数据安全法》第三条规定：本法所称数据，是指任何以电子或者其他方式对信息的记录。由此可见，网络信息和网络数据实为互为表里的关系。

从社会危害性程度来看，《关于维护互联网安全的决定》将可追究刑事责任的违法信息分为四大类型。（一）侵害互联网运行安全的违法信息，如病毒类信息[②]，其实质是上文所言“有害数据”；（二）影响国家安全和社会稳定的违法信息，如利用互联网以造谣、诽谤等方式发表、传播煽动颠覆国家政权、推翻社会主义制度、分裂国家、破坏国家统一，以及煽动民族仇恨、民族歧视，破坏民族团结等内容信息；泄露国家秘密、情报或者军事秘密等内容信息；（三）破坏社会主义市场经济秩序和社会管理秩序的违法信息，如对商品、服务作虚假宣传；损害他人商业信誉和商品声誉；编造并传播影响证券、期货交易或者扰乱金融秩序的虚假信息；传播淫秽书刊、影片、音像、图片等；

---

① 该条例第二十三条规定：故意输入计算机病毒以及其他有害数据危害计算机信息系统安全的，或者未经许可出售计算机信息系统安全专用产品的，由公安机关处以警告或者对个人处以5000元以下的罚款、对单位处以1.5万元以下的罚款。

② 第一条第（二）款规定：故意制作、传播计算机病毒等破坏性程序，攻击计算机系统及通信网络或者通信系统，致使计算机系统及通信网络遭受损害。当然，刑法对此早有相关规定，并非“决定”首次提出，后者主要是对前者的重申或强调。

(四) 侵犯个人、法人和其他组织的人身、财产等合法权利的违法信息，如利用互联网侮辱他人或者捏造事实诽谤他人；利用互联网进行盗窃、诈骗、敲诈勒索类信息等。需要说明，该决定提出的违法犯罪信息类型皆是刑法原有罪名，系刑法在网络空间的适用或延伸，并非创设新罪名。

为有效遏制利用互联网进行违法信息传播活动，《关于维护互联网安全的决定》第七条要求：一旦发现互联网上出现违法犯罪行为和有害信息，从事互联网业务的单位要采取措施，停止传输有害信息，并及时向有关机关报告。从逻辑上分析，此条规定中的“有害信息”主要是指可能会引发或导向违法犯罪行为的相关信息。《网络安全法》第十二条规定，国家保护公民、法人和其他组织依法使用网络的权利，保障网络信息依法有序自由流动。该条第二款列举的违法信息类型，基本沿用了《关于维护互联网安全的决定》的相关规定。《刑法》在“拒不履行信息网络安全管理义务罪”条款中使用的是“违法信息”用语。该法第二百八十六条之一规定，网络服务提供者不履行法律、行政法规规定的信息网络安全管理义务，经监管部门责令采取改正措施而拒不改正，出现四种情形将被“处三年以下有期徒刑、拘役或者管制，并处或者单处罚金”，其中首个就是“致使违法信息大量传播的”情形。而对于何为“违法信息”，该法并未予以特别明确，只是被笼统导向于有关信息网络安全管理义务的“法律、行政法规”。现在有些刑事审判案例对于违法信息的界定，其根据来源正是相关“法律、行政法规”，这多少与此类法律规范的价值取向存在一定关系。

我国有关网络违法信息的规定体现于不同层级的法律法规和部门规章之中，而且由于有些行政法规和部门规章对违法信息的界定比较笼统，这在某种程度上也由此造成司法实践中对于违法信息的界定往往存在民刑交叉使用以至于出现界限不清的状况。我国对于网络有害信息范围的法律规定和治理实践，尚存在粗放型、碎片化、不统一、不科学等不足，从而给司法实践和公众认知难免造成一定的困扰。[1] 总体来看，对于违法信息的界定，社会认知度较高的是《互联网信息服务管理办法》（2000 年公布，2011 年修订）第十五条根据刑法作出的总括性规定，即互联网信息服务提供者不得制作、复制、发布、传播九类信息内容[2]，俗称“九不准”。这九类违法信息大多较为具体明确，但也有相对宽泛的规定，如“损害国家荣誉和利益的”“散布谣言，扰乱社会秩序，破坏社会稳定的”等。

2021 年 1 月，国家互联网信息办公室发布《互联网信息服务管理办法（修订草案征求意见稿）》，规定了不得制作、复制、发布、传播的九类信息[3]，可称为“新九不准”。其较“九不准”进行了较大扩充，如增加了“编造、传播险情、疫情、警情、自然灾害、生产安全、食品药品等产品安全以及其他方面扰乱社会秩序的虚假信息”“散布煽动非法集会、结社、游行、示威或者其他扰乱社会管理秩序、破坏社会稳定的信息”等类型。2021 年 3 月，国家广播电视总局发布《中华

---

① 尹建国：《我国网络有害信息的范围判定》，《政治与法律》2015 年第 1 期。

② 《互联网信息服务管理办法》第十五条规定的违法信息包括：（一）反对宪法所确定的基本原则的；（二）危害国家安全，泄露国家秘密，颠覆国家政权，破坏国家统一的；（三）损害国家荣誉和利益的；（四）煽动民族仇恨、民族歧视，破坏民族团结的；（五）破坏国家宗教政策，宣扬邪教和封建迷信的；（六）散布谣言，扰乱社会秩序，破坏社会稳定的；（七）散布淫秽、色情、赌博、暴力、凶杀、恐怖或者教唆犯罪的；（八）侮辱或者诽谤他人，侵害他人合法权益的；（九）含有法律、行政法规禁止的其他内容的。

③ 《互联网信息服务管理办法（修订草案征求意见稿）》第二十六条规定的违法信息包括：（一）反对宪法所确定的基本原则，危害国家安全、荣誉和利益，泄露国家秘密，煽动颠覆国家政权，推翻社会主义制度，煽动分裂国家，破坏国家统一；（二）宣扬恐怖主义、极端主义，宣扬民族仇恨、民族歧视，破坏民族团结，破坏国家宗教政策，宣扬邪教和封建迷信；（三）编造、传播扰乱金融市场秩序的信息，以及其他扰乱市场秩序、经济秩序的虚假信息；（四）编造、传播险情、疫情、警情、自然灾害、生产安全、食品药品等产品安全以及其他方面扰乱社会秩序的虚假信息；（五）仿冒、假借国家机构、社会团体及其工作人员或者其他法人名义散布的信息，或者为实施违法犯罪而冒用他人名义散布的信息；（六）散布煽动非法集会、结社、游行、示威或者其他扰乱社会管理秩序、破坏社会稳定的信息；（七）传播淫秽色情、暴力、赌博、凶杀、恐怖的信息，以及教唆犯罪，传授犯罪手段、方法，制造或者交易违禁物品、管制物品，实施诈骗以及其他违法犯罪活动的信息；（八）侮辱或者诽谤他人，侵害他人名誉、隐私、知识产权或者其他合法权益，以及危害未成年人身心健康，不利于未成年人健康成长的信息；（九）法律、行政法规禁止的其他信息。

人民共和国广播电视法（征求意见稿）》，也规定了九类禁载内容。[①] 与“新九不准”相比，其同样体现出较强的对法律法规的整合性，如明确禁止“歪曲、丑化、亵渎、否定革命文化、英雄烈士事迹和精神”的信息，此系对应《刑法修正案（十一）》创立的侵害英烈名誉、荣誉罪，但也增加了“否定革命文化”的违法信息内容类型。上述规定另一个特点是体现出较为鲜明的价值导向意识，如将“诋毁中华优秀传统文化”，“歪曲民族历史或者民族历史人物”，“危害未成年人身心健康，不利于未成年人树立正确的世界观、人生观、价值观”等信息内容明确列入法律禁止范围。需要特别说明的是，上述法律法规文本目前尚处于征求意见阶段，其中有些条款最终能否入法还需等待正式法律颁布。

随着社会形势发展演变，违法信息的内涵和外延不断拓展。其中，用相对清晰的“虚假信息”概念替代“谣言”等模糊用语是表现出来的总体趋向。如《互联网信息服务管理办法（修订草案征求意见稿）》并未沿用《互联网信息服务管理办法》第（六）条关于“散布谣言，扰乱社会秩序，破坏社会稳定的”的规定，代之以各类具有明确指向的虚假信息，如扰乱金融市场秩序的虚假信息以及有关险情、疫情、警情、自然灾害、生产安全、食品药品等内容的虚假信息等。

在看到立法进步的同时，也有两个值得注意的倾向。其一，对于

---

① 《中华人民共和国广播电视法（征求意见稿）》规定的九类禁载内容包括：（一）违反宪法确定的基本原则，煽动抗拒或者破坏宪法、法律、法规实施，歪曲、否定社会主义先进文化；（二）危害国家统一、主权和领土完整，泄露国家秘密，危害国家安全，损害国家尊严、荣誉和利益，宣扬恐怖主义、极端主义；（三）诋毁中华优秀传统文化，煽动民族仇恨、民族歧视，侵害民族风俗习惯，歪曲民族历史或者民族历史人物，伤害民族感情，破坏民族团结；（四）歪曲、丑化、亵渎、否定革命文化、英雄烈士事迹和精神；（五）违背国家宗教政策，宣扬邪教、迷信；（六）危害社会公德，扰乱社会秩序，破坏社会稳定，散布虚假信息，宣扬淫秽、赌博、吸毒，渲染暴力、恐怖，教唆犯罪或者传授犯罪方法，宣扬基于种族、国籍、地域、性别、职业、身心缺陷等理由的歧视；（七）侵害未成年人合法权益或者危害未成年人身心健康，不利于未成年人树立正确的世界观、人生观、价值观；（八）侮辱、诽谤他人或者散布他人隐私，造成不良社会影响；（九）法律、行政法规禁止的其他内容。

违法信息的规定应避免部门管理职责导向下的随机性。如上文所述由基本法律确定的为外界广为所知的违法信息内容“九不准”规定，《互联网新闻信息服务管理规定》（2005年国务院新闻办公室、信息产业部令第37号公布）将之拓展至十一类，《互联网文化管理暂行规定》（2011年文化部令第57号通过）则又规定了十类。从内容类型来看，这些规定存在较大重合，不同之处主要是因应各自部门行政管理需要而体现出比较明显的行业性特点。如《互联网新闻信息服务管理规定》在“九不准”的基础上扩展了两类违法信息，作为第九条和第十条，分别为“煽动非法集会、结社、游行、示威、聚众扰乱社会秩序的”“以非法民间组织名义活动的”。《互联网文化管理暂行规定》在“九不准”基础上增加了一条，即“危害社会公德或者民族优秀文化传统的”信息。上述新增类型，特别是后一类，并非都是严格意义上的违法信息，大体可归为社会管理层面有待整治的“有害信息”。违法信息类型规定存在一定随机性，除了与本位主义有关，另一方面也反映出相关部门缺乏严谨的法律意识，规定违法信息类型应该严格遵照《立法法》《行政法规制定程序条例》《规章制定程序条例》等规定。如《立法法》第四条规定，立法应当依照法定的权限和程序，从国家整体利益出发，维护社会主义法制的统一和尊严。

其二，违法信息规定应避免出现泛政治化和泛道德化倾向。如“损害国家荣誉和利益的”“诋毁中华优秀传统文化”“歪曲民族历史或者民族历史人物”等相关规定。《立法法》第六条第二款规定，法律规范应当明确、具体，具有针对性和可执行性。由于社会环境和价值立场不同，上述此类违法信息的界定往往存在一定分歧，要达成普遍共识并非易事，在各种因素裹挟之下，反而可能进一步加剧问题的复杂性和敏感性。进而言之，甚至有可能驱动某些权力机构以“法律”之名，对被认为存在或可能存在扰乱社会管理秩序或违背社会道德伦理的所谓“网络有害信息”，有指向性地予以从严从重打击。这方面的案例事实上确有发生（下文有所涉及），而且并非个例。

综上所述，最根本的是应避免将“违法信息”简单等同于“有害信息”。从源头来看，《关于维护互联网安全的决定》采取违法有害信息的特定用语，主要是基于法律解释层面的技术性考量，同时带有一定的政治导向性，以此增强法律适用的延展性。但同时也应看到，由于该用语存在一定的价值预设性，内涵和外延相对比较模糊，如果脱离法律文本的语境和属性，其在实践中也可能留下较大的弹性裁量空间，故在基本法律规范中应尽量避免使用此类带有价值取向的表述。严格说来，信息“有害”与否取决于诸多因素，如主流价值观、受众认知水平、媒介素养等，对其判断和处理往往具有较强的主观性与不确定性。法律体现的是公意志，力求做到刚性而明确，应避免采用模糊或兜底式条款，不能意欲对所谓有害信息进行一网打尽。否则，在管住互联网的同时，也消弭了互联网多元开放的本质属性，其结果只能是导致互联网发展丧失活力乃至生命力，走到了另一个极端。这显然违背了国家秉持的互联网治理的基本原则：“管得住”是硬道理，“用得好”才是真本事。[①] 由此可见，“管得住”只是底线要求，“用得好”才是目标追求。仅能做到“管得住”而难以达致“用得好”，是互联网治理能力缺乏“真本事”的表现。某种意义上，在法律层面如何科学合理确立“有害信息”的口径大小，不仅直接关乎互联网能否“管得住”，而且切实影响能否“用得好”。

在司法实践层面判断特定网络信息是否“有害”，并非仅以某主体的主观感受为根据，更多应以实际损害为判断标准。如该信息是否侵犯了特定主体的名誉权、财产权乃至人身安全，对国家安全和社会安宁是否构成实质危害性等。只有做到主客观相统一，才有可能判断信息是否存在法律层面的有害性。信息“有害”是对特定主体利益的侵犯，或是对某种重大社会价值观的侵蚀，而不是对主体的某种感觉的侵犯。[②] 面对良莠不齐的网络海量信息，政府部门必须加强网络有

---

① 习近平：《加快推动媒体融合发展》，《习近平谈治国理政》（第三卷），外文出版社 2020 年版，第 318—319 页。

② 时延安：《以刑罚威吓诽谤、诋毁、谣言？——论刑罚权对网络有害信息传播的干预程度》，《法学论坛》2012 年第 4 期。

害信息监管，防止其给国家安全和社会秩序带来不利影响。但如何把握监管的尺度和方向，同样是非常关键的问题。从某种意义上讲，网络有害信息的口径大小，很大程度上关系网络空间信息流动整体生态环境。中国应立足本土实际并借鉴域外成熟经验制定相对统一的法律规范，具体列举网络有害信息基本类型，在实践中可通过发布司法指导案例和参考案例等形式，实现对网络有害信息的统一解释。①

随着社会环境不断变化，网络违法信息的判定标准亦会发生动态变化。由于正面规定网络违法信息类型难以跟上瞬息万变的社会发展形势，为此可设立一些反向性标准以对网络有害信息予以限定。如学者时延安就提出了六类反向类型违法信息②，将意见性言论、批评性言论、合理的推断、基于恐慌的言论、单纯的情绪表达、源于权威渠道的信息等排除在法律惩罚范围之外，较好地融合了情、理、法因素，具有较强的针对性和可操作性。

网络空间信息流动处于即时更新状态，随着"新陈代谢"加快，信息与信息之间往往亦会滋生内在的修正功能。基于此，对于网络信息"有害"与否，也应该用长时段的发展眼光来看待，即不仅要看到单个信息联结点，而且要看到整个信息链条发生的变化。诸多事实证明，在网络空间信息传播有机运动中，所谓的有害信息放在大环境下

① 尹建国：《我国网络有害信息的范围判定》，《政治与法律》2015 年第 1 期。

② 六类反向类型包括：（1）意见性言论应排除在外。（2）批评性言论应排除在外。批评本身无可厚非，是一种正常的交流方式。尤其是针对公众人物、公益组织和政府的批评，即便使用了比较激烈的语言，一般也不宜诉诸法律手段。（3）合理的推断应排除在外。即在信息不全面、不及时的情况下，只要作为判断根据的信息是真实的，且其推断也是合逻辑或者合常理的，即便推断出的信息与真实情况不符，也不应认为其属于诽谤或者谣言。（4）基于恐慌的言论不属于谣言。当重大事件发生时，周边民众会产生一定的心理恐慌，如果基于这种心理而误认为某些事实发生或者错误推断出某些事实已经发生，也不应认为这属于谣言而惩罚相关人员。（5）单纯的情绪表达不应诉诸惩罚。很多人将公共网络视为宣泄个人情绪的私人场所，常常会出现情绪表达而造成他人情感受害的情况。对于这种情形，属于社会应予谴责但又要适度容忍的范围，通过社会谴责或者网络技术处理即可，而不应诉诸惩罚。（6）基于公共媒体报道、权威人士发布以及其他具有公信力信源的信息传播行为，不应视为传播谣言的行为，不应诉诸惩罚。参见时延安《以刑罚威吓诽谤、诋毁、谣言？——论刑罚权对网络有害信息传播的干预程度》，《法学论坛》2012 年第 4 期。

不仅可能变得无害，甚至可以转变成有益信息。相反，有些看似无害乃至有益的信息，随着时代环境的变化，对于人们养成健康的世界观与价值观，往往实质是有害的。在现实生活中，对于信息有害与否的判断主要依靠人的理性与良知。在法律层面上，网络违法有害信息的种类与范围必须通过法律明确规定，而不能“政”出多门，更不能基于本位主义进行自我圈定。

此外，对于网络违法有害信息的干预或制裁，必须严格遵循法律解释原则，不能随意扩大化，原则上应采取事后追惩的方式，不宜动辄采用事先审查乃至刑法制裁等非常规手段，以防严密过滤和过度打击造成网络空间传播生态遭到严重破坏。需要特别说明的是，上文从法律、行政法规及部门规章等层面对“违法有害信息”进行多角度呈现和剖析，并非在于质疑乃至否定此用语的“合法性”，而是旨在说明此用语在不同语境中所具有的复杂性和特殊性，如果不对之进行严格限定则可能导致概念的泛化乃至扩大化滥用，事实上在一些刑事拘留通知书乃至个别刑事判例中就不时见到网络有害信息的宽泛用语。我国实行严格的罪刑法定主义，按照立法法，犯罪和刑罚只能由法律规定。即哪些违法信息应受到刑事制裁，只能由刑法规定。从立法层面来看，我国刑法对违法信息的规定确也不断走向清晰化和具体化，如上文所述用特定指向的虚假信息取代“谣言”等模糊化表述，以此将犯罪信息与一般意义上的违法信息进行明确区分。

第二节　网络空间寻衅滋事罪的理解与适用

一般而言，信息大多因其虚假并造成严重损害或具有较大社会危害性才会成为法律责罚的对象。[①] 为了避免认定上的模糊不清，立法者在创设罪名的时候，一般是将内容指向比较明确的信息作为规制对

① 当然，真实有时并非信息免责的抗辩事由，如泄密罪以及封建专制时期的诽谤罪，特别是后者，出于保护封建统治者利益之需要，往往是信息越真实、罪责越大。

象，如诽谤罪、煽动罪、颠覆国家政权罪等。网络空间开放式传播加剧了虚假信息特别是谣言类虚假信息的滋生蔓延，严重干扰国家社会正常秩序，很多国家便不断调整罪名体系，通过扩大法律解释及创设专有罪名等手段，加大对网络谣言类虚假信息的打击力度。

一　虚假信息入罪的行为要素及范围

根据社会环境及侵害对象的变化，虚假信息入罪的条件及范围通常亦会相应发生变化。一般情况下，虚假信息入罪的行为要素主要有二，即应存在编造行为和传播（扩散）行为。根据虚假信息的性质及其危害程度不同，有的罪名需要同时具备两个行为要素，有的则是具备单个行为要素即可入罪。举例来说，编造、传播证券、期货交易虚假信息罪的构成要件，是必须同时具备编造与传播两种行为要素，而编造、故意传播虚假恐怖信息罪与编造、故意传播虚假信息罪则不同，只要“明知而故意”的单一传播行为发生，即使没有编造行为，在特定情况下同样可以构成犯罪。这主要是由于后两者罪名所指向的恐怖信息以及与疫情、灾情、警情、险情有关的虚假信息，容易引发民众恐慌心理，相比更加关乎国家安全和社会安定，故只有采取足够严厉的法律制裁手段才能达到足够震慑性效果。

我国近年来顺应社会治安形势变化而不断加大对宣扬暴力恐怖犯罪信息的打击力度，从中可见刑法规制网络虚假信息的总体趋势（当然在网上宣扬暴力恐怖犯罪的并非都是虚假信息，如基地发布杀死敌对分子的视频，内容可能是真实的，但足以造成恐怖危害）。基于暴力恐怖犯罪出现的新情况、新特点，《刑法修正案（九）》在第一百二十条之一后增加五条，其中第三条规定：

> 以制作、散发宣扬恐怖主义、极端主义的图书、音频视频资料或者其他物品，或者通过讲授、发布信息等方式宣扬恐怖主义、极端主义的，或者煽动实施恐怖活动的，处五年以下有期徒刑、拘役、管制或者剥夺政治权利，并处罚金；情节严重的，处五年

以上有期徒刑，并处罚金或者没收财产。

刑法增设宣扬恐怖主义、极端主义、煽动实施恐怖活动罪具有特殊的立法背景。近年来，在我国部分地区发生的暴力恐怖犯罪案件中，恐怖活动人员大多是在通过各种渠道获取的暴力恐怖音频视频的煽惑下完成“自教育”和“洗脑”，实践证明，切断恐怖主义、极端主义传播的渠道，防止个人接触到恐怖主义、极端主义思想，在反恐怖主义工作中居于重要地位。因而，为了充分发挥刑罚的威慑力和警示作用，在适用本条规定（刑法第一百二十条之三）时，任何人无论是同时实施了宣扬恐怖主义、极端主义和煽动实施恐怖活动的行为，还是仅仅实施了宣扬恐怖主义、极端主义或煽动实施恐怖活动行为中的某一种行为，都构成本罪，应当依法追究刑事责任。另外，对于本条所指的煽动类犯罪来说，只要行为人实施了煽动行为，至于被煽动人是否接受煽动实施恐怖活动犯罪，不影响犯罪的构成。在具体方式上，除了在公共场合“制作、散发”及“讲授、发布信息”外，在私人场合或者秘密场合，在家庭、朋友之间，或者通过投寄信件、利用“不开放的网络论坛或者聊天室”等进行的宣扬、煽动行为，均涵盖在本条规定“等方式”的表述中，都属于本条规定的犯罪。[①]

为了更加有效地预防和遏制宣扬、煽动恐怖主义犯罪的发生，《刑法修正案（九）》还将处于未扩散状态的“非法持有”行为纳入犯罪范畴。第一百二十条之六规定：

> 明知是宣扬恐怖主义、极端主义的图书、音视频资料或者其他物品而非法持有，情节严重的，处三年以下有期徒刑、拘役或者管制，并处或者单处罚金。

① 全国人大常委会法制工作委员会刑法室编著：《中华人民共和国刑法修正案（九）解读》，藏铁伟主编，中国法制出版社 2015 年版，第 33—46 页。

立法机关认为，实践中经常发现有些人非法持有大量的宣扬恐怖主义、极端主义的图书、音视频资料或者其他物品，但难以查明这些人是否存在制作、散发的行为，在实际执法中也难以收集、固定相关证据。这些非法持有的状态，随时都有可能转化成散发、传播等行为。如果对这类行为不予以惩治，就难以遏制宣扬恐怖主义、极端主义，煽动实施恐怖活动的犯罪势头。这显然是从源头上全面预防和遏制暴力恐怖犯罪的发生，但需要明确的是，本罪在主观上要求是故意（包含“知道”和“应当知道”两种情形），在客观上要求行为人存在“非法持有”的行为，即行为人对恐怖主义、极端主义宣传品处于占有、支配、控制的一种状态。

从实际情况来看，宣扬恐怖主义、极端主义的图书、音频视频和其他物品主要包含两类内容：一是含有恐怖主义、极端主义的思想、观念和主张，煽动以暴力手段危害他人生命和公私财产安全，破坏法律实施等内容；二是含有传授制造、使用炸弹、爆炸装置、枪支、管制刀具、危险物品实施暴力恐怖犯罪的方法、技能等内容。在“物品”的介质上，在网络存储空间内储存宣扬恐怖主义、极端主义的资料，本质上与存储在个人电脑、手机、移动硬盘上没有区别，且更容易造成大面积传播，情节严重的，也构成本罪。[①] 可见，在打击恐怖犯罪方面，出于严密防范社会危害性的需要，刑法触角已覆盖违法信息内容的编造、传播、持有、散发等各个环节。目前国际上已形成共识，不仅暴力恐怖活动是严重的犯罪行为，宣扬恐怖主义、极端主义，煽动实施恐怖活动，为他人实施恐怖活动、极端主义行为制造“犯意”的行为，亦是严重的犯罪行为，同样应当受到严厉惩罚。如法国规定了煽动恐怖主义罪，并规定在互联网上美化和教唆恐怖主义行为的从重处罚；英国修订法律，对于通过音像制品、互联网等方式传播极端思想和招募、资助极端主义犯罪的，

① 全国人大常委会法制工作委员会刑法室编著：《中华人民共和国刑法修正案（九）解读》，藏铁伟主编，中国法制出版社 2015 年版，第 55—59 页。

降低了入罪门槛。[①] 由上可见，宣扬、煽动恐怖主义犯罪并非针对的都是“信息”（还包括物品等实物），其中有的也并非呈现为“虚假信息”，但有一点可以肯定，网络违法信息传播的特性及形势是推动此罪名条款拓展修订的主要动力因素，其核心主旨正是遏制恐怖信息特别是网络虚假恐怖信息的扩散。

刑法制裁虚假信息大多是沿用既有罪名，仅有个别罪名是因应互联网信息传播环境的变化，以对特定种类的虚假信息进行有针对性的打击。如《刑法修正案（九）》增设的编造、故意传播虚假信息罪。刑法第二百九十一条第二款规定：

> 编造虚假的险情、疫情、灾情、警情，在信息网络或者其他媒体上传播，或者明知是上述虚假信息，故意在信息网络或者其他媒体上传播，严重扰乱社会秩序的，处三年以下有期徒刑、拘役或者管制；造成严重后果的，处三年以上七年以下有期徒刑。

对散布谣言，谎报险情、疫情、警情或者以其他方法故意扰乱公共秩序的行为，根据治安管理处罚法的相关规定，可处以十日以下拘留或罚款。利用大众媒体特别是网络媒体传播此类信息，由于速度快、范围广、影响大，带来的社会危害往往会成倍扩大。在现实生活中，此类案件不时发生，如江苏响水县化工厂爆炸网络谣言引发群众逃亡并致四人遇难、网络地震谣言导致山西多市县数百万人街头“避难”等。[②] 从后果严重性来看，对这类案件中的造谣传谣者若仅予以治安管理处罚，处罚力度则未免过轻，不足以达到惩戒作用，这也是《刑法修正案（九）》增设编造、故意传播虚假信息罪的主要原因之一。该罪除明确了虚假信息的种类范围（关于险情、疫情、灾情、警情）、

---

① 全国人大常委会法制工作委员会刑法室编著：《中华人民共和国刑法修正案（九）解读》，藏铁伟主编，中国法制出版社 2015 年版，第 41 页。

② 参见中国法院网《人民日报刊发十起后果严重的网络谣言案例》，https：//www. chinacourt. org/article/detail/2012/04/id/478611. shtml，2022 年 2 月 24 日。

行为方式（编造并传播、明知虚假而故意传播），在媒介类型上首要针对的正是“在信息网络上”的传播行为，同时辅以“其他媒体”兜底，由此可见其立法指向及用意。

在立法过程中，有意见曾主张编造、故意传播虚假信息罪的规制对象不应限于现有四种类型，为留有余地应在条文末尾加上“等”字。这种做法在法律规范中实际上并不少见，但为了防止刑法打击虚假信息的范围出现不正当扩张，立法机构抱持审慎态度，最终没有采纳此建议，并特别指出，本罪的性质是故意犯罪，在实践中应注意区分“明知是虚构或者编造的信息而传播”和“因为误听、误信而传播”的界限，对于确实不知相关信息为谣言，或行为人确实无法辨别信息真伪，主观上认为是真实的信息而误传播的，不构成本罪。[①] 这大体可归为上文专家提出的第六类反向排除的有害信息类型，即基于公共媒体报道、权威人士发布以及其他具有公信力信源的信息传播行为，不应视为传播谣言的行为，不应诉诸刑罚。

二　“寻衅滋事罪”适用于网络空间

虚假信息与谣言是两个不同的概念，在立法中须加以严格区分，务求准确使用。对于内容虚假与否，虚假信息具有确定性的客观认知，谣言则带有较大的不确定性，在特定阶段往往只是动态化的主观预判。在现实生活中，虚假信息可以成为谣言，而先前被断定的所谓谣言，最终结果不一定是虚假信息，特别是十足的虚假信息。由于有些法律规范并未准确厘清谣言和虚假信息两个概念，某种程度上造成一时真假难辨或有特定价值指向的信息，在行政执法专项治理行动中往往被作为“网络谣言”而成为重点打击对象。当然，一旦进入司法程序，有关当事方需要根据法律程序对关键事实即网络信息“虚假”与否进行举证和质证。我国《刑事诉讼法》规定，未经人民法院依法判决，

---

① 全国人大常委会法制工作委员会刑法室编著：《中华人民共和国刑法修正案（九）解读》，臧铁伟主编，中国法制出版社 2015 年版，第 220—225 页。

对任何人都不得确定有罪；公诉案件中被告人有罪的举证责任由人民检察院承担，自诉案件中被告人有罪的举证责任由自诉人承担。有关各方提出的证据必须确实、充分，排除合理怀疑。由此可见，如果原告未有确切证据证实内容虚假，或在公诉案件中控方不能对虚假事实进行有力举证，就不能定性为传播虚假信息犯罪。这在程序法层面对于网络信息是否虚假起到了确证和制衡作用，但由于有些网络信息特别是所谓网络谣言之“虚假”一时较难评判，如有的仍处于事态发展过程中，有的是因为当事方在客观上一时没有办法或能力去佐证或确证（如某种社会传言的真实性），如若将这些尚难判断的不确定性信息冠之于“网络谣言”，进而以涉嫌寻衅滋事罪等罪名予以打击，由此带来的后果可想而知。

具体而言，《刑法》对虚假信息和谣言采取的是两词并用，后者主要见之于“战时造谣惑众罪”“战时造谣扰乱军心罪”“煽动颠覆国家政权罪”三类罪名，其中前两个罪名使用的是“谣言”一词，第三个罪名使用的用语是“造谣”，其在字面上相较前者更加具有编造而自指虚假的意涵，其他相关罪名基本使用虚假信息一词。谣言入刑，证伪性是其基本前提，即谣言必须被证明是虚假信息方可予以规制。如根据《治安管理处罚法》第二十五条第（一）项规定，散布的“谣言”必须具有“谎报”性质，即该谣言已是被证实的虚假信息，而不是待证实的虚假陈述。而有的法律法规对证伪性却无明确要求，只要认定“散布谣言”这一行为“扰乱社会秩序”或“破坏社会稳定”，即可判定违法，而对于散布的内容究竟是否属于“谣言”则没有加以限定，如《互联网信息服务管理办法》第十五条第（六）项规定①，《刑法》第一百零五条第二款关于颠覆国家政权罪②、第三百七十八条

① 《互联网信息服务管理办法》第十五条规定，互联网信息服务提供者不得制作、复制、发布、传播的信息内容共包括九条，其中第六条是“散布谣言，扰乱社会秩序，破坏社会稳定的”。

② 第一百零五条第二款：以造谣、诽谤或者其他方式煽动颠覆国家政权、推翻社会主义制度的，处五年以下有期徒刑、拘役、管制或者剥夺政治权利；首要分子或者罪行重大的，处五年以上有期徒刑。

关于战时造谣惑众罪和战时造谣扰乱军心罪[1]，对于谣言的证伪性均未作出规范性要求，由此带来的问题更多是在诉讼法层面加以解决。

网络谣言在特定环境下会产生较大的破坏性和危害性，对其入刑治罪无疑将产生较大威慑力，有利于维护网络秩序和社会安宁。同时也应看到，网络谣言除了具有负面性的破坏作用，也往往包含一定的积极因素，如倒逼事实真相、释放社会情绪等。《刑事诉讼法》第五十三条规定，对一切案件的判处都要重证据，重调查研究，不轻信口供。只有被告人供述，没有其他证据的，不能认定被告人有罪和处以刑罚；没有被告人供述，证据确实、充分的，可以认定被告人有罪和处以刑罚。证据确实、充分，应当符合以下条件：（一）定罪量刑的事实都有证据证明；（二）据以定案的证据均经法定程序查证属实；（三）综合全案证据，对所认定事实已排除合理怀疑。由此可知，由于网络谣言具有两面性且表现出不确定的特征，在虚假与否得到确证之前对其入刑治罪不仅违背法治原则，而且可能产生较大的负面效应，故对于网络谣言入罪必须掌握好时机和尺度。在法律缺失或既有法律惩处力度不足的背景下，为加大刑法打击网络谣言的力度，《网络诽谤解释》将寻衅滋事罪适用于网络空间，应该说是特定环境条件下的必要之举。在充分发挥其积极作用的同时，也应看到刑法规制网络谣言存在的复杂性和敏感性，特别是要防止在不当因素干扰下出现超比例使用刑罚、滥用公诉手段等非正常现象。

客观而论，网络治理的观念与手段总体滞后于互联网发展步伐。由于网络空间规则体系尚处于健全完善之中，传统媒体表达渠道又因多种原因而不同程度受限，从而导致网络空间不仅成为言论表达和舆情聚散的中枢要地，而且成为网络谣言和虚假信息滋长扩散的“是非之地”。在纷繁复杂的网络信息传播环境下，一些别有用心的网络推手将编造散布网络谣言作为谋取非法利益的手段，不仅严重破坏网络空间

[1] 第三百七十八条：战时造谣惑众，扰乱军心的，处三年以下有期徒刑、拘役或者管制；情节严重的，处三年以上十年以下有期徒刑。

传播生态，而且给社会安定埋下极大隐患。国家互联网信息办公室有关负责人在接受采访时表示，网络谣言已成为危害网络和社会的“毒瘤”，不仅污染网络环境，败坏社会风气，扰乱社会秩序，而且损害了我国互联网的形象和公信力。《人民日报》也曾连续发文，直斥网络谣言为“害群之马”，呼吁“坚决抵制网络谣言”，用法律武器保障网络文明。①

网络谣言在内容形态上通常表现为真假难辨或亦真亦假的虚假信息。网络谣言具有不同于传统谣言的特质，比普通的虚假信息具有更强的蛊惑性和危害性。网络谣言突破了人际传播的局限，从特定社会区域内的链条式传播，变身为在无边无际的网络空间弥漫式扩散。在网络空间谣言与谣言容易出现交互裂变，传播源头与传播路向表现出很大的变动性。这大大增加了网络谣言证伪和辟谣的难度，从而给网络谣言治理带来了巨大挑战。而法律手段的相对滞后，更使得有些网络造谣者、传谣者变得有恃无恐。

2013 年以来，面对“网络谣言漫天飞舞”的现实，公安部等有关部门密集展开专项整治行动，在全国范围内集中打击网络谣言等违法有害信息，一批编造、传播谣言的网民包括网络大 V 相继落网，受到刑事处罚。在此期间，发生了诸多引发社会广泛关注的事件，如北京女歌手吴某在微博扬言炸建委，公安部门以涉嫌编造虚假恐怖信息罪对其进行刑事拘留，后经社会舆论关注，吴某被转为行政拘留 10 日并处罚款 500 元，警方对此原因并未作出解释；② 甘肃张家川少年杨某在新媒体平台发文质疑当地警察的行为，表达了“必须得游行了”等言辞，遂以涉嫌寻衅滋事罪被刑事拘留，5 日后被改为行政拘留并随即释放。③ 在持续多年的“江歌受害案”中，网民谭某在网络上对素不相识的江歌母女进行侮辱、诽谤，被判有期徒刑一年六个月。“网

---

① 时飞：《网络谣言的法理意蕴——基于信息纠偏、社会公正和社会公议的视角》，《科技与法律》2013 年第 3 期。

② 魏永征：《吴虹飞微博事件言论面面观》，《新闻界》2013 年第 16 期。

③ 卢恒飞：《网络谣言如何扰乱了公共秩序？——兼论网络谣言型寻衅滋事罪的理解与适用》，《交大法学》2015 年第 1 期。

络喷子”以使用网络暴力、满口脏话、挑刺找碴为乐趣，把网络平台当作自己情绪的发泄场，却忘了对自己的言论负责。[①] 这些“因谣”获罪的案件，有的情况比较复杂，不宜简单作出是非评判，但因其涉及公众表达权利而普遍受到社会关注，这也凸显了刑法规制网络谣言等违法信息的敏感性和重要性。

从另一个层面来分析，传统刑法罪名体系出现的“空档”，在客观上也为刑罚权力扩张提供了现实土壤。针对特定对象的网络谣言，由于危害后果容易确认，受侵害人采取法律诉讼等方式，通常能够得到有效化解。容易逃避打击且影响较大的网络谣言，主要是那些纯粹捏造的、没有特定侵害对象的社会性网络谣言，如“非典”时期导致抢购风波的“谣盐”事件、造成人心惶惶的“多人携带有艾滋病病毒的针管进京”等谣言。这类社会性谣言能够激发民众恐慌心理，对国家安全和社会秩序产生较大冲击力，破坏性极强。2015 年《刑法修正案（九）》增设编造、故意传播虚假信息罪之前，在传统刑法罪名体系中，仅有编造、故意传播虚假恐怖信息罪适用于无特定侵害对象的社会性网络谣言。即言之，虚假恐怖信息以外的社会性网络谣言，无论是在现实社会还是网络空间，均难以找到恰当的适用罪名，一时成为打击网络谣言遇到的司法难题。在这种情况下，司法机关不得不寻找和套用新的罪名，以解决网络造谣犯罪行为的定性问题。在此过程中，网民“秦火火案”[②] 的发生是一个标志性事件。

网民“秦火火案”的焦点在于，寻衅滋事罪能否或如何适用于网络空间。何谓寻衅滋事罪？1997 年中国刑法大修，流氓罪被分解为多个罪名，其中一个就是寻衅滋事罪。寻衅滋事罪是应对社会治安形势严峻局面的特殊产物，立法目的是维护社会稳定与秩序，主要针对在公共场合无故闹事、严重挑衅等破坏社会安宁的犯罪行为。[③] 按照通

---

① 左崇年：《“网喷”获刑：别做侮辱诽谤的键盘侠》，《人民法院报》2020 年 11 月 2 日第 2 版。

② 周破：《“秦火火”一审获刑三年》，《法制日报》2014 年 4 月 18 日第 1 版。

③ 周道鸾、张军主编：《刑法罪名解释》（下），人民法院出版社 2013 年版，第 726—727 页。

常理解，发生在网络虚拟空间的造谣传谣行为，完全不同于现实生活中公共场所发生的具有流氓犯罪性质的寻衅滋事。因而，当北京市公安机关对“秦火火”等人以寻衅滋事罪定性，迅即在社会上引起较大反响。有学者认为，这是“司法实践的一次突破”，其背后的法理与社会问题值得思考。[①] 对于网民“秦火火案”引发的核心关切，特别是对于如何以寻衅滋事罪打击网络谣言类虚假信息的定罪量刑问题，“两高”在后续发布的《网络诽谤解释》第五条中作出了明确规定：

> 利用信息网络辱骂、恐吓他人，情节恶劣，破坏社会秩序的，依照刑法第二百九十三条第一款第（二）项的规定，以寻衅滋事罪定罪处罚。编造虚假信息，或者明知是编造的虚假信息，在信息网络上散布，或者组织、指使人员在信息网络上散布，起哄闹事，造成公共秩序严重混乱的，依照刑法第二百九十三条第一款第（四）项的规定，以寻衅滋事罪定罪处罚。

2014 年 4 月，北京市朝阳区人民法院一审判决被告人秦某构成诽谤罪、寻衅滋事罪，数罪并罚决定执行有期徒刑三年。作为《网络诽谤解释》施行后的首个典型案例，网民“秦火火案”的判决，对于肆意传播谣言的网络大 V 起到了极大的震慑作用，对于网络谣言肆意传播之势产生了比较明显的遏制效应。网民“秦火火”的行为是否构成寻衅滋事罪，是本案庭审控辩的核心焦点，由此也引起了学界的热烈讨论。具体言之，“秦火火”网络造谣的行为是否发生在刑法所指的“公共场所”，且这种“起哄闹事”的行为是否造成“公共秩序”出现了“严重混乱”？对照刑法关于寻衅滋事罪的规定，《网络诽谤解释》没有回应或解释网络空间为何等同于刑法所指“公共场所”，而只是明示网络空间属于“公共秩序”的范畴。相较于公共场所，公共秩序概念相对比较模糊，往往难有明确的判断标准，对于网络空间公

① 赵远：《“秦火火”网络造谣案的法理问题研析》，《法学》2014 年第 7 期。

共秩序而言则更是如此。因而，网民“秦火火案”判决引发争议实属必然，亦在情理之中。该案审理法院分析认为，《网络诽谤解释》将《刑法》中“造成公共场所秩序严重混乱”解释为“造成公共秩序严重混乱”，据此实施起哄闹事行为之地已不限于现实的公共场所，而是包括网络空间在内的所有公共空间。这种解释基本符合客观现实，因为不论借助信息网络起哄闹事还是在现实公共场所起哄闹事，只有“造成公共秩序严重混乱的”才具有刑法规制的必要。同时又强调，“公共秩序严重混乱是一个较为抽象的概念，在具体适用时应加以具体化”。即言之，行为人在信息网络上散布虚假信息，若没有造成现实社会生活秩序严重混乱，不能仅以造成网络秩序严重混乱为由，或者仅仅依据虚假信息被转发、浏览或点击次数就认定为造成了公共秩序严重混乱，从而以寻衅滋事罪定罪处罚。造成公共秩序严重混乱应解释为造成了现实社会生活秩序的严重混乱，尽管这种危害后果不一定发生在某一车站、码头、机场、商场等公共场所，但行为人所造成的“现实的危害后果”，在程度上应达到严重混乱。在“秦火火案”中，秦志晖在该事故善后处理期间，编造政府机关天价赔偿外籍乘客的信息并在网络上散布，起哄闹事，不仅造成“网络空间的混乱”（该虚假信息被转发11000次，评论3300余次），也在“现实社会”引发不明真相群众的不满，“扰乱了政府机关的善后工作”。因此，“秦火火”的行为足以被认定为造成公共秩序严重混乱，符合寻衅滋事罪的构成要件。[①]

由上分析可以看出，造成公共秩序严重混乱不仅涵盖网络秩序，而且指向现实社会秩序，不能将两者割裂开来，特别是不能仅依据网络秩序单一标准进行寻衅滋事罪定性。尽管在具体案件中衡量现实社会秩序的依据是否明确具体暂且不论，但从理论解释和审判逻辑来看是充分且自洽的。由于“秦火火案”受关注度较高，其体现出来的司法专业水准理当经受社会检验，而对于现实生活中发生的众多普通案

① 北京市朝阳区人民法院（2013）朝刑初字第2584号刑事审判书。

例而言，情况也许有所不同，依靠网络秩序单一标准定罪的倾向仍不同程度存在，下面试举三个案例。

在“刘某寻衅滋事案”① 中，刘某认为，其女儿在学校受到体罚，便先后在班级微信群、朋友圈及微信签名处发布诅咒、辱骂、威胁老师的言论及图片，并编造其女儿被老师体罚并被老师索要照顾费等虚假信息。2020 年 5 月 30 日，刘某再次发布微博称其女儿被班主任体罚致吐血，并上传伪造的带血衣物照片。为提高网络关注度，刘某通过非法商业网络平台操作，致使该微博“被转发 140 万余次，相关微博热搜被网友阅读 5. 4 亿次，讨论 19. 6 万次”。法院审理认为，被告人刘某在信息网络上散布虚假信息，起哄闹事，造成公共秩序严重混乱，以寻衅滋事罪判处刘某有期徒刑一年六个月，缓刑二年。此案虽属情节严重，但从审判逻辑和实际危害来分析，多少存在依靠网络秩序单一数字标准定罪的倾向。

在“彭某寻衅滋事案”② 中，因对职级和职务调整心存不满，为引起社会舆论关注，从而向单位施加压力，被告人彭某主动联系并雇佣“网络推手”王某（另案处理），二人共谋网络炒作方案。2019 年 6 月，彭某将道听途说、主观推测的不实材料，交由王某加工并经彭某同意后，二人通过多个微博账号公开发布《实名举报山东厅级干部生活淫乱，银行资产损失近 30 亿元》等博文 50 余篇，其中内含“济南农商行隐瞒涉及金融诈骗案，从而造成银行资产损失近 30 亿元”，“丁某某与宗某、王某某与鲁某均有不正当两性关系并生育子女”等虚假信息。济南市历下区人民法院一审认为，被告人彭某伙同他人编造虚假信息，在信息网络上肆意散布，起哄闹事，被多家媒体转载报道，引发网民大量点击、评论，混淆视听，蛊惑群众，造成公共秩序严重混乱，其行为已构成寻衅滋事罪，依法判处有期徒刑四年。被告

① 参见法信网 http：//www. faxin. cn/lib/cpal/AlyzContent. aspx？isAlyz = 1&gid = C1398362&libid =0202&useri，2019 年 12 月 31 日。

② 参见法信网 http：//www. faxin. cn/lib/cpal/AlyzContent. aspx？isAlyz = 1&gid = C1376396&libid =0202&userinput = 寻衅滋事罪，2019 年 12 月 31 日。

人彭某不服判决提出上诉，济南市中级人民法院驳回上诉，维持原判。从公开的司法文书来分析，被告主要是为了发泄私愤而编造虚假信息扰乱了“网络秩序”（被多家网络媒体转载报道，引发网民大量点击、转发及负面评论，点击量超过千万次），而现实社会秩序是否受到扰乱则未显见客观事实。故以寻衅滋事罪（非诽谤侵犯名誉权）判决被告四年有期徒刑（属于重刑，轻刑通常三年以下），是否具有足够法律依据或是否存在判刑过重的情况，实值得思考和讨论。

在“黄某某寻衅滋事案”[①] 中，判定标准的差异性和主观性体现得更为明显。该案中，被告人黄某某在未了解事情真相的情况下，在一个有 497 人的微信群中发表“我支持，要整就整这些人，拿了本本的土匪，一天到晚要不完的样子，不把老百姓当回事”“我都希望中铁能出这样的好汉、英雄”“谁把我逼上绝路，同样能干出这样的事”等言论，被指辱骂为保护人民群众生命安全而牺牲的人民警察。在微信群发表后，该言论“遭到部分人员反驳，也有部分人员给了点赞，在社会上造成了恶劣影响”。法院审理认为，被告人黄某某利用信息网络“随意辱骂人民警察为拿了本本的土匪”，破坏社会秩序，情节恶劣，构成寻衅滋事罪，判处拘役六个月。此案中，对象客体系人民警察，身份比较特殊，在特定情况下实有加强保护的必要，但从实际案情来看，无论从网络秩序还是现实社会秩序来分析，均难以看出达到“造成公共秩序严重混乱”之地步，是否确有必要动用刑事手段，值得讨论。

上文已述，《网络诽谤解释》将寻衅滋事罪适用于网络空间，主要是在法律出现“空档”的特殊情况下，出于加大打击无特定指向网络谣言之需要，但从实际效果来看，受多种主客观因素影响，该司法解释的适用在一些案例中不时表现出扩张化趋势，这也是其招致社会“非议”的主要原因，特别是当《刑法修正案（九）》创立编造、传播虚假信息罪之后，《网络诽谤解释》存在的合理性和合法性再次引

① 参见四川省仁寿县人民法院（2019）川 1421 刑初 32 号刑事判决书。

发关注和讨论。有学者提出，从合理性来说，《网络诽谤解释》不符合刑法谦抑性的发展趋势；从合法性来说，不符合《立法法》的规定。[①]《立法法》第八条规定，对于"犯罪和刑罚"只能通过制定法律规定，并非司法解释所能为。《网络诽谤解释》是否实质违背了罪刑法定的原则，在理论学术层面无疑尚存在讨论的空间。

客观而论，《网络诽谤解释》在对网络违法信息传播行为治罪量刑进行规范的同时，也为寻衅滋事罪在网络空间的适用和扩展打开了通道。有学者通过对相关刑事裁判文书的实证分析，认为寻衅滋事罪适用于网络虚假信息存在"口袋效应"，表现在"规制网络信息类型泛化""信息虚假性认定弱化""起哄闹事要件缺失""网络公共秩序严重混乱难以证成"等方面。从规制对象来看，截至2017年11月30日，中国裁判文书网上共约45个相关案例，大体包括三类犯罪主体：第一类是普通网民，共计30起案件，约占67%；第二类是上访人员或拆迁对象，共计13起案件，约占29%；第三类是职业网络推手，只有2起案件，仅占4%。"两高"出台《网络诽谤解释》重在惩处职业网络推手或网络水军，从上面统计数据来看，立法目的和实际效果之间可能存在一定落差。[②] 上述分析只是基于不同视角的一家之言，发现和提出的有些问题确实值得反思，对于进一步完善立法和规范司法行为也具有积极意义，但从另一方面来看，有些观点也不无存在片面化和绝对化，其实对于有些问题如"信息虚假性认定弱化""起哄闹事要件缺失"等，更多的是存在于司法解释的理解和适用层面，而并非司法解释本身存在的问题。我们对此应抱持一分为二的态度，全面、理性的加以认识和判断。

第三节　严把网络谣言入罪关

为维护网络秩序与降低社会风险，如何把握好刑法规制网络谣言

① 刘志强、宋海超：《寻衅滋事罪司法解释"三性"审视》，《学术界》2020年第5期。

② 姜瀛：《网络寻衅滋事罪"口袋效应"之实证分析》，《中国人民公安大学学报》（社会科学版）2018年第2期。

的力度与尺度，成为亟待破解的难题。在网络谣言专项集中治理过程中，《网络诽谤解释》能否得到准确理解与适用是问题之关键，将直接影响刑法对于网络社会调控作用的发挥。《网络诽谤解释》的出台会不会造成寻衅滋事罪这一传统口袋罪的“袋口”转向网络空间？如何把握“口袋”松紧度以防打击网络谣言扩大化？针对外界核心关切，有关部门不断向公众作出“不要误解”的澄清和解释。《人民法院报》专门刊文提出，如何防止《网络诽谤解释》在执行过程中的“跑偏、变味”，是摆在司法机关面前的一道难题。为此，特别要严把网络谣言入罪关，防止矫枉过正，力求不放纵、不扩大。[①] 从实际情况来看，在司法实践中如何拿捏分寸，严把入罪关，做到“不放纵、不扩大”，确非易事。

随着互联网深度卷入政治社会生活，网络谣言传播不时变得活跃起来。特别是当突发重大事件发生后，如2020年年初暴发的“新冠肺炎疫情”等，在混淆是非、“真相”缺乏等多重因素裹挟之下，网络谣言传播往往变得更加蔓延不止，严重扰乱了正常社会生活秩序。2019年年初，国家互联网信息办公室启动了为期半年的网络生态治理专项行动，集中整治网络谣言等十二类“负面有害信息”，以遏制网络谣言传播“反弹、反复势头”。2019年12月15日，国家互联网信息办公室发布《网络信息内容生态治理规定》，详细列举了十一类重点打击的“违法信息”（内含两类原则性规定），其中至少有六类与网络谣言相关。最高人民法院此前曾提出，针对“网络犯罪活动日益突出，危害十分严重”的实际，要坚决依法打击网上造谣、传谣行为，切实维护网络秩序，净化网络空间，绝不允许网络成为法外之地。[②]

随着网络空间成为开放性的社会场域，网络谣言日益演变为危害社会的虚假信息形式，其在司机机关和政府部门的法律文书及规范性文件中常被列为重点打击对象。梳理学术文献发现，对刑法制裁网络

① 林劲标：《用法治思维法治方式打击网络谣言》，《人民法院报》2013年9月11日第2版。

② 参见最高人民法院发布的《关于充分发挥审判职能作用切实维护公共安全的若干意见》（法发〔2015〕12号）。

造谣、传谣行为主要有“网络虚假信息刑法规制”“网络谣言入罪”“网络造谣入罪”等表述。根据《刑法》及相关司法解释规定，刑法制裁网络谣言类虚假信息，不仅可以指向网络造谣、传谣行为，而且可以涵盖网络造谣传谣背后的“指使”“帮助”等新兴犯罪行为类型，贯穿了网络谣言编造传播的全链条、全过程。

在复杂多变的现实生活中，网络谣言虚假与否通常有个演化或不断被证实的过程，故谣言犯罪形态多表现为“行为犯”，而非“结果犯”。从世界范围看，当今各国基本上对于产生严重危害的网络谣言都在实行入罪化，并且实行法益保护的早期化，其表现是使未遂犯、危险犯这一原本“例外”的犯罪形态逐渐成为常态。[①] 有学者对除中国大陆地区以外的世界 22 个主要法域国家和地区的谣言刑事规制现状进行了全面梳理，发现除英国与新西兰外，其他法域均存在谣言入罪化的情况。[②] 由于网络谣言较传统谣言危害更大，网络谣言犯罪化在有些地方甚至呈现水涨船高之势。如墨西哥东部韦拉克鲁斯州在新出台的《动乱法》中规定，在互联网上制造和发布谣言信息的行为可构成“破坏社会稳定罪”。[③]

网络谣言的肆虐传播及其可能带来的难以估量的危害后果，进一步强化了风险社会的表征。在网络危害行为入罪的思考中，需要审慎的是，入罪化具有多大的必要性，以及入罪化的限度何在？[④] 网络谣言入罪关乎两个核心问题：（1）如何看待并构建网络空间传播“秩序”？（2）刑法如何调控网络谣言传播失序可能带来的“风险”？因背后牵涉诸多复杂因素，显然，它不仅是一个法律问题，而是一个综合性的社会问题。

综观国内网络谣言刑法规制既有研究成果，大多是以《网络诽谤解释》特别是其创立的网络空间寻衅滋事罪为切入点，多角度分析网

---

① 张明楷：《网络时代的刑法理念——以刑法的谦抑性为中心》，《人民检察》2014 年第 9 期。

② 蔡曦蕾：《谣言刑事规制对比考察》，《国家检察官学院学报》2015 年 3 月。

③ 李贤华：《域外对网络谣言的刑法规制》，《人民法院报》2015 年 1 月 23 日第 8 版。

④ 于志刚：《网络犯罪与中国刑法应对》，《中国社会科学》2010 年第 3 期。

络谣言入罪的构成要件及其适用原则，以及在宏观理论或价值层面上探讨网络谣言的罪名体系、规制理念及应对模式等，还有部分研究采用国际或区域比较的视角，阐释不同国家和地区网络谣言刑法规制的理念、路径及动态等。这些研究主要是对法律规范和条文进行概念和逻辑层面的专业技术分析，对于推动网络谣言入罪的规范化、严密化很有助益。在既有研究相对侧重法学“内部化”视角之外，本书认为，亦很有必要将网络谣言犯罪化置于“日常生活情景”中加以审视，重点剖析其背后潜藏的价值观念、思维模式与制度惯性，以期拓展和丰富网络谣言犯罪化研究的“外部化”视角。随着外部社会环境日益复杂化，学术研究势必需要将社会结构变迁的维度整合进来，以对“社会变迁与法律发展的关系”作一些新的思考。① 这也是研究“活着的法”之根本要求。

一 网络谣言犯罪化的自反性悖论

相较于传统谣言，网络谣言主要是改变了传播方式，其侵害的法益并未发生实质变化。因而，我国对网络谣言入罪主要是采取在既有罪名体系中通过司法解释、降低入罪门槛等变通手段，直至《刑法修正案（九）》确立编造、故意传播虚假信息罪这一专有罪名。有学者统计，中国现行刑法中可用以规制网络造谣、传谣行为的罪名大致有15个，其中14个属于传统刑法罪名。② 上文述及，中国刑法对于谣言入罪有个总体倾向，就是主要偏重保护以“安全”与“秩序”为导向的国家和社会层面的重大法益，而对于针对特定个体的谣言犯罪行为则采取比较严格的入罪门槛。这种相对区别化的立法倾向，在对网络谣言入罪时体现得比较鲜明，因为不论是降低编造、故意传播虚假恐怖信息的入罪范围，还是在网络空间适用寻衅滋事罪以及创立编造、故意传播虚假信息罪，其主要动因皆是出于打击犯罪以防卫社会之需

① 劳东燕：《风险刑法理论的反思》，《政治与法律》2019年第11期。

② 这意味着专有罪名只有一个，即编造、故意传播虚假信息罪。参见刘宪权《网络造谣、传谣行为刑法规制体系的构建与完善》，《法学家》2016年第6期。

要，这一点在下文中将会结合案例加以进一步说明和分析。

从实际情况来看，网络谣言犯罪化在扩张与限缩之间呈现双向律动的特征。这种特征是在法律与社会互动博弈的过程中形成的，其核心动力源自两个方面：维护网络秩序与降低社会风险（在刑法中体现为“社会危害性”）。由于不同主体在不同时期对“秩序”与“风险”的评估和要求不同，网络谣言犯罪化的价值导向往往随之发生变化。而事实上，“秩序”与“风险”并非正相关，即加强秩序未必能达到降低风险之效，有时加强秩序反而助长风险。由于难以把握秩序与风险之间的转化关系，遂造成网络谣言犯罪化不时处于两难困境之中，甚而遭遇自反性悖论。这是导致“书本中的法”与“行动中的法”出现差距的一个客观原因。

第一，从入罪门槛来分析。中国刑法对无特定指向社会性网络谣言是采取包围式的双重罪名结构。处于核心内围的罪名主要有两个，分别是编造、故意传播虚假恐怖信息罪和编造、故意传播虚假信息罪。据此刑法重点或精准打击的谣言类虚假信息主要有五类：虚假恐怖信息（包括发生爆炸威胁、生化威胁、放射威胁、劫持航空器威胁等非真实信息）及有关“险情、疫情、灾情、警情”虚假信息。这五类虚假信息与社会秩序稳定密切相关，对之单列并予以刑法规制实乃形势使然。处于周边外围、起“托底”之用的罪名是网络空间寻衅滋事罪，其将针对不特定主体和公共事件而编造的严重扰乱“公共秩序”的虚假信息全部纳入刑事制裁范围，以适应“信息网络技术条件下违法犯罪行为呈现的新变化”，“最大限度满足打击犯罪、保护社会公共秩序的需要”。[①] 在此背景下，《网络诽谤解释》将“网络公共秩序”实际等同于《刑法》中的“公共场所秩序”，也就不难理解。

于立法本意而言，从司法解释创立“兜底式”罪名（网络空间寻

① 最高人民法院刑事审判三庭编著：《网络犯罪司法实务研究及相关司法解释理解与适用》，人民法院出版社 2014 年版，第 167、171 页。

衅滋事罪）到刑法确立专有罪名（编造、故意传播虚假信息罪），网络谣言犯罪化总体表现出收缩化的趋向。可与此同时，网络谣言入罪又随之降低了门槛。一般而言，造谣入罪须同时具备“捏造”和“散布”两种行为，《解释》将针对不特定对象、利用信息网络“起哄闹事，造成公共秩序严重混乱的”造谣行为，以寻衅滋事罪定罪处罚，同时将入罪行为类型由通常意义的“捏造并散布”扩至“明知虚假而散布”“组织、指使人员而散布”等多种类型。此举一度被认为有逾越罪刑法定之嫌，直至编造、故意传播虚假信息罪将“明知虚假而故意传播”的行为纳入犯罪范围，谣言单一传播行为入罪才首次通过专有罪名的方式得到了刑法确认。[①] 这是顺应网络传播特性而做出的立法调整，试图通过降低入罪门槛，斩断谣言在网络空间的传播链条，从而有效控制网络谣言弥散传播带来的危害后果。可从实际情况来看，在对涉罪谣言类型进行限缩的同时，入罪门槛的降低又可能使得网络谣言犯罪化存在扩张化的冲动。例如，现实中就曾发生因有网民将发生在外地的刑事案件“移植”到本地（相关案例见后文）或虚增案发现场死伤者人数如将无说成有，而以传播虚假警情信息罪被处以有期徒刑或遭到刑事拘留的案例。[②]

对于网络谣言入罪“情节严重”的界定，同样体现出限缩与扩张双向律动的悖论。《网络诽谤解释》第二条规定，“同一诽谤信息实际被点击、浏览次数达到五千次以上，或者被转发次数达到五百次以上的”，应当认定为刑法第二百四十六条第一款规定的“情节严重”。立法人员解释说，确定这个数量标准是：“对大量案例进行分析，并在充分征求相关部门的意见基础上，经过实证研究和专业论证，慎重决定的。”而且，强调的是“实际”被点击、浏览或转发的数量，而非“人为操

① 其实2001年《刑法修正案（三）》及2003年发布的《关于办理妨害预防、控制突发传染病疫情等灾害的刑事案件具体应用法律若干问题的解释》将“明知而故意传播”虚假恐怖信息（如与突发传染病疫情等灾害有关的恐怖信息）的行为纳入犯罪范围，只不过并非以专有罪名的形式。

② 参见李春晓《兰陵警方依法刑拘一名散布谣言网民》，2018年8月，http：//linyi. iqilu. com/lyminsheng/2018/0814/4015714. shtml，2021年1月8日。

作”或“虚增”的数字，总体上看，是“规定了较为严格的门槛”。[①]时任最高人民法院新闻发言人孙军工对此解释说，网络诽谤入罪规定了较为严格的“门槛”，是为了“最大限度保护广大网民的表达权”。[②]这种立法本意是好的，可这种技术导向的限缩性规定有时却难以应对纷繁复杂的现实，其结果往往是降低了入罪门槛，为网络谣言犯罪化扩张留下制度性空间。有些现实生活中发生的网络谣言刑事案例[③]，其入罪或被追责的主要依据正是源自点击量、浏览量或转发量，而对于现实危害后果则模糊其词，司法效率背后的公正与公平问题值得思考。

第二，从犯罪圈来分析。顺应传播方式变革及社会形势的变化，我国通过制定刑法修正案及司法解释等方式，将虚假信息罪名由传统的诽谤罪、煽动罪及编造、传播证券、期货交易虚假信息罪等，扩展到网络环境下的寻衅滋事罪、非法经营罪、敲诈勒索罪、帮助信息网络犯罪活动罪、拒不履行信息网络安全管理义务罪等，犯罪主体由造谣、传谣者扩至谣言传播背后的“组织、指使人员”、为传播谣言提供有偿服务的“网络公关公司”“网络推手”或提供资金、场所和技术支持的“帮助、指使者”，以及拒不履行信息网络安全管理义务的“网络服务提供者”（入罪情形第一条是“致使违法信息大量传播”）。由此可见，我国网络谣言罪名体系可谓非常严密，基本涵盖网络谣言传播各个环节及其所有相关主体，总体呈现扩张趋势。可从实际情况来看，刑法立法高压态势对网络谣言并未形成根本性的威慑作用，网络造谣犯罪形势依然比较严峻（具体表现下文述及），而从公开渠道能查到的网络谣言相关刑事审判案例却很少，[④] 由此可见，网络谣言

---

① 最高人民法院刑事审判三庭编著：《网络犯罪司法实务研究及相关司法解释理解与适用》，人民法院出版社 2014 年版，第 150—152 页。

② 参见陈菲、华春雨、杨维汉《解读两高关于网络诽谤等刑事案件司法解释 5 大焦点》，2013 年 9 月，http：//www. gov. cn/jrzg/2013 -09/09/content_ 2484647. htm，2019 年 8 月 28 日。

③ 在网民“秦火火案”中，秦志晖被处以寻衅滋事罪，主因是其粉丝众多，发的帖子“被转发 11000 余次，评论 3300 余次”，使得国家机关公信力受到大量网民质疑。参见北京市朝阳区人民法院（2013）朝刑初字第 2584 号刑事审判书。

④ 截至 2020 年年底，作者在北大法宝、法信网等数据库检索到的网络谣言相关刑事审判案例并不多，其中有引用或分析价值的案例仅有 10 个左右。

犯罪化在司法层面总体又保持限缩或抑制的状态。

第三，从诉讼程序来分析。诽谤罪通常是采取自诉方式，只有当出现“严重危害社会秩序和国家利益”的情形方可启动公诉，以此兼顾保护国家、社会和个人利益。《网络诽谤解释》列举了适用公诉程序的七种情形，如第二种情形“引发公共秩序混乱的”；第四种情形“诽谤多人，造成恶劣社会影响的”；第五种情形“损害国家形象，严重危害国家利益的”等。立法机关解释说，规定自诉转公诉的特定情形，“从操作层面防止了执法权的滥用，有助于消除实践中执法不规范的行为，是对公民合法权利的保护而非抑制”。① 如上文提及的情形一样，这种立法本意和初衷是好的，可由之也带来新的问题，如“诽谤多人”怎样才能“造成恶劣社会影响”？怎样界定“国家形象”及其受损程度？这些问题同样难有客观标准，其解释权往往掌握在拥有话语权的公权力部门。若对此不加严格限定，在《网络诽谤解释》发布之前发生的重庆“彭水诗案”②、河南“王帅案”（相关公检法机关道歉，受害者获得国家赔偿）等非典型案例，随着《网络诽谤解释》的出台不但难以得到有效遏制，反而有可能披上“合法化”外衣而变得更加大行其道。在这些案例中，一些地方官员动用刑事手段（如有些案例中出现的“跨省追捕”“进京抓捕”等行为）打击“闹事”或“无理取闹”的“网络造谣者”，其理由多是网上不实信息或负面言论损害了“政府形象”或“政府公信力”，在当地“造成恶劣社会影响”。③ 可见，启用公诉的限制性规定在特定情形下不仅难以达到立法本意，而且可能反而给公权

① 最高人民法院刑事审判三庭编著：《网络犯罪司法实务研究及相关司法解释理解与适用》，人民法院出版社 2014 年版，第 151 页。

② 2006 年 8 月 15 日，公务员秦中飞写了名为《沁园春 · 彭水》的短信，并通过手机和 QQ 向多位朋友进行了发送。因内容针砭时弊并涉及当地主要领导，以涉嫌“诽谤罪”被刑事拘留，40 余人牵连其中，后因舆论关注被无罪释放。

③ 在“王帅案”中，灵宝官员这样表示：“有意见可以通过正常渠道反映，但不应该采取这种在网上发帖的方式，败坏政府名声。”“做事就要承担责任，受到一点惩罚，至少有点教训，下次不会再犯错。”参见姜锦铭《跨省抓捕发帖公民，‘因言获罪’三重解读》，《新华每日电讯》2009 年 4 月 10 日第 3 版。

力滥用职权留下可乘之机。当然，这并非对此法律规定予以全盘否定之意，而是旨在提出应最大限度预见并防止事物两面性可能带来的负面影响。

网络谣言犯罪化在限缩与扩张之间出现自反性悖论，是法律与社会互动过程中不时出现的客观现象。任何法律行为都是价值（其背后通常体现为权力）冲突、调适与平衡的结果，这种冲突在新兴领域中往往表现得更加频繁和明显。网络谣言犯罪化即是如此。技术与政治的博弈使网络空间法治化进程充满诸多复杂性和不确定性，网络谣言犯罪化应最大限度减少为此受到的负面影响乃至冲击。

二　网络谣言犯罪化蕴含的内在张力

从更深层面分析，网络谣言犯罪化总体呈现扩张化趋势，是网络犯罪形势演变与风险刑法观交相作用的结果。

随着网络社会与现实社会交互渗透，网络犯罪形势变得日益复杂。2019 年 7 月 23 日，最高人民法院、最高人民检察院、公安部、司法部联合发布《关于办理利用信息网络实施黑恶势力犯罪刑事案件若干问题的意见》，提出坚持“打早打小”，对通过发布、删除负面或虚假信息，发送侮辱性信息、图片，以及利用信息、电话骚扰等方式，威胁、要挟、恐吓、滋扰他人，实施黑恶势力违法犯罪的，应当准确认定，依法严惩。在此背景下，网络空间成为“扫黑除恶”的重点领域。2019 年 10 月 25 日，最高人民法院相关部门负责人在新闻发布会上表示，近年来，网络犯罪“呈高发多发态势”，各种传统犯罪日益向互联网迁移，严重危害国家安全、社会秩序和人民群众合法权益。[①] 2020 年，全国检察机关起诉网络犯罪 14. 2 万人，在刑事案件总量下降背景下，网络犯罪同比上升 47. 9% 。[②]

---

① 参见法信网 http：//www. faxin. cn/lib/lfsf/sfContent. aspx？ gid = H6419&userinput = 网络犯罪，2019 年 12 月 31 日。

② 参见最高人民检察院检察长张军在 2021 年全国“两会”所做《最高人民检察院工作报告》，https：//www. spp. gov. cn/spp/gzbg/202103/t20210315_ 512731. shtml，2021 年 3 月 17 日。

刑法的风险控制导向主要表现在两个方面：从形式上看，刑法立法的积极态势明显；从实质上看，刑法修正案扩大对集体法益的保护范围，改变对集体法益的保护方式。[①] 从上文分析可以看出，中国实行网络谣言犯罪化总体上是以风险控制为导向，以期在重刑之下达到强力维护社会秩序之需要。客观而论，风险刑法观对特定社会现实具有较强的解释力。特别是随着风险社会的来临，通过刑法适度扩张和早期介入，有利于遏制重大风险隐患，增强社会整体安全感。

社会危害性是风险刑法的核心概念。这一概念源自苏联刑法学理论，由阶级危害性引申而来。从有关机构惩处网络犯罪的态度及社会民情来看，风险刑法观视域下的社会危害性成为推动网络谣言犯罪化的重要价值来源。立法机构认为，与传统的犯罪方式相比，利用信息网络实施的犯罪造成了“更严重的社会危害”，“社会公众反应特别强烈”，具有了惩处的现实必要。[②] 《网络诽谤解释》出台后，“两高”有关负责人如此解释创立网络空间寻衅滋事罪的动因：利用信息网络恶意编造、散布虚假信息，起哄闹事，“具有相当的社会危害性”。[③] 从网络谣言刑事审判案例来看，公诉机关和审判法院均重在对网络造谣行为“社会危害性”进行认定，如在“秦火火案”中，公诉机关指控被告人秦志晖在信息网络上捏造、散布虚假事实“严重危害社会秩序”，审判法院也据此认定被告犯寻衅滋事罪。[④] 在日常生活中，也不难见到诸如此类观点：网络谣言对社会有着“严重危害”，在互联网上“多传播一分钟就多一份威胁”，打击网络谣言必须依照“从快从严”原则，加大处罚力度，绝不姑息。[⑤]

---

① 姜涛:《社会风险的刑法调控及其模式改造》,《中国社会科学》2019 年第 7 期。

② 最高人民法院刑事审判三庭编著:《网络犯罪司法实务研究及相关司法解释理解与适用》,人民法院出版社 2014 年版，第 2 页。

③ 王亦君:《两高出台司法解释划定网络言论法律边界》,《中国青年报》2013 年 9 月 10 日，第 1 版。http：//zqb. cyol. com/html/2013 －09/10/nw. D110000zgqnb_ 20130910_ 5 －01. htm，2019 年 8 月 28 日。

④ 参见北京市朝阳区人民法院（2013）朝刑初字第 2584 号刑事审判书。

⑤ 韩卉:《打击网络谣言维护网络晴空》，http：//www. cac. gov. cn/2018 －08/16/c_ 1123278767. htm，2019 年 12 月 23 日。

综上可以看出，在很多人的逻辑或潜意识中，网络谣言犯罪在当前风险社会已造成严重的“社会危害”，不采取“非同寻常”之刑事制裁手段，实难达到“足够、及时保护社会之目的”。然而，相比于个体法益，刑法层面的社会危害性往往表现为抽象法益。刑事违法性是犯罪的唯一特征，根据罪刑法定原则，如果法律没有规定，即使行为的社会危害性再大，也不是犯罪。[①] 进而言之，社会危害性与刑事违法性的界限何在？社会危害性如何才能转化为刑事违法性？若对此不加严格区分，在多重功利因素推动下，将可能导致“国家刑罚权在社会治理中的膨胀与越位。”[②]

风险刑法观实质是出于“抗制”社会风险的内在需求与压力。在社会转型促发“动荡”和“不安”的背景下，风险刑法观确有其存在的现实土壤，但从长远来看，这种理论缺乏与常态社会发展相契合的生命力。具体而言，风险刑法观主导下的网络谣言犯罪化，将可能引发更大的风险隐患乃至权力冲突，在法律层面上也可能导致“象征性立法”的出现。在某种层面上，这种制度惯性是导致“书本中的法”与“行动中的法”出现差距的另一个重要因素。

网络谣言滋生蔓延具有复杂的社会成因，对其入刑治罪必须考虑外部溢出效应。为避免风险刑法带来新的刑法风险，网络谣言犯罪化需要避免出现“刑法浪漫主义”思维和惯性，即认为通过刑罚可以管控一个更好的社会。从犯罪预防正当性而言，刑罚不能成为“报复情绪得以发泄的闸口”，其“至多只是进行社会控制的一个必要而可悲的形式而已”。[③] 细思之，风险刑法观与网络谣言犯罪化并不必然存在相互损益的关系。毋庸讳言，风险刑法观可为网络谣言犯罪化提供必要的动力和压力，从而确保网络谣言始终处于刑法“威慑”之下。但同时，又要防止风险刑法观肆意放大网络谣言的社会危害性，从而使

① 陈兴良：《社会危害性理论：一个反思性检讨》，《法学研究》2000 年第 1 期。

② 何荣功：《社会治理“过度刑法化”的法哲学批判》，《中外法学》2015 年第 2 期。

③ ［美］哈伯特 L. 帕克：《刑事制裁的界限》，梁根林等译，法律出版社 2008 年版，第 60—61 页。

刑法演变为网络谣言治理的最优先手段，甚至出现“为盲目应对风险而摧毁自由”之后果。因而，理性之策是根据社会环境和犯罪形势的变化，动态调适风险刑法与网络谣言犯罪化之间的张力，以使两者保持适当律动，从而使刑法对网络谣言社会危害性的防控处于合理区间。

三　网络谣言入罪的安全边际

面对风险社会给人们的安全需求带来的冲击，刑法必须作出回应，发挥应有的社会调控作用。刑法对社会风险应采取什么预防原则，从而做到“不越界，不过度”？美国学者桑斯坦（Cass R. Sunstein）对此提出了安全边际的概念。他认为，随着风险社会的来临，风险存在于社会生活的各个方面，不可能做到一一预防。作为法律序列的最后手段，刑法只对重大危险进行预防。而判断重大危险的一个标准，是风险不确定性造成的恐惧程度，这决定刑法预防原则的安全边际。[①] 此言“恐惧程度”并非仅指主观心理状态，更多是指迫近风险已严重到非用刑法除之不可的地步。

网络谣言的社会危害性之大已成普遍共识，然其在特定阶段的表现往往只是作为一种“认识上的构想”。这种集高度风险性与不确定性于一身的特质，使网络谣言实演变为现代社会的一大“风险”。当风险社会成为人们认知框架和模式的时候，选择什么样的刑法治理路径就成了需要慎重思考的问题。依法管理风险必须权衡成本与收益之间的关系，不能管理了一种风险而又引发另外一种新的、更大的风险。刑法只能设法去控制“不可欲的风险或尽量公正地分配风险”，而无法简单地以“风险的最小化或根除风险”作为追求目标。[②]

设立网络谣言入罪的安全边际，首先应对风险及网络谣言风险抱有客观、理性的认识。现代社会的“风险”不等同于纯粹自然意义上的风险（如疯牛病、地震等有形风险），在互联网促发、传播及扩散

① 参见陈晓明《风险社会之刑法应对》，《法学研究》2009 年第 6 期。

② 劳东燕：《公共政策与风险社会的刑法》，《中国社会科学》2007 年第 3 期。

之下，风险的释放已脱离了自然和传统的影响而依赖于人的决定。它往往是“在与将来可能性关系中被评价的危险程度”，表现为一种“认识上的构想”。[①] 在这种风险面前，科学手段常常变得无能为力。

作为一种广泛存在的社会文化现象，谣言存在于任何历史时期的社会文化形态之中。当社会出现矛盾、冲突乃至危机时，谣言传播往往变得更加活跃。谣言固然具有很大的破坏性，但任何社会都无法完全杜绝谣言。在网络空间要做到这一点，则更是难上加难。实际上，只要谣言的“量”与“质”控制在合理范围内，相互之间不会出现交互转化，如量变引起质变，质变引起更大范围的量变，则谣言并非除恶务尽的可怕之物。相反，在特定情况下，谣言对社会治理或会产生一种破坏性构建的力量。当然，这并非指对网络谣言可听之任之，而是意在表明对网络谣言应抱持理性的态度，对于刑法规制网络谣言，则更要慎之又慎。

随着互联网时代的到来，新闻客户端和各类社交媒体成为很多干部群众特别是年轻人的第一信息源，而且每个人都可能成为信息源。[②] 如今，互联网已成为中国公民表达诉求的重要渠道，这也使得开放式的网络空间难免会存在真假难辨或亦真亦假的谣言类虚假信息。网络谣言是谣言的新发展。网络谣言具有谣言的一般属性，同时也具有传统谣言所不具有的特质。在特定因素刺激下，网络谣言极易发展为失控的社会舆论力量，比传统谣言产生更大的冲击力和破坏力。这是一些国家急于动用刑法手段规制网络谣言的重要原因。但是，在对网络谣言入罪的同时，也应在社会有机运动中辩证认识其内在的社会文化属性，我们既要看到它的负面性，又要正视其蕴含的积极价值。如此，才能更好地把握刑法规制网络谣言的力度与尺度。

因具有多重属性，谣言定义的侧重点有所差异。《辞海》将谣言解释为“没有事实根据的传闻，捏造的消息”。除此之外，谣言的定

① ［英］安东尼·吉登斯：《失控的世界》，周红云译，江西人民出版社 2001 年版，第 18 页。

② 习近平：《加快推动媒体融合发展构建全媒体传播格局》，《求是》2019 年第 6 期。

义还有很多，举其要者：谣言不是中性的传闻，而是攻讦性的负面舆论；① 作为一种工具性说法，谣言是对现实世界的假设，可以帮助人们解读当前模糊而重要的情境；② 美国社会心理学家奥尔波特认为，谣言是目前没有可靠证明标准的“特殊陈述”；谣言是“特定时空下个别群体的心态、期待和想象”，哪怕是充满伪造、虚幻信息的谣言，在一定程度上也可以折射出“特定历史情境的真实侧面”；③ 作为补充的传播媒介，谣言传播的是另一种事实，会造就“信息的黑市”，其实质是一种反权力。④ 从上述定义可以看出，谣言既是社会现象，又是政治现象。根据发展阶段的不同，谣言大体可分为两种基本形态：一种是未经证实的信息、传闻乃至“特殊陈述”；另一种是捏造的虚假陈述。由于谣言在动态演变中呈现不同的面向，对谣言的性质及功能自然存在不同认识，有的重在强调其负面性，主要看到谣言的虚假性与破坏性后果；有的则看到谣言只是未经证实的信息或假设，在一定层面上能够反映社会现实，可视为观照社会现实的“多棱镜”。

由于网络谣言通常多少带有一定政治指向性，一些地方政府或权力机关对于打击网络谣言往往不遗余力，甚至不惜动用刑事手段。有些司法机关将治理网络谣言专项行动称为“净网”行动，对于网络谣言的态度从中可见一斑。对网络谣言采取严打专项行动，更多是政治性的姿态宣示，从实际效果而言，则难以脱离运动式治理窠臼。这使网络谣言治理面临两难选择：不严打不行，而严打只管一时。实际上，网络谣言的问题不在于谣言本身，而在于其赖以滋生的社会。视网络谣言为洪水猛兽，不铲除致使谣言滋生蔓延的现实土壤，而将罪魁祸首简单归于“网络”，并对之采取密切封堵、严厉打击的手段，其结

---

① 刘建明：《社会舆论原理》，华夏出版社 2002 年版，第 211 页。

② 周裕琼：《谣言一定是洪水猛兽吗——基于文献综述和实证研究的反思》，《国际新闻界》2009 年第 3 期。

③ 吕宗力：《民间言论与社会和谐——从汉代的流言、讹言、妖言、谣言谈起》，载《“21 世纪中华文化世界论坛”第五次国际学术研讨会论文集》，暨南大学出版社 2011 年版，第 275 页。

④ ［法］让－诺埃尔·卡普费雷：《谣言：世界上最古老的传媒》，郑若麟译，上海人民出版社 2008 年版，第 8—288 页。

果很可能只是疲于应付，治标不治本。“治理网络谣言，刑法尤其是刑事司法应当坚守自己的品格，不能丧失自己的底线而沦为社会管理中的跳梁小丑。”[①] 依靠刑罚高压手段建立起来的网络传播秩序是不可持续的，甚或蕴积更大的风险。多方主体只有切实遵循共建共治共享的治理理念，才能真正形成健康有序的网络生态。

在社会剧烈变动时期，一旦权威消息传播渠道不畅，谣言（有时表现为传言、流言等形式）的滋生便可能是合理化的正常现象。这是公民表达期待、不满乃至反抗的特殊方式，在某种程度上属于宪法赋予公民表达权的合理范围。言论自由的本质是保护公民在法律范围内自由地发表意见，哪怕这种意见是错误的、肤浅的乃至是激烈的，因为法律并无规定发表的言论必须是正确的、全面的。在一个健康运行并具有自我免疫力的社会中，虚假信息乃至谣言的传播只要做到总体可控，一般不会轻易造成社会秩序严重混乱。因而，对于不同环境下滋生的流言或传言需谨慎区别对待，不能一概将之作为谣言予以打击，更不能轻易动用刑罚手段。如果说流言是宣泄社会情绪的“闸口”，那么谣言则是点燃社会情绪的“催化剂”。社会情绪具有两面性，关键在于能否做到因势利导。在实际生活中，既要防止不问“是非”将流言作为谣言进行毁灭式打击，又要谨防有人借机生事将小范围的流言转化为社会性谣言，以达到混淆是非、搅乱社会秩序之目的。

谣言特殊的传播机制决定了其通常处于不可控状态。谣言较流言、传言具有更大的破坏性，如上文所言，谣言本身亦并非只有负面意义。从社会行为学层面分析，谣言往往是“群体贡献”的结果，非一个人所为。每个传播者都会根据自己的预期、经验或价值观，做出选择性过滤，参与细节再造。这说明谣言的建构并不是随意的，它是人们的生活世界和世界观的反映。[②] 在特定情况下，谣言能够发挥特定的社会功能。谣言是“一群人议论过程中产生的即兴新闻，是解决集团性

① 张书琴：《网络谣言刑法治理的反思》，《学海》2014 年第 2 期。

② 周晓虹：《风险社会中的谣言、流言与恐慌》，《南京医科大学学报》（社会科学版）2011 年第 11 期。

问题的一种手段。"① 在公共信息不畅通的情况下，网络谣言有时能成为"大众参与社会治理，表达普遍社会诉愿，实现信息私力救济的一种重要方式"②。在正常运行的社会中，网络谣言当然不能成为大众参与社会治理的常态化手段，但网络谣言的产生有时并非空穴来风，其往往是对于现实的戏谑式解构，有着深刻而复杂的社会成因。从实际结果来看，网络谣言有时"一语成谶"，成为撕开社会潜藏问题的"缺口"，甚而成为整肃腐败的线索来源。我国前几年查处的"表叔""房叔"等贪腐案件，其最初线索来源均是网络"谣传"。由于特定时空下的网络谣言存在某种模糊性，使其在传播早期往往处于不确定性的"灰色地带"。在现实生活中，一些未经证实的所谓网络传言或流言，一旦被贴上"谣言"的符号标签，就可能旋即成为众矢之的，成为有关各方展开较量与博弈的领域。这就需要掌握刑法打击网络谣言的安全边际，尽量避免出现超前或过重打击的现象。

四　网络谣言入罪的价值权衡

任何立法与司法活动都是价值权衡的过程。网络谣言入刑是一个法律难题，需要权衡多种价值，估量各种后果。因国情及社会背景不同，网络谣言入刑的理念与路径可能存在差异，但有个总体原则不能轻易突破，即不能过分依赖刑法的威慑力量，刑法介入网络谣言治理是有限度的，不能责罚过重、过滥。从国际经验看，美国和英国应对网络诽谤和造谣的主要司法路径，是非刑罚化和严厉的民事制裁措施。规制网络谣言这一复杂的社会现象，刑事立法与司法既不能丧失法律传统与原则，又不能脱离社会形势及互联网发展实际。在复杂多变的互联网时代，只有紧紧把握网络谣言入罪的正当性，减少刑事司法的功利性、随意性、权宜性，才能更好地发挥刑法促进网络社会发展的功能。

秩序和自由是网络谣言关涉最为紧密的两种法律价值。刑法规制

① 廖斌、何显兵：《论网络虚假信息的刑法规制》，《法律适用》2015 年第 3 期。

② 时飞：《网络谣言的法理意蕴——基于信息纠偏、社会公正和社会公议的视角》，《科技与法律》2013 年第 3 期。

网络谣言，重在平衡表达自由与秩序维护（谣言治罪）之间的关系。自由是秩序的内核，秩序是自由的保障。两者相互依托，不可偏废。没有自由的秩序，实质上是一种专制或暴政；没有秩序的自由，也容易演变为民粹主义，陷入无政府主义的泥沼。当网络谣言对社会秩序的破坏超过足够限度，法律包括刑法必须对此予以干预，但这种限制必须严格遵守司法程序，恪守法律边界，否则必将造成谣言治罪的扩大化，进而可能或直接或间接地影响公民正当合法的表达权利。

网络谣言入罪关乎公众言论自由的实现程度。人是社会交往的动物，信息传播与思想交流是其生存、发展的基本需求，也是社会得以维系的基本条件。言论自由要获得应有的“呼吸空间”，一个重要前提是必须最大限度容忍错误的陈述。[①] 网络谣言入罪理当充分尊重并保护人与社会的这一基本需求，从而给社会留下足够大的“呼吸空间”。另外，网络谣言可成为侵害个体权益、催生社会震荡乃至颠覆国家政权的利器，对之必须采取足够严厉的法律手段。如何更好地兼顾自由和秩序的平衡，防止畸轻畸重现象的出现，是刑法介入网络谣言治理应该遵循的总体原则。

在文明开放的社会中，对谣言应保持适度的理性与宽容。从历史上看，特别要防止将打击谣言演变为压制公民正当表达权的“合法通道”。早在30多年前，邓小平掷地有声的话语，至今听来仍发人警醒：

> 一个革命政党，就怕听不到人民的声音，最可怕的是鸦雀无声……一听到群众有一点议论，尤其是尖锐一点的议论，就要追查所谓“政治背景”、所谓“政治谣言”，就要立案，进行打击压制，这种恶劣作风必须坚决制止。[②]

网络谣言治理是综合性系统工程，非单一法律手段所能为。从长

---

① 张千帆：《宪法学导论》，法律出版社2004年版，第524页。

② 参见《邓小平文选》（第2卷），人民出版社1994年版，第144—155页。

远来看，要有效遏制网络谣言传播，必须根除网络谣言滋生的社会土壤，其中关键在于规范、畅通信息传播渠道，提高社会透明度。网络谣言入罪既要考虑手段的合法性与正当性，又要考虑法律成本与实际效果。为防止风险刑法推动刑罚权过度扩张，网络谣言入罪须将现实危害后果作为主要价值导向（具体原因后文论述），否则将逐步推高社会防卫的安全边际，其结果可能带来公权力的滥用，甚而造成言论表达领域出现“寒蝉效应”。这是任何一方都不愿看到的结果。

对于敏感棘手的迫切问题，确立法律底线比单纯倡导自由更为重要。网络谣言入罪关键在于回归传统刑法观，即刑法本质是“权益保护法”而不仅是“风险管控法”，更不是“行政管理法”。在网络谣言犯罪圈不断扩张的趋势下，网络谣言入罪重在处理好自由、秩序与安全之间的关系，在实践中动态调适并努力做到三者之间的价值平衡，从而达到总体实现刑法谦抑性之目的。对于如何处理好三者之间的关系，后文将进一步展开分析。

第四节　网络诽谤犯罪圈的扩大

诽谤罪是刑法介入网络空间信息治理的另一个主要路径。诽谤罪是一种古老的罪名，自国家产生始，便有诽谤罪。从早前的封建专制社会到如今的开放性网络社会，诽谤罪不断演化发展，其时代内涵及价值功能亦随之发生变化。

一　从煽动性诽谤、刑事诽谤到网络诽谤

作为一种社会现象，诽谤存在于所有早期的文明社会中，并毫无例外地被当作是一种严重的犯罪行为。古代诽谤法民刑不分，且处罚严厉，其立法主要在于保护特权阶级的名誉或利益，并非为了保障自然人的名誉与人格尊严。[①] 诽谤罪肇始于针对政府的煽动性诽谤。煽

① 郑文明：《诽谤的法律规制——兼论媒体诽谤》，法律出版社 2011 年版，第 17—23 页。

动性诽谤罪实质为“批评政府之罪”。[1] 因应国内外形势的变化，任何政权都会对煽动性诽谤予以不同程度的刑事制裁。在实施专制或暴政时期，特别是当政权受到威胁时，煽动性诽谤罪将会达到最为严厉的程度。1740 年清政府颁行的《大清律例》规定：

> 凡造谶纬妖书妖言，及传用惑众者，皆斩。若私有妖书，隐藏不送官者，杖一百，徒三年。
>
> 凡妄布邪言书写张贴，煽惑人心，为首者，斩，立决。为从者，斩，监候。若造谶纬妖书妖言，传用惑人，不及众者，改发回城，给大小伯克及力能管束之回子为奴。至狂妄之徒，因事造言，捏成歌曲，沿街唱和，及以鄙俚亵嫚之词，刊刻传播者，内外各地方官，即时察拿，审非妖言惑众者，坐以不应重罪。

对以谣言形式蛊惑群众的煽动诽谤行为直接处以极刑，可见晚清政府钳制言论之暴戾。清政府将煽动蛊惑谣言分为两类，一类是“谶纬妖书妖言”，另一类是“邪言”。因前者直接关乎政权稳定，处罚极端严苛，捏造者和传播者“皆斩”；藏而不传者“杖一百，徒三年”；“传而不及众者”贬为人奴，对其中的“狂妄之徒”则更是极尽侮辱之能事，其“罪行”将被“捏成歌曲，沿街唱和”，遭受肉体和精神的双重摧残。后者“邪言”主要在于“煽惑人心”，虽不直接冲击政权，同样受到严厉管制：编造（书写）、传播（张贴）“为首者”处于斩立决，从者亦要“斩，监候”。在当时以及后来一个阶段中，这成为政府当局惩处煽动诽谤行为的基本法律依据。[2] 乾隆年间出现的伪造奏折案，光绪年间发生的《苏报》案，以及清政府扼杀知识分子言论和报刊舆论的大量案件，其判例依据均源自《大清律例》。

出于对革命舆论的憎恨和恐惧，清朝统治者于 1906 年颁布了《大

① 张金玺：《美国公共诽谤法研究：言论自由与名誉权保障的冲突与平衡》，中国人民大学出版社 2016 年版，第 17 页。

② 倪延年：《中国新闻法制通史》，南京师范大学出版社 2015 年版，第 78 页。

清印刷物件专律》，共分六章，其中分量最重的是"毁谤"一章。该专律将"毁谤"分为普通毁谤、讪谤和诬诈三类。对触犯讪谤条款者，彼时罚金高至五千银圆，监禁可至十年，重者罚金监禁并科。《大清印刷物件专律》管制范围有限，仅涉及"记载物件"等物质载体，对新闻报刊内容没有专门规定。随着革命舆论和维新言论日趋激烈，清廷顿感芒刺在背。于是，清廷京师巡警总厅于1906年10月颁行《报章应守规则》。该守则共有九条，前两条为：不得诋毁宫廷；不得妄议朝政。对于何谓"诋毁"和"妄议"，守则未作任何说明，解释权完全掌握在统治阶层手中。故言之，第一条意味着在封建专制体制下，宫廷（统治者）对于人民（被统治者）享有至上"权威"，不容怀疑，更不容"诋毁"。第二条意味人民对于朝政要事只能无条件接受，若发表"不受欢迎"的意见，动辄可被扣上"妄议"之罪。由此可见，清廷的立法意图重在钳制言论，严禁报章发表任何可能"诋毁"宫廷和"妄议"朝政的所谓负面内容。

1908年1月，清政府参考日本立法制定颁布《大清报律》。该报律第十四条规定：

> 左列各款，报纸不得揭载：诋毁宫廷之语；淆乱政体之语；扰害公安之语；败坏风俗之语。

对于违者如何进行处罚，该报律第二十三条规定：

> 违第十四条第一、二、三款者，该发行人编辑人印刷人处六月以上二年以下之监禁，附加二十元以上二百元以下之罚金；其情节较重者，仍照刑律治罚。但印刷人实不知情者，免其处罚。

另据第二十七、二十九条规定，违第十四条第一、二、三款者，"永远禁止发行"；违第十四条第四款者，"得暂禁发行"。可见相较《大清印刷物专律》和《报章应守规则》，《大清报律》对于禁言范围有所扩大和升级，管控策略也有所变化：禁言范围不仅包括一以贯之的“诋毁宫廷”“淆乱政体”之语，而且扩至“扰害公安”和“败坏风俗”之语。这意味着禁言范围从政治层面扩至社会秩序和道德伦理层面，后者涵括范围显然更加宽泛，判断标准也更具主观性和模糊性，导致欲加之罪“口袋”不断扩张。惩罚对象从“妖言妖书”的编造者和传播者演变为“发行人编辑人印刷人”，惩处对象从下游内容延至上游源头，言论管制范围和手段的不断升级，足见晚清专制政府钳制舆论之恶政。

袁世凯独裁政府沿袭了晚清政府钳制言论的做法，刑罚程度愈加严苛。1914 年相继出台《报纸条例》和《出版法》，两者均规定了不得登载的八类内容，前三类即为“淆乱政体者”“妨害治安者”“败坏风俗者”。《报纸条例》第二十二条规定，登载“淆乱政体者”之内容，除禁止发行、没收报纸及营业器具，处发行人、编辑人、印刷人以四等或五等有期徒刑。《出版法》第十五条规定，登载“淆乱政体者”和“妨害治安者”之内容，除没收印本或印版外，处著作人发行人印刷人以五年有期徒刑或拘役。可见相比《大清报律》，《出版法》刑罚范围和严厉程度仍在不断扩大，惩处对象从“发行人、编辑人、印刷人”扩至“著作人”，刑期从“六个月以上二年以下”增至“五年”。

任何法律都是阶级统治意志的反映。在封建专制特别是暴政时期，这种意志体现得更为鲜明。考察英美国家封建专制时期的诽谤罪发展，其同样走过与中国相似的道路。在英国，诽谤诉讼早在 13 世纪就较为普遍，诽谤罪名的出现大约始于 14 世纪末 15 世纪初。英国历史上最早有关诽谤诉讼的法规是 14 世纪颁布的《诋毁郡主法》或《诋毁权贵法》，重在惩罚传播不利于封建领主的流言蜚语式的“恶意诽谤”。17 世纪，星座法庭（俗称“星法院”）颁布《煽动诽谤法案》，凡针对政府和公职人员的攻击性言辞都可被认定构成诽谤罪，而无须证明所陈述内容的真实性。1641 年，“星法院”被裁撤，普通法院接掌煽动性诽谤的刑事案件。在 1704 年的“塔特钦案”中，出于维护政权安全的需要，英国最高法院首席大法官约翰·霍尔特将诽谤受害者由特定对象（封建领主）扩及政府整体，他这样说：

> 对所有政府而言，为祸之烈，莫过于对政府管理产生敌视之努力。就政府管理而言，此类言论历来被视为犯罪，除非对其实施严刑峻法，否则任何政府殊难自保。[①]

可以看出，约翰·霍尔特是将人民视为政府的敌对力量，认为只有对人民进行言论压制，哪怕施以“严刑峻法”，政府管理才不会受到侵扰和攻击。受此观念和心理影响，以保护政府及其官员免受外界责难为主旨的煽动性诽谤罪走到了极端，以至于“言论内容愈真实，诽谤愈重”，带来滥用司法的严重后果。直至1843年，英国出台《坎贝尔勋爵法》，煽动诽谤的刑事被告才能将真实性作为抗辩事由。自20世纪以来，英国主要是以民法处理诽谤问题，形成了相当完整的规范，刑事诽谤基本成为象征性存在。由于英国没有确认言论自由基本权利的书面宪法性文件，大量可用于诽谤的法律规制出现在普通法的判例之中。现行有效的诽谤成文法律主要有《人权法案》《欧洲人权公约》以及单行制定法《1996年诽谤法案》。2013年，英国对《诽谤法》进行了重大修改，其目标是使得诽谤法在保护个人权利与言论自由方面取得平衡，以免负责任的新闻报道和科学争论免受诽谤法的威胁，同时让那些名誉真正受到损害的人能够得到保护。由于诽谤作为刑事诉讼遭到广泛批评，现实中只有极其严重的书面诽谤行为才可能构成诽谤罪。从20世纪80年代中期以来，英国法律委员一直建议撤销刑事诽谤罪。2010年，英国颁布《2009年审判和验尸法案》，延续了几个世纪的刑事诽谤诉讼、煽动诽谤诉讼、侮辱诽谤诉讼、淫秽诽谤诉讼一起被废除。[②]

---

① 张金玺：《美国公共诽谤法研究：言论自由与名誉权保障的冲突与平衡》，中国人民大学出版社2016年版，第17—18页。

② 朱文雁：《论英国对诽谤的法律规制》，博士学位论文，山东大学，2012年，第35—40页。

由于政治和社会环境不同，煽动性诽谤罪在美国走上了一条不同于宗主国英国的道路。1735 年发生的“曾格案”[①]，标志着北美殖民地“明确且决断地脱离英国诽谤法……形成了北美殖民地的自由主义观点，即应由陪审团根据事实真伪来判定诽谤”。[②] 尽管言论自由观念在“曾格案”后日渐炽盛，煽动性诽谤的历史在美国独立后并未就此终结。当面临动荡局势，煽动性诽谤罪仍不时被用作压制批评与异见的工具。

20 世纪 60 年代后，美国刑事诽谤法由维护社会公共秩序开始转向保护个人名誉。1969 年，美国最高法院在“布兰登堡诉俄亥俄州案”中提出的煽动性诽谤判断标准，即“煽动或制造迫在眉睫的非法行为”，成为对煽动性诽谤罪进行抑制的转折点。[③] 煽动性诽谤罪主要是制裁危及国家安全和政权稳定的蛊惑性言论，普通刑事诽谤罪主要是制裁严重威胁特定主体重大法益（安宁或自由）的诋毁性言论。当诽谤言论指向作为权力化身的政府或官员时，情况将变得更加复杂。进入 19 世纪后，公共诽谤法的一大变化在于，政府官员与公职候选人转向民事诽谤寻求经济补偿，刑事诽谤逐渐成为例外之选。在 20 世纪及至 21 世纪，美国几乎所有的诽谤诉讼都是民事诉讼。“那些仍然有效的刑事法律对今天的大众媒介而言威胁很小……它们之中极少能够经受住今天的宪法审查。”[④] 1964 年美国最高法院判决的“《纽约时报》诉沙利文案”是一个重要转折点，由此确立了公众人物诽谤诉讼

---

① 1733 年，德国巴拉丁移民曾格在纽约创办了《纽约周报》。次年，因在报纸上发表抨击总督及殖民当局的言论，曾格被指控犯“对政府进行无耻的中伤、恶毒谩骂和煽动性责难”的罪名而被逮捕。1735 年 8 月法庭开审，当时最有名气的律师安德鲁·汉密尔顿以 80 岁高龄出庭为曾格辩护。汉密尔顿承认原告对曾格的指控属实，但陈述无可非议的真相乃是每一个生来自由的人所享有的神圣权利，只有“虚假的、恶意的和煽动性的”谎言才构成诽谤，从而颠覆了“越是事实，就越是诽谤”的说法。陪审团最后作出了无罪裁决，曾格重获自由。该案标志着美洲殖民地新闻自由的第一次重要胜利，对此后西方（尤其是美国）影响深远。

② 张金玺：《美国公共诽谤法研究：言论自由与名誉权保障的冲突与平衡》，中国人民大学出版社 2016 年版，第 21 页。

③ 郑文明：《诽谤的法律规制——兼论媒体诽谤》，法律出版社 2011 年版，第 55—57 页。

④ 张金玺：《美国公共诽谤法研究：言论自由与名誉权保障的冲突与平衡》，中国人民大学出版社 2016 年版，第 37—39 页。

以“实际恶意”作为主要归责标准，从而使得宪法第一修正案成为处理诽谤诉讼的基本原则（虽然此原则是源自民事案件，但对于后来刑事诽谤案件的审理特别是诽谤“主观因素”的认定产生了比较深远的影响）。然而，刑事诽谤法的使用在美国却有所增加，尤其反映在涉及网络的案件中，如在科罗拉多、威斯康星等州就发生过一系列有关博客、网络评论等刑事诽谤诉讼。[①] 诽谤去罪化曾被普遍认为是时代发展趋势，但美国、德国、法国、意大利等西方国家依然保留了诽谤罪，且不是停留在纸面上，而是实实在在付诸司法实践。[②] 在这个大的背景下，随着互联网全新的传播方式对公民名誉权保护带来巨大冲击，很多国家如美国一样重新将刑事诽谤法的触角延伸至网络空间。在多种因素促动下，开放式网络空间为诽谤犯罪行为的滋长提供了诱发性土壤，由此带来的严重或不可控的后果将可能成为煽动性诽谤罪与刑事诽谤罪的“助燃剂”（后文结合具体案例展开深入分析）。

二　网络诽谤入罪的限制性规定及其影响

通过简要分析诽谤罪的历史演变可以看出，随着社会环境和媒介形态的演变更替，诽谤罪的保护对象、价值指向及其口径大小都在不断发生变化。作为继报纸、广播、电视之后的“新新媒介”，互联网已成为公众表达与交往的新平台，在信息传播和社会舆论格局中占据日益重要的地位。媒介赋权在释放公众表达自由的同时，也大大增加了侮辱、教唆、诽谤等言论犯罪行为发生的可能性。我国通过司法解释拓宽网络环境下诽谤罪的构成要件，就是为了应对这种新情况和新问题。

近年来，我国公民因在网络上“诽谤”政府官员而被整治乃至获罪的案例不时出现。这在客观上与诽谤罪的立法设计有一定关系。根

① 张金玺：《美国公共诽谤法研究：言论自由与名誉权保障的冲突与平衡》，中国人民大学出版社 2016 年版，第 37—39 页。

② 邵国松：《诽谤入罪的判决标准：国际比较的视角》，《南京社会科学》2016 年第 10 期。

据《刑法》第二百四十六条规定[①]，诽谤行为入罪的弹性空间主要体现在两个方面：一是“情节严重”的适用情形；二是诽谤罪公诉的例外情形。为了防止网络环境下诽谤罪过度扩张，《网络诽谤解释》对“情节严重”和自诉转公诉必要条件即“严重危害社会秩序和国家利益”的情形均做出了明确规定。根据《网络诽谤解释》第二条，刑法第二百四十六条第一款规定的“情节严重”共包括四种情形：

（一）同一诽谤信息实际被点击、浏览次数达到五千次以上，或者被转发次数达到五百次以上的；

（二）造成被害人或者近亲属精神失常、自残、自杀等严重后果的；

（三）二年内曾因诽谤受过行政处罚，又诽谤他人的；

（四）其他情节严重的情形。

由上可见，“情节严重”的界定标准主要有三类[②]。第一类是数量标准，即实际被点击、浏览“五千次以上”和转发“五百次以上”。第二类是危害后果标准，即导致“精神失常、自残、自杀等”。第三类是主观恶性标准，即“二年内曾因诽谤受过行政处罚，又诽谤他人”，体现了刑法对行为人主观恶性、人身危险性的重视和评价，属于典型情节犯的入罪条件。

情节严重的第一种情形旨在确立一种客观标准，从而有利于统一执法标准。但这种技术性的“数量标准”是否适用于动态变化的复杂现实，至今仍存较大争议。从实际效果而言，这种数量标准虽可起到

① 以暴力或者其他方法公然侮辱他人或者捏造事实诽谤他人，情节严重的，处三年以下有期徒刑、拘役、管制或者剥夺政治权利。前款罪，告诉的才处理，但是严重危害社会秩序和国家利益的除外。

② 这个数量是依据实证调研的结果，也参考了有关司法解释的先例。两者保持一比十的关系，是根据网络传播规律，听取了专业部门意见，进行了技术论证，是严格审慎确定的。参见姚志明《诽谤罪情节严重的情形是怎样的》，https：//www. 66law. cn/laws/253753. aspx，2021 年 1 月 21 日。

一定规范作用，但也可能带来诸多不利影响。下文将结合案例进行分析，在此暂不展开论述。第二、三种情形基本没有歧义，是从结果和情节层面对诽谤罪进行限定，特别是第二种情形即“造成被害人或者近亲属精神失常、自残、自杀等严重后果”，通常被认为是诽谤罪较具共识性的构成要件。第四种情形规定的“其他情节严重的情形”属于兜底式条款，在法律规范中系常见情况。司法解释主要是对法律“留白”进行解释和规范，在不违背法律本义和立法精神的前提下，其必须做到明确且具有可操作性，应尽量避免出现模糊性的兜底式条款。

为在司法实践中规范公诉的适用，《网络诽谤解释》对“严重危害社会秩序和国家利益的”的情形进行了限定，共列举了七类：

> （一）引发群体性事件的；（二）引发公共秩序混乱的；（三）引发民族、宗教冲突的；（四）诽谤多人，造成恶劣社会影响的；（五）损害国家形象，严重危害国家利益的；（六）造成恶劣国际影响的；（七）其他严重危害社会秩序和国家利益的情形。

这七种情形大体可分为三类。第一类是实际危害后果，如第（一）和第（三）种情形，其主要是一种事实判断，通常不会存在实质性争议[①]；第二类是评估性的社会危害，如第（二）、（四）、（五）、（六）种情形。如上文所述，如何界定“公共秩序”及其出现了“混

① 这类事实性标准即使存在争议，往往只是体现在“量”上而非“质”的差异。对于“引发群体性事件”的判断，人力资源和社会保障部《关于进一步做好劳动保障监察工作的通知》（人社厅发〔2008〕24号）将30人以上作为群体性事件的认定标准；《国务院办公厅关于印发保障农民工工资支付工作考核办法的通知》（国办发〔2017〕96号）和文化部《文化市场突发事件应急管理办法（试行）》（文市发〔2012〕27号）将一次参与人数达到50人以上作为群体性事件的认定标准；原中国保监会《关于加强保险业突发事件应急管理工作的通知》（保监发〔2011〕45号）将100人以上投保人集体上访作为群体性事件的认定标准。由于标准不完全一致甚至差异较大，需要司法解释明确适用标准或择其一作为参考标准。参见金鸿浩《论互联网时代诽谤罪的公诉范围》，《政治与法律》2021年第3期。

乱”？如何判断“诽谤多人”造成了“恶劣社会影响”？[①]“国家形象”受到“损害”的判断标准是什么？[②] 怎么判断和评估“国际影响”达到“恶劣”的程度？[③] 司法解释对此并没有作出具体说明。由于视角和立场不同，其更多体现为主观性的价值判断，认定结果往往存在较大的差异性。这事实上是“用一个不明晰的概念解释了另一个不明晰的概念，无法在客观上起到统一法律适用的功能”。“实际上再次重复了刑法第二百四十六条但书部分的不确定性”，有可能在司法实践中演变成随意性很强的“口袋罪”，从而违背立法原意。[④] 第三类是兜底式条款，如第（七）类情形，即“其他严重危害社会秩序和国家利益的情形”，其用意及其可能存在的负面影响上文已作说明。

从实际情况来看，最应防范的是以权力为导向的公诉案件。在这类案件中，涉嫌“诽谤”政府官员的普通网民，直接面对的是掌握暴力工具的司法机关，刑事司法手段的提前或不当介入，无疑会让后者处于严重不对等境地，面临的压力可想而知。如重庆市发生的“彭水诗案”，网民秦中飞用短信和QQ聊天工具向朋友发送的针砭时弊的打油诗《沁园春·彭水》，被认为映射批评了前任和现任县委主要领导。此案本应由“被诽谤人”作为原告提起诉讼，可事实上启用的是公诉程序，当地公安机关在提交的起诉意见书中表示，此内容发表在“换届敏感期”，“肯定会影响社会稳定和政治稳定”，遂决定以涉嫌“诽

---

① 在“秦火火案”中，审判法院采取公诉程序系因“秦志晖诽谤罗援、杨澜、兰和、张海迪的行为构成诽谤罪，且系诽谤多人并造成了恶劣的社会影响”。参见北京市朝阳区人民法院（2013）朝刑初字第2584号刑事审判书。

② 在“秦火火案”中，审判法院认为，被告人秦志晖构成寻衅滋事罪，系因在重大突发事件期间，编造政府机关天价赔偿外籍乘客的信息并在网络上散布，该微博被转发11000次，评论3300余次，引发大量网民对“国家机关公信力”的质疑，原铁道部被迫于当夜辟谣，对事故善后工作的开展造成了不良影响。参见北京市朝阳区人民法院（2013）朝刑初字第2584号刑事审判书。

③ 根据公安部2009年下发的《关于严格依法办理侮辱诽谤案件的通知》，国际影响涵盖的主要对象为“外交使节、来访的外国国家元首、政府首脑等人员”，而对于国际影响何谓达到“恶劣”并未作出说明。从中至少可以看出，“国际影响”主要涉及外交使节、国家元首和政府首脑等三类人员，且主要限定于国家外交层面。

④ 参见金鸿浩《论互联网时代诽谤罪的公诉范围》，《政治与法律》2021年第3期。

谤罪”对秦中飞实施刑事拘留。经媒体报道后，秦中飞被宣布无罪释放，并获得国家赔偿。该案最终被定性为“一起基层党政领导非法干预司法的典型错案”。[①] 此案例虽发生在《网络诽谤解释》出台之前，但其所具有的典型性在某种程度上或可表明，《网络诽谤解释》关于“引发公共秩序混乱”，“诽谤多人，造成恶劣社会影响”等限制性规定，在特定情况下反而可能会作为一种“合法性”手段，更加助长某些地方官员滥用公诉权力的冲动。司法解释只有最大可能做到具体明确，并以现实危害后果作为主要判断依据，限制性条款才能切实起到规范和约束作用。

出于保护隐私、人情维护等目的，只有达到“严重危害社会秩序和国家利益的”情形，且在不违背被诽谤人真实意愿且不给其带来二次伤害[②]的前提下，才可由司法机关介入提起公诉。但正如上文所述，这种例外情形的判断标准在复杂的现实生活中往往难以做到客观明确，这样则易造成自诉、公诉界限不明，进而导致公权力能够以涉嫌诽谤罪为名启动公诉程序。有学者统计，2015—2019 年，中国裁判文书网上共约有 188 件刑事诽谤案公开判决书，其中公诉案件占比超过 16.6%，有罪判决中的公诉案件占比则超过 28.4%。诽谤罪公诉的法律依据源于我国《刑法》第二百四十六条的“但书”规定，我国诽谤罪公诉案件近年来呈现扩大趋势，与《网络诽谤解释》对此“但书”规定的解释存在一定关联。在多种因素影响下，这种解释不仅难以很好达到释法初衷，有时反而为公诉范围的扩大提供了法律依据。[③] 当然，对此需要特别指出，释法是一个问题，对于释法的理解与适用则是另外一个问题，且后者的出现往往是多方面因素造成的，并不必然或者说完全是由前一个问题所导致。但从客观上分析，公诉启用的程序缺乏明确的约束性规定，一定程度上也给公权力滥用留下空间，这样的案例在现实生活中并不鲜见。

---

① 高中:《中国大陆“诽官案”实证研究》,《湖南大学学报》(社会科学版) 2011 年第 4 期。

② 时延安:《“自诉转公诉”的刑法法理分析》,《检察日报》2020 年 12 月 28 日第 3 版。

③ 金鸿浩:《论互联网时代诽谤罪的公诉范围》,《政治与法律》2021 年第 3 期。

2020年12月，贵州省毕节市任女士因对小区物业管理不满，在小区微信群骂了社区支书一句“草包支书”。当地警方接当事人报案后，以“公然侮辱”他人为由对任某采取强制传唤措施，并用手铐将其从贵阳市押回毕节。此事被捅到网上后引发广泛关注，争议焦点在于任某至多侵害的只是个人名誉，远非达到“严重危害社会秩序和国家利益”之地步，理应由当事人进行自诉，而此案启用的却是公诉程序，当地警方对“骂人者”甚至动用了手铐。在网络舆论持续关注下，毕节市公安局发出通报表示，涉事派出所采取异地传唤程序违法，涉案派出所所长及办案民警停职接受调查。中央纪委国家监委网站针对此案发表文章强调，执法部门应该带头守法、秉公执法，绝不能在调查处理中掺杂个人私情，更不能滥用权力侵犯群众的合法权益。[①]由此可见，在诽谤类案件中，对司法部门的权力边界不加严格约束，将可能导致出现采取刑事手段办理行政和民事违法案件。

上述案件虽是极端个例，但其反映出来的倾向性问题足以值得深思。在我国司法实践中，因批评公务引起的刑事诽谤案件，大多作为公诉案件立案、侦查、起诉和审判，鲜见有国家工作人员作为自诉人亲自提起自诉，基本上都是调动国家公权机关，运用司法资源，追究犯罪嫌疑人。[②] 这类案件多有公器私用之嫌，使得政府官员名誉权受到更高程度的保护，客观上也造成地方官员不必出面起诉即可利用诽谤罪打压批评意见之局面。[③] 在我国特殊国情下，严格限定公诉手段的适用条件是必须牢牢坚守的基本原则。

三　严格掌握刑事诽谤公诉适用条件

网络空间开放性和匿名性的传播特点，给实施诽谤行为提供了更

① 参见《中纪委网站：一句“草包”被行拘权力不容滥用》，http：//china. qianlong. com/2021/0128/5346381. shtml，2021年1月29日。

② 侯健：《诽谤罪、批评权与宪法的民主之约》，《法制与社会发展》2011年第4期。

③ 张金玺：《美国公共诽谤法研究：言论自由与名誉权保障的冲突与平衡》，中国人民大学出版社2016年版，第286—287页。

加适宜的土壤和更为便捷的手段。根据《关于人民法院推行立案登记制度改革的意见》，只有提出明确的被告人、具体的诉讼请求和证明被告人犯罪事实的证据，属于受诉人民法院管辖的自诉案件，才能立案。受制于技术条件和专业壁垒等因素，作为普通网民的被诽谤人往往无法获知诽谤行为人的信息，导致取证比较困难，无法提起自诉。基于此，《刑法修正案（九）》在刑法第二百四十六条中增加一款作为第三款：通过信息网络实施第一款规定的行为，被害人向人民法院告诉，但提供证据确有困难的，人民法院可以要求公安机关提供协助。其实在《刑法修正案（九）》研议过程中，立法机关曾提出将通过信息网络实施诽谤且被害人告诉的案件直接规定为公诉情形，即将刑法第二百四十六条第二款修改为：前款罪，告诉的才处理，但是严重危害社会秩序和国家利益，或者通过信息网络实施前款规定的行为，被害人报案的除外。在立法讨论过程中，对此修改动议存在不同认识，多数部门认为对通过信息网络实施的告诉类诽谤案件一律公诉，案件量过大，且不符合诽谤去犯罪化的普遍趋势。故立法机关最终没有采纳此建议，而是增加上述第三款的规定。需要强调，修改后的第三款规定，并不意味着此类案件转化为公诉案件，也不意味着放宽了人民法院受理此类自诉案件的条件。[①] 即言之，本着权利对等原则，公安机关只能根据人民法院要求（不能擅自介入），在职责范围内为被诽谤人提供收集证据方面的支持，认定案件适合自诉还是公诉，最终是由人民法院根据实际情况作出独立判断。这既提升了网络空间公民维护合法权益的诉讼能力，又能有效防止出现对于公民合法权益的反噬现象。

毋庸讳言，在近年不时出现的以公诉形式出现的“诽官案”中，为了打压公众批评，有些地方官员先把自己抬高到“社会”甚至“国家”代表的地位，再动用公诉手段打击批评者。[②] 其实，公安部于

---

① 喻海松：《刑法的扩张——〈刑法修正案（九）〉及新近刑法立法解释司法适用解读》，人民法院出版社 2015 年版，第 138—141 页。

② 邓子滨：《刑事诉讼原理》，北京大学出版社 2019 年版，第 107 页。

2009年就下发《关于严格依法办理侮辱诽谤案件的通知》，重点规范“诽官案”中滥用警力问题，明确强调：公安机关在依照公诉程序办理侮辱、诽谤刑事案件时，必须准确把握犯罪构成要件。对于不具备“严重危害社会秩序和国家利益”这一基本要件的，不得作为公诉案件管辖。对于有些地方公安机关不能正确办理侮辱、诽谤案件，该通知分析了原因和后果：

> 直接原因是对有关法律理解不当、定性不准，深层次的原因是对新形势下人民内部矛盾缺乏清醒的认识。
>
> 如果将群众的批评、牢骚以及一些偏激言论视作侮辱、诽谤，使用刑罚或治安处罚的方式解决，不仅于法无据，而且可能激化矛盾，甚至被别有用心的人利用，借机攻击我国的社会制度和司法制度，影响党和政府的形象。

批评权和监督权是宪法赋予公民的基本权利。为了防止以“诽谤罪”打击针对领导干部的批评性言论，最高人民检察院也特别规定，对于公安机关提请逮捕的诽谤案件，同级检察院没有批捕的权利，须报上级检察院审批，以此构筑“防火墙”，帮助基层检察院“排除干扰”，确保办案质量。[①] 由于勇于直面问题和矛盾，媒体对此举给予好评，纷纷发表社论或评论文章，如《驯服权力，才能防止以诽谤罪压制批评》《望“批捕权上移”能遏制滥用诽谤罪》《诽谤罪不应成问题官员的“护身符”》《慎用诽谤的大棒，才有批评的阳光》等，从中可见社会舆论对限制公诉权力不当介入言论表达领域的呼声和期待。

应该说，上述政策规定看到了症结所在，而要真正解决此问题，当然并不是单靠法律或者说仅仅依赖于司法机关所能为，其背后牵涉深层次的政治和社会问题。抛开诸多外围复杂因素，其根本前提是法

① 隋笑飞：《最高检将建立批捕诽谤案件报上一级院审批制度》，http：//www.gov.cn/govweb/jrzg/2010-08/07/content_1673311.htm，2021年11月30日。

律不能为公权滥用留下合法性的滋长空间，甚至成为公权滥用的合法外衣。否则，这将使问题变得更加棘手，几近陷于无解之境。归根结蒂，如何判断诽谤内容是否达到“严重危害社会秩序和国家利益”的程度，是决定网络诽谤刑事案件是否启用公诉的关键因素。

诽谤罪设置的根本目的在于保护特定对象名誉权，而不是用于钳制“网络异议”之需要。“严重危害社会秩序和国家利益”是对诽谤罪提起公诉的限定条件，而非诽谤罪的构成要件。提起公诉的前提应当是行为人的行为符合诽谤罪的构成要件，即对特定个人的名誉实施了严重侵犯，社会秩序及国家利益本身不能作为诽谤罪的客体。[①] 换言之，即使行为人的行为严重危害社会秩序和国家利益，但其若未侵害公民名誉权，仍不构成诽谤罪。公民对国家机关及工作人员行使批评建议的权利，即使对当地政府形象或公信力产生了严重负面影响，也不能对相关行为人以诽谤罪论处。[②] 如在“彭水诗案”中，秦中飞被刑事拘留的主要原因是其发表的言论内容影响了当地的“社会稳定和政治稳定”，并非是对县委主要领导名誉权构成了事实性的严重侵害。再如“王帅贴案”，王帅发的帖子被认为“严重损害了灵宝的形象”，对灵宝招商引资产生了不利影响，当地警方据此认为，严重危害社会秩序和损害国家利益，遂以涉嫌“诽谤罪”对王帅进行刑事拘留。这显然存在罪名适用的错误。这起案件最终虽被撤案处理，当事人王帅也获得了国家赔偿，但需要反思的是，为避免这种道歉、赔偿加纠错的模式在现实生活中不时重演，关键还是要恪守刑法谦抑性原则，严格掌握自诉转公诉的适用条件。

综上所述，网络诽谤行为要达到“严重危害社会秩序和国家利益”的程度，主要有两个判断依据：一是后果足够严重，如造成被害人精神失常或自杀、引发群体性冲突等；二是对象特殊，如党和国家领导人、外国元首、外交代表等，对其进行诽谤侵害将严重损害国家

① 高铭暄、张海梅：《网络诽谤构成诽谤罪之要件——兼评“两高”关于利用信息网络诽谤的解释》，《国家检察官学院学报》2015 年第 4 期。

② 张海梅：《诽谤罪之检视》，《宁夏大学学报》（人文社会科学版）2014 年第 5 期。

形象以至造成恶劣国际影响，地方党政领导人不在此列。[①] 为了防止诽谤罪追诉范围扩大化，《网络诽谤解释》公诉情形中的“损害国家形象”宜做严格界定，诽谤对象应限于作为国家法定代表的国家元首，在法律实践中，本款司法解释属于创设国家元首保护制度，按照宪法确立的建设社会主义法治国家的原则，虽然其目的在于保护国家利益，但是，立法权限已经超出了具体适用法律的功能，应当由立法机关通过修改刑法的方式进行。[②]

从诽谤罪的历史演变来看，为了防止钳制言论现象出现，诽谤诉讼应主要针对公民个人名誉权的保护，而对具有公权力身份的特殊个体的诽谤诉讼当谨慎作入罪化处理。国际上对这类诽谤诉讼已有成熟的理论和经验：

> 它由一个可以证明他作为个体受到了关于他的虚假陈述损害的人提起。我们担心，如果因为一个人所属的团体受到错误批评，他就可以提起刑事诉讼，那么法律就可能被用来压制正当的公共辩论。[③]

由此而言，我国对于诽谤地方党政领导人的案件，只有造成诽谤对象精神失常或者自杀等严重后果，才有可能认定为“严重危害社会秩序和国家利益”。[④] 如果诽谤地方党政领导人动辄遭到公诉，则给自由、健康的公共讨论蒙下阴影。正如布伦南大法官在《纽约时报》诉沙利文案中所言，“对公共问题的辩论应该是不受禁止的、强健的和

---

① 胡康生、李福成主编：《中华人民共和国刑法典释义》，法律出版社 1997 年版，第 350—351 页。

② 李昊：《网络诽谤案件公诉情形中“损害国家形象”的宪法学思考》，《社会科学研究》2017 年第 4 期。

③ ［美］新闻自由委员会：《一个自由而负责的新闻界》，展江等译，中国人民大学出版社 2004 年版，第 54 页。

④ 赵秉志、彭新林：《“严重危害社会秩序和国家利益”的范围如何确定——对刑法典第 246 条第 2 款但书规定的理解》，《法学评论》（双月刊）2009 年第 5 期。

广泛开放的"，特别是针对政府和官员的言论，通常是"激烈的、刻薄的"，有时甚至是"恼人的强烈攻击"，如果要求公共批评者必须保证所有言论细节均为事实，这势必会导致"自我审查"，阻碍公共问题的自由辩论。[①] 我国与美国的国情完全不同，而且沙利文案也是民事自诉案件，并非刑事公诉案件，用其对应于诽谤地方官员的刑事诽谤案件特别是我国的言论和法治环境，显然，没有严格意义上的类比性，对此应该加以理性辩证地看待，但其倡导的对于公共讨论的包容性对于我国处理刑事诽谤案件无疑也具有参考意义。

四　网络诽谤罪价值构造的结构变化

从法律史来看，传播媒介是影响诽谤罪发展演变的一个重要变量。在现代报刊尚未盛兴的"前大众传播时代"，诽谤罪主要被封建统治阶层作为钳制言论的"利器"。进入以报刊、广播、电视为代表的传统媒体时代，受言论自由观念的影响和推动，诽谤一般是作为民事侵权行为，"诽谤去犯罪化"一度成为国际社会普遍共识。随着互联网时代的到来，媒介资源和渠道的泛化与开放使得网络空间"人人都是自媒体"成为社会显在的传播景观。借助技术与媒介的双重赋能，诽谤行为的主体类型、对象范围及危害程度已然发生"质"的变化，诽谤行为由民事侵权重新走向刑事犯罪成为值得关注的新态势。

根据我国《刑法》第二百四十六条，诽谤罪是侵犯个人名誉的轻罪，被归为"侵犯公民人身权利、民主权利罪"类型，采取亲告罪的追诉模式，只有达到"严重危害社会秩序和国家利益的"特定情形方可启动公诉。在价值构造上，诽谤罪主要是对公民名誉权与表达权（言论自由）进行调适和平衡的结果。在传统媒体时代，由于媒介资源的稀缺及其对于维系民主政治发展的重要性，当名誉权和表达权发生价值冲突时，社会总体是偏向于保护表达权，从而对于诽谤入罪设

① ［美］欧文·M. 费斯：《言论自由的反讽》，刘擎、殷莹译，新星出版社 2015 年版，第 144—145 页。

置了相对较高的门槛。进入互联网时代，诽谤行为更多滋长于网络空间“陌生人社会”，与发生于线下“熟人社会”的传统诽谤有着本质不同。从检察机关介入启动公诉的“郎某、何某诽谤案”来看，网络空间诽谤犯罪侵害动机的随意性、侵害对象的不特定性和侵害后果的不可控性交互叠加带来的后果，不仅是严重损害被诽谤人的人格权，甚而可能“造成不特定公众恐慌和社会安全感、秩序感下降”。[①] 刑法只有对网络空间公民名誉权进行有针对性的倾向性保护，方可消除可能导致“人人自危”的社会风险因素，这也由此推动诽谤罪价值构造出现了结构变化。

互联网时代诽谤罪价值构造出现变动，是因应特定媒介时空环境下维护社会秩序的现实需求，也是刑法调控社会的能动性体现。总体来看，由于诽谤通常表现为民事侵权行为，我国关于诽谤罪的研究议题及成果并不丰富。近十年来，触动学界对于诽谤罪的关注和研究，主要源自《网络诽谤解释》以及2015年《刑法修正案（九）》增设编造、故意传播虚假信息罪等相关罪名。目前既有研究成果多是围绕《网络诽谤解释》的理解与适用，大体可划分为两个层面：其一是从宏观视角分析网络空间诽谤罪的刑法适用及其可能引发的争议问题；其二是从微观视角对网络诽谤入罪的具体问题展开讨论和分析，其中理论层面较多关注网络诽谤入罪的构成要件、主观要素认定等，实践运用层面主要聚焦关于“情节严重”、自诉转公诉适用情形等热点或难点问题。这些学术成果充分体现了传统法学实用主义的研究取向，相较而言对于诽谤罪价值构造的本体性问题关注较少，而媒介作为一个重要变量因素，显然，对于诽谤罪的价值构造具有重要影响。尽管目前已有少数学者注意到“媒介”的变量因素作用，但往往局限于互联网单一媒介而未对之进行历史性的贯通分析。基于此，本书尝试以媒介作为历史性的“中介”变量，从诽谤罪历史和现实的双重视角，

---

① 丁灵敏、孔凡宇、周兴文：《网络诽谤犯罪“自诉转公诉”的法理评析——以杭州诽谤案为视角》，《中国检察官》2021年5月（下）。

重点剖析诽谤罪价值构造发生结构变化的动因、理路及其应对思路。

（一）问题的提出：两起案件对比引发的思考

无论从危害后果还是取证方式来看，传统诽谤罪采取自诉方式通常可达到权利救济之目的。由检察机关介入推动自诉转为公诉的刑事诽谤案件，在我国非常少见。这也是“郎某、何某诽谤案”（俗称为“取快递女子被造谣出轨案”）广受社会关注的主要原因。

与传统媒体时代多涉及公众人物的刑事诽谤典型案件不同，“郎某、何某诽谤案”是起因于针对普通人的无特定侵害动机的手机偷拍行为。2020 年 7 月，该案被告人郎某使用手机偷拍正在等待取快递的被害人谷某，并将视频发布在某微信群。为寻求刺激、博取关注，被告人郎某伙同被告人何某分别假扮快递员和谷某，捏造谷某结识快递员并多次发生不正当性关系的微信聊天记录。为增强聊天记录的可信度，郎某、何某还捏造“赴约途中”“约会现场”等视频、图片。经他人合并转发，这些视频和图片在网络空间广泛扩散，引发大量低俗、侮辱性评论，其中仅微博话题“被造谣出轨女子至今找不到工作”阅读量就达 4.7 亿次、话题讨论 5.8 万次，不仅严重影响了谷某的正常工作生活，而且导致其被公司辞退并被诊断为精神抑郁。谷某报警后，嫌疑人郎某和何某被公安机关处于行政拘留 9 日。10 月 26 日，谷某提起刑事自诉。12 月 14 日，杭州市余杭区人民法院立案受理并对两被告采取强制措施。经媒体广泛报道，最高人民检察院检察长张军关注到此案，提出检察机关应当积极履职，依法充分保障当事人权益。12 月 22 日，余杭区人民检察院建议公安机关立案侦查。12 月 25 日，余杭公安分局立案侦查。12 月 26 日，谷某向余杭区人民法院撤回起诉。2021 年 2 月 26 日，余杭区人民检察院依法提起公诉。4 月 30 日，余杭区人民法院当庭宣判，采纳检察机关指控的犯罪事实及量刑建议，判决被告郎某、何某有期徒刑一年，缓刑二年。余杭区人民检察院在公诉书中指出，相关事件及视频“经网络迅速传播”，使得“案件情势发生重大变化”。由于本案被侵害对象系随意选取，具有不特定性，任何人都可能成为被侵害对象，严重破坏了“广大公众安全感”，只有“通过公诉程序追诉才能及时、有效收集、固定证据，依法惩罚犯罪，维护社会公共秩序”。[①] 这起“标志性案件”体现了“司法机关积极回应社会的主动作为和担当”。[②] 尽管“自诉”转“公诉”不能作为常态做法，但该案是“网络时代刑法适度扩张适用的正确之举”，不仅发挥了刑法的机能，更凸显了“个案公正及其法治宣示意义”。[③]

由此不由追问，这起“标志性案件”究竟体现了何种“法治宣示意义”？在诽谤犯罪案件中，如何适用公诉以更好兼顾保护国家、社会和个人法益，是刑事司法过程中的难点和焦点问题。从公诉启用情况来看，此案无疑属于“特例”，然而，类似案件在现实生活中并不少见，由此引发的网络空间公民人格权保护困境实亦早已显现出来。2008 年发生的“为自诉还是公诉伤透了脑筋”的“韩兴昌诽谤案”[④] 即属此例。该案作为“陕西首例网络诽谤案”，同样是由一场民事纠纷演化而成的刑事公诉案件，为究竟应为自诉还是公诉，办案机关数十次开会研究，“历时之长，涉案人员之多，动用警力之众，吸引的受众之广泛，全国罕见”。审判法院分析认为，该案发生恰逢我国处于抗震救灾“特殊时期”，比通常时期具有“更为严重的社会危害性”。这是“本案适用公诉程序的主要理由”，之所以在公诉、自诉问题上纠缠不清，一个重要原因是“网络诽谤的特点对诽谤罪公诉提出的挑战”。

---

① 杭州市余杭区人民检察院：《郎某、何某诽谤案》（检例第 137 号），2021 年。

② 刘仁文：《依法惩处网络诽谤强化公民私权和公共利益保护》，《检察日报》2020 年 12 月 28 日第 3 版。

③ 孙道萃：《民法典时代网络诽谤案件的刑法应对》，《检察日报》2020 年 12 月 28 日第 3 版。

④ 陕西省汉中市汉台区人民法院：《韩兴昌诽谤案》，2009 年 11 月 24 日，http://www.faxin.cn/lib/cpal/AlyzContent.aspx?isAlyz=1&gid=C1399097&libid=0202&userinput=“韩兴昌诽谤案”，2022 年 4 月 22 日。2008 年 5 月，西安鑫龙公司与万邦公司因工程款事项发生纠纷，造成鑫龙公司项目负责人李某在双方人员打斗中受伤，于是该公司老板韩兴昌便编造文章上传至互联网，虚构万邦公司董事长杨某纠集黑恶势力将讨要拖欠工程款、急着返乡救灾的施工人员打成重伤。后经陕西汉中检方查证，这些热帖引发全国各地网友 3.8 万人浏览，有 1200 余人跟帖，对杨某及万邦公司造成严重的负面影响及经济损失。2009 年 11 月 24 日，汉台区人民法院一审判决韩兴昌构成诽谤罪，判处有期徒刑一年。

上述两案时隔十余年，案件起因及性质存在较大差异。“韩兴昌诽谤案”发生于现实社会熟人之间，侵害对象具有特定性，完全不同于“郎某、何某诽谤案”。从公诉启用情况来看，两起案件均具有一定“偶然性”：前者系因恰逢抗震救灾“特殊时期”，后者源自最高人民检察院的关注。可从深层动因来看，两起案件实则具有逻辑贯通的必然性，这就是借助互联网弥散式传播，诽谤行为的模态及其后果发生了“质”的变化，不用刑法难以达到权益救济之目的。所不同的是，两案危害性程度存在较大差异：“韩兴昌诽谤案”主要侵害的是熟人社会特定个体的合法权益，“郎某、何某诽谤案”侵害的则是陌生社会的不特定个体，已严重危及“公众安全感”。这也是两案公诉启用情形出现截然不同境况的主要原因。“当发生在熟人之间的诽谤演变为陌生人之间，当诽谤罪的侵害对象从个人上升为社会公共秩序，网络诽谤犯罪的社会危害性就会随着时间、空间推移呈几何式增长”[①]，不适时采用公诉手段，则不足以遏制网络空间诽谤犯罪造成的难以预估的社会危害性。对此社会危害性作何判断以及如何处置，实与网络空间诽谤罪价值构造的结构变动有着紧密内在关系，而媒介环境往往是其中重要的中介性变量因素。由此而言，相比于“韩兴昌诽谤案”启用公诉是重在维护“特殊时期”的社会秩序，“郎某、何某诽谤案”则更多是出于对网络传播环境下公众安全感的集体性保护，在更深层面上就是“以人为本”法治思想和总体安全秩序观的体现。从两案的比较中，我们大体可以感知网络空间诽谤罪价值构造发生变动的内因和动力。

（二）诽谤罪价值构造的历史演变

以价值为理论视角，刑事古典学派基于个人本位价值观，提出犯罪是“自由意志和道德罪过”；刑事实证学派基于社会本位价值观，则认为社会关系才是揭示犯罪本质的关键。人是一定社会关系

① 丁灵敏、孔凡宇、周兴文：《网络诽谤犯罪“自诉转公诉”的法理评析——以杭州诽谤案为视角》，《中国检察官》2021 年 5 月（下）。

的主体，对个人的侵害结果只有对社会造成严重损害方可构成刑事犯罪。而且，犯罪行为具有的社会危害性程度，某种程度上是由人（侵害者与被侵害者）在社会关系中的不同地位决定的。[①] 从这个意义上讲，诽谤行为只有严重损害了特定对象及其所依存的社会关系，对其入罪才更具有正当性，也即诽谤入罪不能仅仅是基于对个人的报复性惩罚。

任何立法和司法行为都是价值平衡的结构化过程。犯罪行为能够激起公众反对侵犯社会规范的情感，由此也能够产生人们预料不到的效果——造成并强化了“保护公共福利”的共同规范意识。[②] 基于此，刑法的价值构造必定体现着“立法者的价值取向及对公众的价值导引”。安全、权利、秩序是法律价值基本诉求，立法者应根据时代需要从有利于“实现社会幸福最大化”的立场出发，整体考虑各种价值诉求之间如何结构才能保持社会的稳定运行。犯罪是“部分”对“整体”的最严重侵犯，社会“整体”是否受到了“部分”的侵害，是区分犯罪行为与侵权行为的关键，但何种犯罪究竟该归入安全犯、权利犯还是秩序犯，则主要取决于一国的社会结构。[③] 由此而言，社会关系和社会结构是判断犯罪行为的价值根基，而在维系和构建社会关系与社会结构的制度化因素中，作为沟通和交往桥梁的“媒介”无疑发挥着重要作用。这为考察诽谤罪价值构造的历史演变提供了理论分析框架。

作为一种古老的罪名，诽谤罪在封建社会主要用于维护专制统治秩序，其可归为“安全犯”或“秩序犯”。由于封建专制时期现代报刊等大众媒介尚未流行于社会，诽谤罪彼时主要是针对以印刷或手抄类书刊、小册子、张贴等为纸质媒介的传播行为，以及民间广为散布的以口耳为媒介的“流言”“传言”或“谣言”。

随着现代报刊作为“新媒介”的社会结构地位日益凸显，从晚清

---

① 陈兴良：《刑法的人性基础》，中国方正出版社 1996 年版，第 170—171、349 页。

② 陈兴良：《刑法的人性基础》，中国方正出版社 1996 年版，第 172 页。

③ 刘远、曹希国：《论刑法分则的价值构造》，《中国刑事法杂志》2005 年第 3 期。

政府先后制定的《大清报律》《大清印刷物专律》《报章应守规则》以及袁世凯独裁政府出台的《报纸条例》和《出版法》来看，诽谤罪主要是为了强力稳固新媒介时空下的社会关系和社会结构，而从“立法者的价值取向及对公众的价值导引”来看，其主要体现为内向式的基于个人报复主义的社会控制行为，而非外向式的基于公共福祉最大化的社会保护行为。

进入现代法治社会后，随着民主观念和人权保护意识不断增强，大众媒体成为国家政治运行和社会发展的神经中枢，诽谤罪的价值构造也由社会价值本位逐渐转向个人价值本位。如果说封建专制社会诽谤罪的价值构造是在“秩序”导向下特权人物的“名誉权”压制了社会大众的表达权，那么进入以大众媒体兴起为表征的现代法治社会，则是在“权利”导向下表达权的公共性与人格尊严（以名誉权为核心）的崇高性同时得到彰显，诽谤罪价值构造的平衡与冲突问题由此得以凸显。

具体言之，在传统媒体时代，大众传播媒介尚属于稀缺资源，因其基本处于垄断地位而具有强大的社会舆论影响力，从而使其更多表现为一个权利关系的复合体。大众媒体不仅关乎社会大众的言论表达权，而且关系个体公民的名誉权和人格尊严。这两者均属于宪法保护的公民基本权利，难有高下之分。因而，在传统媒体时代的诽谤诉讼中，受中国特有公私观念的影响，社会大众包括立法者的总体价值取向是具有公共属性的表达权优于私人属性的名誉权，化解冲突的制度化路径便是将诽谤诉讼更多归于民事侵权案件。这带来的一个结果就是进入司法层面的刑事诽谤典型案件多是关涉公众人物，其原因或如前文所述，是由于公众人物在社会结构中处于较高地位，对其实施侵害被认为具有相对更大的社会危害性，对广大公众也具有更大的“价值导引”作用。但是，为了防止公权力以诽谤罪压制个人言论表达，包括我国在内的很多国家将诽谤罪归类为侵犯个人名誉犯罪而非扰乱公共秩序犯罪，这可视为另一个层面的平衡之策。

在“诽谤去罪化”的大背景下，刑事诽谤案件近年来再次呈现上升势头，从社会环境因素来看，正是由于互联网作为“新新媒介”正在加速重构社会关系和社会结构，刑法积极调控社会的机能被大大激发。如上文所言，在“人人都是自媒体”的开放式传播环境下，公民人格权保护正在面临整体性的巨大冲击，已经威胁到社会关系和社会结构的稳定，于是越来越多国家将刑事诽谤犯罪法的触角不断延伸至网络空间，以期发挥刑法预防风险、保护社会的强大威慑功能。在多元开放的互联网传播环境下，诽谤罪的价值构造只有因时因势而变，才能更好地满足不断变动的现实需求和社会公众“合理的期望”。

（三）网络诽谤入罪的价值冲突与平衡

通过简要梳理诽谤罪的历史演变可以看出，随着媒介形态和传播环境的变化，诽谤罪的价值导向及其口径大小会不同程度发生相应变动。互联网兴起之前，涉诉诽谤内容主要是刊发于大众媒体，受地域阻隔和把关机制的约束，其影响和后果通常难以达到我国刑法规定的“情节严重”，要达到“严重危害社会秩序和国家利益的”的公诉情形则更不多见。“郎某、何某诽谤案”的发生，表明互联网正在改变诽谤行为的发展路径，尤其是在自媒体十分发达的当下，传统诽谤治理模式已经无法发挥作用。[①] 网络空间诽谤行为出现了大量放任性因素，公民名誉权面临前所未有的侵害风险，只有对之进行倾斜性保护，才能恢复“前网络时代”言论自由与名誉权的均衡保护状态。[②] 网络空间“放任性因素”增多导致“传统诽谤治理模式”难以发挥作用，这无疑与互联网迥异于传统媒体的媒介特性有着莫大关系。

借助于新技术和新媒介赋能，传统媒体时代沉默的广大“受众”，在互联网时代已经转身变为一个个可以随时主动发声的网络行动者。媒介资源的社会化以及网络平台把关机制的后置化，使得网络空间诽谤行为带来的实质危害，更多的不是对于特定个体实施了严重侵害，而是在于每个公民都可能成为其“无差别犯罪”的侵害对象。如在

① 陈小彪、刘佳伶：《网络诽谤刑民界分的困境与应对》，《学术交流》2021 年第 7 期。

② 李川：《网络环境下诽谤罪主观要素认定标准探究》，《暨南学报》（哲学社会科学版）2019 年第 2 期。

"郎某、何某诽谤案"中，行为人是对与之没有任何利益关系的陌生人实施的诽谤，也就是说"每一个人都可能成为潜在的被诽谤的目标"，其损害的是"不特定个体的人格权"，这意味着"对由无数个体组成的社会秩序也有可能造成一定的损害"。同时，被告人的行为可能引发"社交自由萎缩"（社交自由是维系正常社会关系的基本条件），这将严重影响人民群众对国家法治、个人安全和社会治理的信心，从而导致此案由侵害个人法益上升到社会集体法益领域。[①] 这正是当地检察机关将此案转为公诉的主要动因。

从权利冲突的角度来看，诽谤罪主要在于平衡表达权和人格权（名誉权）的关系；从法益保护层面来看，则是如何处理个人法益和社会集体法益（超个人法益）的关系。人格权以保护个人自由为旨要，表达权则是重在促进公共参与以保护公共利益和公共道德，两者呈现相互竞争的态势，何种价值优先往往成为"一个重大疑难问题"。[②] 由于上述两种法益处于不同层面难有可比性，相互之间出现不可通约性实属正常，在具体诉讼案件中，往往主要是取决于司法人员的价值选择。在互联网构织的隐匿无形且又无处不在的媒介之"网"中，每个人都可以变成"透明人"。在这种敞开式传播环境下，有关公民名誉的社会评价不仅关乎每个个体的人格尊严，而且日益成为其进行社会沟通和交往的"身份符码"。其一旦在网络空间遭受严重损害，互联网强大的可见性和渗透性将可能导致名誉主体毫无藏身之处。有学者将此"身份符码"的可交往性看作网络时代名誉权的"增量部分"。在社会沟通机制视角下，表达权与名誉权分享同一价值底色，服务于促进社会有效沟通同一目标，从而使得"两者之间不可通约的壁垒被推到和清除"。[③] 表达权与名誉权实现可通约，显然，也是互联

① 丁灵敏、孔凡宇、周兴文：《网络诽谤犯罪"自诉转公诉"的法理评析——以杭州诽谤案为视角》，《中国检察官》2021 年 5 月（下）。

② 熊静波：《表达自由和人格权的冲突与调和——从基本权利限制理论角度观察》，《法律科学》2007 年第 1 期。

③ 车浩：《诽谤罪的法益构造与诉讼机制》，《中国刑事法杂志》2021 年第 1 期。

网发挥了关键性的媒介催化作用。随着价值底面从个人法益领域拓展至超个人法益（社会集体法益）层面，网络空间名誉权受到刑法优先保护理应具有了更加充足的正当性和必要性。

根据法益所有者不同，法益分为个人法益和超个人法益。围绕个人法益与超个人法益的价值位序问题，法学界展开过激烈的讨论。从刑法谦抑性及人权保护立场出发，总体倾向是彰显实体层面的个人法益而拟制抽象层面的超个人法益。借助智能化的传播工具和手段，越来越多的风险因素通过网络空间迅速传播，开始威胁到人作为类存在的“安全与正常生活”，超个人法益的刑法保护问题由此日益得到重视，其一大表现就是抽象危险犯的增多。为了避免个人核心法益遭到攻击或陷入危险，立法者不得不将维持个人安全、自由的基本条件——作为“侧防法益”加以保护，这构成了抽象危险犯和刑法保护法益早期化的理由。[①] 由此而言，检察机关推动“郎某、何某诽谤案”由自诉转为公诉，在一定程度上正是为了保护作为“维持个人安全、自由的基本条件”的“侧防法益”。超个人法益虽为现代刑法扩张提供了理论根据，但在风险加剧的现代社会中，抽象危险犯也不能为“回应公众的安全呼声”而盲目扩张，必须将其限制在维持个人自由发展最低限度的范围内。[②] 因而，刑法保护超个人法益应建立在个人法益受到实质侵害的基础上，而且超个人法益必须能够还原为个人法益，以此避免超个人法益脱离个人法益而出现过度扩张。从网络空间诽谤罪来看，关键是要掌握好刑事诽谤和民事侵权以及自诉与公诉的界限。

根据我国《刑法》第二百四十六条规定，诽谤刑民之界在于是否构成“情节严重”，即只有达到“情节严重”的特定情形，诽谤行为才构成刑事犯罪。根据《网络诽谤解释》第二条规定，网络诽谤达到

① 李婕：《论抽象危险犯的法益构造与界限》，陈兴良主编：《刑事法评论（辑刊）》（第36卷），北京大学出版社2016年版，第363—376页。

② 李婕：《论抽象危险犯的法益构造与界限》，陈兴良主编：《刑事法评论（辑刊）》（第36卷），北京大学出版社2016年版，第363—376页。

“情节严重”包括四种情形，其中颇受争议的是第一款创立的数量入罪标准，即“同一诽谤信息实际被点击、浏览次数达到五千次以上，或者被转发次数达到五百次以上的”。有学者统计了2013—2020年中国裁判文书网的诽谤案件，在共计137份刑事审判书中，有72份文书是以“情节严重”的数量标准入罪，占比达到53%。毫无疑问，数量入罪标准主要是基于互联网媒介的传播特性而制定的，虽有利于统一司法标准，但若坚持形式解释的立场也容易在实践中导致刑法的扩张。因而，有学者主张对数量入罪标准应坚持实质解释的立场，即以公民名誉权受到实际侵害作为主要判断依据，数量标准只是作为判断情节轻重的主要因素之一，以此更好地实现公民名誉权保护与言论自由相平衡[①]，而不至于滑向另一个极端即过度保护名誉权。从另一个层面来看，掌握网络诽谤刑民之界，还需考虑保护的“侧防法益”之大小。一般而言，关涉的“侧防法益”越大，网络诽谤入罪的正当性则越足。反之则失去“侧防法益”的价值依托，网络诽谤入罪就可能沦为个人报复主义，其正当性和必要性也就要大打折扣。

从我国近年发生的“诽官案”来看，最应防范的是以权力为导向的自诉转公诉案件。为了规范公诉适用条件，《网络诽谤解释》第三条规定了公诉适用的七种情形，其不同程度均是以防范互联网新媒介兴起而给社会秩序和国家形象带来更大的冲击和危害为主要导向。由于此种导向下的网络诽谤的社会危害性难有客观评判标准，也就导致在司法实践中往往难以严格掌握自诉与公诉之界限。诽谤罪公诉案件近年来呈现扩大趋势，与《网络诽谤解释》对《刑法》“但书”规定的解释不足存在一定关联。[②] 客观而论，出现上述情况除了与特定地区的政治生态有关，还有一个不可忽视的因素，就是对互联网新媒介的“威力”存在过度忌惮心理或不恰当认识而导致对于司法解释出现有意或无意地扩大化利用，并非全是司法解释本身的问题。

---

① 陈小彪、刘佳伶：《网络诽谤刑民界分的困境与应对》，《学术交流》2021年第7期。

② 金鸿浩：《论互联网时代诽谤罪的公诉范围》，《政治与法律》2021年第3期。

互联网这个“最大变量”要转化为促进事业发展的“最大增量”，需要辅以诸多基础性的条件因素。而如何处理好网络空间公权和私权的比例关系，则是其中一个关乎全局性意义的影响因素。从这个层面而言，为了赋以互联网最大的自由和发展空间，严格限定网络诽谤公诉适用条件当是牢牢坚守的基本原则。当前除了需要从实体法层面进一步完善立法，更需要在程序法层面严格遵守法律原则。一方面要防止行政权僭越司法权滥用刑事公诉手段，另一方面是要严格遵守诽谤罪属于亲告罪的立法精神，刑事诽谤公诉原则上应建立在自诉的基础之上，以最大限度防范公诉启用的指向性和随意性。如在“郎某、何某诽谤案”中，当地检察机关特别强调，诽谤诉讼权属于被侵害人，国家的主动起诉只能作为“补充起诉”，只有将此作为公诉的前提和基础，才能更好地维护被害人的合法权益。①

从实际情况来看，网络诽谤刑事诉讼中个人法益受侵害程度是否达到刑法保护界限，多是以外溢性的社会集体法益作为评价导向，这也是导致诽谤罪通常表现为抽象危险犯的原因所在。个人法益和社会集体法益之间并非简单呈现线性转化的因果或对应关系，使得诽谤罪判决往往主要取决于对诽谤行为社会危害性的评估，这也导致诽谤罪演变为“行为犯”，即只要实施了被判定为具有社会危害性的特定“行为”，刑法就有必要提前介入进行风险预防。如在封建专制社会，诽谤犯罪“行为”的社会危险性主要导向于统治秩序，在传统媒体时代是主要导向于社会公共秩序（以社会稳定为诉求），进入互联网时代则进一步拓展至社会心理或道德秩序（以身心安宁为诉求），后者如“郎某、何某诽谤案”带来的“不特定公众恐慌和社会安全感”。

从媒介社会学的角度来看，诽谤罪对于秩序价值导向的变化，与互联网的社会结构功能密切相关。网络空间如今已成为人们的工作场所和栖息之地，其日益关乎数亿万计广大网民的身心安宁。在这种情

① 丁灵敏、孔凡宇、周兴文：《网络诽谤犯罪“自诉转公诉”的法理评析——以杭州诽谤案为视角》，《中国检察官》2021 年 5 月（下）。

况下，刑法不仅要维护网络空间公共传播秩序，更要切实维护网络空间“有生命”个人的尊严和幸福。名誉权是人之为人的尊严所在。不把“人”放在中心位置，网络空间将注定失去温度和活性。最高检对于“郎某、何某诽谤案”的关注，在某种层面上或许预示着正在发生的变化：网络社会环境下诽谤入罪将从偏重保护社会集体法益转向社会集体法益和个人法益并重保护，最终走向以个人法益保护为前提和基础的集体法益保护模式。《网络诽谤解释》出台的首要目的是“为保护公民、法人和其他组织的合法权益”，其次才是“维护社会秩序”，由此可见，这种价值转向与法律解释的精神要义具有内在契合的一致性。

总体来看，诽谤罪的价值构造是以社会秩序为“指针”，动态调适表达权与名誉权之间权重比例关系的过程和结果。如上文所述，以传统媒体为中介的诽谤行为，通常对社会秩序难以构成实质性威胁，由于大众媒介作为公共品的稀缺性，导致表达权总体处于优先保护地位，名誉权更多是作为前者的限制条件而存在。与此相比较，借助智能化传播技术，网络空间诽谤行为可以轻易演化为赤裸裸的网络暴力，这对于社会心理防线和社会关系生态构成了巨大威胁。由于网络诽谤侵害对象的不特定性，网络空间每个人都是作为“类”的存在，对个人名誉权进行有针对性的倾向性保护，很大程度上是为了动态平衡表达权与名誉权日趋出现的势差。具体言之，诽谤内容在网络空间只要留下痕迹就难以彻底删除，这对于被害人无疑构成难以抹去的精神伤害，而从媒介可供性来看，表达权受损在互联网时代则相对容易得到救济或补充。因而，当网络诽谤入罪面临价值冲突时，名誉权相较表达权理应转而处于优先保护的地位，在特定情况下甚至应该处于价值构造的中轴位置。需要强调的是，这类诽谤内容主要是指捏造的或深度伪造的“事实”，特别是可见性强、传播力大的视频和图片类“事实”，而不包括公共意见表达层面的“言论”或“观点”。无论在何种媒介环境下，对于后者应该给予最大限度的保护，对其入罪当体现最大限度的必要性原则。

从社会动因来分析，网络空间诽谤罪价值构造出现结构变化，与我国实行“以人为本”法治思想和总体国家安全观有着内在关系。在这个大的背景下，检察院以公诉手段介入“郎某、何某诽谤案”，正是看到了网络空间公民名誉权保护面临的严峻形势，进而可能触及社会“总体安全”的底线。正如余杭区检察机关作为国家公诉人特别指出，网络社会每个人都可能成为受害者和施暴者，通过办理该案，重在向诽谤者昭示网络诽谤的“红线”。[①] 此案由自诉转为公诉是为了给打算实施此类行为的人“一个更高的压力”，这对于实现有效的一般预防、保护所有公民的名誉权不受威胁和社会秩序的稳定具有重要意义。[②] 作为最高人民检察院指导性案例，“郎某、何某诽谤案”无疑具有示范性意义，前文所言个案公正昭示的“法治宣示意义”亦正在于此。

出于对公民表达权的尊崇和重视，“诽谤去罪化”一度成为时代所向。这与媒介变革带来信息传播环境的改变有着密切关系。由于媒介资源的有限性和表达渠道的封闭性，传统主流媒体很大程度上能够影响甚至左右社会舆论的走向。在这种信息传播环境下，对于公民名誉权的严重侵害主要是来自大众媒体上刊发的诽谤类言论内容（现代社会仅限于人际传播的刑事诽谤案例非常少见），一些记者和媒体也因而走向了被告席。传统媒体组织形成了比较成熟的内容审核机制，而且大众媒体的单向传播方式使其具有较好的更正消除影响功能，诽谤内容对公民名誉权的损害要达到刑法规定的“情节严重”情形并非具有普遍性，刑事诽谤犯罪更多是作为有限的案例存在。在传统媒体时代，公民名誉受侵害大多可用民法和行政法手段化解，诽谤罪带来的表达权和名誉权的冲突问题并不凸显。

进入互联网时代，诽谤罪的价值构造走到了一个“十字路口”。在网络空间“人人都是自媒体”的传播环境下，每个人既可成为彰显

---

① 丁灵敏、孔凡宇、周兴文：《网络诽谤犯罪“自诉转公诉”的法理评析——以杭州诽谤案为视角》，《中国检察官》2021 年 5 月（下）。

② 车浩：《诽谤罪的法益构造与诉讼机制》，《中国刑事法杂志》2021 年第 1 期。

个性和主张权利的表达主体，亦又可能随时成为被展演和被攻击的围观对象。网络空间没有充分表达权，将会逐渐失去活力，而表达权肆意扩张又会对公民名誉权造成严重侵害，进而将公民人格尊严和身心安宁置于集体性的不安全境地，导致出现“人人自危”的社会焦虑感和恐惧感。由此而言，在媒介资源泛化和表达渠道敞开的传播环境下，刑法对于网络空间公民名誉权进行有针对性的倾向性保护，并不仅是为了追求个案的公正，更是为了维护广大人民群众在网络空间的获得感、幸福感、安全感。“郎某、何某诽谤案”是我国民法典颁布以后司法机关对普通民众在网上受到侮辱诽谤以公诉程序查处的首起案件，体现了司法机关维护自然人正当权益、落实民法典人格权保护的积极作为。[①] 在全面推进依法治国的时代进程中，该案体现出来的价值导引作用颇值得深思和体悟。

特别需要指出的是，网络空间诽谤罪价值构造出现结构变化，并不意味要采用刑事手段对网络空间公民名誉权进行超比例保护，更不是主张要对网络空间表达权加重刑罚制裁，而是意在说明诽谤罪对于表达权和名誉权的价值构造，在互联网时代已经进入一种新的冲突状态，从而导致名誉权相较表达权在特定媒介时空下将被转而置于优先保护地位，而且其比重及概率或会逐渐加大。诽谤罪旨在于保护公民个人名誉权，互联网时代的到来只是加快了推动其更好回归本位的进程。

① 浙江省人民检察院：《浙江省人民检察院工作报告》，《浙江日报》2021 年 2 月 3 日第 5 版。

第四章　平台规制：网络服务提供者的罪与罚

在互联网架构中，网络服务提供者作为新兴主体的作用日益突出。20 世纪 90 年代后，政府或者相关机构逐渐淡出互联网运营，商用因特网主干网随之兴起，网络服务提供者由此大量涌现。[①] 网络服务提供者给互联网带来的最大变化，是催生了各种基于新技术的网络信息中介平台，在 21 世纪人类传播史上，最突出的成果之一是以脸谱（Meta）、推特（Twitter）、微信（WeChat）、抖音（Tik Tok）等为代表的网络化平台媒体的兴起。这类开放性的内容聚合平台颠覆了传统信息生产与传播方式，重塑了媒介、信息与人的关系结构，使得人人都可成为信息生产者、传播者与服务提供者。

面对纷繁复杂的海量网络信息，行政管理者要做到精细化管理已实无可能，于是决策者逐渐将管理重心转至从事网络信息服务的各类中介平台，其政策目标是要求平台协助甚至替代监管部门完成维护网络秩序的公共目标。这带来的可能结果，一方面是网络服务提供者被赋予日益繁重的信息网络安全管理义务，甚而为此必须承担刑事责任；另一方面在日益迫切的多重压力之下，网络服务提供者实际已被间接赋予甚或自我赋予越来越大的"权力"，如对"网络违法有害信息"可直接采取"停止传输""立即删除""屏蔽"乃至对其传播主体实

① 谢希仁编著：《计算机网络》（第 5 版），电子工业出版社 2008 年版，第 4 页。

施“关闭账号”“永禁封号”等措施。

网络服务提供者已成为网络治理制度架构中的核心主体之一，在很大程度上可以影响乃至决定网络信息治理的总体成效。随着作为公共平台运营者的角色地位不断凸显，网络服务提供者也因而成为刑法规制的重点对象，“拒不履行信息网络安全管理义务罪”就是为其创立的专有罪名。刑法规制网络服务提供者，一个基本前提是必须建立在后者的权责结构之上。一旦破坏或超越于网络服务提供者的权责结构，刑法介入行为不是失之过度就是难有实效。从这个意义上讲，能否科学合理地进行权责配置，从而使网络服务提供者在担负共同化的平台主体责任的同时又享有足够差异化的自治权力，不仅关乎网络空间信息流动状况以及公民表达权利的实现程度，而且已经成为刑法介入网络空间信息治理需要解决的根本性问题。

第一节　网络服务提供者的角色演变

作为网络空间的核心主体，网络服务提供者在网络治理架构中发挥着重要的枢纽性功能。刑法加大网络服务提供者的规制力度，正是源于后者作为公共平台所发挥的角色功能日益凸显。另外，刑法规制必须建立在网络服务提供者类型化的角色功能之上，如此才能更加体现刑法介入网络空间治理的科学性和正当性。因此，本章有必要首先对网络服务提供者的角色功能及其演变过程进行简要梳理和总结。

网络服务提供者的概念比较宽泛。从词义学分析，参与互联网运营各个环节（接入、通道、存储、搜索、监管等）的行为主体均可统称为网络服务提供者。受技术变革、社会环境等因素影响，网络服务提供者的内涵与外延不时发生变化，较难有一个科学、全面、稳定的分类。正由于此，网络服务提供者的权责配置，首先需要对其进行相对类型化，否则更易出现权责错位现象。

以技术为划分标准，德国和欧盟法律对网络服务提供者一般采取四分法，包括内容提供者、接入服务提供者、缓存服务提供者、存储服务提供者。[1] 我国学者中有的提出二分法（网络连线服务商和网络内容提供服务商）[2]，有的提出三分法（接入服务提供者、网络内容提供者和网络平台提供者）[3]。不论是二分法、三分法还是四分法，均是基于一定角度所作的划分，其实，相互之间不仅难以截然分开，甚至存在交叉重叠，如网络内容提供者，有时也是网络平台提供者；反之亦然。有的网络服务提供者提供的是综合性服务，既提供内容，又可作为平台；既提供接入服务，又提供平台服务等。因此，网络服务提供者的类型化，通常是建立在技术功能划分的基础之上，基于其角色定位和主营业务而作的相对划分。

随着网络服务提供者作为平台媒体快速崛起，对其加强法律规制便成为必要之举。然而，我国现行法律规范对网络服务提供者的界定不太明确，存在类型化缺失[4]，这在客观上也造成网络服务提供者权责配置的滞后性。2005 年，公安部发布的《互联网安全保护技术措施规定》第十八条首次对网络服务提供者下了定义："本规定所称互联网服务提供者，是指向用户提供互联网接入服务、互联网数据中心服务、互联网信息服务和互联网上网服务的单位。"这主要是从业务经营范畴层面所作的类型划分，各类型之间显然存在交叉重叠，甚至是相互包含的关系，如互联网数据中心服务与网络存储服务实质上存在较大重合（前者甚而可以包含后者），很难作为两种单独的类型。另外，随着互联网普及化特别是自媒体的兴起以及网络运营模式的变革，对网络服务作经营性与非经营性之分已无必要，两者并不是非此即彼的关系。如网络服务提供者大多不是依靠赚取"上网费"，而是通过

---

① 德国 1997 年《电信服务法》第 5 条对于内容提供者，区分了自己提供内容和他人提供内容两种基本情况。在他人提供内容的情形中，又再次区分了通道提供和自动缓存两种情形。

② 彭文华：《网络服务商之刑事责任探讨》，《佛山科学技术学院学报》（社会科学版）2004 年第 3 期。

③ 参见杨彩酋《网络不作为犯罪新论》，《求索》2007 年第 2 期；陈洪兵《网络中立行为的可罚性探究——以 P2P 服务提供商的行为评价为中心》，《东北大学学报》（社会科学版）2009 年第 3 期；皮勇《网络服务提供者的刑事责任问题》，《光明日报》2005 年 6 月 28 日第 B4 版。

④ 王华伟：《网络服务提供者的刑法责任比较研究》，《环球法律评论》2016 年第 4 期。

用户点击获得流量和人气，以此获取广告投放或作为商务平台谋求更大盈利。2013 年 3 月修订施行的《网络信息传播权保护条例》将网络服务提供商分为两类：为终端用户提供信息存储空间的网络服务提供商和提供搜索、链接服务的网络服务提供商。这是从技术特性和知识产权保护角度区分了存储和通道两种功能类型，其涵盖面不够周全，且存在交叉重复，如有些网络存储服务商亦可提供搜索或链接服务。

2019 年 10 月，最高人民法院、最高人民检察院联合发布《关于办理非法利用信息网络、帮助信息网络犯罪活动等刑事案件适用法律若干问题的解释》（以下简称《帮助网络犯罪解释》），对于《刑法修正案（九）》确立的“拒不履行信息网络安全管理义务罪”指向的“网络服务提供者”进行了界定：网络服务提供者，一般包括通过计算机互联网、广播电视网、固定通信网、移动通信网等信息网络，向公众提供网络服务的机构和个人。根据提供的服务内容不同，网络服务提供者又可分为三类：一是网络技术服务提供者，即信息网络接入、计算、存储、传输服务提供者；二是网络内容服务提供者，即信息发布、搜索引擎、即时通信、网络支付、网络购物等信息网络应用服务提供者；三是网络公共服务提供者，即电子政务、通信、能源、交通、水利、金融、教育、医疗等公共服务提供者。这大大扩展了网络服务提供者的内涵与外延。从服务主体来看，网络服务提供者不仅包括“机构”，也涵盖“个人”（互联网时代，人人都是自媒体）；从载体形态来看，网络服务提供者不单包括互联网，而是整体涵盖媒介融合时代的互联网、广播电视网和通信网（俗称“三网”融合）；从服务主体来看，既包括市场和社会主体运营的商业服务，又包括政府和国有企事业单位运营的公共服务。这种类型划分既顺应了媒介形态的发展演变，又考虑了法律规制的现实需要，预留了较大的解释和拓展空间。作为信息流动中介平台，网络服务提供者支撑着网络上的信息通信。从上文分析可以看出，网络服务提供者是一个类范畴概念，在网络治理架构中具有独立主体地位。根据《最高人民法院、最高人民检察院关于办理非法利用信息网络、帮助信息网络犯罪活动等刑事案件适用法律若干问题的解释》第一条规定，提供下列服务的单位和个人，应当认定为刑法第二百八十六条第一款规定的“网络服务提供者”：（一）网络接入、域名注册解析等信息网络接入、计算、存储、传输服务；（二）信息发布、搜索引擎、即时通信、网络支付、网络预约、网络购物、网络游戏、网络直播、网站建设、安全防护、广告推广、应用商店等信息网络应用服务；（三）利用信息网络提供的电子政务、通信、能源、交通、水利、金融、教育、医疗等公共服务。本文所言网络服务提供者主要是狭义层面的，特指不参与信息内容制作、主要为信息传播提供中介通道的第三方平台。它是网络服务提供者演化出来的角色类型之一，在规范性文件中又被称为“网络信息服务提供商”或“网络信息服务提供者”，新闻传播学者则将其中具有媒体属性的网络服务提供者概称为“平台媒体”或“平台型媒体”。这类平台媒体的共同特征是采取实时交互的开放式传播方式，实行敏感词、关键词等筛查式过滤模式，与传统媒体“先审后发”的封闭式把关模式存在本质差别。只有置于网络服务提供者“类”的范畴内，才能更好地把握网络平台权责配置的结构及其边界。

以社交媒体为代表的网络平台的迅速崛起，大大改变了信息传播生态与结构。据统计，全世界网民在互联网上花费的时间，每 7 分钟就有 1 分钟花在了脸书上。2013 年，推特的活跃用户即已高达 2 亿，每天推送信息总数超过 4 亿，诸多国家元首都是其用户。推特首席执行官迪克·科斯托洛（Dick Costolo）在一次演讲中，把推特比作“一个全球性的城镇广场”，称其是“古罗马的广场或古希腊市政广场的翻版”，人们用它可以直接交换意见，而不是从如报纸、广播电台和电视这些内容经过过滤的“一小撮集中组织”获取信息。集体设置议题的力量，过去只掌握在大出版公司和广播公司手中，现代社交媒体的出现，让普通人也获得了这种力量。[①]“平台型媒体”，网络服务提

① ［英］汤姆·斯丹迪奇：《从莎草纸到互联网社交媒体 2000 年》，林华译，中信出版社 2015 年版，第 334—349 页。

供者是指既拥有媒体的专业编辑权威性，又拥有面向用户平台所特有开放性的数字内容实体，其本质是一个开放性和社会性的服务平台，使社会性传播从“以机构为基本单位”转型为“以个人为基本单位”。[①] 未来占主导地位的新闻媒体，将是由技术公司演化而来的全链条“平台媒体”。这些平台媒体追求个性化的道路，重在满足不同受众的多样性需求，将彻底改变传统媒体赖以生存发展的“传播公共性逻辑”。以“脸书”为代表的平台媒体对全球新闻业的冲击，将导致新闻业的主导权从跨国媒体集团向互联网技术巨头——即从“舰队街”向“硅谷”——转移，势必彻底颠覆关于新闻价值、专业主义和职业伦理的共识。这威胁到了人类对于新闻信息流动自由的吁求，曾经由新闻专业主义主导的公共领域被权力更为集中且不透明的传播寡头所取代。[②]

网络服务提供者作为公共平台能够融会更广泛的社会资源，激发更大的传播能量，创造更大的经济和文化价值。网络平台具有高度的开放性和立体化、分众化的传播途径，其最大的特点或优势，在于它可以成为一个生态圈的“土壤”。[③] 网络平台为用户带来的是整体化的机会，提供的是一种实时交互的、跨地域、跨文化的服务。这类新媒介不仅模糊了媒介之间的特征，也模糊了公共与个人的特征，实现了媒介结构的二元化。[④] 信息通信技术使网络平台组织走向“扁平化”，新媒介为公众赋权弱化了外界对互联网的直接控制能力，政府管理部门只能逐步转为间接控制，越来越多地借助于网络平台等市场化力量。这表明平台服务商已成为政府管理网络社会的中间组织，具有了决策、裁判的权威性。[⑤] 例如，谷歌曾声明其使命在于组织全球的信息，使

① 喻国明、焦建、张鑫：《“平台型媒体”的缘起、理论与操作关键》，《中国人民大学学报》2015 年第 6 期。

② 史安斌、王沛楠：《传播权利的转移与互联网公共领域的“再封建化”——脸谱网进军新闻业的思考》，《新闻记者》2017 年第 1 期。

③ 参见阿里研究中心《平台化治理——2011 年网规发展报告》，http：//i. aliresearch. com/attachment/cms_ article/Mon_ 1112/1138_ a28bd108a9e4fd5. pdf。

④ ［荷］简·梵·迪克：《网络社会：新媒体的社会层面》，蔡静译，清华大学出版社 2014 年版，第 38—39 页。

⑤ 李源粒：《网络安全与平台服务商的刑事责任》，《法学论坛》2014 年第 11 期。

后者在世界范围内可供获取及利用。

从另一个层面上讲，作为信息聚散的枢纽装置，网络服务提供者影响甚而控制在线信息流动，日益成为网络空间表达自由的中介者和调适者。在“技术为王”的时代，网络平台远远超越传统纯粹的服务提供者、媒介联络者等被动性、中立性角色，而是具备充分的能力并且也已经积极参与到对平台内信息流动的控制中，成为网络空间中那只“看不见的手”。[①] 在社会日常生活中，网络信息中介商被夹在中间，每天面临着基于名誉损害或骚扰信息等原因而要求移除相关内容或关闭账户的请求。无论是介入言论自由的协调还是决定隐私及名誉保护的前提方面，私营中介商无疑都在行使着超越国家边界的网络空间治理权，这一权利远比民族国家本身所具有的治理权限更广，影响更为深远。[②] 网络服务提供者已成为政府部门越来越看重的机构，政府通过它们来维持对互联网环境总体的战略监管，以达到“用地域性的中间商来实施超地域的控制”之目的。[③] 相较于传统媒体的运作方式，网络服务提供者的权力行使更具隐匿性、模糊性与易变性，它不仅像是一个集中了数据、资本和技术的“超级权力体”，更像是一个充满力量而又隐匿无形的“复杂系统”。在技术与政治的合作博弈中，网络服务提供者在政策制定过程中有时不再是“敲门的人”，而是成为决策室内的重要声音，甚至成为“实际决策者”。[④]

网络服务提供者应政府、法院等权力部门要求移除用户内容的行为被称作授权审查，这实质是以“管理义务”形式出现的媒介权力。2012 年，世界视频网站巨头 YouTube（优酷）发布了一部名为《穆斯林的无知》的低成本独立制作电影，激怒了伊斯兰世界，并引发大规

---

① Anne Cheung，Rudolf H. Weber，*Internet Governance and The Responsibility of Internet Service Providers*，Wis—consinInternational Law Journal，2008（26）：403 -478.

② ［美］劳拉·德拉迪斯：《互联网治理全球博弈》，覃庆玲等译，中国人民大学出版社 2017 年版，第 193—194 页。

③ ［英］詹姆斯·柯兰等：《互联网的误读》，何道宽译，中国人民大学出版社 2014 年版，第 119 页。

④ 樊鹏、李妍：《驯服技术巨头：反垄断行动的国家逻辑》，《文化纵横》2021 年第 1 期。

模骚乱。谷歌透明度报告显示，在暴力骚乱发生后，作为 YouTube 母公司的谷歌收到了来自世界 20 个国家的调查该视频的请求，其中 17 个国家请求谷歌移除相关视频。谷歌对此予以拒绝。在利益较量与外交压力之下，美国政府开始敦促谷歌重新审查 YouTube 上的视频剪辑，评估这些政府的干预是否违背了该公司的网络社区准则。谷歌表示拒绝。一般而言，作为信息中介商的网络服务提供者会采取差异化政策以遵守所在国的相关法律，如在德国和以色列采取措施屏蔽与纳粹有关的内容，而在美国却可以不必这么做，因为后者将此类内容视为言论自由的范畴。尽管公司需要遵守注册所在地的法律规范，然而，公司接到的政府请求与其所真正执行数量之间的落差往往相当大。这一落差揭示出信息中介商在公共政策领域扮演着强有力的自由裁量角色。在信息社会，阻断网站访问或截断资金流是至为重要的权力。在线行为存在集中的控制点，而这些控制点掌握在作为信息中介的私营企业手中。《穆斯林的无知》引发的抗议潮，再次凸显了信息中介商在调适政府监管、公众自由与公共安全等相关价值诉求方面经受着巨大挑战。①

网络服务提供者的角色地位，在特朗普竞选总统事件中更有鲜明体现。2021 年 1 月 8 日晚上，在美国总统竞选斗争走向白热化的关键阶段，时任总统特朗普的推特账号突然显示为“被冻结”状态。推特随后发布声明表示，永久封禁美国总统特朗普的个人账号，并强调“一些账号不能完全凌驾于我们的规则之上，不能利用推特来煽动暴力等，我们将继续让政策和执行保持透明度”。在账号被永久封禁后不久，特朗普表示“将在不久的将来建立我们自己的平台”。② 在社会舆论强烈谴责下，特朗普推特号很快被解禁。可是，在封禁和解禁之间，美国总统竞选舆情已发生微妙变化，直至民主党总统候选人拜登

① ［美］劳拉·德拉迪斯：《互联网治理全球博弈》，覃庆玲等译，中国人民大学出版社 2017 年版，第 180—182 页。

② 参见《推特帐号被永久封禁美国总统特朗普：将建自己的平台！》，https：//www.163.com/dy/article/FVT8B2KV0514EGPO.html，2021 年 3 月 24 日。

锁定胜局。同样值得注意的是，在2016年美国大选中，在主流媒体几乎一边倒支持希拉里的情况下，特朗普却依靠社交媒体强势逆袭，意外获胜。一项调查显示，特朗普的推特粉丝有92%几乎不看《纽约时报》、美国有线电视新闻网络（CNN）等民主党控制的主流媒体。在前后出现的鲜明反差中，对于推特“封禁”特朗普账号，诸多欧洲领导人纷纷站出来表达反对意见，如时任德国总理默克尔、法国经济部部长勒梅尔等人以“言论自由”为名，抨击美国社交媒体企业的做法，认为不加管控的数字权力已给国家传统的政治生活、社会舆论以及经济活动造成了负面冲击。然而，如何界定超级平台企业的权力边界及其法律责任，国际社会并没有取得广泛共识。在这个背景下，对于美国社交媒体封禁特朗普账号，欧洲人真正关心的，其实是“如何确保数字巨头的行为处在国家与法律的监管之下”。①

网络服务提供者作为关键基础设施引发的权力之争已从政治领域向经济领域延伸。② 2021年2月，澳大利亚众议院通过《新闻媒体议价法案》，强制脸书、谷歌等数字平台企业需要为其平台上所展示的媒体内容付费。脸书随即宣布，将不再允许澳大利亚地区的用户分享或者查看当地及国际新闻机构的主页。次日，多家澳大利亚媒体的脸书主页被清空，部分政府机构和非营利机构的主页也一度受到牵连。在澳大利亚政府干预下，脸书与澳大利亚媒体随后达成和解，双方各退一步：澳方将修订法案，在仲裁机制中加入“过渡期”；脸书承诺在未来几天恢复澳大利亚媒体的主页以及澳大利亚用户的新闻分享。修订法案只是双方暂时和解的产物，并不意味着矛盾被彻底解决——

---

① 董一凡：《特朗普被封，欧洲各国突然醒了》，https：//www. thepaper. cn/newsDetail_forward_ 10801781，2021年3月24日。

② 综合《财经》杂志、新华社、《环球时报》等媒体内容，可参见胡闲鹤《澳大利亚强制平台向媒体付费，巨头应承担更多公共责任?》，https：//finance. sina. com. cn/tech/2021 – 03 – 02/doc – ikftssap9685535. shtml；郝亚琳《澳通过媒体议价法案政府同科技巨头博弈迈出第一步》，https：//baijiahao. baidu. com/s? id = 1692720698154296871&wfr = spider&for = pc；张涛甫《澳媒体议价法案值得关注和深思》，https：//fddi. fudan. edu. cn/2d/82/c18965a273794/page. htm，2021年3月24日。

关于法案本身正当性的争议依旧存在，法案试图解决的“数字平台权力过大”以及媒体机构生存的困境，将可能成为不断凸显的社会问题。

为解决媒体机构与数字平台之间“议价能力不平衡”问题，除澳大利亚和加拿大之外，美国、英国等国家对脸书也提出类似监管要求。加拿大新闻媒体（News Media Canada）总裁兼首席执行官约翰·辛兹（John Hinds）在发言中称，澳大利亚政府正在立法制止脸书和谷歌“滥用垄断行为”。美国众议院反托拉斯小组委员会主席大卫·西西林（David Cicilline）在推文中表示，脸书清空澳大利亚媒体内容的决定是“最终承认垄断力量”。美国民主党资深参议员马克·华纳（Mark Warner）在接受采访时表示，脸书禁止澳大利亚用户分享新闻报道的决定是“不可接受的欺凌手段”，这也是世界各国政府为何打击大型科技公司的主要原因所在。澳大利亚蒙纳士大学研究者认为，此事件再次提出了“数字平台在社会生活中扮演何种角色”的问题。脸书、谷歌等大公司平台凭借传播技术能力和市场扩张力迅速崛起，疯狂收割市场利益和注意力红利，对主权国家的权力提出了挑战，俨然成了网络空间的“利维坦”。因而，《新闻媒体议价法案》争议的本质，在于那些居于市场支配地位且日具公共属性的数字平台，是否应该履行更多公共义务？

近年来，从网络中立性等角度围绕网络服务提供者的角色功能展开了广泛讨论。网络服务提供者作为超级平台媒体，拥有不断扩大的权力和市场资源，牢牢占据着难以撼动的地位。从权责配置的角度而言，如何对网络服务提供者的角色功能进行定位，很大程度上影响乃至决定对其采取何种治理模式。网络服务提供者是作为市场、技术或政府的“代理人”，还是被视为纯粹的“理性经济人”，抑或是带有意识形态功能的“复合共同体”，在不同政治和社会环境下呈现不同的面向。对之是采取偏重“市场选择”还是“政府调控”抑或两者兼而有之的协同治理模式，日益成为关乎互联网治理的核心问题。毫无疑问，网络服务提供者的角色地位不断上升，其早已不是独善其身的技术性“客体”，而是日益卷入政治社会生活、具有超强聚合力和辐射效能的自主性公共平台。平台媒体拥有控制网络流量的能力，比其他网络社会中的成员更有理由被认定是“一种公共设施”，在本质上可被视为“公共承运人”①，其不仅不能滥用“公共权力”，而且必须更好地承担社会公共责任。

第二节　网络服务提供者的权责配置

作为中介平台的网络服务提供者，在网络空间传播结构中发挥着日益重要的作用。随着网络服务提供者角色地位不断上升，其一旦失去约束将可能带来难以估量的影响。新的社交平台建立初期需要尽量开放，以吸引大量的用户。当这些平台一旦开始赚钱，就要试图把用户圈在“墙内花园”中了。② 为避免出现诸如此类消极后果，从国内外网络治理实践来看，当务之急是，如何适当设置网络服务提供者的权责结构，使之能够更好地发挥居间调控功能。

一　国外关于网络服务提供者的权责规定

根据是否为网络服务提供者设定“附条件免责制度”（又称“避风港”或“安全港”制度），以及“附条件免责制度”中附条件的轻重程度，可将平台企业对互联网上非法信息内容的责任区分为“最低限度的责任制度”“适度有限的责任制度”和“最大限度的责任制度”③。总体来看，任何国家和地区对平台上的非法信息内容，都不可

---

① 公共承运人概念最早可追溯至15世纪的英国，至16—17世纪，普通法逐渐将公共承运人的范围限定为所有形式的运输者以及所有与运输相关的职业。公共承运人的核心义务在于非歧视性地向大众提供服务，其核心争议始终是“如何认定公共承运人”，而互联网平台媒体的兴起则为新一轮争论拉开了序幕。参见高薇《互联网时代的公共承运人规制》，《政法论坛》2016年第4期。

② ［英］汤姆·斯丹迪奇：《从莎草纸到互联网社交媒体2000年》，林华译，中信出版社2015年版，第363页。

③ 马志刚：《中外互联网管理体制研究》，北京大学出版社2014年版，第130页。

能要求网络服务提供者担负无限责任，相关法律大多规定了“附条件的免责制度”。只要网络服务提供者遵守并履行了法律规定的信息内容管理义务，便可免予或减轻承担相关责任，此即为“适度有限的责任制度”。如在新加坡、韩国、德国及欧盟等国家和地区，普遍要求网络服务提供者建立“互联网内容分级管理系统”，对其平台上信息内容进行相应的分类分级，同时还需承担“发现报告”“确认身份”“记录留存”“举报受理”“提示儿童禁止浏览”“通知删除”“内容检查”等责任。

可经仔细比较，在权责配置的目的和导向上，不同国家之间实有差异甚至是根本性差别。举例来说，对于网络服务提供者的权责设置，新加坡和韩国更加注重强调服从政府管理权威的免责性要求。根据颁布的《互联网行业准则》和《互联网络管理法规》，新加坡规定网络服务提供者须承担六个方面的原则性义务①，要求重点删除或屏蔽违反“公众利益”“社会治安”“民族和谐”以及“违反良好的审美观和道德观”等方面的信息内容。《新加坡广播电视委员会（分类许可证）通知》从三个方面设立了网络服务提供者的安全港制度：（1）若按新加坡广播电视委员会的要求，执行并遵守了所有许可证条件，即被视为已经尽了最大努力；（2）按照当局要求已经关闭含有法定禁止内容的网页链接或新闻组的，即可免予承担相关责任；（3）只要保证所属平台上不发布、上传、散播法定禁止内容，或在日常编辑、检查过程中已经关闭了含有法定禁止内容的网页或网页链接，即可免予承担相关法律责任。韩国通过《韩国信息通信网促进利用与信息保护法》设置的安全港制度，重在要求网络服务提供者根据政府要求确保用户的真实性身份：信息通信服务提供商已尽“善良管理人”之注意

① 六个方面的原则性义务分别为：（1）不得故意在网上放置不恰当的、让人反感的或是法律明确禁止的内容；（2）采用恰当的内容分级系统，将不同的信息加以区分，表明其所属的网站；（3）不得使用错误或误导性的描述；（4）尊重用户个人资料的隐私；（5）未经对方请求不得发出电子邮件；（6）遵守新加坡现行的广告管理标准。参见马志刚《中外互联网管理体制研究》，北京大学出版社2014年版，第132—134页。

义务，采取了确认用户本人真实身份的方法和措施，则可减免第三人擅自以用户名义实施侵权而引起的连带损害赔偿责任。

与韩国和新加坡强调政府权威性相比，欧盟和德国对于网络服务提供者的权责配置，更重从技术功能和权利保障层面推进网络治理的精细化和系统化。欧盟在《电子商务指令》（2000/31/EC）中将网络服务提供者划分为纯粹传输服务、缓存服务和宿主服务三种类型，并对每种类型的法律责任作了细致区分。《指令》第15条从两个方面规定了网络服务提供者的主要责任或义务：（1）如果发现用户进行非法活动或者发表非法信息，应当立即向有关执法机关报告；（2）按照有关执法机关要求，向其提供能确认用户真实身份的信息。根据《指令》第12条第（1）款规定，“纯粹传输服务”提供者只要符合以下三个条件中的一个，即可对其所传输的信息免责（某种意义上可被视为一种消极性的自由权利）：不是首先进行传输的一方、对传输的接受者不作选择、对传输的信息不作选择或更改。即言之，“纯粹传输服务”提供的只是中介通道，不是内容首发者，这使其与内容提供者有本质区别：对信息接受者和内容类型不作选择，意味着保持价值中立，提供的是面向所有主体的开放性平台服务，而不是为特定主体和特定利益服务的平台。《指令》第14条对于“宿主服务”提供者的免责条件也作了规定：提供者对违法信息内容毫不知情，或者一旦知情即马上予以移除或阻止他人获得此信息。而若此类服务提供者是在内容提供者的授权或控制之下进行活动，则前者不能以毫不知情为由而要求免责。可见，知情与否及知情后是否及时采取处置措施，是判断“宿主服务”提供者是否承担或承担多少责任之关键，其负有的注意义务和承担的责任权重显然高于“纯粹传输服务”提供者。

德国《电信服务法》（Teledienstegesetz/TDG，1997年）第5条规定，在特定条件下，通道服务提供者和自动缓存服务提供者仅承担“有限责任”，即对于他人提供的内容，网络服务提供者只有既了解内容又在其技术阻止的能力范围内，才负有责任。换言之，在正常业务范围内，网络服务提供者不了解他人提供的内容，或者即使了解内容但在技术上难以做到及时阻止，可以不承担责任。作为《网络安全法》的配套法律，德国《网络强制法》（2017 年 10 月施行）顺应时势加重了网络服务提供者的责任，要求社交媒体网站及时删除平台上的仇恨言论、网络谣言和暴力煽动等非法内容，否则将被处以最高可达 5000 万欧元的罚款，并相应设置了具有明确时限要求的用户投诉和处理机制①。

综合分析德国与欧盟的相关规定可发现一个大致的共同原则，就是网络服务提供者对特定信息的状态及流动介入越多，控制力越大，承担的责任亦相应越大。一般而言，内容提供者比缓存服务提供者承担的责任大，而后者又比纯粹的传输服务和接入服务提供者承担的责任大。这种分层化的责任配置，是建立在技术功能区分的基础之上，可使得不同角色类型的网络服务提供者仅承担与其自身行为性质相符合的责任②。国外法律实践大体遵守一个原则，就是对他人在自己平台上发布的内容，网络服务提供者没有预先审查和实时监控的义务③。如在具有广泛影响的 Scarlet V. SABAM 一案中，欧盟法院判定网络服务提供者没有过滤、监控网络上非法内容的一般性义务，除非“有特定的目的、特定的条件、特定的技术要求”，主管部门不得要求网络服务提供者必须植入信息内容过滤系统④。即言之，网络过滤必须基于合法的特定目的，而不能出于所谓网络安全需要而大面积设防，否则易造成过度拦截，从而影响网络平台信息内容的流动性和异质性。

需要特别指出，网络服务提供者是否具有一般性的审查、监控义务，美英两国立法并未予以特别明确。美国在《数字千年版权法》（Digital Millennium Copyright Act，缩写为 DMCA）中规定，搜寻侵权

① 党俊琦：《德国〈网络强制法〉的现状及其对中国的启示》，《铁道警察学院学报》2018 年第 2 期。

② 王华伟：《网络服务提供者的刑法责任比较研究》，《环球法律评论》2016 年第 4 期。

③ 涂龙科：《网络内容管理义务与网络服务提供者的刑事责任》，《法学评论》2016 年第 3 期。

④ 薛斌：《网络中介服务提供者知识产权侵权责任的发展与革新》，《科技与法律》2015 年第 6 期。

信息及通知服务提供者的责任由版权人承担，但在涉及知识产权侵权等特定情况下，网络服务提供者经权利人有效通知应当履行适度的管理义务，但也确立了一套规则，其中就包括深具世界影响的“避风港规则”，以此适当免除互联网服务提供者在网络著作权案件中的连带责任。英国在《数字经济法案》中则体现了对网络服务提供者在多方和多主体间的平衡保护，要求网络服务提供者在接到侵权报告后，应在规定时间内向著作权人提供包含侵权行为信息在内的清单。不过，侵权者应当是匿名的，除此之外，著作权人想获得更详细的信息则必须通过法律程序。如果通知和报告义务尚不足以阻止用户继续侵权，只有国务大臣才有权要求通信办公室评估是否需要网络服务提供者进一步履行技术义务。任何一方觉得有违公正之处，均可通过特别设置程序进行申诉。可见，英国通过法律程序最大限度地保障了网络服务提供者的自治空间，同时又尽可能保护其他各方正当权益特别是网络用户的信息安全。这种相互制衡、环环相扣的制度设计，可以更好地实现网络空间多元主体权责配置的总体平衡。

二　中国关于网络服务提供者的权责规定

中国对网络服务提供者的权责规定比较细致具体，从不同层面赋予后者积极性的监管义务，总体属于“最大限度的责任制度”。根据我国《网络安全法》《关于维护互联网安全的决定》《关于加强网络信息保护的决定》等法律规定，网络服务提供者对用户发布信息应加强管理，当“发现”平台上出现违法犯罪行为和违法有害信息时，需履行积极的信息管理义务，如“立即停止传输”乃至“直接删除”，同时向有关机构“及时报告”并“保存”有关记录，对有关部门查处网络违法犯罪行为要“配合、支持”。

网络服务提供者的权责规定在行政法规和政府规章中体现得更为充分。在互联网治理架构层面，网络服务提供者作为网站平台需要承担信息内容管理的主体责任。根据《互联网新闻信息服务管理规定》，互联网新闻信息服务单位应当建立“新闻信息内容管理责任制度”，而对于管理什么信息内容及为此应承担何种责任，并未明确规定。《互联网信息服务管理办法》（2011 年修订）第十三条规定，互联网信息服务提供者应“保证向用户提供的信息内容合法”。信息内容合法的“保证”义务，显然比“发现”义务更具刚性，履行起来亦更难。《互联网信息服务管理办法（修订草案征求意见稿）》（2021）第十六条、第三十九条进一步规定，互联网信息服务提供者应“建立信息发布审核制度”，“加强公共信息巡查”，拒不改正或者情节严重的，可被责令停业整顿、关闭网站、吊销相关业务许可证、吊销营业执照等。

在对信息管理义务进行普遍性规定的同时，有关部门还针对不同平台类型与业务领域的网络服务提供者出台了更具针对性的措施。根据《互联网群组信息服务管理规定》《微博客信息服务管理规定》《网络音视频信息服务管理规定》等规定，互联网信息服务提供者负有落实信息内容安全管理的“主体责任”，实行“谁建群谁负责”“谁管理谁负责”，对违法违规的互联网群组采取“警示整改”“暂停发布”“关闭群组”等处置措施，情节严重者纳入“黑名单制度”；除了发现违法违规信息要及时删除、报告、备份以外，微博客服务提供者和网络音视频信息服务提供者还应“建立健全辟谣机制”，“及时采取相应辟谣措施”，并报有关部门备案。与前者相比，《网络信息内容生态治理规定》第八条至第十七条对网络服务提供者进行了更为全面的责任设置，要求网络平台建立“网络信息内容生态治理机制”，制定“网络信息内容生态治理细则”，健全“信息发布审核与跟帖评论审核制度”，建立健全“人工干预和用户自主选择机制”等。这是进一步压实网络服务提供者主体责任之举，要求其作为网络平台不仅是提供通道服务，而且对信息内容需要担负“审核”和“干预”之责。

2021 年 9 月，国家互联网信息办公室发布《关于进一步压实网站平台信息内容管理主体责任的意见》，其是网络服务提供者作为网站平台履行信息内容管理主体责任的基本依据。该意见提出，网站平台要以弘扬社会主义核心价值观为己任，对信息内容呈现结果负责，严防违法信息生产传播，自觉防范和抵制传播不良信息，确保信息内容安全。在具体措施上，要求网络服务提供者既要加强平台内容监管又要强化自身行为约束：一方面，需要“建立违法违规信息样本库动态更新机制”“健全重点信息多节点召回复核机制”“编制违法和不良信息清单目录”“保证新闻来源可追溯”“建立信息传播人工干预制度规范”；另一方面，需要“明确网站平台在内容运营中的权利、责任和义务”“细化处理违规行为的措施、权限、程序”“明晰处置原则和操作标准”，同时“不得选择性自我优待”“不得非正常屏蔽或推送利益相关方信息”。

从“发现”违法信息到“保证”信息内容合法，从“防止”违法信息传播到“建立健全”辟谣机制和人工干预机制，网络服务提供者担负的平台主体责任呈现加重趋势。为激励平台承担公共利益守门人的责任，要求其遏制违法活动的需求日渐强烈，立法和监管层面开始强化平台的注意义务。但法律应当着眼整体，要求平台承担一种系统性，而非个案性的注意义务。[①] 在网络空间信息传播形势日趋复杂多变的社会环境下，适当加大网络服务提供者的平台主体责任权重不仅是必要之举，从世界范围来看也是必然趋势。需要注意的是，这种不断扩展的责任赋予机制失去体系化和制度化约束，则可能转化为一种间接的乃至更高位的权力变现手段。根据《腾讯微博服务协议》《微信公众平台使用协议》等规定，一旦用户存在涉嫌传播违法内容的行为，网络服务提供者作为平台运营者可在不通知用户的情况下，有权对其相关内容进行直接删除、屏蔽，并可对违规账号处以禁止功能、封禁直至注销的处罚。可见，在自上而下的政策压力传导机制作用下，网络服务提供者为履行“责任”完全可以在技术乃至制度层面自我赋予更大的“权力”。责任与权力表现为一体两面，在缺乏整体制度设计的情况下，任何一极的变动都可能导致出现权责失衡甚而权

① 赵鹏：《平台公正：互联网平台法律规制的基本原则》，《学术前沿》2021 年 11 月（上）。

责倒置的局面。

提升网络服务提供者规范化和系统化管理水平，是推进互联网治理能力现代化的关键之举。随着传播技术迭代变革不断加快，网络平台类型及其角色功能将随之发生快速演变，网络服务提供者权责配置的现实进路亦应因时因势而变，关键是要做到权责关系大体衡平，避免出现权责倒置乃至虚空的现象。为合理设置网络服务提供者权责结构，我国可借鉴上述有些国家和地区的先进经验，在明确规定信息网络安全管理实体性义务和程序性义务的基础上，应根据对终端信息数据施以控制的能力大小及由此带来的总体社会成本，不断更新和优化网络服务提供者权责配置的价值理念和可行路径。在实践中，关键是要强化权责配置的战略性和系统性观念，不仅要避免网络服务提供者承担过重的信息管理责任，更要谨防出现过重或虚化的责任压力而导致同步催生不受约束的“权力”。这种隐匿无形的权力若失去配套的制度化约束，网络服务提供者这只“看不见的手”将可能带来巨大的破坏性力量。从实际情况来看，这种趋向在不同层面已经或正在演变为事实，值得密切关注和深入研究。

三　网络服务提供者权责配置的基本原则

进入“万物皆媒”的互联网时代，网络服务提供者已成为社会信息生产和流动的重要聚合平台，担负着维护“效率与秩序”平衡的中枢性功能。如何对网络服务提供者进行权责配置，在不同层面和不同程度上将可能影响刑法介入网络空间信息治理的尺度和方向，进而影响网络空间信息流动的速率与活性，甚至关乎网络平台的发展空间和前景。

网络服务提供者既是市场化主体又是公共服务供给者。如何在公私领域之间寻找最佳平衡点，最大限度提升公共服务供给质量和效率，成为亟待解决的问题。[①] 作为解决公共问题的独特制度形式，网络空间协作治理模式关键在于充分激发和集纳政府、市场、社会、个体等

① 李蕊：《公共服务供给权责配置研究》，《中国法学》2019 年第 4 期。

多元主体合力，在统筹整合中实现公共利益的最大化。这为网络服务提供者权责配置确立了总体方向和价值目标，从实践规范层面梳理总结其理路，在法治化轨道内应体现三大基本原则。为了充分发挥刑法调控网络社会的积极效果，刑法规制网络服务提供者应该遵循这些基本原则。

（一）权责配置的体系化原则

网络服务提供者权责配置实行体系化原则，即是要求不能单方面设置网络服务提供者的权责，而是要将其置于网络空间治理整体架构中加以通盘考虑与设置，只有在网络空间多元主体交互式的权责网络中才能更好地确立网络服务提供者权责结构的盘面与重心。网络空间主体权责结构网络错综复杂、交互影响，故对于网络服务提供者权责配置不能采取权宜之计，更不能为应对紧迫之需而采取“打补丁”的方式。网络服务提供者权责配置唯有树立科学化、系统化思维，在遵循互联网发展规律的前提下，统筹兼顾多方主体特别是网络用户的基本权利与合理需求，才能发挥积极有效的制度性力量。

实行网络服务提供者权责配置体系化原则，有利于构造结构稳固且充满张力的网络治理架构。随着网络空间权力结构不断走向扁平化，多元主体之间不再是科层制下的“命令—控制”关系，权力形态开始由“压制式权力”转变为“横向式权力”。网络空间权力主体由一元向多元的实质性变革，促进了多元主体之间不断走向共享权力。[①] 在网络空间网络化权力结构中，任何一方都不可能独断专行，也难以做到独善其身。不管出于何种动机和目的，单方面设置特别是过度强化单一主体如网络服务提供者的权责比重，尽管或会达到一时之需，但是，从长远来看，其效果不仅会逐渐消弭，甚而可能以引发制度惯性的方式破坏网络空间基本结构秩序。从这个意义上讲，对于刑法规制网络服务提供者应该抱持审慎的态度，特别是不能过分依赖刑法的强

① 麻宝斌、郭蕊：《权责一致与权责背离：在理论与现实之间》，《政治学研究》2010 年第 1 期。

大威慑效果，必须严格遵循最后手段性之原则，特别是要防止刑法作为一种“压制式权力”驱动的短视或过急行为，从而避免出现主体间权责关系失当乃至失重现象。

从实际情况来看，网络服务提供者权责配置首要在于处理好政府部门与网络平台之间的关系。在网络信息公共服务层面，政府部门与网络服务提供者可视为委托代理关系，两者共同目的是提升公共品供给质量和效率。要处理好两者关系则需放宽视野，围绕此共同目标而展开体系化设计，在一些特定情况下只有充分借助与激发网络用户、网络社会组织等外围力量，才能更好统筹兼顾和整体调动各方主体的积极性与创造性，以期激发最大制度性合力，形成公共利益最大公约数。在网络空间制度规则设计中，一个总体倾向是不断强化政府的监管权力和网络服务提供者的管理责任，而作为网络空间基本主体的网络用户处于怎样的角色地位，如其具有哪些权责等，往往隐而不彰；对处于成长型的网络社会组织而言，则更是难以作为平等主体进入制度规则体系。在以“分享、互补、合作”为主要特征的网络空间权责网络中，采取“点对点”式的主体权责设计模式，从长远来看，将缺乏内生支撑力，终究是不稳固的。因此，刑法规制网络服务提供者应该尽量避免这种“点对点”式的责任规制模式，而应在多主体的权责网络中，更细致、更科学地配置网络服务提供者的权责内容。

在网络空间协同合作治理格局中，如何在集权、分权、平权相互交织而成的复杂博弈过程中避免主体权责配置严重失衡或失当是所要面对的严峻考验与巨大挑战。从根本上讲，只有遵循和强化网络空间体系化制度设计原则，有效防止权责关系畸轻畸重现象出现，才可能更长远地应对日益复杂的网络治理形势。由于技术和政策壁垒带来的不透明性，网络信息公共服务提供主体、监管主体、接受主体、第三方社会服务主体之间“天然存在高度的信息不对称”，若不建立体系化和制度化的多方协商和制衡机制，将会促使拥有资源和权力绝对优势的单方主体作出功利化的选择，从而导致出现以牺牲质量乃至安全为代价的高生产率。

进而言之，网络服务提供者权责配置失去体系化的制度安排，作为网络信息生产者和消费者的网络用户，由于广泛分散而处于相对弱势的地位，其正当的合法权利和自由空间往往难以得到充分保障和体现。这对于提升网络信息公共服务供给质量和效率不但难以提供正向动力，甚至可能反向激发网络用户更大的越界冲动，从而大大增加制度化的试错成本。与此同时，作为超强平台的网络服务提供者将可能进一步走向霸权垄断地位，不仅能以较低成本干预或控制网络空间信息流向，而且可以非常规手段遏制互联网创新发展活力。未形成有效竞争的市场化仅是从“公共垄断”演化为“私营部门垄断”而已，并不意味着公共服务消费者拥有更多选择[①]。最好的公共服务乃是鼓励公共服务提供者之间展开充分有序的竞争，同时给予被服务者充分的选择权。这要求刑法对于网络服务提供者不能仅追求单方面的规制效果，而应同时考虑网络用户和网络社会组织等主体的权益或合理需求，进而言之，就是刑法在维护网络秩序的同时，也应最大限度促进有序竞争，为网络用户提供更多的选择机会和空间。这个理想目标的实现，显然，离不开对处于枢纽位置的网络服务提供者的权责配置进行体系化的制度安排。

（二）权责配置的均衡化原则

作为网络空间“看不见的手”，网络服务提供者处于失控或半失控状态，无疑会成为具有巨大吞噬性和极大破坏力的网络空间“利维坦”。与此同时，在刑法对网络服务提供者加大责任约束的同时，也应充分赋予其相应的自主权力。为了一时之需而让网络服务提供者招致不能承受之“重”，将可能引发多米诺骨牌效应，整体摧毁支撑网络空间权责关系网络的主干骨架。网络服务提供者权责配置只有充分体现均衡化原则，才可能促使其在良性发展轨道规范运行，最大限度发挥正面积极的公共效能。所谓权责配置均衡化原则，主要是使同一主体权责之间保持适当张力，总体上保持均衡或对等关系。既要防止

① 李蕊：《公共服务供给权责配置研究》，《中国法学》2019 年第 4 期。

出现失去权力依托的责任，又要避免滋生不受责任约束的权力。

实现网络服务提供者权责配置均衡化，关键是要做到权责内容的清晰化。从实际规范层面来看，网络服务提供者的责任规定总体多于权力赋予，而且有些责任仅止于原则性规定，操作上的模糊性以及履行责任所需相应支撑性权力的不明或不足，客观上将进一步造成责任与权力处于相互拉扯的胶着状态，或者处于功利性相互转化的半失控状态。在各种内外因素推动下，这更加容易导致出现上文已述的制度困境，即权力随着责任同步出现超比例增长。

因此，刑法规制网络服务提供者既要防止责任过度扩张而导致责任主体消极无为或者反向激发权力过度自卫的非正常行为，又要防止责任模糊分散带来责任消解，甚至导致整个责任系统瘫痪以至出现“公地悲剧”现象。举例来说，网络服务提供者在什么情况下可以“删除、屏蔽”违法有害信息？以何种方式和程序可对违规账号予以“暂停功能”乃至“永久封禁”？对于诸如此类问题，由于对履行责任的内容、程序及边界没有作出清晰化规定，或是相关规定散见于诸多法律法规之中，难有统一标准，从而给责任主体反向自我赋予更大权力提供了制度土壤，也给司法适用和行政执法留下较大自由裁量空间。因此，刑法规制网络服务提供者只有从根本上强化权责配置的均衡化原则，这些问题才可能在网络空间法治化进程中逐步加以规范和完善。

（三）权责配置的动态化原则

网络服务提供者权责配置动态化主要表现在两个方面：从过程来看，权责关系结构应随外部环境变化而做到同步变动，不能出现一方严重滞后或过度超越另一方；从结果来看，网络服务提供者权责配置更多只能追求权责配置动态化平衡。网络服务提供者权责配置是价值和行为不断调适的动态化过程，而非刻意追求可度量的静态化的客观结果。由于网络空间主体关系处于不断的变动之中，这决定了刑法规制网络服务提供者是一个动态化的过程，应该随着网络技术和网络权力结构的变化而不断调整和优化。当然，这种调整并非基本原则的变动，而更多体现为配套规则的修改和完善。同时需要特别强调，实行网络服务提供者权责配置动态化，绝不意味走向违背法治原则的人治化，更不是随意化，而是必须严格遵循依法治网的原则精神，以此维护刑法的稳定性和权威性。

实行网络服务提供者权责配置动态化，有利于提高网络治理政策的可行性和有效性。在维护网络秩序紧迫压力下，采取单方面强化网络服务提供者责任义务的应急性措施趋于演变为制度惯性，其背后实质反映出管理者缺乏权责关系动态化配置的辩证思维。由于网络空间瞬息万变，刑法对于网络服务提供者的权责配置不能仅针对某个突发性问题或局限于一时一隅之变化，而应整体把握网络空间技术发展和权力结构的演变趋势，在网络空间权责关系网络中对之不断加以动态化调适与平衡。不能指望以“静”制“动”达到一劳永逸之效，更多时候只能以“动”制“动”，方可有效防止权责之间出现脱节，进而造成权责任何一方出现“大起大落”的现象。这要求政策主导者不仅应具有洞察全局的战略定力，更需保持动态发展的长远眼光。

网络服务提供者权责配置重在把握权力政治与责任伦理之间的关系，既要强化责任对权力的跟踪规范效应，又要根据实际情况不断调适权力口径以对责任履行起到必要支撑作用。制度设计除了要与所针对问题的范围和特性相适应，通常还需“在最影响公众的层面来制定规则和做出决定”，如此才能“制定易于理解和遵守的管理原则，创造遵守规则的社会期望，合理、公平和坚持不懈地执行规则”[①]。由此而言，刑法配置网络服务提供者的权责结构应面向最广大的网络公众，制定的规则不仅能够易于被他们“理解和遵守”，而且能够激发遵守规则的“社会期望”。为了达到特定目的而背离“社会期望”频繁变动制度规则，必然造成规则交叉重叠乃至相互抵牾的情况。这不仅在客观上可能导致出现权责自我消解效应，而且将严重破坏网络空间正

① ［美］邓穗欣：《制度分析与公共治理》，张铁钦、张印琦译，复旦大学出版社 2019 年版，第 72—93 页。

常生态。

网络服务提供者权责配置须因应“问题的范围和特性”而有所变动，同时也应坚守网络空间刚性规则的稳定性，如此才能更好“以不变应万变”，而不至陷于被动仓促应对的尴尬境地。单一“效率”支配下的权责配置动态化，其结果很可能走向简单化、片面化、功利化。在一个高度竞争性社会里，当“效率”成为压倒一切价值的头等大事时，组织管理和国家治理就会走向歧途。对于人类的生存尊严和体面生活而言，除了效率，还有其他很多重要价值同样至关重要。[①] 习近平强调，网信事业发展必须贯彻以人为本的发展思想，把增进人民福祉作为信息化发展的出发点和落脚点，让人民群众在信息化发展中有更多获得感、幸福感、安全感。[②]。从这个层面而言，互联网发展的根本原则及价值追求不仅为刑法对于网络服务提供者进行权责配置提供了动力和依据，而且对后者也构成了有力约束。

随着网络服务提供者作为公共平台的角色地位日益凸显，如何对平台公司的“私权力”进行公共化治理，已成为当今网络空间治理领域最为关键的议题之一[③]。从长远来看，网络平台治理要走出困境须超越“问题倒逼型”政策设计模式，注重网络服务提供者权责配置的系统性、整体性、协同性。网络空间是由相互关联的、复杂的独立主体，按照一组规则或职能在非线性反馈环中彼此相互作用所形成的系统[④]。这决定了刑法规制网络服务提供者在追求实际效果的同时，也应为其他主体留出正当合理的权利实现和发展诉求空间。在由“力的多边形”构成的网络空间，只有充分尊重不同主体的合理需求和基本权利，才可能更好地实现网络治理的精细化和科学化。

---

① 唐贤兴：《大国治理与公共政策变迁——中国的问题与经验》，复旦大学出版社 2020 年版，第 46 页。

② 习近平：《自主创新推进网络强国建设》，载《习近平谈治国理政》（第三卷），外文出版社 2020 年版，第 307—308 页。

③ 崔保国、刘金河：《论网络空间中的平台治理》，《全球传媒学刊》2020 年第 1 期。

④ 唐贤兴：《大国治理与公共政策变迁——中国的问题与经验》，复旦大学出版社 2020 年版，第 460 页。

第三节 网络服务提供者刑法规制的理论依据

面对网络犯罪多发且日益隐蔽的态势，为消减网络犯罪的“黏附力”，不断强化网络服务提供者的刑事责任，已成为很多国家的必然选择。由于国情政体、社会环境及互联网治理模式不同，对网络服务提供者入刑的理论依据有所差异，甚至在某些方面存在较大争议。

作为“互联网企业社会责任里程碑式的事件”，“快播案”被评为“2016 年推动法治进程十大案件”之一，公诉机关、审判机关、学术界、普通民众围绕此案展开的讨论可谓众说纷纭，构成了当前中国网络服务提供者刑事责任追究的现实图景。[①] 讨论网络服务提供者罪责设置的合理性与正当性，首先需要分析厘清刑法规制网络服务提供者的理论依据。在不同案件特别是罪名竞合类案件中，刑法规制适用的理论依据可能有所不同，但其内核基本都离不开犯罪构成理论。本书结合“快播案”[②] 主要从帮助或作为犯罪和法定注意义务理论层面略作分析。

2016 年 1 月，因在平台上传播淫秽色情视频，快播公司被判处罚金 1000 万元，被告人王某犯传播淫秽物品牟利罪，被判处有期徒刑三年六个月，罚金人民币 100 万元。快播公司是否参与了淫秽视频的“传播”，传播行为成立与否，成为庭审辩论的一大焦点。认定快播公司“传播”行为是否成立，关键在于如何界定快播公司的“技术身份”，这决定快播是接入服务提供者还是缓存服务提供者，前者只是纯粹提供通道，后者可以参与内容的选择与管理。前文已述，拥有不同技术功能的网络服务提供者，承担的法律责任应当有所差异。基于此，辩护律师及被告在庭审中坚称，快播不具备发布和搜索功能，只

① 涂龙科：《网络内容管理义务与网络服务提供者的刑事责任》，《法学评论》2016 年第 3 期。

② 参见北京市海淀区人民法院（2015）海刑初字第 512 号判决书。

是视频播放软件，不具备传播属性。由于快播公司没有主动发布淫秽视频，根据技术中立的原则，快播无罪。公诉方则认为，作为缓存服务商，快播公司对内容具有选择和管理的权限。在明知或应知的情况下，快播公司没有清除缓存的淫秽视频，是以不作为的方式来传播淫秽视频，实质是放任和纵容淫秽视频传播的行为。庭审中，主审法官认同公诉方的意见，认为快播公司通过缓存服务器介入了淫秽视频的传播。具体言之，任何用户（快播公司称为“站长”）均可通过媒体资源发布及管理软件发布视频资源。点播次数达到一定标准的视频文件，缓存调度服务器会自动抓取、存储，以便用户能够更加便捷地下载、观看这些视频。快播公司提供 P2P 视频技术服务和缓存技术服务，采用带有价值指向的技术手段对视频内容进行了选择，并为这些淫秽视频的传播创造了更加有利的条件，起到了帮助作用。这实际上是利用自己的缓存服务器介入了传播，因而快播公司不可能再获得技术中立的责任豁免，为此应当承担相应的法律责任。

“快播案”的另一个焦点问题，是快播公司是否“明知”缓存器中存有大量淫秽视频而不作为。被告及其辩护律师认为，快播公司只是播放工具，要实时判定缓存东西的性质，如是不是淫秽视频等，在技术上“全世界公司都做不到”。主审法官则认为，快播公司对传播淫秽视频行为提供了加速功能等技术支持，是“以作为的形式掩盖不作为的实质”。而且，缓存服务器内多达 70% 的内容为淫秽视频，执法部门曾多次对快播公司给予过行政警告乃至处罚，快播公司也为此进行了整改，并开发了“110”不良信息管理平台，只是后期逐渐弃之不用，或仅是作为应付检查之用。这些证据和事实表明，被告在主观上对于淫秽物品的传播处于“明知”状态。法院综合各种情况认为，网络视频服务企业尽管一般难以做到屏蔽所有非法视频，于快播公司而言，其并不是没有履行管理义务的实际能力，而是没有切实履行的意愿，是一种实质的不作为。

由于“快播案”发生在《刑法修正案（九）》颁布之前，彼时针对网络服务提供者的专有罪名“拒不履行信息网络安全管理义务罪”尚未施行，对于快播公司的定罪只能根据刑法罪名既有体系中的传播淫秽物品牟利罪，其定罪理论依据主要有两个：不作为犯和帮助犯。即快播公司对于淫秽视频的“传播”是否存在不作为，或者是否为犯罪提供了实质“帮助”行为。细究之，两者存在一定的相关性，因为是否提供帮助行为往往是判断当事方作为与否的一个重要依据，反言之，中立帮助行为亦可成为不作为犯罪的抗辩事由。从审判结果来看，快播公司入罪的主要依据是不作为，其关于“技术无罪”（中立帮助行为）的抗辩未获法院支持。

需要强调的是，根据中立帮助行为的“全面性考察”理论，中立帮助行为并非在任何情况下一律免责，判断中立帮助行为的可罚性，需要对被提供服务者利用中立帮助行为的总体状况进行全面评估，如衡量技术设备（如快播软件）合法用途与非法用途之间的比例、技术设备是否存在引诱非法使用的特点、阻止非法使用的成本等。具体到“快播案”，是通过全面考察用户利用快播软件的整体状况，如果发现大多数用户选择快播软件是出于正当用途，而非受到技术诱惑用来播放淫秽视频，且技术设备运营者尽到了注意义务，并在能力与成本承受范围内采取了适当的预防措施，即可判断快播公司提供的是中立帮助行为，不能轻易判其入罪。而事实上，如上文所述，快播公司被扣押的缓存服务器内70%的存储内容为淫秽视频。在第一次开庭审理中，被告曾对此予以否认，提出缓存器可能存在“信息污染”，并申请法院对缓存器存储内容的状况进行重新调查并质证，从而导致长达八个多月的休庭。经过全面调查，审判法官最终认定“技术中立”不能成为快播公司免责的挡箭牌。

从实际情况来看，网络平台上出现违法信息并造成应有后果，“不作为”是追究网络服务提供者法律责任的主要法理依据。我国刑法设立“拒不履行信息网络安全管理义务罪”，从罪名本身也能明显看出这种导向性。由于作为与否受诸多因素影响，对其如何定性往往需要作全面考量和权衡，这在某种程度上也导致“快播案”一度受到广泛争议。有学者认为，从“快播案”来看，以传播淫秽物品牟利罪论处，使得对网络服务提供者的定性具有浓厚的“先入罪后确定罪名”的色彩。[①] 对于谁应为互联网时代的中立行为买单，有学者认为，快播公司管理平台上的内容属于行政义务的范畴，将之上升至刑事责任，其妥当性在法理上值得探讨。[②] 即言之，以不作为追究网络服务提供者的刑事责任，必须考虑是否符合罪责相适应的原则。随着网络技术功能发展及网络主体法律关系的变革，网络服务提供者的权责配置会发生动态变化，从长远来看，其适配性应当逐步走向合理化。从“快播案”的审判逻辑来看，不管罪名及入罪路径如何发生变化，网络服务提供者入罪化的理论依据主要有两个。

其一是共犯理论或者帮助犯理论。共同犯罪是指两人以上的共同故意犯罪。故意是共同犯罪构成的前提。网络共同犯罪是指两个或两个以上行为体，利用网络或在网络空间共同实施的严重危害网络秩序的犯罪行为。网络共同犯罪包括三个主要构成要件：两个以上的犯罪主体、共同的犯罪行为、共同的犯罪故意。所谓共同犯罪故意，是指通过意思联络，各犯罪人实施的共同犯罪行为，并希望或者放任犯罪结果发生的心理态度。[③] 只有通过意思联络，每个独立的犯罪故意和犯罪行为才能连成一体，这种基于意思联络的整体性的共同犯罪行为，无疑将产生更大的社会危害性，破坏力远超单一犯罪行为。由此可知，是否存在实质性的意思联络，是判断共同犯罪的重要条件。而网络传播的开放性、虚拟性、匿名性等特点，使得网络共同犯罪人之间的意思联络，较传统犯罪变得更为隐蔽，也更为复杂。因而，如何认定网络共同犯罪是否存在基于意思联络之故意，是判断网络共同犯罪能否成立最为关键的问题。

① 刘艳红：《无罪的快播与有罪的思维——“快播案”有罪论之反思与批判》，《政治与法律》2016 年第 12 期。

② 车浩：《谁应为互联网时代的中立行为买单?》，《中国法律评论》2015 年第 1 期。

③ 刘守芬、丁鹏：《网络共同犯罪之我见》，《法律科学》（西北政法学院学报）2005 年第 5 期。

从犯罪主体的角色功能来划分，网络共同犯罪人可分为三种类型：一是网络共同正犯；二是网络教唆犯；三是网络帮助犯。[①] 网络服务提供者通常不主动参与信息生产，主要为信息传播提供通道服务，因而其一般不适用于网络教唆犯，只能作为共同正犯或帮助犯。正犯在中国又称为主犯或实行犯，共同正犯意味着在共同故意、合谋实施的犯罪行为中，每个行为人承担的责任均等，即都是正犯。例如，在“快播案”中，如果快播公司不仅为传播淫秽色情视频提供了技术通道，而且与视频上传方以分成的方式直接获利，则两者构成共同正犯。这种犯罪形态比较容易判断，通常不存在争议。在现实生活中，更多争议集中在网络服务提供者是否为违法信息传播提供了“帮助”行为，这种帮助行为可能是以不作为的形式体现出来，其关键在于确定当事方是否具有“作为”的法律义务。如果当事方不承担法律意义上的“义务”，其也就谈不上不作为的问题，更谈不上追究法律责任特别是刑事责任的问题。如在“快播案”中，快播公司若没有管理其平台上违法内容的法律义务，也就谈不上不作为，更遑论承担法律责任。从我国有关法律法规来看，这个判断显然不成立。

帮助犯不直接参与实施犯罪，仅为犯罪行为提供便利或辅助条件。很长一段时间内，我国刑法中并没有帮助犯的相关条款，与其相似的概念是从犯。因应网络犯罪增多及其手段的特殊性，我国《刑法修正案（九）》以共同犯罪理论为基础增设了“帮助信息网络犯罪活动罪”，作为刑法第二百八十七条第二款：

> 明知他人利用信息网络实施犯罪，为其犯罪提供互联网接入、服务器托管、网络存储、通讯传输等技术支持，或者提供广告推广、支付结算等帮助，情节严重的，处三年以下有期徒刑或者拘役，并处或者单处罚金。

① 刘守芬、丁鹏：《网络共同犯罪之我见》，《法律科学》（西北政法学院学报）2005 年第 5 期。

可见，“明知他人利用信息网络实施犯罪”是帮助信息网络犯罪活动罪成立的主观要件，对于“明知”的判断存在多种情况，如不理会监管部门的告知或责令、接到举报不履行管理职责、收取不正当交易费用等。在特定情况下，帮助信息网络犯罪活动罪与拒不履行信息网络安全管理义务罪可能出现想象竞合的现象。举例来说，“快播案”若发生在《刑法修正案（九）》之后，作为网络服务提供者的快播公司，因没有执行监管部门的责令整改要求，它既可能被处以拒不履行信息网络安全管理义务罪，也可能因提供网络存储等技术支持而触犯帮助信息网络犯罪活动罪。两相比较，后者显然比前者的入罪口径更宽，可将以网络为帮助手段或工具的犯罪囊括其中。

从形式上看，网络帮助行为可分为有形帮助与无形帮助两类。前者主要是指物质帮助行为，包括提供犯罪工具或为犯罪提供便利条件，后者主要指精神上的帮助行为，如为犯罪提供授意、指导等。网络服务提供者的帮助行为主要体现为有形帮助，即为违法内容传播或实施犯罪行为提供技术、通道、经济等层面的支持。追究网络服务提供者的共犯责任，是大陆法系及英美法系国家普遍采取的做法。但是，在司法实践中，将共犯特别是帮助犯理论适用于网络犯罪领域仍有诸多掣肘。网络空间弥散性的传播方式，使得网络违法信息在用户参与生产和传播过程中，无论是内容还是形态往往会发生较大变化，导致往往很难找到其最初源头，传播主体之间的关系特别是他们之间是否存在意思联络，则更是难以确认，这给认定网络犯罪主犯或正犯带来较大困难。在无正犯或正犯缺失的情形下，如果对网络服务提供者以共同犯或帮助犯惩处，显然有悖法理。此外，正犯一旦是不确定的大多数（如“快播案”中上传淫秽视频的众多“站长”），也很难确认共同犯罪行为人之间是否存在明确的意思联络，进而是否存在合谋之故意，故单一的帮助犯理论，往往难以有效化解网络服务提供者的刑事责任认定问题。由此而言，严格限定共犯理论的适用条件及范围，某种层面上可以防止网络服务提供者刑事责任追究的扩大化。

其二是保证人说。保证人说是为了补足不纯正不作为犯的犯罪构成及可罚性的法理依据而提出的理论。该理论主张，只有犯罪行为人具有保证人之地位，且怠疏于这种保证人义务并导致严重危害结果发生，其才可能被认定为不作为犯。相对于共犯或帮助犯理论，“保证人说”能更容易解决网络服务提供者的刑事责任追究问题。某种意义上，《刑法修正案（九）》增设拒不履行网络安全管理义务罪，可以解释为是基于网络服务提供者具有“保证人”之身份。《互联网信息服务管理办法》第十三条明确规定，互联网信息服务提供者应“保证”向用户提供的信息内容合法，而根据我国刑法创立的拒不履行信息网络安全管理义务罪，网络服务提供者承担“信息网络安全管理义务”是源自“法律、行政法规”，其受到处罚的也是经“监管部门”责令采取改正措施而拒不改正的行为。由此可见，“保证人”之说存在适用的合理性依据，但这种“保证人”义务的规定是否适当，或者说相关主体是否具有担负“保证人”的能力，则是另一个层面需要思考的问题。在司法实践中，判断网络服务提供者保证人义务之大小，关键在于看网络服务提供者对于违法信息传播是否具有直接控制地位。如在“快播案”中，快播公司对其缓存平台上的大量淫秽视频，通过加速技术完全可以做到区别化管理，显然具有直接控制能力。

第四节　网络服务提供者刑法规制的边际效应

强化网络服务提供者的刑事责任，以加大网络平台的管制力度，无疑有利于遏制网络犯罪，规范网络传播秩序。另外，在网络治理架构中，网络服务提供者处于关键节点位置，起到承上（管理者）启下（网民）的支撑性作用。如果对网络服务提供者施予与其控制能力不相符的法定义务，则很可能导致刑事责任扩张而带来诸多边际效应，出现连锁性的严重后果。

一　“信息网络安全管理义务”的合理边界

对网络服务提供者进行刑法规制，关键是要界定其作为平台运营者所担负的“信息网络安全管理义务”的合理边界。针对一些网络服务提供者不履行信息网络安全管理义务，造成严重后果的情况，《刑法修正案（九）》新增了“拒不履行信息网络安全管理义务罪”,[①] 作为刑法第二百八十六条之一：

> 网络服务提供者不履行法律、行政法规规定的信息网络安全管理义务，经监管部门责令采取改正措施而拒不改正，有下列情形之一的，处三年以下有期徒刑、拘役或者管制，并处或者单处罚金：
>
> （一）致使违法信息大量传播的；
>
> （二）致使用户信息泄露，造成严重后果的；
>
> （三）致使刑事案件证据灭失，情节严重的；
>
> （四）有其他严重情节的。

刑法增设拒不履行信息网络安全管理义务罪，是立法机构因应网络空间信息传播的新形势、新特点而采取的必要之举。从上文分析可以看出，在拒不履行信息网络安全管理义务罪增设之前，我国法律和行政法规就从多个方面规定了网络服务提供者的信息网络安全管理义务。受多种因素影响，一些网络服务提供者在实际工作中并不积极履行信息网络安全管理义务，如有的对违法信息不采取屏蔽过滤措施；有的不按规定对网上信息内容和网络日志信息记录进行备份和留存，从而使得相关证据缺失，影响公安机关依法查处网络违法犯罪；有的非法为他人提供反侦察技术，使不法分子逃避追究和取证等。有分析认为，当前网络犯罪“高发低破”，网络服务提供者未能切实履行信息网络安全管理义务是重要原因之一。只有对情节严重的不履行信息网络安全管理义务的行为追究刑事责任，才能从当前被动应付危害网络安全违

① 全国人大常委会法制工作委员会刑法室编：《〈中华人民共和国刑法修正案（九）〉条文说明、立法理由及相关规定》，北京大学出版社 2016 年版，第 215—216 页。

法犯罪行为的局面，转向主动防范危害互联网安全违法犯罪行为的局面，网络安全才能真正落到实处，互联网才能真正健康发展。[①]

拒不履行信息网络安全管理义务罪属于结果犯，刑法规定了四种入罪情形，其中前三个较为具体明确，第四个构成要件即“有其他严重情节的”系兜底式条款，是为了应对实践中可能出现的各种复杂情况。在司法实践中，正确理解和适用拒不履行信息网络安全管理义务罪，关键在于判断网络服务提供者触及的入罪情形特别是前三类入罪情形，是否在其有能力担负的“信息网络安全管理义务”的范围之内。推而言之，有学者提出，拒不履行信息网络安全管理义务罪要得到正确适用，比照罪名条款需要对五个方面的问题进行界定。[②] 其中，除了“信息网络安全管理义务”之外，还应对“监管部门”“责令”的内容和形式、“拒不改正”“违法信息”进行界定。例如，在“监管部门”问题上，由于互联网治理牵涉方方面面，监管部门远不止国家网信系统，此外还包括公安部门、国家市场监督管理部门、信息通信管理部门、国家安全部门等，若不对“监管部门”予以明确限定，很可能导致令出多门，从而导致互联网服务提供者无所适从，不堪重负。再者，司法实践中发出“责令”是否必须采用书面形式？如果通过电话、口头通知也可发布责令，这会否扩大权力滥用的风险？此外，何为“拒不改正”？出于无法掌控的客观原因而难以改正的情况，是否属于“拒不改正”？如果纯粹以实际结果来界定“拒不改正”，是否导致出现行政权力作为法律“指挥棒”的现象？这些都是需要以各种方式尽快明确的问题。

基于此，最高人民法院与最高人民检察院在联合发布的《帮助网络犯罪解释》中对拒不履行信息网络安全管理义务罪的适用问题作出了比较全面系统的解释。首先明确了“监管部门责令采取改正措施”是指网信、电信、公安等依照法律、行政法规的规定承担信息网络安

① 喻海松：《刑法的扩张——〈刑法修正案（九）〉及新近刑法立法解释司法适用解读》，人民法院出版社 2015 年版，第 230—231 页。

② 王文华：《拒不履行信息网络安全管理义务罪适用分析》，《人民检察》2016 年第 6 期。

全监管职责的部门，以责令整改通知书或者其他文书形式，责令网络服务提供者采取改正措施。由此可知，监管部门涵盖所有负责参与网络安全管理的部门，责令整改必须采取文书形式，口头或电话形式被排除在外。另外，对于“拒不改正”的认定，应当综合考虑监管部门责令改正是否有相应的法律、行政法规依据，改正措施及期限要求是否明确、合理，网络服务提供者是否具有按照要求采取改正措施的能力等因素，由此可见“拒不改正”并非行政部门单方面的认定，而是综合多方面因素的评估结果。

尤其值得关注的是，《帮助网络犯罪解释》对“致使违法信息大量传播”的七种情形作出明确规定，并对“大量传播”进行了数字量化，如致使传播违法视频文件二百个以上的；致使传播违法视频文件以外的其他违法信息两千个以上的；致使向两千个以上用户账号传播违法信息的；致使利用群组成员账号数累计三千以上的通信群组或者关注人员账号数累计三万以上的社交网络传播违法信息的，致使违法信息实际被点击数达到五万以上的，等等。此外，对致使用户信息泄露“造成严重后果”[①]、致使刑事案件证据灭失达到“情节严重”[②] 以及“有其他严重情节”[③] 的情形，均进行了明确规定。

---

① 《帮助网络犯罪解释》第四条规定，拒不履行信息网络安全管理义务，致使用户信息泄露，具有下列情形之一的，应当认定为刑法规定的“造成严重后果”：（一）致使泄露行踪轨迹信息、通信内容、征信信息、财产信息五百条以上的；（二）致使泄露住宿信息、通信记录、健康生理信息、交易信息等其他可能影响人身、财产安全的用户信息五千条以上的；（三）致使泄露第一、二项规定以外的用户信息五万条以上的；（四）数量虽未达到第一项至第三项规定标准，但是按相应比例折算合计达到有关数量标准的；（五）造成他人死亡、重伤、精神失常或者被绑架等严重后果的；（六）造成重大经济损失的；（七）严重扰乱社会秩序的；（八）造成其他严重后果的。

② 《帮助网络犯罪解释》第五条规定，拒不履行信息网络安全管理义务，致使影响定罪量刑的刑事案件证据灭失，具有下列情形之一的，应当认定为刑法规定的“情节严重”：（一）造成危害国家安全犯罪、恐怖活动犯罪、黑社会性质组织犯罪、贪污贿赂犯罪案件的证据灭失的；（二）造成可能判处五年有期徒刑以上刑罚犯罪案件的证据灭失的；（三）多次造成刑事案件证据灭失的；（四）致使刑事诉讼程序受到严重影响的；（五）其他情节严重的情形。

③ 第六条拒不履行信息网络安全管理义务，具有下列情形之一的，应当认定为刑法第二百八十六条之一第一款第（四）项规定的“有其他严重情节”：（一）对绝大多数用户日志未留存或者未落实真实身份信息认证义务的；（二）两年内经多次责令改正拒不改正的；（三）（转下页）

网络服务提供者入罪情形首要一个是“致使违法信息大量传播”，这就牵涉到网络服务提供者作为平台运营者所应担负的注意义务问题。可以说，网络服务提供者对于内容管理的责任配置，主要是基于其注意义务，换言之，超过其注意义务的责任配置就是失当的，也基本是失效的。根据《关于加强网络信息保护的决定》，只有当网络服务提供者“发现”违法有害信息，才应当履行信息网络安全管理义务。通常理解此处所谓的“发现”，并没有主动或提前发现之含义，更多是被动性行为，即在有人告知或违法违规信息赫然醒目到一般人都能发现的情形下，才会承担相应义务。[①] 由此而言，“发现”可视为相对较低程度的注意义务，其在《刑法修正案（九）》确认之前，已在其他法律法规和司法实践中得到运用。但是，对于“发现”所内含的注意义务，外界包括司法机构在内却存在不同理解。有法院就主张，相对于普通用户，作为平台运营者的网络服务提供商处于更加强势的地位，从权利和义务、能力和责任相一致的角度出发，让网络服务提供者对其平台上的内容承担严格审查的义务，似乎更为公平。[②] 当然，对于注意义务的要求，民事案件和刑事案件有所差别，但其表现出来的总体倾向也能说明认识理解上的差异性是确实存在的。

按照立法机关的解释，《刑法修正案（九）》增设拒不履行信息网络安全管理义务罪，其所指向的信息网络安全管理义务主要包括三个方面。[③] 第一个义务是“落实信息网络安全管理制度和安全保护技术措施”，此系总体性要求。第二个义务是“及时发现、处置违法信息”。如上所述，关键是网络服务提供者是否具有这方面的专业能力，做到既能

（接上页）致使信息网络服务被主要用于违法犯罪的；（四）致使信息网络服务、网络设施被用于实施网络攻击，严重影响生产、生活的；（五）致使信息网络服务被用于实施危害国家安全犯罪、恐怖活动犯罪、黑社会性质组织犯罪、贪污贿赂犯罪或者其他重大犯罪的；（六）致使国家机关或者通信、能源、交通、水利、金融、教育、医疗等领域提供公共服务的信息网络受到破坏，严重影响生产、生活的；（七）其他严重违反信息网络安全管理义务的情形。

① 参见浙江省丽水市中级人民法院（2011）浙丽民终字第40号民事判决书。

② 参见广东省高级人民法院（2006）粤高法民三终字355号民事判决书。

③ 参见全国人大常委会法制工作委员会刑法室编《〈中华人民共和国刑法修正案（九）〉条文说明、立法理由及相关规定》，北京大学出版社2016年版，第215—216页。

"及时发现"又能恰当"处置"违法信息。对于大多网络服务提供者而言，实际上，要做到这一点并非易事。第三个义务是"对网上信息和网络日志信息记录进行备份和留存"，出于信息安全及责任追查的需要，此系普遍性规定。

事实上，确立网络服务提供者信息网络安全管理义务的边界是个动态化过程，并没有恒定或统一的标准，因为其受到多方面因素的影响，如网络治理模式、网络技术能力、网络法治化水平等。总体而言，网络服务提供者的信息网络安全管理义务包括多方面内容，随环境变化会有所扩张或限缩，在这种不确定性中需要相对确定的是"义务"的边界，因为失去边界的约束，义务范畴则容易非正常扩张。综合国内外情况来看，网络服务提供者在正常业务经营和成本承受范围内，对不具有直接控制能力的信息内容应不负有"主动发现"的义务，其例外就是没有及时履行法定"告知""删除"等义务或者没有尽到合理的注意义务，则难辞其咎。我国《民法典》为此规定了网络服务提供者在特定情况下的双重连带责任。《民法典》第一千一百九十五条规定，网络服务提供者接到权利人通知后，应当及时将该通知转送相关网络用户，并根据构成侵权的初步证据和服务类型采取必要措施；未及时采取必要措施的，对损害的扩大部分与该网络用户承担连带责任；第一千一百九十七条规定，网络服务提供者知道或者应当知道网络用户利用其网络服务侵害他人民事权益，未采取必要措施的，与该网络用户承担连带责任。

从对信息终端的支配和控制能力而言，网络服务提供者可分为没有支配控制能力、可能具有支配控制能力和具有绝对支配控制能力三种类型。根据权责对等原则，这三种类型的网络服务提供者承担的信息网络安全管理义务，显然呈现由低到高的走向。我国刑法增设拒不履行信息网络安全管理义务罪，未根据不同类型主体对信息网络安全管理义务进行区别化的设置，其主要表现，一方面是不加区分地对不同的网络服务提供者设置相同的义务；另一方面是就同一义务没有区分不同网络服务提供者的能力大小而细化义务的具体内容。[①] 如何根据实际支配能力的大小，科学设定不同类型网络服务提供者的刑事责任边界，是提升网络治理综合效能的必要之举。

二 网络服务提供者刑法规制的边际效应

刑罚具有明显的强制性与剥夺性，对网络服务提供者施以不当或过重的刑罚制裁，将可能带来诸多边际效应。所谓边际效应，是指在特定条件下，当投入资源超过峰值后，新增产出或收益将呈递减趋势。

刑法规制网络服务提供者须严格区分法定义务与市场行为之间的界限。刑罚启用的首要前提是犯罪主体违反了法定义务，而非违背行政管理乃至职业道德规范。根据《刑法修正案（九）》新增的帮助信息网络犯罪活动罪，网络服务提供者为他人提供互联网接入、服务器托管、网络存储等技术支持的行为，如果客观上对网络违法犯罪的发生提供了便利、起到了帮助作用，便会受到刑罚制裁。无论是互联网接入还是服务器托管，在性质上都属于网络服务提供者的商业行为，法律没有强制赋予网络服务提供者审查他人所传输信息内容真实性、合法性的义务，而且面对海量信息，网络服务提供商难以辨别真伪，要求其履行甄别义务可能导致网络运营瘫痪。[②] 从另一方面来分析，互联网接入行为和犯罪结果之间的因果性并不充分，存在将信息网络技术中立行为纳入刑法处罚的风险。[③] 暂且不论法律层面的问题，作为市场主体，网络服务提供者具有通过技术和业务创新获利的内在需求，此乃其正当的经营自主权。创新是对既有规则的破坏，其在产生积极效应的同时，也可能给社会管理带来新难题乃至新风险。因而，任何市场行为必须受到法律约束，关键是掌握其中的尺度和边界，从而避免法律成为阻遏市场发展与创新的利器。

① 童德华、马嘉阳：《拒不履行信息网络安全管理义务罪之“义务”的合理性论证及类型化分析》，《法律适用》2020 年第 21 期。

② 周光权：《转型时期刑法立法的思路与方法》，《中国社会科学》2016 年第 3 期。

③ 周光权：《网络服务商的刑事责任范围》，《中国法律评论》2015 年第 2 期。

作为互联网发展的创新源泉，网络服务提供者还处于成长期，抗风险能力总体上并不强大。网络信息传播行业具有较强的意识形态属性，使得网络服务提供者作为平台企业难以作为纯正的市场主体而存在，较一般企业受到的约束相对更多。但是，依法治网、依法管网是必须坚守的基本原则，如果混淆法定义务与市场行为的边界，甚至不惜采用刑罚手段来达到一时管控之需，其带来的可能结果就是市场主体做得越多，发展越快，承担的责任和风险也就越大。这种逆淘汰现象无疑将极大遏止网络文化产业的发展势头。由第三方平台兴起带来的新问题，亟须互联网法律予以回应。简单照搬传统法律规则，不可能找到出路。[①] 从网络主体关系来看，刑法规制网络服务提供者应避免或防止出现两大边际效应。

其一，权责配置严重失当导致在网络服务提供者与网络用户之间人为制造不信任关系。在开放性网络社会中，网络服务提供者与网络用户理应是相互信任与依托的关系。网络服务提供者依靠用户进行内容生产传播才能不断增强平台活力，实现自身更大发展；作为普通公众的网络用户，借助网络服务提供者构筑的公共平台，可以更好地满足个性化信息需求，拓展言论表达空间，寻求更深广的思想交流和价值共识。网络服务提供者作为平台企业，其根本目的在于盈利，最看重的是经济效益及其背后的安全因素。当网络服务提供者承担责任的风险和压力一旦超过临界点，则可能导致其采取过度的自我保护措施，主要手段便是通过对网络信息内容施以最严苛的把关与审查，以此确保政治安全和运营安全。权责失衡下的压力越大，审查力度则越大。两者呈现双向加强的连锁反应，无疑会严重破坏网络服务提供者与网络用户之间的信任与合作关系，进而导致前者作为经营者对网络用户（消费者）的意图与行为设置的安全防线不断垒高加固。这不仅大大增加了网络服务提供者的综合运营成本，而且网络用户的表达权利也将可能遭受整体性侵蚀，其后果不是引发沉寂无声的“寒蝉效应”，

① 周汉华：《习近平互联网法治思想研究》，《中国法学》2017 年第 3 期。

就是激发负面信息逆势喷涌的“破窗效应”。

其二，权责配置严重失当导致在政府部门与网络服务提供者之间形成或依附或对立的非正常关系。网络服务提供者作为市场主体要获得可持续发展空间，必须享有充足正当的自治权力，如在法律范围内自主经营和自主创新的权利。在制度设计中，如果过度强化网络服务提供者的平台管理责任，则很可能忽视乃至遮蔽其作为市场主体的合理需求，进而使其处于扭曲性的身心割裂状态。这带来两种极端可能性：网络服务提供者或者依附于公权力，逐步失去自主发展创新的原动力；或者在公权力的强力管制下，为了生存发展而只能“以身试法”。网络服务提供者是网络空间的关键节点，这些节点连成串、结成网就构成了网络空间的主干骨架。这些关键节点若不能获得充足给养，将极大消减网络空间主干架构的整体支撑力。

第五章　刑法介入网络空间信息治理关涉的核心价值

刑法为何介入网络信息治理？刑法应当如何介入网络信息治理？前者有关必要性问题，后者关乎正当性问题。前者是后者之前提，后者是前者之方位。不了解前者，则无法了解刑法介入网络空间信息治理的社会根源与制度逻辑；对后者没有深入把握，刑法介入网络空间信息治理将可能失去方向乃至陷入误区。

在现代法治社会，国家刑罚须有正当性根据。正当性的根据主要源于对刑罚背后关涉价值的考量与平衡。网络空间蕴含着多种价值，如自由与法治、发展与安全、效率与公平等。有些价值选择应当由个人决定，有些涉及价值理念的选择则应当由集体决定。在网络治理实践中，有些价值虽然难以做到衡平，甚而还会相互冲突，但其底线是不能偏离社会主义核心价值观的主线。例如，自由和法治是社会主义核心价值观确立的两大价值。网络空间既要提倡自由，又要保持秩序。从长远来看，法治是构建秩序的最有力手段。自由只有在法治轨道内，才能发挥出最大价值。既不能追求没有秩序的自由，又不能构建丧失自由的秩序。“我们正处于一个急需在价值理念上做出重要选择的历史关头。变革是可能的。但我们也可以看到，网络带来的核心创造力正受到刑罚化的威胁。然而，这仅仅是开始。”①

① ［美］劳伦斯·莱斯格：《代码2.0：网络空间中的法律》，李旭、沈伟伟译，清华大学出版社2009年版，第6—9页。

刑法介入网络空间信息治理关涉的核心价值主要有三个：网络秩序、信息安全与表达自由。网络秩序与信息安全是结构价值，牵涉权力配置问题。表达自由是实质价值，关乎网络空间的本质属性。如何理解和权衡三个核心价值以及它们之间的关系结构，很大程度上将决定刑法介入网络空间信息治理的尺度与方向。

第一节　中国网络秩序观念的生成与演变

秩序是社会存在和发展的基础。网络空间作为现实社会的组成部分，秩序固亦应成为其内在属性。构建张弛有度的网络秩序，是推动网络治理的内在动力和价值追求。信息是网络空间的基本元素。网络治理的基本目标是在线信息传播行为的有序化与合秩序，以达成网络自由与社会秩序的均衡状态。[①] 随着互联网媒体属性越来越强，特别是微客、微信等社交网络和即时通信工具用户的快速增长，如何加强网络法制建设和舆论引导，确保网络信息传播秩序和国家安全、社会稳定，已经成为摆在中国面前的现实突出问题。[②] 于是，为了“净化网络空间”，近年来各种旨在“规范”或“整治”网络秩序的专项行动在不同层面密集展开。

按照知识社会学的观点，只有在特定的社会背景下，某种“现实”和“知识”才得以凝聚。不管什么样的“知识”，都是在社会情境中被发展、传播和维持的。[③] 无论作为“现实”抑或“知识”，网络秩序观念的发展演变都必须植根于特定的社会情境。由于具有鲜明的地域属性，通过网络秩序观念这一特殊“窗口”，可大体透视中国网络治理的总体气象和未来图景。

---

① 何明升：《中国网络治理的定位及现实路径》，《中国社会科学》2016 年第 7 期。

② 习近平：《关于〈中共中央关于全面深化改革若干重大问题的决定〉的说明》，《求是》2013 年第 22 期。

③ ［美］彼得·L. 伯格、托马斯·卢克曼：《现实的社会建构：知识社会学论纲》，吴肃然译，北京大学出版社 2019 年版，第 129—136、5—6 页。

从人类传播历史来看，媒介技术的重大变革都会引发传播秩序结构的变动。“电脑网络的建立与普及，将彻底地改变人们生存及生活的方式，而控制与掌握网络的人就是人类未来生活的主宰。谁掌握了信息，控制了网络，谁就将拥有整个世界。”[①] 美国著名未来学者阿尔温·托夫勒在20世纪80年代的预言已然成真，网络秩序的塑造与建构日益成为大国之间展开较量与博弈的焦点领域。2020年中美之间爆发的社交媒体TikTok事件，其背后实质是网络空间秩序主导权之争。网络已成为全球新公域竞争的四大核心领域（太空、网络、深海、极地）之一，网络秩序博弈将会在各个层面与各个领域显现出来。“网络治理在全球的秩序之争中具有枢纽和制高点的地位”，“只有自己具备秩序能力的时候才能谈秩序规则”。[②] 可见，无论是对内还是对外，秩序建构对于网络空间已变得势在必行。任何事情都有两面性，把握不好尺度和限度，网络秩序治理亦可能成为简单粗暴的网络管制乃至演变为“政治操弄”行为，从而难以真正实现秩序的正面价值，即构建秩序是促进发展的正向动力而不能构成新的更大的阻力。

构建网络秩序的首要前提，是对作为本体的网络秩序观念要有正确认知。网络秩序观念内蕴于网络治理实践，又反作用于网络治理实践。观念是用一个或几个关键词表达的思想。在特定条件下，作为把思想和行动联系起来的纽带，观念可以推动社会行动的实现。经过社会化与“主流化”，观念亦可转化为意识形态的基本要素。[③] 考察中国网络治理实践可以发现，作为观念的存在，网络秩序这个“关键词”不时出现在媒体报道、政府规范性文件乃至法律文书之中，特别是当网络治理专项行动启动之时，则往往更是成为“高频词”。然而，与此形成鲜明对比的是，从学术文献查询结果来看，网络秩序并没有得到与之热度相匹配的关注和研究。这种“冷”“热”反差的现实说明，

① ［美］阿尔温·托夫勒：《创造一个新的文明：第三次浪潮的政治》，陈峰译，生活·读书·新知三联书店1996年版，第31页。

② 黄仁伟：《中美秩序之争与网络治理》，《信息安全与通信保密》2015年第10期。

③ 金观涛、刘青峰：《观念史研究》，法律出版社2009年版，第4—17页。

作为一种话语实践，网络秩序观念虽已介入中国网络治理行动，但在学术研究层面上并未对此予以充分回应和关照，在一定层面上这也是理论滞后于实践的表现。

目前，已有多个学科零星涉足网络秩序研究，对之或进行宏观层面的理论探讨，或针对概念本身展开哲学思辨，且既有成果大多是对作为整体范畴的网络秩序观念进行研究，而对于“网络传播秩序”即信息传播层面的网络秩序并未特别予以关注。观念是行动的先导。为更好推进网络治理实践，有必要思考：如何理解中国网络秩序观念的价值意涵？怎样把握中国网络秩序观念的发展演变？如何构建面向新时代的网络传播秩序观？只有对此类问题展开深入思考和剖析，才能有效防止因片面理解乃至过度放大网络秩序的价值功能，从而使其成为不断推高网络信息安全“防火墙”的观念工具。在推进网络空间法治化进程中，如何理解和把握这些连接思想和行动、作为意识形态基本要素的核心“观念”，实际是看似细微却又影响深远的根本性问题。

一 网络秩序的定义、结构与功能

网络秩序是一个具有丰富内涵与价值张力的概念，已受到哲学、法学、公共管理等学科关注，它们从不同视角分析和阐释网络秩序的概念意涵、层次结构与价值功能。

在当代哲学中，网络虚拟秩序是富有时代感的研究范畴。网络虚拟秩序是指虚拟实践者基于网络空间的技术性体验和理性设计而形成的一种秩序，以及据此所呈现出的“一种合乎规则的动态平衡状态”。网络秩序的生成是自在与自为的辩证统一，具有“显秩序”和“隐秩序”双层结构。“显秩序”是指用权力与法规命令推行的网络秩序，实质上是政府和社会对网络行为的治理和控制；“隐秩序”是指由自发的适应性交往而构成的秩序，实质上是虚拟实践者对自身行为的协调与约束。[①] 作为一种容器或装置，网络空间并非仅是“一种纯粹的自

① 白淑英：《论虚拟秩序》，《学习与探索》2009 年第 4 期。

然物”，它是现实与虚拟相结合的“复杂巨系统”。在网络空间系统内，主体可视为卡西尔所说的“符号的动物”，因而网络秩序本质上是一种“符号的秩序”。作为对现实社会秩序空间化的“隐喻”，网络秩序的价值功能是如何在抽象的电子流中引导并整合这些“符号的动物”。[①]

相较于哲学层面的抽象论述，法学学者主要是从法律属性的角度分析网络秩序的价值意涵。有学者提出，基于互联网自治在应对网络社会威胁方面的功能局限，秩序构成了互联网法治的“基础性价值”，能否满足网络社会的秩序化需求已成为衡量互联网法治建设的“一般性评价标准”。[②] 法律的本质功能在于平衡自由与秩序的关系。有学者提出，网络秩序是指网络空间的规范性秩序，是网络空间被高规范化状态的表征，“网络秩序的生成可以视为建立一种规则”。[③] 有学者则提出，网络秩序是一种基于信息交流与交往而创造共享利益的秩序，是“一种规则约束下的自由秩序”。[④] 为了避免走向个体自由和政府管制两种极端倾向，有学者提出“走国家与社会之间双向构建的多元治理之路”，以理性开放、多元包容的法治态度“建立互联网新业态的规制秩序”。[⑤] 在层级结构上，网络秩序主要包括网络道德秩序与网络法治秩序。[⑥] 这基本上类同于哲学学者提出的网络空间“隐秩序”与“显秩序”。

秩序具有公共物品的特性，公共管理学科主要是从公共物品供给、公共风险、公共利益等角度，分析网络秩序的层级结构、生成机理及现实建构等问题。有学者分析认为，网络秩序大体包含三个子系统秩序：网民伦理规范秩序、业界技术规范秩序和政府法律规范秩序。这三个针对不同主体的子系统秩序，同时并存，彼此耦合，共同构成了

① 张果、董慧：《自由的整合，现实的重构——网络空间中的秩序与活力探究》，《自然辩证法研究》2009年第11期。

② 周恒：《互联网社会的自我秩序化：可能、形式及其意义》，《新闻界》2020年第3期。

③ 赵杨：《网络规则的生成与演进》，博士学位论文，华东政法大学，2015年。

④ 李龙：《网络秩序的特质与构建》，《法制与社会》2008年9月（中）。

⑤ 马长山：《互联网时代的双向构建秩序》，《政法论坛》2018年第1期。

⑥ 李龙：《网络秩序的特质与构建》，《法制与社会》2008年9月（中）

网络整体秩序。技术因素日益成为网络治理过程中的关键变量，因而在上述法学学者提出双层结构的基础上，公共管理学科学者将网络秩序层级拓展至技术秩序层面，实有必然性与合理性。从公共物品供给理论的角度而言，网络整体秩序的生成主要有三个路经：网络秩序供给主体多元化、网络秩序供给手段多样化（法律、道德、市场、代码等）、网络秩序供给机制民主化。网络整体秩序构建的最终目的是“实现公共利益的最大化”。[①] 其中，为了实现网络秩序供给机制民主化，摆脱“单边网络秩序供给”困境，有学者主张将多元竞争机制引入网络秩序公共产品的供给过程。[②] 这与法学学者提出的多元治理之路一脉相承。网络秩序供给机制民主化造就的“多中心的秩序”，将可能带来马克思、恩格斯所描述的理想社会“联合体”：在那里，每个人的自由发展是一切人的自由发展的条件。[③] 社会转型带来现实社会和网络空间的双重失范，网络共同体的形成与网络公共性的凝聚对网络秩序建构发挥着日益重要的作用。[④] 可以看出，公共管理学科相关研究旨在凸显网络秩序的公共性价值，以此展开制度和规范层面的设计与操作。

需要特别指出，新闻传播学科对网络秩序的研究大多是将其作为问题背景或论述视角，主要关注点在于网络秩序失范的表征及其治理，而对于网络秩序的内涵、结构、价值等本体性问题，目前并未给予实质性关注或研究。这一方面是与新闻传播学科注重实证或经验性研究的传统有关，另一方面也可能系因信息传播层面的网络秩序涉及敏感领域，难以把握研究口径与问题尺度。值得关注的是，在中国提出并倡导构建网络空间人类命运共同体的时代背景下，新闻传播学界近年

---

① 高献忠、何明升：《网络秩序的生成机理：从分层演化到共生演化》，《生产力研究》2009年第8期。

② 何明升、高献忠：《基于公共物品供给理论的网络秩序供给机制分析》，《自然辩证法研究》2008年第3期。

③ 中共中央马克思恩格斯列宁斯大林著作编译局：《马克思恩格斯选集》（第1卷），人民出版社1995年版，第294页。

④ 董运生：《网络秩序的建构：共同体与公共性》，《中共中央党校学报》2015年第4期。

来通过回溯和反思发生于20世纪70年代的“世界信息与传播秩序”运动，开始关注全球传播秩序变革及由此带来的秩序重建问题，以此“展现信息与传播秩序的变迁、特征以及新秩序的可能性”。[①] 这些新的研究动向及成果不仅为当下思考网络秩序问题提供了更加开阔的历史背景和理论视野，而且进一步预示秩序问题已日益成为网络空间规则构建的核心关切。由此而言，中美之间“TikTok事件”的发生，不仅凸显了网络秩序问题的迫切性与复杂性，更重要的是显示网络秩序构建已超越国家与民族的界域，成为难有内外截然之分的全球化问题。这需要执政者和研究者树立开放的整体化思维，养成理性的超然性智慧。

二　网络秩序观念的发展演变

任何观念都是实践的反映。唯物史观与唯心史观的根本区别在于，它始终站在现实历史的基础上，不是从观念出发来解释实践，而是从物质实践出发来解释各种观念形态。[②] 考察网络秩序必须坚持唯物史观，唯有从复杂多变的网络治理“物质实践”中，才能切实把握网络秩序观念的发展演变。

随着网络传播环境和网络治理模式不断发生变化，网络秩序观念在中国大体经历了三次演变：从互联网发展初期以“商业秩序”为导向的“网络信息安全”，到互联网新兴媒体勃兴时期以“内容管理”为导向的“网络秩序”，再到全媒体时代网络化公共传播兴起、以“安全可控与开放创新并重”为导向的“网络生态治理”。这三个特征是对于不同阶段互联网治理实践表现出来的主要价值功能进行的总体性概括，并非呈现截然分明的递进关系。事实上，网络秩序观念的生

① 参见朱振明《反思“世界信息与传播秩序”——基于福柯考古—系谱学的视角》，《南京社会科学》2017年第12期；邵鹏《人类命运共同体：全球传播新秩序的中国方向》，《浙江工业大学学报》（社会科学版）2019年3月。

② ［德］马克思、恩格斯：《德意志意识形态》（节选本），中共中央马恩列斯著作编译局编译，人民出版社2018年版，第37页。

成与演变是不同观念形态在实践中交互演进的“杂糅化”过程，而非简单线性因果关系下的产物。

20世纪末至21世纪初，在政策刺激导向和多头管理模式存在的特殊环境下，互联网作为新兴经济产业迎来了粗放型的快速增长，为中国成为互联网大国奠定了比较扎实的物质和规模基础。在此阶段，互联网的价值功能主要体现为经济属性，网络秩序主要表现为商业秩序，其主要目的在于为互联网快速发展创造宽松有利的运营环境，与之对应的秩序观念是总体性的“网络安全”以及内涵相对明确的“网络信息安全”，其主要指向“数据安全”和“系统安全”，网络信息传播层面的“网络内容安全”尚未凸显出来。

互联网作为“第四媒体”的快速崛起，带来了信息传播的海量增长和社会舆论的多元混杂，网络空间对秩序的要求便随之“水涨船高”，从而推动网络信息安全内涵不断扩展，进而促动网络秩序观念的发展演变。互联网最初只是作为中介化的技术装置，此时网络信息安全主要是指网络信息数据安全，其旨在保障作为客体资源的信息数据处于合法主体的控制范围之内，而不被非法窃取、删改、利用等。在这个意义上，网络信息安全实质可视为“生产要素安全”或“基础资源安全”。这是保障互联网经济活动正常开展的前提条件，也是确保互联网安全运营的关键之举，其本质可归为一种商业秩序。

20世纪90年代中后期以来，门户网站、BBS论坛、博客等新兴媒体逐渐崭露头角，成为社会舆论扩散的重要载体和风向路标。随着互联网的媒体属性日益凸显，网络信息安全除了包括物理环境安全、信息系统运行安全和信息资源安全外，还应包括网络信息传播结果的安全。[①] 信息内容是影响结果安全的重要因素，网络信息传播结果安全实际上主要表现为网络信息内容安全。由此，网络信息安全的内涵已从物理与技术属性的“硬安全”向媒介和内容属性的“软安全”延伸。[②]

---

① 何悦、郑文娟：《我国网络信息安全立法研究》，《科技与法律》2011年第1期。

② 冯建华：《网络信息安全的辩证观》，《现代传播》2018年第10期。

从有关法律法规及审判案例中，大体可觅网络信息安全内涵变化之轨迹。作为我国制定的首个直接规范网络信息安全的法律文件，《关于维护互联网安全的决定》主要目的是“保障互联网的运行安全和信息安全”。从条文内容来分析，“运行安全”主要是指物理层面的“硬安全”，以保障设备、系统运行安全；“信息安全”主要是指网络内容层面的“软安全”，为此该法律文件根据《刑法》归纳了九类需追究刑事责任的“有害信息”类型，如在网络空间传播煽动颠覆国家政权、侮辱他人或者捏造事实诽谤他人的内容等。此外，《关于加强网络信息保护的决定》发布施行同样是“为了保护网络信息安全”。该决定除了加强网络信息数据安全保护外，还特别规定了网络服务提供者的信息网络安全管理义务，如发现法律、法规禁止发布或传输的信息内容，必须立即采取“停止传输”“消除”等处置措施，并负有“保存”网络日志及向主管机构“报告”之责任。由上可以看出，上述两部法律所指“网络信息安全”均是重在加强网络传播秩序管理，以确保网络信息内容安全。这种立法意图在有些审判案例中亦可得到验证。如在上文提及的“王欣等传播淫秽物品牟利案”（俗称“快播案”）中，快播公司被判罪处罚的主要依据，正是因其大量传播淫秽视频被法院认定为属于“网络信息安全问题”。[①]

2009 年后，微博、微信等社交媒体快速崛起，带来了网络虚假信息特别是网络谣言等违法有害信息的滋生蔓延，网络信息治理形势变得异常严峻。在此情形下，“网络信息安全”已无法满足网络空间对于秩序急剧增长的需求。在网络信息治理专项整治行动频繁展开形成的高压态势下，带有更强管控色彩的“网络秩序”一词，便日益广泛地见诸媒体报道和行政公告。从网络空间搜索到的文章标题中，即可大体窥见“网络秩序”话语背后的社会心态和情感倾向，举其要者如下：《网络秩序是互联网发展的生命》《网络空间要自由更要秩序》

① 参见北京市海淀区人民法院（2015）海刑初字第 512 号判决书。

《严打网络水军匡正网络秩序》《严惩网络造谣力护网络秩序》《“虚拟警察”：网络秩序的维护者》《好网民：弘扬正气信守网络秩序》。在特定社会背景下，网络秩序观念与“生命”“警察”“严打”“严惩”等词汇相关联，不仅具有鲜明的社会动员功能，而且充满了比较浓厚的政治宣示色彩。

值得注意的是，与媒体报道和行政公告相比，政府规章和法律法规对“网络秩序”及其相关词语的运用则相对比较谨慎。从检索到的有关文献材料来看，直接使用“网络秩序”一词的并不多见，且其所指范围相对比较明确具体。如《互联网视听节目服务管理规定》是为了“规范互联网视听节目服务秩序”、《关于办理利用互联网、移动通讯终端、声讯台制作、复制、出版、贩卖、传播淫秽电子信息刑事案件具体应用法律若干问题的解释》是意在“维护公共网络、通讯的正常秩序”、《互联网用户公众账号信息服务管理规定》要求互联网服务使用者应当“维护网络传播秩序”、《互联网群组信息服务管理规定》要求互联网群组信息服务提供者“依法规范群组信息传播秩序”等。网络秩序和网络传播秩序虽然只有一词之差，但细究起来两者意涵在不同语境中存在较大差异。通常而言，网络秩序是指向现实和网络双重空间，而网络传播秩序更多是限于网络空间信息传播和言论表达层面，故涉及寻衅滋事等刑事犯罪，对应的必定是网络秩序，而对于网络内容管理更多是针对网络传播秩序。

大数据和智能传播技术的快速发展，推动传播方式和舆论生态发生深刻变革。在信息无处不在、无所不及、无人不用的全媒体传播环境下，网络秩序的内涵已远非单一信息内容安全所能承载，维护网络秩序亦并非依靠单一主体所能为。网络信息传播的开放性与交互性，决定了网络秩序的建构离不开多元主体的实质性参与。另一方面，秩序带有较强的管制性色彩，将之直接或过度运用于意识形态领域的网络空间，会给外界留下诸多解读与想象空间，在实践中也可能给权力干预乃至滥用留下较大弹性空间。当下中国正在大力加强治理能力和治理体系现代化建设，其核心要务在于提升治理效能，以此作为背景来观察，可隐约发现有关部门开始转变网络治理的秩序观念和思维。譬如近年出台的政府规范性文件及法律法规，其出发点多是规范秩序与权益保护并置，并非单纯强调秩序的规范功能。如国家互联网信息办公室在《国家网络空间安全战略》中提出，“依法构建良好网络秩序，保护网络空间信息依法有序自由流动，保护个人隐私，保护知识产权”。可见秩序构建与保护信息自由和个体权益是同步的，前者不能以牺牲后者为代价。另外，有关政府部门还有意识淡化与网络秩序相关的表述痕迹，偏向以更为宽泛、中性的词汇取而代之，最值得注意的是提出“网络生态治理”概念和话语，以此体现新形势下对网络秩序价值追求的理念和路经。

作为一个集合性概念，网络生态可以涵盖但又不限于网络秩序之意。2020 年 3 月，国家互联网信息办公室颁布施行《网络信息内容生态治理规定》。根据此规定，网络生态治理是以“建设良好的网络生态”为目标，“以网络信息内容为主要治理对象”，为此特别区划了“正能量信息”“违法信息”与“不良信息”三种信息类型。这一规定的出台是为了应对和化解网络信息治理面临的严峻形势，其主要动因是源自国家互联网信息办公室于 2019 年年初开展的为期半年的“网络生态治理专项行动”，重点整治网络谣言、封建迷信、谩骂恶搞等 12 类“负面有害信息”。据统计，截至当年 4 月 15 日，累计清理相关有害信息 8206. 4 万余条，注销违法违规账号 99. 6 万余个，关闭、取消备案网站 2084 家。[①] 从前后表现出来的治理本意和行为手段来看，上述规定所指网络生态治理主要体现为网络秩序治理，而从应然层面而言，秩序治理显然只是“建设良好的网络生态”之基础工程而非其全部内容。从秩序治理到生态构建无疑还有较长的路要走。

进入 21 世纪，信息技术的快速发展使互联网和新媒体迅速融入社

① 参见《国家网信办公布“网络生态治理专项行动”治理情况》，2019 年 1 月 23 日，https：//www. chinanews. com. cn/gn/2019/01 - 23/8737175. shtml，2022 年 2 月 21 日。

会生活，“网络生态”开始成为媒介生态之后的学界关注点，其涉及系统、控制、伦理、社会文化、生态平衡等诸多重要概念。[①] 网络生态是网络空间观念和实践在特定时空下交相作用呈现出来的总体气象。网络生态构建有赖于诸多环境因素，秩序构建只是其基本条件之一。建设良好的网络生态，不仅需要基本的秩序作为保障，从长远来看还应养成健康适宜的“网络社会文化”，通过“控制”和“伦理”调适，创造顺畅有序的信息流动环境，最终实现网络空间的“生态平衡”。某种意义上，网络信息自由流动，是建设良好网络生态的“源头活水”。在关于网络生态治理主体的条款中，《网络信息内容生态治理规定》首次明确将“企业”“社会”“网民”置于与“政府”同等的地位，这表明有关部门意识到，网络生态治理不同于网络秩序整治，非政府单一主体所可为、所能为。观念是实践的先导。这一细微变动似已释放积极信号，值得进一步关注和期待。

三　构建新时代网络传播秩序观

随着社会形势和传播环境的变化，网络秩序观念表现时强时弱，时隐时现。秩序观念的核心要义在于规范性和可控性。由于媒介和技术赋权增强了传播主体的多元性和自主性，网络空间信息传播与舆情演变充满了更多的不确定性，已难以像传统媒体时代一样，在较为封闭的传播系统内按照预想的节奏和轨道运行。这导致网络秩序观念陷入自反性的悖论之中：一方面对外在环境具有较强的可控性欲望，另一方面对变动不居的客体对象却又不时充满“无力感”。

网络秩序观念虽具矛盾体的两面性，却不意味着可以忽视其存在的价值。随着互联网日益深入地卷入社会生活，网络空间日益演变为价值和利益博弈的新型场域。在媒介社会化和社会媒介化双向变革构织的开放式传播环境下，适当强化秩序观念对于优化网络空间传播生

① 孙萍、刘瑞生：《网络生态视角下社交媒体的内容管理探析》，《现代传播》2019 年第 12 期。

态无疑具有重要意义。由此而言，需要考量的并非网络秩序观念的必要性，而更多是适用性问题，其核心指向就是如何面向新时代构建既符合中国实际又顺应世界潮流的网络传播秩序观，使之既不“落后”又不过于“超前”，能够作为“无形阀门”动态调适网络空间信息舆情的涨落走势。可以说，构建怎样的网络传播秩序观，将在很大程度上影响乃至决定互联网发展路向和前景。

网络秩序并非静态的、可视化的“实在之物”，而是特定时空下社会建构的产物。作为一种知识或观念的存在，网络秩序是维护网络空间象征世界的“概念装置”。当象征世界成“问题”的时候，就要运用概念装置对其进行正当化。一般而言，正当化有“认知”和“规范”两种表现手段。[①]“规范”的形成以“认知”为前提，亦是“认知”的客体化过程和结果。不能建立“正当化”的认知，“规范”亦将失去秩序的意义和方向。在充满复杂性和不确定性的网络空间，可变性的“规范”只有立于稳定性的“认知”之上，才能以不变应万变，而不至于陷入一种被动应对的无序状态。

（一）网络秩序的呈现是动态演化的过程。根据对象属性的差异，秩序呈现具有多种形式，有的要求在行为上做到整齐划一，有的仅需在动态平衡中达到整体可控。网络空间实时交互式的传播特性，使其带有较强的自我净化、自我更新的功能，故秩序对于网络空间信息流动的约束不能局限于单个的传播行为，更多体现为对于传播过程的引导和调控。换言之，网络秩序是在网络传播过程中呈现出来的总体状态或倾向，其是基于整体性的事实判断，并非仅根据某种需要而对于某个节点的传播状况作出的价值判断。一旦失去整体性和客观性的约束，网络秩序将会演变为“管制不安全性”的器用工具。

由于外在环境和价值立场不同，不同主体对网络秩序的感知和定位通常有所差异，受此影响，对网络秩序的层级要求也会随之发生变

① ［美］彼得·L. 伯格、托马斯·卢克曼：《现实的社会建构：知识社会学论纲》，吴肃然译，北京大学出版社 2019 年版，第 5—136 页。

化，这造成网络秩序的呈现往往是个动态演化的过程。马克思将传统媒体时代的新闻报道称为“有机的报刊运动”[①]，这种“有机运动”在网络空间无疑表现得更加明显，网络空间信息舆情的瞬息万变即是对此最好的说明。基于此，对网络秩序不宜抱有封闭乃至僵化的立场，而应随着社会环境和传播态势变化而不断调整、更新网络秩序观念及其层级要求。

在传播变革重塑媒体权力结构的时代背景下，传统媒体秩序管理的理念和手段基本不适用于多元开放的网络空间。面对不断增长的网络信息治理压力，既不能为秩序而秩序，更不能根据主观需要而随意调高网络秩序层级，从长远来看应树立和培育“大秩序”的眼光和气魄：多维度构建良好的网络生态环境，为网络秩序创造自我调适和自主生长的空间。这是一个春风化雨式的涵养过程，其理想状态是让网络秩序更多呈现为自主生长的“隐秩序”，即使在特定情况下构造的“显秩序”，经过正当化和内化的塑造，最终亦可转化为无形的“隐秩序”。

（二）网络秩序的实现是多元主体交互建构的结果，而非封闭性权力场域的“单边秩序供给”。网络空间是交互联结的社会，任何节点的主体都可成为网络建设的积极力量，也可能是引发网络震荡的负面因素。因而，网络秩序的实现离不开多元主体参与和建构。秩序观念只有内化为网络主体的自觉认知和行为，才能真正转化为秩序构建的向心之力。

在现实功利因素驱动下，网络空间权力配置可能出现失衡，导致网络秩序供给可能演变为特定主体的单边操控。网络空间具有无边界、“无中心”等特点，依靠单一主体的秩序供给在短时间内似可以提高治理效率，但从长远来看实则会付出巨大的机会成本，最终得不偿失。单边秩序供给有其特殊的环境条件和适用领域，依靠外在力量强化网络秩序仅是权宜之策，一旦趋向常态化，只会让互联网走向封闭和落

① 马克思、恩格斯：《马克思恩格斯全集》（第 1 卷），人民出版社 1956 年版，第 211 页。

后，在造福人类社会的道路上逆向而行。

只有建立在多元主体共建共治共享的基础上，网络秩序才能真正促进网络社会可持续发展，推动构建网络空间人类命运共同体。网络空间治理应以自生秩序为基础，通过多元协同最终走向善治。[①] 善治是公共利益最大化的过程，其本质特征是国家与社会处于最佳状态，是双方对社会政治事务的协同治理。[②] 网络秩序构建应为网络空间走向善治提供基础性的支撑力量。从长远来看，探索构建多元协同共治的网络秩序格局，是中国推进网络治理能力和治理体系现代化的必由之路。

（三）网络秩序在于做到“安全可控”与“开放创新”并重，最终实现“自由是秩序的目的，秩序是自由的保障”之平衡。没有信息充分自由流动，网络空间发展的生命之源将会走向枯萎。作为对现实社会秩序空间化的“隐喻”，网络秩序对于网络空间信息流动重在进行无形的边界约束，抱持的是底线思维，而不能混同于对现实社会“有形秩序”进行调控的常规手段。质言之，网络空间信息流动并无既定“秩序”可言，秩序观念更多传导的是一种规则意识。

网络秩序观念犹如一枚“硬币”，一面是“安全”，另一面是“自由”。在特定情况下，两者可能会发生冲突，然其必须遵循一个共同的价值前提，即两者最终目的均是促进互联网更好更快发展。习近平指出，发展好、运用好、治理好互联网，让互联网更好造福人类，是国际社会的共同责任。[③] 可见发展好互联网是首要之举，没有发展好互联网，运用好、治理好互联网则犹如无本之木，失去应有的依托。由此而言，网络秩序当以发展好互联网为根本目的。

实现网络安全是国家战略的重要内容。在特殊时期（如发生战

① 阙天舒：《在虚拟与现实之间——论网络空间公共风险的消解与控制》，《天津行政学院学报》2014 年第 3 期。

② 俞可平：《重构社会秩序走向官民共治》，《国家行政学院学报》2012 年第 4 期。

③ 中共中央宣传部：《中国共产党宣传工作简史》（下卷），人民出版社 2022 年版，第 739 页。

争、严重灾害等）以及一些重大问题（危及国家主权、意识形态安全等）上，网络秩序无疑以确保安全为要。而在社会总体安全的常态化时期，网络秩序应以促进自由为旨归。习近平指出："网络空间同现实社会一样，既要提倡自由，也要保持秩序。自由是秩序的目的，秩序是自由的保障。我们既要尊重网民交流思想、表达意愿的权利，也要依法构建良好网络秩序，这有利于保障广大网民合法权益。"① 由此可见，网络空间自由与秩序实为目的与手段之关系。为提升广大人民群众在网络空间的获得感、幸福感、安全感，习近平特别强调："要立足于开放环境维护网络安全"，需要"坚持促进发展和依法管理相统一；坚持安全可控和开放创新并重。② 在此背景下，2020 年年初召开的中央政法工作会议提出，防控新型网络安全风险"要坚持鼓励创新与确保安全相统一"，"既留足发展空间又坚守安全底线"。③ 从国家最高领导人指示精神和相关部门工作部署来看，面向新时代的网络秩序观初现主体框架。概言之，其总体原则是以安全可控为底线，在精神价值层面以促进网络空间开放和自由为圭臬，在实体价值层面重在推动互联网发展与创新。三者相互依托，相辅相成，共同构筑网络秩序观念的价值基座。

网络秩序观念与网络治理实践是相互促动、相互建构的关系。从应然层面而言，网络秩序的实现应是"进化过程的产物"，而非由单方做出的"刻意的安排"。这种秩序始终是对大量特定的事实所做的一种调适，而这些事实作为一个整体，则是任何人所不知道的，即其更多是受普遍性"规则"的约束，而不是以"命令与服从的关系"为基础。④ 只有生发于普遍性"事实"与"规则"的网络秩序观念，才

---

① 习近平：《论坚持全面依法治国》，中央文献出版社 2020 年版，第 64 页。

② 人民网：《国家网络安全工作要坚持安全可控开放创新并重》，http://media.people.com.cn/n1/2019/0917/c40606-31356231.html，2020 年 3 月 16 日。

③ 新华网：《2020 年防控新型网络安全风险将成为重中之重》，http://www.xinhuanet.com/legal/2020-01/19/c_1210444193.htm，2020 年 7 月 17 日。

④ ［英］弗里德利希·冯·哈耶克：《法律、立法与自由》（第一卷），邓正来等译，中国大百科全书出版社 2000 年版，第 52—59 页。

是真正富有活力和生命力的。换言之，为特定目的和少数人“利益”而生的网络秩序观念，既不正当，又不可持久。

在网络空间这个充满利益博弈和权力纷争的“复杂巨系统”之中，基于观念共识形成的网络共同体以及由此带来的网络公共性的凝聚，对于网络秩序的构建和形成将发挥着日益重要的作用。为实现公共利益的最大化，网络秩序不能演变为以权力意志为转移的常规管控手段，其理想状态是成为“一种规则约束下的自由秩序”，从而使之既有内在张力又不失活力。树立开放共享的网络传播秩序观，不断消解网络秩序单边供给的制度惯性，努力实现网络秩序供给多样化和网络秩序供给机制民主化，是网络秩序构建的理想之路。

第二节　网络空间公共秩序观念考辨

刑法首要目的在于维护秩序。刑法介入网络空间信息治理，自然亦是重在维护网络秩序。网络空间有着与现实社会不同的性质与规则，如何理解网络传播秩序观，它与现实社会秩序观有何本质差别，是研究刑法介入网络空间信息治理需要回答的基本问题。

网络空间寻衅滋事罪的结果要件是“造成公共秩序严重混乱”，而对于何为“公共秩序”，以及如何界定网络空间“公共秩序”，《网络诽谤解释》并未予以明确，只是将之类同于寻衅滋事罪指涉的“公共场所秩序”。编造、传播虚假恐怖信息罪，编造、故意传播虚假信息罪及拒不履行信息网络安全管理义务罪的结果要件之一，均为“严重扰乱社会秩序”。作为刑法保护客体之一，社会秩序的概念虽宽泛但也相对容易理解。“公共”的含义及范围，非“社会”所能涵盖。通常意义上讲，社会属于公共范畴，社会秩序可作为公共秩序的一部分。可在日常表述中，公共秩序与社会秩序两个词语经常混用。其实，在不同语境中，两者所指有所差异。如何正确理解网络空间“公共秩序”及其价值指向，是探析刑法介入网络空间信息治理背后制度逻辑的重要切口。

一 刑法中的“公共”与“秩序”概念

概念是分析问题的逻辑起点。秩序有公私之分，刑法重在保护公共之秩序。基于不同视角，对“公共”和“秩序”有不同解释。根据新编《辞海》的解释，“公”的中文含义为“公共、共同”，与“私”相对。[①]“公共”意为“公有的”“公用的”“公众的”“共同的”。[②]从最宽泛的意义上说，凡是涉及一个人以上的对象都属于“公共”的范畴。实际上，公私的边界是模糊的和无法确定的，需要更多地取决于“涉事者”个人的理解和领悟。[③]上述理解主要是从公共哲学的角度对“公共”所作的解释，离不开特定的历史文化背景。只有在刑法视野中理解“公共”和“秩序”的概念意涵，才能更好地把握刑事法律行为的本质及界限，也有利于司法解释的正当适用。

刑法中多处涉及公共或公众的规定，各种规定既有共同的属性，又有各自不同构成体系上的特性。在相同的文义理解之下，只有对其进行不同的体系解释，厘清各自的边界，才能有利于司法的适用。刑法对“公共”的界定，主要有“地域说”与“人数说”两种。[④]“地域说”主张，公共是特定区域内大多数人的概念，这个特定区域为公共划定了边界，即“公共”不是漫无边际的，不是纯粹的“想象共同体”。这个特定区域（多以行政区划或组织为单位）内大多数人即公共，少数人为个别。“人数说”认为，“公共”即为不特定之人或者多数人，不论这些不特定之人或者多数人是否存在于同一个特定区域内，只要存在大多数的或者不确定数目之对象或主体即公共。可见，公共的范畴可大可小，在特定环境下有时主要是取决于当事者的理解与判断。

推而言之，根据“不特定”与“多数人”之间的不同组合，“人

---

① 参见夏征农主编《辞海》，上海辞书出版社 2009 年版，第 718 页。

② 参见《现代汉语大词典》，崇文书局 2008 年版，第 11 页。

③ 参见张康之《公共行政中的哲学与伦理》，中国人民大学出版社 2004 年版，第 35 页。

④ 陈新民：《德国公法学基础理论》（上），山东人民出版社 2001 年版，第 184、186 页。

数说”又大体可分为四种观点，分别是“不特定”说、“多人”说、“不特定且多人”说、“不特定或多人”说。我国刑法理论持第四种观点，即“不特定”与“多数人”均可单独作为“公共”的含义。需要强调的是，对“不特定”的界定不能单纯依靠行为人的主观意识与意志，而是需要进行自然地或者物理地观察与分析。[1] 为防止对公共作扩大化理解，对不特定的认定必须做到主客观一致，不特定的界限虽难以准确划定，但它是行为能够控制的，是符合生活经验的。[2] 这意味着，公共不能超越人们的感知范围，它是在人们的实践活动中自觉形成的，并非纯粹主观建构的产物。由此而言，网络空间客观上具有进一步“虚化”公共的特性。

秩序是国家与社会良性发展的前提。从功能意义上讲，“秩序”是指平稳有序的状态，可控性是其核心要义所在。任何事情只要超出总体可控范围，便无秩序可言。失去秩序，自然界和人类社会都将陷入混乱状态。由此而言，秩序是自然界和人类社会共同追求的理想状态。在现实社会中，如何理解“秩序”的含义及价值，在很大程度上决定秩序的追求方向。“秩序”的最基本含义是常规、次序，即事物存在和发展的稳定性、连续性和一致性。秩序既存在于自然界也存在于人类社会。自然秩序是存在于自然界中的秩序，社会秩序是指人类社会共同体存在、运动、变化过程中，社会结构和社会活动的相对稳定、协调的一种状态。由于难有客观标准，社会秩序既是“一种事实”，又是“一种价值”。[3] 综上所述，秩序是基于客观事实的价值判断，而不能仅根据主观想象来判定，更不能以权力意志为转移。

作为一个古老的问题，秩序受到古希腊早期思想家毕达哥拉斯、赫拉克利特等关注，认为宇宙的秩序是按一定的规则演化而成的有秩序的状态。早在战国时期，我国思想家荀子就提出，人与动物之别在

① 曲新久：《论刑法中的“公共安全”》，《人民检察》2010 年第 9 期。

② 吴贵森：《刑法上“公共”概念之辨析》，《法学评论》（双月刊）2013 年第 1 期。

③ 曲新久：《论社会秩序的刑法保护与控制》，《政法论坛》（中国政法大学学报）1998 年第 4 期。

于“人能群，彼不能群”，其根本原因在于人类能够通过各司其职、各安其分实现“长幼有差，贵贱有等”的秩序。秩序表现为不同的层级水平。随着外在环境的变化，秩序层级亦往往随之发生变化。任何一个国家或共同体，不是要不要建立秩序，而是建立什么层级的秩序，以及通过什么手段建立秩序。正是由于秩序层级易受外在因素影响而变动不居，才更加凸显维护秩序稳定的重要性。自人类产生以来，根据维护秩序手段的不同，大体存在四种形态的秩序，即主要依靠习俗、道德、制度、法律维持的秩序。相比较而言，依靠法律维持的秩序在现代社会是更具刚性和强制力的形态。[①] 因而，当社会秩序受到严重威胁，动用法律位阶效力最高的刑法便成为不得已的最后选择。

秩序形成是利益结构调整与平衡的结果。从影响范围和程度来区分，秩序包括行为秩序与结构秩序两个层面。行为秩序是结构秩序形成的基础，结构秩序影响或决定行为秩序的方向。刑法对个体行为秩序进行强力干预，最终是为了实现对社会结构秩序的保护。从形成路径来划分，秩序可分为“人造的秩序”和“增长的秩序”。[②] 前者是一种源于外部的秩序，这种秩序以“命令与服从关系”为基础，优位者的意志决定着每个个人所必须做的事情；后者是一种源于内部自我生长的秩序，又可称为“自生自发秩序”，对之施予影响的并非外在的支配力量，而只是它的“抽象方面”，即其遵循的是在应对即时性环境过程中形成的“行为规则”。

从长远来看，网络空间要实现可持续发展，关键在于从内部促进自生自发秩序的形成。进而言之，刑法介入网络空间信息治理当避免过多构造“人造的秩序”，更不能在网络空间不同主体之间人为制造等级结构，而应重在构建普适性的“行为规则”，以此培植与促长

① 杨锦芳:《秩序——刑罚的伦理价值目标》,《云南民族大学学报》(哲学社会科学版)2011 年第 3 期。

② ［英］弗里德利希·冯·哈耶克:《法律、立法与自由》(第一卷),邓正来等译,中国大百科全书出版社 2000 年版,第 7—89 页。

“自生自发秩序”。

二　如何理解网络空间“公共秩序”

从刑法保护的角度出发，刑法制裁网络犯罪旨在维护三方面的秩序[①]：一、网络系统秩序，重在确保运行安全；二、网络数据秩序，以数据资源所有权、财产权为中心；三、网络虚拟社会秩序，以维护内容安全为旨要。在互联网发展早期，这三种秩序相互依托共同构筑网络空间整体安全。随着网络空间技术和形态的演变，这三种秩序划分已然不能全面反映网络空间的现实和未来，但后来网络空间秩序形态和结构的演化基本是建立前述三者秩序基础之上。如果把前两种秩序比作“后台”，第三种秩序即网络虚拟社会秩序则可视为“前台”，其主要功能在于保障和促进网络空间信息自由有序流动。即言之，网络空间信息内容流动受到实质性干扰，网络虚拟社会秩序就会失去活力，乃至走向枯竭。

上文已述，《网络诽谤解释》将刑法中寻衅滋事罪的客体，从具有明确指向的物理空间的“公共场所秩序”，扩展至抽象意义的网络空间“公共秩序”。这种解释性规定引起外界诸多争议，核心焦点在于网络空间“公共秩序”可否类同于物理空间的“公共场所秩序”？赞同者认为，该司法解释将网络空间视为公共场所，将网络公共秩序等同于公共场所秩序，其体现出来的探索性“具有划时代意义”。在“双层社会”背景下，“公共秩序”理应包括网络公共秩序和现实公共秩序两个部分，任何一方受到严重侵害，刑事法律都必须给予保护。[②]持此类观点的学者，大体抱持一个共同价值逻辑，即网民在网络空间的线上行为特征，使它既可作为不特定的多数，又具有相同的身份属性（网络用户，“博友”“群友”“网粉”等），所以网络社会无疑属于“公共空间”。而公共空间要得以稳定运行发展，自然有赖于公共

① 赵秉志、张新平：《试论网络共同犯罪》，《政法论坛》2002 年第 10 期。

② 于志刚：《“双层社会”中传统刑法的适用空间——以“两高”〈网络诽谤解释〉的发布为背景》，《法学》2013 年第 10 期。

秩序的形成。网络用户背后都是一个个真实存在的“人”，智能化技术早已打破了虚实界限，融合了线上线下，由具有虚拟身份而又真实存在的“用户”汇集构筑的网络公共空间，实际上类同于现实社会的公共场所。网络空间不仅没有脱离现实社会，而且已经成为现实社会的有机组成部分。

反对者则认为，寻衅滋事行为发生的场所与结果应具有同一性，即犯罪行为人的寻衅滋事必须造成其所在公共场所秩序出现严重混乱。由此言之，行为人在网络上“起哄闹事”、故意散布虚假信息的行为，必须造成网络空间本身出现“严重秩序混乱”的结果，方可构成寻衅滋事罪。可出现此结果，实际上构成的则是破坏计算机信息系统罪而非寻衅滋事罪。因而，有学者认为，就信息传播而言，很难说有特定“秩序”可言，否则就是“一言堂”。当然，这并不是说网络信息传播可以不受边界约束，当它对现实“公共场所秩序”造成“清楚而现存的危险”时，可以寻衅滋事罪予以刑事处罚。[①] 即言之，网络空间寻衅滋事罪，实质上侵害的并非网络空间公共秩序，而是现实社会公共秩序。这是《网络诽谤解释》容易使人产生不同理解之处，对之应作出严格解释，以防被不当理解和适用。

还有学者认为，《网络诽谤解释》将现实公共场所秩序等同于网络空间公共秩序，“如同将刑法条文中的‘妇女’概念提升为‘人’的概念一样，属于典型的类推解释”。[②] 网络空间是人类交往的新平台，由此而言网络空间自然属于公共场所。随着网络社会不断演进，网络空间秩序或许会成为独立的法益，但从目前来看，网络空间秩序仍难以成为法律意义上的公共秩序。[③] 这种相对中性的观点，一方面承认网络空间存在公共秩序，另一方面又强调网络空间公共秩序仍处

① 张千帆:《刑法适用应遵循宪法的基本精神——以“寻衅滋事”的司法解释为例》,《法学》2015 年第 4 期。

② 张明楷:《刑法学》, 法律出版社 2016 年版, 第 1066—1067 页。

③ 卢恒飞:《网络谣言如何扰乱了公共秩序? ——兼论网络谣言型寻衅滋事罪的理解与适用》,《交大法学》2015 年第 1 期。

于发展之中，不宜急于将之提升为刑法保护对象。否则，网络空间公共秩序将可能成为限制信息流动的“藩篱”。如上文所述，对于公共秩序的理解，往往主要源自特定主体的主观判断或想象，并非现实生活中“公共场所秩序”出现严重混乱那般清晰可见。故在司法实践中，网络空间公共秩序是否被扰乱，若主要依凭权力机关的价值判断，其带来的结果可能是助长公权力滥用，甚而以维护公共秩序之名，行压制言论之实。这方面的案例在现实生活中并不少见。因而，要有效化解这个难题，需要全面准确地理解和把握网络空间公共秩序的内涵及其价值指向。

（一）网络空间公共秩序的双重结构

为了维护网络虚拟社会秩序，《网络诽谤解释》将刑法中寻衅滋事罪的客体对象，从物理空间的“公共场所秩序”，扩至抽象范畴的网络空间“公共秩序”，实有其内在的价值逻辑。正如上文所述，作为人类交往的新平台，网络空间发展活力主要源自“不特定”或“多数的”网络用户，而网络用户背后是一个个实在的人，从这个层面讲，网络空间无疑具有“公共”属性。网络空间所搭建和维系的类别化或分层化的公共平台，针对的是不特定对象，且有着特定的利益诉求、运营规则和无形边界，其在本质上无疑类似于现实空间的“公共场所”，而且这种形式虚拟化的“公共场所”实际上与现实社会呈现交互渗透的关系，难以截然分开，故其理当具有刑法规制意义上的“公共秩序”属性。前文已述，“公共”边界具有可塑性与模糊性，“秩序”核心要义在于可控性，两者在网络空间交相叠加形成的“公共秩序”相比更具复杂性：在形式属性上体现为抽象性的“符合秩序”，在内容效应层面又体现为现实性的“实在之物”。

“公共秩序”能否直接作为刑法规制对象，需要考虑特定的社会背景。“公共”一词在中国历史文化中更多是指向“国家”“社会”“组织”或“集体”，往往与“私人”或“个体”相对立，从“天下为公”“大公无私”等流行用语即可窥见一斑。这导致对公共的认定更多是偏向于国家和社会层面，个体往往被涵盖在“公共”之内。换言之，只有依托于或维护好“公共”秩序，才能实现对“个体”更好的保护。这是我国法律注重公共秩序维护的价值基础和文化土壤。

“公共秩序”在我国刑法中被涵盖于“社会管理秩序”之中。刑法将“扰乱公共秩序罪”作为第六章“扰乱社会管理秩序罪”的第一节，便可从中大体看出立法机关的意图，即刑法维护“公共秩序”主要系于“社会管理”之需要。在扰乱公共秩序罪中，既包括妨害公务罪、聚众冲击国家机关罪、寻衅滋事罪等严重破坏现实生活秩序的犯罪，又包括拒不履行信息网络安全管理义务罪、帮助信息网络犯罪活动罪等利用或针对信息网络的新型犯罪。由此可见，网络空间“公共秩序”事实上已得到刑法的认可，作为社会管理对象而被纳入刑法规制范围。

在刑法理论中，公共秩序是个十分庞杂的概念，一般被认为是基于“共同生活规则”而形成的有条不紊的社会状态。[①] 在司法实践中，公共秩序的主要判断依据是社会危害性，只要违法行为被认为具有社会危害性（不特定多数人均有可能遭不法行为侵害），即使最终结果侵犯的是一个人（多人更是如此），其也可被认定破坏或扰乱了“公共秩序”。例如，王某在某一路段对陌生人李某实施了抢劫，即使侵犯的是李某一个人，但其他经过此路段的每个人在理论上都可能成为王某的抢劫对象。侵犯对象的“不特定”无疑会影响当地民众既有的安宁生活状态，制造一种普遍担忧，由此可言，王某不仅侵犯了特定主体合法的财产权益，而且严重扰乱了当地社会公共秩序。从综合性的危害后果来分析，后者可作为前者的加重情节。这也是特定条件下抢劫罪可被归为重罪的主要原因。当然，从判决结果来看，王某所犯的只是抢劫罪，类罪名是侵犯财产罪，而不能再以扰乱公共秩序罪实行两罪并罚（形式竞合犯遵循择重处罚原则）。

不同于现实社会，网络空间信息传播本质上属于言论表达行为，并非直接体现为社会行动，两者之间实现转化需要借助诸多条件，是

① 高铭暄：《新编中国刑法学》（下册），中国人民大学出版社 1998 年版，第 808 页。

个充满不确定性的过程。因而，网络空间公共秩序虽有法律规制的必要，但也不宜将现实社会公共秩序的刑法规制逻辑简单适用于网络空间，如不能仅依凭《网络诽谤解释》规定的数量标准而不考虑实质危害后果，就认定某网络虚假信息传播者严重扰乱了"公共秩序"，进而以寻衅滋事罪或故意编造、传播虚假信息罪等罪名，对相关行为人予以刑事处罚。这种案例在《网络诽谤解释》公布后不时显现，其一旦形成惯性趋向将可能导致网络空间秩序层级不断扩张，其最终损害的是普通网民作为社会公众所应享有的正当的表达权利。

在人类社会生活中，对于普通大众而言，建立秩序只是手段，其最终目的是能够更幸福、更安全地生活。秩序或能带来安全，但安全的生活未必是幸福的生活，它也可能"因为无趣和单调而令人感到沉闷"。因而，我们不能仅满足于安全，或者想象"它能带来太平盛世"。在追求秩序与安全的过程中，个人生活应有它适当的位置，不必过于屈从于大型组织的控制。在现代技术所创造的世界里，"防范这种危险是极其必要的"。[①] 从价值理想层面而言，公共秩序可视为"公众生活的平稳与安宁的状态"，扰乱公共秩序就是打破了不特定人或多数人生活平稳安宁的状态。[②] 由此言之，刑法维护网络空间公共秩序应旨在保护公众赖以幸福生活的"平稳而安宁的状态"，而不是为了让个人生活变得"无趣和单调"，更不能造成"让个人生活屈从于大型组织的控制"。

与此同理，判断网络空间公共秩序是否受到严重扰乱，其主要依据亦应是公众生活平稳与安宁的状态是否受到实质性损害。即通常只有网络违法信息传播对线下公众的安宁生活实际造成严重影响，才可能构成刑事制裁意义上的"公共秩序严重混乱"。值得注意的是，为了避免《网络诽谤解释》扩大打击面，司法机关特别强调，对于"造成公共秩序严重混乱"应基于"客观主义立场"从严把握，即在造成

---

① ［美］伯特兰·罗素：《权威与个人》，储智勇译，商务印书馆2012年版，第73—85页。

② 卢恒飞：《网络谣言如何扰乱了公共秩序？——兼论网络谣言型寻衅滋事罪的理解与适用》，《交大法学》2015年第1期。

"信息网络秩序"严重混乱的同时，也要对"现实社会秩序"造成严重混乱。如引发重大群体性事件，或者引发民族、宗教冲突等，才有必要动用刑罚这一"最后手段"。[①] 由此可言，网络空间公共秩序实际上具有双重结构，其不仅涵盖虚拟空间的"信息网络秩序"，而且指向物理空间的"现实社会秩序"。前者是导致后者的前提条件，后者是前者造成的直接后果。两者辩证统一，不可分割。

（二）在个体自主性与公共秩序性之间取得平衡

网络空间公共秩序的形成是个体自主性与公共秩序性动态平衡的过程或结果。从社会秩序演进的历史来考察，人类社会经历了农业秩序和工业秩序，正在迈向数据秩序。在新旧秩序转型的过程中，必然会出现"行为失范、秩序缺位"现象，这是必经的"秩序混沌状态"。在此"混沌"状态下，数据秩序的形成是个体自主性与公共秩序性的再一次平衡，表现为具有"自组织、自适应、非线性"特征的复杂系统。[②] 网络空间公共秩序本质上是一种数据秩序，而网络社会与现实社会的交融互构，使得这种数据秩序会产生较大的外部溢出效应，只有对个体自主性与公共秩序性进行调适和平衡，才能更好地避免产生不必要的严重后果。

在刑法规制意义上，强调网络空间公共秩序的双重结构，可以更好地在个体自主性与公共秩序性之间取得平衡。具体而言，双重结构指向的"信息网络秩序"具有"自组织、自适应、非线性"的特征，故应最大限度体现个体自主性，以充分保障宪法赋予公民的表达权利；双重结构指向的"现实社会秩序"则更多体现出公共秩序性，以充分保障社会公众享有平稳安宁的生活状态。

只有抱持双重结构的理念，才能完整理解网络空间公共秩序的意涵。在现实生活中，既不能不考虑危害社会秩序之实际"后果"而对所谓扰乱"信息网络秩序"的单一传播行为施以刑罚制裁，又不能不

① 最高人民法院刑事审判三庭编著：《网络犯罪司法实务研究及相关司法解释理解与适用》，人民法院出版社 2014 年版，第 172 页。

② 何明升：《智慧生活：个体自主性与公共秩序性的新平衡》，《探索与争鸣》2018 年第 5 期。

问“原因”而对扰乱“现实社会秩序”的网络传播行为扩大追究刑事责任（即不考虑两者之间是否存在或存在多大程度的因果关系）。进而言之，信息网络秩序（体现为点击量、浏览量、转发量等）只是权衡罪责轻重的“情节”因素，是否受到刑罚制裁关键是看网络传播行为是否直接造成了危害现实社会秩序的严重后果。一般情况下，刑法主要针对的是现实世界中发生的实际暴力，而不能仅是存在于虚拟世界中的“网络暴力”。这种主要体现在言语层面的话语暴力，如果没有转化为现实行动继而造成实际严重后果，一般对之不能采取刑罚手段。也就是说，如果仅仅是造成特定意义上的“信息网络秩序”混乱（如“网上骂声一片”等），而现实社会危害性尚不明显，此时刑法介入则无必要且“无益”。

三 构建以“善”为先的网络空间公共秩序

“损害原则”是刑法打击网络犯罪遵循的重要依据。根据约翰·密尔（John Mill）提出的“损害原则”，干涉任何社会成员行动自由的唯一正当理由，就是自我保护，或者防止其对他人造成损害。“对于他自己，对于他的身体和心智，个人是最高主权者。”[①] 只要不对其他人（或由其他人组成的社会或国家）造成损害，任何个人都是自由的主体，不受外界的强制约束，包括遭受刑事制裁。随着社会变革，人的行为观念和道德标准会发生相应变化。以刑事手段介入道德和观念领域的问题，容易造成过度的“损害”，更应该恪守刑法谦抑性原则。[②]

道德与法律分离是现代法治社会的基本特征。从广泛意义上来说，道德秩序是公共秩序的一部分。道德秩序若偏离主流价值观，将会程度不同地冲击人们的社会生活秩序。道德秩序没有绝对的是非标准，其发展是个动态过程，因而不能不问缘由、不计后果地动辄对违背道

---

① ［英］约翰·密尔：《论自由》，许宝骙译，商务印书馆2012年版，第11—12页。
② 吴贵森：《刑法上“公共”概念之辨析》，《法学评论》（双月刊）2013年第1期。

德秩序的行为加以斥责、惩罚乃至予以刑事制裁。道德秩序内化于人们的心中，只有当它外化为某种行动，进而严重影响到现实社会秩序，才可能被纳入法律惩处的范围。现实生活中，不能因为有人在网络上发表或散布了关于某位历史或公众人物的所谓负面言论，或者对某段历史事实提出不同于主流价值观的看法或意见，就认为造成了道德秩序的混乱，不论其造成了多大的实际“损害”，就以扰乱公共秩序为由追究相关行为人的刑事责任。

纯粹思想认识层面的道德秩序，并非刑法保护的“公共秩序”范畴。发表的仅限于思想认识层面的言论观点，若偏离了或不符合主流价值观，完全可用非刑事手段予以化解或纠正。对偏离正统价值观的行为予以刑事打击，进行道德净化运动，这是对思想的压制和禁锢，是十分危险的，完全背离了现代民主社会的基本原则。[①] 言论自由是宪法赋予公民的基本权利，只要不涉及煽动分裂国家、推翻社会主义、侵犯个人生命和自由等严重违法内容，言论表达一般不受刑法制裁。言论表达若受既定“秩序”的约束，将是对公民言论自由权的极大漠视及践踏。在健康运行的社会中，应该允许各种“非主流”观点存在，经过社会内在的免疫和净化机制，这种观点通常不会对平稳安宁的社会生活秩序造成实质性破坏。

思想自由是人之为人的必要条件。人的思想的解放与进步，是人类文明发展的根本标志。人的思想本身不应成为刑法制裁的对象。只有人的思想转化为危害社会的行为，才可能遭受法律包括刑法的惩处。禁锢思想，惩罚思想，是一切专制社会的典型特征。任何开放的文明社会，都以倡导和激发思想自由为圭臬。只有在充分自由的信息流动和社会交往氛围中，思想之树才能开出灿烂的花朵，结下丰硕的果实。在人类历史长河中，思想自由不是凭空产生的，而是经历了无数的艰难曲折乃至流血牺牲，来之殊为不易，理当倍加珍惜。

---

① 卢恒飞：《网络谣言如何扰乱了公共秩序？——兼论网络谣言型寻衅滋事罪的理解与适用》，《交大法学》2015 年第 1 期。

思想自由并不是少数伟大思想家的专利品，也不是专为后者而生。思想自由对于普通大众而言同样必不可少，这将决定社会发展所需要的精神体量。在思想不自由的氛围中，伟大的思想家也许不会绝迹，可“永不会有一种智力活跃的人民”。[①] 因此，思想即使是错误的，甚至是非主流的（不符合主流意识形态），只要不触及法律底线，原则上亦不应遭受刑事处罚。从历史辩证的角度来看，人们的思想认识及其评价标准存在个体差异，也有一个发展过程。在很多情况下，思想的对错，较难下定论，两者之间在特定条件下甚至可以出现相互转化。因而，对某个问题出现不一致乃至完全相左的意见，实属正常现象。多元共存是促进人类思想发展的必要条件，也是促进社会发展与进步的内在动力。以维护公共秩序为名，对所谓异见实施刑事制裁，最终结果是堵塞通往真理之路。

刑罚作为暴力性的制裁手段，既可带来“恶”的秩序，又可带来“善”的秩序。刑罚追求的理想目标是“善”的秩序。在紧急情况下，运用刑罚手段对于维系社会结构秩序稳定必不可少。但是，刑罚的威慑力也容易给“善”的秩序造成冲击乃至破坏，故刑罚的运用必须慎之又慎，特别要避免将之作为管理社会的常规化手段。“善”的秩序一旦遭受实质损害，带来的结果便是法律无权威，公民不守法，或在严刑峻法之下，公民为了生存只能竞相铤而走险。在这种情况下，刑罚再强制也将毫不起作用。[②] 刑罚要发挥应有的震慑作用，离不开公众对刑法规范体系的认同和尊重。只有建立在认同和尊重的基础上，刑法才能内化为民众自觉遵循的行为指南，刑罚才能成为不法行为的矫正器，而要做到这一点，就必须处理好公共秩序与个人自由的关系，力求形成一种“善”的秩序。

概言之，“善”的秩序主要包括两方面：一是保障个体自由的秩序，二是实现社会正义的秩序。从伦理的角度看，充分尊重人的基本

---

① ［英］约翰·密尔：《论自由》，许宝骙译，商务印书馆 2012 年版，第 35 页。

② ［美］E. 博登海默：《法理学——法哲学及其方法》，华夏出版社 1987 年版，第 335 页。

需求，是“善”的秩序的核心内涵。人类社会建立秩序，只有把充分满足人的需求作为出发点和立足点，才是可持续的。任何以剥夺或限制人的基本需求为前提的秩序，都将与人类社会文明发展趋势相悖离，是不牢固的。在“善”的秩序中，每个主体都能找到自己寻求安宁生活的空间，人与人、人与社会、人与自然之间都能形成相对清晰的界限，每个主体都能相对平等地享有权利，同时相对均衡地分配义务，总体处于平稳有序的生态格局之中。

在人的基本需求中，自由占有举足轻重的地位。失去自由，人将失去人之为人的根本条件。从这个意义上讲，在法律规定的秩序范围内，个人自由的实现程度是判断一个社会文明程度的重要标准。公共秩序对于社会的形成及维系非常重要，但其只有建立在充分自由的基础之上，人们才能更好地发挥自己的潜能，最大实现个人的价值，从而更好更快地推动社会向前发展。公共秩序只有以“善”为先，最大限度凝聚不特定或大多数人的意志，才可能转化为人们的自觉行为。在“善”的秩序中，人们不会选择破坏秩序的极端方式来保护自己的正当权益，而是在合乎秩序的范围内调整自己的行为，通过正当手段理性寻求补偿或救济。

网络社会是构建公共秩序的新空间。网络空间公共秩序的特质何在？其未来发展可能呈现何种面向？它对于人类社会发展有何意义？这些问题都有待于在实践中进一步观察与思考。有一点可以明确，构建网络空间公共秩序必须以满足人的基本需求为旨归，最终目标是促进人与社会的共同发展。作为群居性的政治动物，人对于互联网最基本的内在需求，是对于“自由”与“交往”价值的追求和向往。前者让人找到了摆脱现实社会约束的快感，后者为人结交朋友、寻求共识提供了新的广阔空间。意思自治是人的本真状态。创造条件充分实现人的意思自治，是现代民主国家的主要任务。网络空间为个人拓展自由、实现价值提供了巨大的可塑性机遇，但也因其相比现实社会充满更大的复杂性和不确定性，因而对于维护网络公共秩序提出了更大的挑战。如何在遵循互联网发展规律的基础上，立足国情，面向世界，探索构建张弛有度的网络空间公共秩序，成为一项紧迫课题。

第三节 网络信息安全的研判与保障

保障网络信息安全是刑法介入网络空间信息治理的重要事由。网络信息安全是网络安全的重要组成部分。没有网络信息安全，就谈不上网络安全。随着国内外形势的变化，网络信息安全的防线应在合理区间相应变动。网络信息安全防线出现畸高畸低，都将可能引发网络空间信息流动失序乃至出现混乱局面。如何准确界定网络信息安全的内涵，确保其在正当合理的范畴内得到理解与运用，是当前亟待在学理层面予以剖析、澄清的重要问题。

一 网络信息安全内涵的演变

从国内外实际情况来看，网络信息安全内涵经历了不断拓展的过程。网络信息安全具有狭义和广义之分。从狭义上讲，网络信息安全是相关方使网络信息处于安全可控范围的状态和过程，以确保信息的机密性、完整性和可用性。[①] 狭义的网络信息安全主要是指网络系统的硬件、软件及其系统数据，不遭到故意破坏、更改、泄露，系统连续可靠正常地运行，网络服务不中断。由于网络社会与现实社会日益交互渗透、融合，网络空间成为国际社会展开争夺的战略资源，网络信息安全由此成为互联网安全运行的首要关切。在实践及日常用语表述中，网络信息安全常与“网络安全”和“网络空间安全”并举。[②]

伴随现实环境不断变化，网络信息安全的内涵从网络信息数据安全向网络信息内容安全延展，即如上文所言从物理属性的“硬安全”向媒介属性的“软安全”延展。需要强调的是，网络信息安全内涵从物理与技术属性的“硬安全”向媒介属性的“软安全”延伸，并不意

① 杨君佐：《发达国家网络信息内容治理模式》，《法学家》2009 年第 4 期。

② 王世伟：《论信息安全、网络安全、网络空间安全》，《中国图书馆学报》2015 年第 3 期。

味着后者的重要程度要高于前者，而只是表明相比于前者，网络信息内容安全或已成为网络信息安全更加关切的常态化问题，亦是相对更为棘手的问题。

网络信息安全内涵的演变，推动了网络信息安全管理理念的更新。从世界范围来看，网络信息安全的主体责任呈现从网络服务提供者向国家再向两者合作或博弈的方向发展。由于政治、法律及互联网发展情况不同，网络信息安全管理理念及重心在不同国家会有所不同。在以中国为代表的发展中国家，网络信息安全主要体现为一种国家责任，即国家对于网络信息安全承担整体性、主导性的责任，负责网络信息安全的顶层设计与宏观调适。在以美国为代表的西方发达国家，网络信息安全通常处于网络服务提供者、社会团体等中下游机构的自治状态。近年来，随着网络信息安全与国家整体安全日益关联，很多西方发达国家也纷纷调高网络信息安全的保护层级，其中有些国家将网络信息安全提升为国家战略，采取的管制手段不断升级，包括动用刑法手段，引发外界高度关注。例如，加拿大通过了《反恐怖主义法案》，该国司法部长据此有权暂停公民“自由获取情报”的权利。为了强化信息安全，英国中断了对于《情报自由法案》延续了 25 年之久的讨论。在国际安全总体形势趋紧的情况下，网络信息安全成为国家安全重要保护领域。

信息是网络空间的基本要素，网络安全主要体现为网络信息安全。随着大数据及智能化技术快速发展，网络信息安全问题日益突出。安全既可表现为客观结果，又可体现为主观判断。在多元开放的网络空间，网络信息安全所指为何？何种内容的信息应上升到“安全”的高度，继而必须采取刑法干预手段？在法律和政策层面对此应做出比较清晰的研判与界定，否则网络信息安全将可能成为网络信息管控的变相理由，从而导致网络信息安全防线不当收紧，影响网络空间信息正常自由流动。

从我国立法倾向来看，网络信息安全成为法律保护的重点对象。根据《关于维护互联网安全的决定》，有三种破坏网络“运行安全”

的行为需要追究刑事责任，其大体可概括为“侵网”“攻网”和“断网”行为。[①] 破坏网络“信息安全”的犯罪行为共包括11种情况，侵犯客体涵盖三大类，分别为“国家安全和社会稳定”“社会主义市场经济秩序和社会管理秩序”与“个人、法人和其他组织的人身、财产等合法权利”，如在网络空间传播有害信息煽动颠覆国家政权、利用互联网损害他人商业信誉和商品声誉及利用互联网侮辱他人或者捏造事实诽谤他人等。我国法律将“运行安全”从广义的“信息安全”中区分出来，以此能够更加凸显网络信息内容安全的重要性和紧迫性。网络信息内容安全当前成为国家信息安全保障体系的重要组成部分，是管理网络信息传播的重要手段，对维护国家和社会长治久安具有重要意义。[②]

二　防止网络信息安全概念出现泛化

网络安全是国家安全的重要组成部分。《中华人民共和国国家安全法》第三条规定，国家安全法应当坚持总体国家安全观，以人民安全为宗旨，以政治安全为根本，以经济安全为基础，以军事、文化、社会安全为保障，以促进国际安全为依托，维护各领域国家安全，构建国家安全体系，走中国特色国家安全道路。随着互联网时代的到来，网络信息安全不仅是网络安全的基础工程，而且日益关乎政治、经济、文化、社会、国际等领域的安全，由此也就上升到了总体国家安全的层面。

伴随着物联网、云计算、大数据、人工智能等新一代信息技术和载体的发展，网络信息安全问题变得更加隐蔽，更加复杂，也更加难以防控。习近平强调，“网络和信息安全牵涉到国家安全和社会稳定，是我们面临的新的综合性挑战”。[③] “我们过不了互联网这一关，就过

① 这三种情形分别为：（一）侵入国家事务、国防建设、尖端科学技术领域的计算机信息系统；（二）故意制作、传播计算机病毒等破坏性程序，攻击计算机系统及通信网络，致使计算机系统及通信网络遭受损害；（三）违反国家规定，擅自中断计算机网络或者通信服务，造成计算机网络或者通信系统不能正常运行。

② 黄旗绅、李留英：《网络空间信息内容安全综述》，《信息安全研究》2017年第12期。

③ 习近平：《习近平谈治国理政》，外文出版社2014年版，第84页。

不了长期执政这一关。”① 在这种形势下，有关部门加快出台法律法规，密集制定有关管理规定，网络信息安全问题受到了前所未有的重视。

维护国家安全与社会秩序，必须筑牢网络信息安全防线。然而，网络信息安全的堤坝并非筑得越高越好，其一旦超过社会和公众的总体承受能力，这个堤坝将岌岌可危。有种倾向值得注意，网络信息安全在现实生活中往往被片面等同于网络信息内容安全，如有关部门开展网络信息治理专项行动，多是以保护网络信息安全的名义。网络信息安全概念的泛化，或者被有意无意地不当使用，将可能导致网络信息安全防线不断趋紧，严重干扰网络空间信息正常流动。

为防止概念泛化或功利化使用对实践带来误导，引发不必要的负面影响，应该对网络信息安全特别是网络信息内容安全的内涵作出必要限定。上文已述，网络信息安全是个具有特定所指的词汇，在原初意义上主要是指作为客体存在的网络信息系统运行安全（“硬安全”），网络信息内容安全（“软安全”）是从前者演化出来的附带特定意识形态倾向的新意涵。

原初意义的“硬安全”比较容易判断，主要是因其直接影响到网络信息系统的安全运行，如网络关键信息基础设施遭致破坏，网络公共数据资源被大量泄露、窃取或买卖等，都将使现实社会处于不安全之中。与此相比较，因具有较强的主观性和不确定性，网络信息内容层面的“软安全”则更不易把握。那么，网络空间哪种传播行为或何种内容的信息传播方可上升至“网络信息安全”层面？总体而言，只有当信息内容传播危及国家安全与社会稳定或严重侵犯社会公共利益，才能进入网络信息安全范畴。申言之，可将其主要限定为影响国家意识形态安全或政治安全的信息，以侵害一般性社会和个人利益为指向的信息，如淫秽色情、侮辱诽谤等内容的信息，只要对国家安全和社会安定不构成实质危害，原则上不应上升到网络信息安全层面。

---

① 习近平：《加快推动媒体融合发展》，《习近平谈治国理政》（第三卷），外文出版社 2020 年版，第 317 页。

在数据资源化的网络空间，公众不仅享有寻求、传播与接受信息的权利，而且对于是否公开具有个人身份特性或私人财产属性的数据资源，享有充分的处置权。这是公民个人信息自由（信息权利）在互联网时代的新发展。这意味着信息与人的关系结构正在发生变化，即信息已不仅是外在于人的对象物，而且正在成为内在于人的有机组成部分，使人作为信息权利主体的身份更加凸显。在个人不断被透明化的数字化时代，个人信息自由的彰显，对于维护人之安全与尊严，变得日益重要。个人信息自由（信息权利）如今受到越来越多国家与国际组织的认可和重视。美洲人权委员会在《美洲表达自由原则宣言》中明确提出，人人都有权迅速而容易地获取有关自己或本人资产的信息，不管这些信息是保存在数据库，还是公共或私人注册的处所，在必要时能够更新、更正和（或）修改这些信息；这些原则仅在例外的情况下受到限制，而且这些限制必须事先通过法律程序确定，以防止对民主社会的国家安全构成真正的迫在眉睫的威胁。[①] 我国《网络安全法》第十二条也规定，国家保护公民、法人和其他组织依法使用网络的权利，保障网络信息依法有序自由流动。

出于维护国家安全和网络信息安全的需要，公民个人信息自由在特定情况下可能会受到一定约束。但是，对于侵犯个人信息自由的组织化行为，必须设定严格的限制条件，如事先得到法律机关授权、信息主体及时知情等。在任何国家，信息自由与信息安全的冲突都难以避免，只能在长时段内寻求两者之间的动态整体平衡。为换取更大的安全保障，公众可以让出部分自由或权利。网络信息安全保障的限度，是不能过度侵蚀公民自由空间，使其进入另一种更加不安全的状态。

从实际情况来看，维护网络信息安全要做到国家利益与公民权利的平衡，实非易事。当前特别要防止以非常规或过度威慑性手段快速构筑网络信息安全网，如加重刑事处罚、大面积监控乃至“断网”

① ［加］托比·曼德尔：《信息自由多国法律比较》，龚文痒等译，社会科学文献出版社2011年版，第12页。

等。这很可能成为网络信息安全木桶的“短板”，其结果是反向激发负面信息顺势喷涌而出，从而使网络信息安全处于高压制、高风险的境地。观念是实践行为的催化剂。全面、准确理解网络信息安全之意涵，进而防止概念使用的泛化，是有效遏止网络信息安全防线不当扩张的基本前提，也是重要之举。

三 网络信息安全的辩证观

随着全球化加快与网络社会兴起，网络信息安全问题日益突出。因角度与立场存在差异，基于同样情况对网络信息安全研判得出的结论也可能有所不同。为谋求最大共识，需要树立网络信息安全的辩证观。唯有如此，才能抱持开放、理性的态度，以整体和发展的眼光看待网络信息安全，而不会表现出过度紧张或敏感的状态。

在不确定性凸显的网络社会，对于信息安全的渴求，比以往任何时期都越发感到迫切。网络安全是网络信息安全的基础与前提。做不到网络安全，网络信息安全犹如无本之木，将会失去依托。可以说，有什么样的网络安全观，就有什么样的网络信息安全观。习近平系统总结了当今时代网络安全观的五个特点①：一是网络安全是整体的而不是割裂的，二是网络安全是动态的而不是静态的，三是网络安全是开放的而不是封闭的，四是网络安全是相对的而不是绝对的，五是网络安全是共同的而不是孤立的。这为确立网络信息安全辩证观提供了整体框架与思维路径。

（一）网络信息安全是以结果为导向的整体评价，而非仅以行为为导向的主观预判。对于网络信息安全的判定，主要是看网络信息传播的结果是否达到了危及网络空间本身或现实社会安全的程度。前者如病毒性信息破坏网络空间运行的稳定性，后者如网络恐怖信息在现实生活中造成了广泛负面影响，进而对国家安全或社会秩序造成了实质冲击。进而言之，网络信息安全是对于网络信息传播造成的实际结

① 习近平：《论党的宣传思想工作》，中央文献出版社 2020 年版，第 202—203 页。

果及其可能带来的迫在眼前的危害所作的总体判断，是基于网络舆情的整体分析而得出的结论，而不是仅根据某些结果未定或影响有限的网络信息传播行为而所作的主观预判。从社会危害性角度出发，过度强调网络信息安全的防控性，将可能极大影响网络信息的流动性，进而侵蚀互联网的精神肌理。

（二）网络信息安全是开放性的动态演化过程，而非封闭性的静态单一结果。互联网的开放性与交互性，使其具有较强的自净化能力。在多元主体的共生与博弈中，网络信息安全的等级处于不断变动之中，呈现出风险累积与风险化解的交互演变状态。在开放式的互联网络传播环境下，应追求一种动态化的网络信息安全观，不能仅凭单一行为就对网络信息安全下定论。这种保守僵化的网络信息安全观，一旦披上了功利化的政治外衣，很可能演变为徒具声势的专项治理行动。从短期效果来看，这或许可确保网络信息安全，可从长远来看，这种过于短视或缺乏担当的网络信息安全观，会以一种无形力量破坏网络信息传播生态，从而使网络信息安全处于更加不可控的境地。

（三）网络信息安全防线需要内外协力共同构建，而非依靠单一主体集权行为即可轻易实现。互联互通是网络社会的本质特点，一旦各自为政，私设藩篱，互联网将逐渐枯萎。只有树立网络信息安全整体观，在世界范围内最大限度地寻求协力合作，价值共识的底面越大，网络信息安全的“根基”才能愈加牢靠。关起“门”来构筑的网络信息安全防线，将是脆弱的，而且所费成本巨大，难以持续。可以断言，由于互联网单方管控难度逐渐加大，若受此驱使导致所用手段不断升级，其带来的结果将是陷入恶性循环：网络信息安全的无形之网越收越紧，积累的潜在风险却越来越大。

网络信息安全是一个综合性问题，涉及技术、政治、经济、社会、文化等方方面面因素。在网络信息传播形势日趋复杂的形势下，强化网络信息安全保障理所应当，更是势在必行。这是很多国家将网络信息安全上升为国家战略的主要动因，但前提是必须掌握其中的尺度与限度。网络信息安全具有丰富而复杂的含义。为了防止概念泛化带来的负面效应，需要从历史与现实的双重视角，辩证把握网络信息安全的意涵及其价值指向。只有正本清源，厘清界限，才能对网络信息安全抱持客观、理性的认识，而不至于表现出过度紧张或敏感的状态，进而造成在实践中出现高压制、高风险的境况。

第四节　网络公共表达的尺度与限度

网络信息治理避不开表达自由问题。网络公共表达的尺度与趋向，实质上关乎网络空间表达自由的空间与前景。在刑法介入网络空间信息治理过程中，把握好网络秩序与网络公共表达之间的关系，可以推动形成更加良好的网络生态治理格局。刑法介入网络空间信息治理，既要充分尊重公共表达的客观需求，又要合理区划公共表达的边界或底线，使其不成为伤及他者的利器。网络公共表达的势能既对网络信息治理提供动力，又对后者形成路径压力。能否应对并化解这种压力，将是对网络治理主导者与参与者的考验和挑战。在实践中，以整体限制公共表达权利为代价的网络信息治理，则是缺乏智慧和担当的表现。

党的二十大报告指出，全过程人民民主是社会主义民主政治的本质属性，是最广泛、最真实、最管用的民主。发展全过程人民民主，保障人民当家作主，必须“拓展民主渠道，丰富民主形式，确保人民依法通过各种途径和形式管理国家事务，管理经济和文化事业，管理社会事务”。[①] 习近平总书记指出，评价一个国家政治制度是不是民主的、有效地，一个重要标准就是“人民群众能否畅通表达利益要求”。[②] 作为“拓展民主渠道”的一种发言方式，网络公共表达已成为一种突破体制束缚，实现政治参与的现实力量。[③]

---

① 习近平：《高举中国特色社会主义伟大旗帜　为全面建设社会主义现代化国家而团结奋斗——在中国共产党第二十次全国代表大会上的报告》，人民出版社 2022 年版，第 37—38 页。

② 习近平：《全过程人民民主是最广泛、最真实、最管用的社会主义民主》，《习近平谈治国理政》（第四卷），外文出版社 2022 年版，第 258—261 页。

③ 吴镝鸣：《中国互联网的公共表达》，高晓虹、隋岩主编：《中国新闻传播研究 2009》，中国传媒大学出版社 2014 年版，第 163 页。

自1994年正式全功能接入互联网以来，中国互联网经历了近30年的高速发展。互联网从以论坛社区为代表的Web1.0时代，进入到以社交媒体为代表的Web2.0时代，大体自2016年后又迈向以人工智能媒介为代表的Web3.0时代。从技术演进来看，如果说Web1.0是“只读”（Read Only）互联网，Web2.0是“可读写”（Read & Write）互联网，那么Web3.0则是“可读写和拥有”（Read，Write，Own）的互联网。[①] 可以预见，在智能交互技术融合赋能之下，个人用户对于互联网的自主性将会不断提高，互联网“去中心化”程度也会因而不断凸显。在这种情况下，网络公共表达将进一步发生时空演变。

网络公共表达既造就了异常活跃的公共舆论场，又可能导致非理性表达的混乱局面，乃至引发网络暴力现象滋长蔓延。作为一种“软暴力”，网络暴力不仅压制社会理性行为，甚至扭曲正常社会政治生活。[②] 因而，面向Web3.0时代，如何更好地促进和规范网络公共表达，是刑法介入网络空间信息治理需要整体考量和把握的重要问题。

一　网络公共表达的核心特质

随着传播技术的迭代变革，网络公共表达不断被赋予新的内涵和特质。概言之，网络公共表达是指不特定主体在开放式网络空间围绕公共议题进行的公开表达行为。其内涵包括五个要素：一是表达主体多元异质而不特定，既包括个体的人，又包括智能体和人机融合主体；二是表达空间开放而不封闭，不包括内部性的网络讨论；三是表达主题具有公共性，不包括纯粹娱乐性或消遣性的生活日常；四是表达内容公开而非私密互动；五是表达手段多样，不仅包括意义明确的言语、图片、视频等，而且包括象征性的符号（表情包）或行为（在线围观、点赞、转发等）。

把握网络公共表达的核心特质需要建立纵横维度的时空坐标。从

---

① 刘家银、倪雪莉：《Web3.0时代的舆论、舆情与意识形态》，《江苏警官学院学报》2022年第5期。

② 俞可平：《民主还是民粹——中国的民意政治》，《中国治理评论》2014年第1期。

纵向维度来看，需要把握从传统媒体时代向互联网时代转变带来的传播形态变革；从横向维度来看，需要把握互联网技术演进带来的表达形态变革。从纵向维度来看，在传统媒体时代，由于大众媒介资源的稀缺性，公共表达主要体现为媒体表达。即只有进入媒体议程的公共表达，才是广泛可见且可公度的。失去了大众媒体的依托，公共表达则通常难以产生社会舆论效应。进入“人人都是自媒体”的互联网时代，网络公共表达从“以媒介为中心”转向了“以人为中心”。借助数字技术赋能，任何个人用户都可自主发声，参与公共讨论，以围观、点赞、转发等方式参与网络集体行动。

从横向维度来看，网络公共表达的辐射力和影响力发生了质变。在 Web1.0 时代，网络公共表达主要限于网络论坛社区，以强国论坛、天涯论坛、迪凯社区等为代表。这类网络公共表达的互动性较弱，且难以产生较大的社会舆论效应。以 1999 年强国论坛诞生为标志，中国互联网络言论功能开始走向兴盛。有学者对 122 个网络议题进行实证分析认为，网络议题在整体上表现为“分散、简单、不够深入”，难以真正代表“民意”或“舆论”，故而“不应高估网络言论”。[①]

进入 Web2.0 时代，随着微博、微信、抖音、客户端、公众号、维基百科等社交媒体和内容聚合平台的兴起，网络公共表达呈现高度交互的众声喧哗之态，既有引发舆论海啸的群起围观性的追问式表达，如发生于江苏徐州的“丰县生育八孩女子事件”和河北唐山的“多名男子围殴女子事件”等；又有借用表情包、贴图等内容生成手段进行的委婉式乃至恶搞式表达，如引发表情包大战的“帝吧出征事件”及“天生打工人”等。表情包是通过图像符号的表征系统去消解原有的话语体系，不仅被用来表达态度与情绪，也可能沦为一种对公共事件彻头彻尾的消费。[②] 随着人工智能和深度伪造技术的兴起，Web3.0 时

---

① 王辰瑶、方可成：《不应高估网络言论——基于 122 个网络议题的实证分析》，《国际新闻界》2009 年第 5 期。

② 杨嫚：《网络表情包的亚文化风格构建：从自我表达到公共空间》，《西安交通大学学报》（社会科学版）2017 年第 5 期。

代的去中心化机制使网络公共表达呈现出更加纷繁复杂的态势。在虚实之界不断消融的背景下，网络公共表达不时变得真假难辨，以至于“诉诸个人的情感和信念”的表达“比客观事实对塑造公共舆论的作用更大”，这类所谓的“后真相”反映在社交网络上就是与网络民粹相伴生的舆论反转无度、伪民意泛滥和后现代情感立场。[①] 与此同时，伴随着社会群体权利意识的复苏，一种批判性的、对抗性的、逆向的“抗争话语”正在成为网络政治表达的新形态；[②] 或者说一种基于个体情感卷入的“去中心化”“碎片化”叙事框架正在成为网络政治表达的重要模式。[③]

随着传播技术和媒介形态的不断演进，网络公共表达的质态和效能仍将不断发生变化。要言之，网络公共表达的核心特质表现在三个方面。

第一，表达主体由单一性走向多质性。在传统媒体环境下，一般只有拥有较高文化知识水平与广泛社会资源的人，才能够在大众媒体上发声，公开表达自己的观点。作为“沉默大多数”的普通大众，通常只能在媒体和社会精英共同编织的拟态图景中感知世界、认识世界。与传统媒体的阈限性相比，互联网是复杂交互的巨系统，不仅打破了大众媒介资源的瓶颈制约，而且消弭了传受双方的区隔界限。在开放式网络空间，无限涌入的参与者和行动者享有相对平等的表达机会，社会精英和普通大众皆可成为网络节点，共同汇聚成不可小觑的“微力量”。

网络公共表达的主体之变，还表现在由单一的“生物人”走向人机合一的“数字人”或智能体。如美国人工智能实验室 OpenAI 2022 年年底发布的 ChatGPT（Generative Pre - training Transformer）聊天机器人，实质是一个“生成式 AI”，据称与它“交谈”会让人着迷。这

① 全燕：《“后真相时代”社交网络的信任异化现象研究》，《南京社会科学》2017 年第 7 期。

② 李娜：《“后真相”时代“沉默的螺旋”的出场语境与形态》，《青年记者》2018 年第 5 期。

③ 马玉宁：《“后真相”时代网络政治表达与传媒公共性重塑》，《北方民族大学学报》2021 年第 5 期。

意味着智能机器正在生成新的东西，而不是仅限于分析已经存在的东西。事实证明，作为人机合一的智能机器系统，已经成为网络空间极具渗透力和影响力的类人化的表达主体。如今在很多具有煽动性的热点事件中，大量具有引导性的信息和观点正是来自这种类人化的智能机器人。这对于网络公共表达的质性和生态将带来根本性的长远影响。

第二，表达内容形态由固态文本性走向流动多脚本性。在互联网发展的早中期，网络公共表达的内容形态虽然日趋丰富多样，但总体表现为一个相对固态的“文本”。随着人工智能合成技术的发展，网络公共表达的文本出现了高度的流动性，既可对其进行重混式组合，又可对之进行改编式再造，呈现为杂合状态。这种流动性的多脚本性（液态化）既给网络公共表达注入了巨大的活力和动能，又给传播源头的追溯性和传播责任的界定带来了巨大的冲击和挑战。

值得注意的是，在智能算法推送技术的影响下，这种多由智能机器生成的失去本真状态的“多脚本”表达也可能演变为一种仪式性秩序，进而加剧圈层化的“自说自话”乃至于无序混乱的谩骂攻击。越来越多的人仅能或只想听到自己期待和喜欢的声音，而难以看到或听到不同的声音和观点，这在某种程度上就更加容易造成“各自为是”的情绪化乃至偏执化表达，在特定条件下将无可避免地导致群体极化。[①] 其不仅可能诱发网络暴力事件，甚而走向破坏性极强的民粹主义。

第三，表达规制由单向管控走向合作博弈。在传统媒体环境下，组织机构通过把关机制以及媒体吹风会和宣传纪律等手段，对公共表达的内容进行有针对性的引导和调适。如上所述，网络空间是个交互弥散性的开放系统，数字化信息以超文本和超链接的形式进行裂变式的多脚本传播，较难确定其来去行踪，自然对其难以做到精确化和垂直化管理。互联网络由“力的多边形”构成，对其间的公共表达行为

① ［美］凯斯·桑斯坦：《网络共和国网络社会中的民主问题》，黄维明译，上海人民出版社2003年版，第48—49页。

进行单方权力管控较难达到预期理想效果，更多只能在多方主体合作博弈中实现动态平衡管理。

互联网对全球社会做出的重要贡献，是打破了由传统媒体一统天下的传播格局。伴随着互联网发展而来的“思想、服务与言论的大爆炸”之所以成为可能，是因为国家并没有对此做好准备。[①] 从另一个层面来看，作为一种开放性设计，架构（或代码）超越了国家和民族的疆域范围，“绝非一个地方性条款”，[②] 由此成为网络公共表达的保护者。当然，网络架构在释放公共表达空间的同时，也可能滋生一种反噬性，使得网络公共表达规制具有更强的隐匿性。但从长时段的发展眼光来看，多元主体的无限涌入和单方权力管控的式微，又或能催生一种内在的平衡力，使泛在连接的公共表达很难完全做到匿而不见。这种传播的韧性导致网络公共表达的规制往往绝非依靠某种宰制性力量即可一劳永逸地实现，而更多是有赖于构建权责明确的网络综合治理体系。

二　网络公共表达面临的现实挑战

在技术与政治的双向互动中，网络公共表达不断获得生长动力。我们既要对网络公共表达的前景抱有乐观期待，又要足够正视其面临的多重挑战。这种挑战既关涉显性的政治经济因素，又关系隐性的社会文化因素；既有来自外围的规制和压力，又有滋生于内部的分化和裂变；既有源自本土性的环境制约，又有来自全球性的接轨需求。综合来看，其主要体现在三个方面。

（一）技术与资本的合谋，可以制造网络公共表达的假象。在Web2.0中，互联网是高度中心化的数据管理系统，未来能够支持去中心化计算的6G网络是Web3.0发展的关键，其时网络中各个节点的能

---

① ［美］弥尔顿·L. 穆勒：《网络与国家互联网治理的全球政治学》，周程等译，上海交通大学出版社2015年版，第186页。

② ［美］劳伦斯·莱斯格：《代码2.0：网络空间中的法律》，李旭、沈伟伟译，清华大学出版社2009年版，第255页。

力将全面提升。[①] Web3.0 的去中心化机制使内容的产生、存储和管理不受限于任何第三方机制，但基于区块链的匿名化机制却增加了网络空间虚拟身份与真实人员身份相对应的难度，这增加了网络舆论监管的难度。[②] 在技术与资本的合谋下，受流量和利益的驱动，这种去中心化的节点分布式的传播机制，将可能更加容易制造网络公共表达的假象。

互联网已成为数字时代公民言论表达的“基础设施”。由软硬件编织的“代码”，是内在于互联网的主要规制手段。相比于传统规制手段（如行政指令等），代码作为规制手段是“釜底抽薪”式的，更为精巧和有效，也更为隐蔽和复杂。[③] 由编程语言构成的代码，典型如不透明算法规则下的智能化推送和干预机制，其既可成为公共表达的助力器，又可沦为压制公共表达的“利刃”。具体言之，代码这只无形之“手”，可以借助技术律令不仅可以轻易删除或屏蔽不受欢迎的言论，而且可以通过“网络水军”（包括智能机器人等）定向发布对冲性乃至反向性信息，不露痕迹地制造公共表达的假象。作为一种话语泡沫，网络公共表达假象虽难以完全避免，但对此问题带来的深层影响也须引起足够警惕。如在很多网络敏感热点事件中，就不乏有人（或通过智能机器）制造话题以煽动情绪“带节奏”的身影，很多混淆是非的言论乃至极具煽惑力的网络谣言，正是披着“公共表达”的外衣得以广泛传播的。

（二）作为网络公共表达的枢纽装置，网络平台的角色定位面临进退两难困境。网络平台服务提供商本质上是市场化企业，主要以盈利为目的，可其从事的又是意识形态属性较强的信息传播行业，被赋予内容把关的主体责任，这使其在实际运行过程中容易出现身份割裂

---

① 徐蕾、李莎、宁焕生：《Web3.0 概念、内涵、技术及发展现状》，《工程科学学报》2023年第45卷第5期。

② 刘家银、倪雪莉：《Web3.0 时代的舆论、舆情与意识形态》，《江苏警官学院学报》2022年第5期。

③ 左亦鲁：《告别“街头发言者”——美国网络言论自由二十年》，《中外法学》2015年第2期。

状态。这种双重身份，一方面给网络公共表达注入了动力与活力，只要公共表达内容能够带来流量，则不愁找不到传播平台；另一方面，为了确保自身利益及安全，掌握强大技术力量的网络服务提供商可对流经其平台的公共信息进行悄无声息地筛选和过滤，亦可对之进行放大或置顶，从而改变公共信息流的速率和方向。这就使网络传播权力出现了“私人化”倾向，偏离了公共表达的本真性轨道。

在Web3.0时代，网络平台虽不再是信息的绝对拥有者，用户对数据内容生产、传播和储存的完整性将具有更大的决定权，但两者之间的力量对比在短时间内仍会存在较大落差，网络平台作为网络公共表达中介者和调适者的角色地位难有根本性改变。在网络空间信息传播链条上，网络平台可以前所未有的速度及精度分析巨量、超链接的图像、音频及文本文件。当管理部门难以对全球范围的信息流布和舆论演化做出快速回应时，作为私人行动者的网络平台服务提供商，往往就被赋予实时监管或协助管理的主体责任。网络监管机构的私人化，将可能使网络公共表达变得更加脆弱，处于更大不确定性的无形约束之中。而且，私人行动者的地位提升，可以起到“政策缓冲”或“政策洗白”（policy laundering）作用。这一问题反映出的深层问题在于，阻止访问是由网络参与者中的一个群体对其他团体进行的单边行动，是由私人的自愿行为扩展到权力主导的强制行为。[①] 在过去十多年中，用户将在线内容视为“被创建和被共享的事物”，网络平台却越来越多地将之定义为“被管理和被利用的事物”。用户主要关注内容质量和形式，而平台所有者则更关心数据和流量。[②] 这种定位和需求的差距，无疑使得网络公共表达受到更多不确定因素的干扰乃至冲击，如网络平台为了追求流量变现，则可能采取打擦边球的战术，人为助长或聚焦放大那类情绪化或偏激化的公共表达。如何对网络平台进行科

① ［美］弥尔顿·L. 穆勒：《网络与国家互联网治理的全球政治学》，周程等译，上海交通大学出版社2015年版，第201页。

② ［荷兰］何塞·范·迪克：《连接——社交媒体批评史》，晏青、陈光凤译，中国人民大学出版社2021年版，第182页。

学合理的权责配置，在很大程度上关乎网络公共表达的生态和前景。

（三）网络公众媒介素养和政治参与能力的成长速度，将影响网络公共表达的成熟度与稳定性。伴随着中国互联网近30年的发展，网络公众的媒介素养和政治参与能力水平在整体上有了较大提高，但同时也受到多种不确定因素的影响。近年来，随着国内经济受到疫情等多重因素影响，以赚取流量为主要导向的新媒体从业人员猛然增长。这部分人员大多学历不高，且以年轻人为主。另外，我国正处于社会矛盾集中爆发的深度转型期，加上受国内外各种不明势力的渗透和影响，网络空间不时弥漫着非理性表达的焦灼氛围，在一些“网络大V”的引导下，更容易造成“对抗式话语”的发酵。而从实际情况来看，在算法等技术的加持下，网络公共场域所呈现的往往是被筛选的民意，网络议题的公共讨论逐步发展为立场化、情绪化的话语表演，其在何种程度上反映了人民群众的美好生活向往是值得反思的。[①] 在多重因素促动下，由于网络公众媒介素养和政治参与能力不足而表现出来的过激性的公共表达行为，将是影响网络公共表达成熟度和稳定性的重要变量。在现实生活中，因少数网民的非理性公共表达行为而带来更加严厉的网络管束，这样的情况并非个例。

网络公众媒介素养和政治参与能力的整体提高并非一朝一夕之功，需要长期的培育及熏陶，且与国内外大环境密切相关。随着智能传播技术进一步发展，数字媒介的连接效能将变得日趋强大。置身于瞬息万变的网络舆论场，网络公共表达需要不断增强主体性意识和反思批判能力，以更好管理和控制在媒介使用过程中肤浅的享乐冲动，增加媒介实践中情感体验的理性因素，从而实现人对数字媒介的“反规训”。[②] 此外，由于经济条件和文化背景等差异，互联网基础设施在地区和阶层之间的发展状况并不均衡，使用数字技术媒介的条件和能力也具有一定差异，从而造成数字鸿沟仍不同程度存在，在特定条件下

① 张彦、魏颖：《网络表达：美好生活现代化叙事的一种方式》，《山西师大学报》（社会科学版）2021年第6期。

② 林爱珺、何艳明：《数字媒介依赖的新表征与伦理反思》，《学术研究》2022年第5期。

（如收入差距扩大等）甚有扩大趋势，这也会从整体上影响网络公共表达的成熟度与稳定性。

三　网络公共表达的理想形态

网络公共表达是公民言论自由权利在互联网络空间的延伸与拓展。2022年11月，国务院新闻办公室发布《携手构建网络空间命运共同体》白皮书，明确提出“网络空间同现实社会一样，既提倡自由，也保持秩序。自由是秩序的目的，秩序是自由的保障。既尊重网民交流思想、表达意愿的权利，也依法构建良好网络秩序”。“无论数字技术如何创新发展，无论国际环境如何风云变幻，每个人都在网络空间休戚与共、命运相连。”这为网络公共表达提供了根本遵循，描画了未来愿景。

我们正处在一场媒介革命中，其焦点是互联网的连接和传输效能，以及围绕互联网效能而兴起的难以计数的数字媒介设备和基础设施。技术“制造神话”的历史悠久，最新的神话是，信息尤其数字信息是自由的。我们不能简单地把互联网“空间”当成自由的、人人可用的空间，要谨防把这一切变化归于技术一种因素，而实际上“媒介”（传播基础设施）的变化总是技术、阶级、社会和政治力量交叉所产生的结果。[①] 这为思考网络公共表达问题提供了时代方位。在以中国式现代化全面推进中华民族伟大复兴的新时代，网络公共表达的理想形态至少应该体现三大面向。

（一）形塑多元主体自主发声的“共—显空间”

在“人人都有麦克风”的网络空间，每个人在公共话题讨论中，都可发声表达自己的观点。在法律范围内，只要不违背基本事实与道德伦理，无论观点对与错，思想深刻与肤浅，人人都可享有公共表达的权利和自由。众声喧哗，和而不同，当是网络公共表达的应然状态，

① ［英］尼克·库尔德利：《媒介、社会与世界：社会理论与数字媒介实践》，何道宽译，复旦大学出版社2020年版，第8—12页。

这也是其区别于传统媒体时代公共表达的本质特性。网络公共表达有时体现为一种集体行动，而兴趣和资源的异质性在集体行动中扮演着重要的角色。异质性的大众为临界大众的发展提供了可能，临界大众则被认为是集体行动成功的最重要因素。[①] 在数字公共领域中，每个表达者作为独一存在，都可能成为“临界大众”，彼此之间保持独立而又能实现相互联结，构成复杂交织的关系网络。在特定公共议题聚合下，这种由无数个体节点动态交织而成的关系网络，就构成了一个“共—显空间”。

这种非中心化状态的“共—显空间”，拒绝为规范化的社会关系和实体化的组织形态统摄，而是持续处于促生新社会关系的动态过程之中。[②] 从这个意义上讲，网络公共表达形成的理想形态，应是一个“共在”或“共—显”的时空结构。每个表达者作为其间的一分子，无论社会地位和知识水平高低，均可能发挥出独特乃至决定性的作用。如在很多公共舆论事件中，某个隐身当事人或知情者的发声乃至“吐槽”，即可能引发新一波网络舆情，进而改变事态发展走向。这种由突变性转折带来的舆情共振现象，是网络公共表达作为“共—显”时空结构所焕发出来的积极效能。

需要强调的是，网络公共表达呈现的“共—显”时空结构应是有机生成的，而非基于特定意图的构造之物。上文已述，借助技术政治或权力资本的力量，网络空间可以制造公共表达的假象。为了避免出现这种异化现象，网络公共表达呈现的“共—显”场景应是基于多元主体的自主发声，这样才能保持一种内生张力，从而确保关系和话语网络的异质性。而要做到自主性表达，首要在于保证每个主体的发声是基于个人的真实意愿和认知判断，而非成为“格式化”乃至被操纵的话语工具。网络空间与现实社会不断走向深度交融互构，如何从根

---

① 薛可、梁海、陈晞、余明阳：《网络论坛公共表达与议题上升的结构研究》，《上海交通大学学报》（哲学社会科学版）2013 年第 2 期。

② 参见王曦《剧场场景反媒介景观——以南希和朗西埃的剧场理论为核心的考察》，《文学评论》2019 年第 6 期。

本上维护和培育网络公共表达作为“共—显”时空结构的有机性，是决定网络空间能否真正成长为新型公共领域的基础条件。

（二）构建公共责任导向的响应性沟通机制

近年来，网络公共表达不时出现失序感乃至撕裂感，往往是由于权威信息真空下的失语和缺位造成的。这主要有两方面原因：一是面对复杂敏感的突发公共事件，相关部门缺乏应对能力而导致在关键问题上迟迟没有或难以提供权威解释，这种公共表达的失语造成了舆论陷于一片混沌之中；二是由于相关部门认为突发舆情与己无关或担心被追责，而有意无意地选择处于观望状态，这种公共表达的缺位导致舆论不断发酵，进而演变成负面网络舆论事件。

构建公共责任导向的响应性沟通机制，是防范网络公共表达出现混乱无序的应然路经。失去基本事实或权威意见的支撑，网络公共表达就可能走向自说自话，在非正当因素介入下，甚而可能走向相互对立乃至恶意攻击。如在引起舆论海啸的“丰县生育八孩女子”事件中，核心问题在于“小花梅”的真实身份，而有关机构在此关键问题上长时间的失语和缺位，正是导致舆论失控的一个主要原因。网络空间已成为人们共同栖息的精神家园，其生态环境不仅关乎每个人的身心安宁，而且与社会公共利益密切相关。因而，置身于泛在无形的网络空间，每个主体特别是公权力主体都应树立公共责任意识。在牵涉公共利益的舆论纷争中，相关主体特别公权力部门均有责任在第一时间作出响应，针对外界争议或质疑进行平等、理性地沟通，通过澄清事实或给出权威解释等方式，及时消解舆论负面能量。从长远来看，如何在制度层面上探索构建公共责任导向的响应性沟通机制，以此明确各方权力和责任，是整体优化网络公共表达生态环境的根本之举，也是推进网络治理体系和治理能力现代化的重要内容。

（三）凝聚最大公约数的底面价值共识

网络公共表达的开放性与交互性既带来了信息和价值的多元化，又使其通常较难达到传统媒体时代所追求的“舆论一律”。反言之，网络公共表达出现的“舆论不一律”，在某种层面上也是导致网络群体极化传播乃至网络暴力的客观因素之一。从传播机制来分析，这种现象出现存在一定必然性。网络公共表达虽一时难以形成高度的价值认同，但从社会长治久安的根本要求来看，却必须凝聚最大公约数的底面价值共识。这是一个否定之否定的过程。网络公共表达的理想形态是多元主体在自主交往中对自我和差异的超越，如果主体的公共表达只是差异性表达，公共生活和公共领域就可能在争吵喧哗之中永无宁日。[①] 这种底面价值共识应是“一”和“多”的集合体。对于如何处理好两者关系，习近平总书记指出，“形成良好网上舆论氛围，不是说只能有一个声音、一个调子，而是说不能搬弄是非、颠倒黑白、造谣生事、违法犯罪，不能超越了宪法法律界限”。[②] 由此可知，网络公共表达可以形成多种“声调”，其底线是不能漠视事实和逾越法律。

然而，何为“事实”？如何认定“事实”？在现实生活中往往并非客观自明，其中牵涉对公共价值的体认和凝练，这可能是一个复杂的动态化过程。从宏观价值层面来看，网络公共表达凝聚最大公约数的底面共识，应树立两个价值坐标，即全人类共同价值观和社会主义核心价值观。这两个坐标构成区间，大体标划着网络公共表达的底面价值共识。毫无疑问，失去底面价值共识的约束和支撑，网络公共表达将会演变成制造混乱乃至分裂社会的解构力量。网络空间“后真相”传播乱象的滋生，某种层面上也正是网络公共表达失去底面价值共识约束的极端化体现。这种底面价值共识应内化于数字文明基因，体现于互联网制度和文化。

作为现代化叙事的一种新方式，网络公共表达可以使美好生活的“民有所呼”更易实现“政有所应”的实际效用。[③] 进入 Web3.0 时

---

① 汪辉勇：《公共价值论》，合肥工业大学出版社 2014 年版，第 25 页。

② 习近平：《建设网络良好生态，发挥网络引导舆论、反映民意的作用》，《习近平谈治国理政》（第二卷），外文出版社 2017 年版，第 335—337 页。

③ 张彦、魏颖：《网络表达：美好生活现代化叙事的一种方式》，《山西师大学报》（社会科学版）2021 年第 6 期。

代，网络公共表达将会体现出更多不同于传统公共表达的本质特征。在某种程度上，正是由于没有准确把握两者之间的殊异性，从而造成网络公共表达不时出现严重撕裂甚至冲突对抗的局面。面对汹涌而来的网络舆情，只有深入理解网络公共表达的核心特质，正视其面临的现实挑战，才可能构建良好的网络舆论生态。从理想形态来看，网络公共表达应体现为一个复数性的“共—显空间”，这构成网络公共表达的价值底色；它应是一个能够平等对话的开放性场域，构建公共责任导向的响应性沟通机制，可以更好避免因相关主体失语或缺位而带来的信息真空和舆论内爆；它也应是“一”与“多”的集合空间，“一”为底线约束，“多”为有机共显，其中既有“主旋律”，又有“和弦”，两者构成多声部合唱，而非“一个声音、一个调子”。

四　网络信息治理的“试金石”

没有充分而健康的公共讨论，一个自治社会不可能运转，而表达自由则是开展公共讨论的一项必要条件。[①] 作为公民的基本权利，表达自由的价值早已得到普遍认同，很多国家及国际组织都将它置于重要地位。进入“人人都有麦克风”的互联网时代，表达自由的价值更加得到体认和彰显。与此同时，网络公共表达空间的开放，也使得表达自由的成色被附加了更多复杂因素，进而也会带来诸多潜在的社会问题，如何顺势对之加以适当规范，日益成为迫切之举。从这个意义上讲，如何把握好刑法介入与网络公共表达边界的关系，是对网络信息治理能力的重要考验。

表达自由是社会历史发展的产物。为了保证民主政治健康运行，英国在“光荣革命”后通过了《权利法案》（1689 年），确立了限于议会内的言论自由权。[②] 美国通过的首个宪法修正案就是表达自由条款，即

---

① ［美］新闻自由委员会：《一个自由而负责的新闻界》，展江等译，中国人民大学出版社 2004 年版，第 5 页。

② 《权利法案》规定，议会内之演说自由、辩论或其议事之自由，不应在议会之外的任何法院或任何地方受到弹劾或讯问。

“国会不得制定减少和限制言论和出版自由的法律”，被视为美国立国之基，也是促其走上强盛之路的动力之源。法国在“大革命”之后对表达自由有了更加深刻的认识，通过发布《人权宣言》为公共表达赋予了更大自由空间，规定只要不违反公共秩序，任何人的意见表达都不应受到干涉。①

从国际人权法的渊源来看，表达自由的国际法保护可上溯至1948年的《世界人权宣言》。② 在《世界人权宣言》序言中，联合国提出人人享有言论和信仰自由是“普通人民的最高愿望”，并将表达自由范畴由民族国家拓展至国际社会，强调表达自由是不论国界“寻求、接受和传递信息和思想的自由”。③ 1966年，联合国大会通过的《公民权利和政治权利国际公约》，不仅细化了《世界人权宣言》关于表达自由的规定，而且将表达自由从“口头的、书写的、印刷的、采取艺术形式的”拓展至“任何其他媒介”，进一步丰富和拓展了表达自由的内涵、载体及表现形式。④ 该公约也提出，行使表达自由，特别是有关鼓吹战争、民族或宗教仇恨之类的言论，同样需要接受一般性的法律限制。⑤ 2003年12月，联合国发布《信息社会世界首脑会议原则宣言》重申，无论身在何处，每个人均应有机会参与信息社会，任何人都不得被排除在信息社会所带来的福祉之外。

---

① 法国《人权宣言》第10条规定：“意见的发表只要不扰乱法律所规定的公共秩序，任何人都不得因其意见，甚至宗教的意见而遭受干涉。”

② 黄惟勤：《论网络表达自由》，博士学位论文，中国社会科学院研究生院，2010年，第41页。

③ 《世界人权宣言》从第3条至第28条规定了人的基本权利，“人人享有言论和信仰自由并免于恐惧和匮乏的世界……为普通人民的最高愿望……”其中第19条规定了表达自由的权利：“人人有权享有主张和发表意见的自由，包括持有主张而不受干涉的自由、通过媒体和不论国界寻求、接受和传递信息和思想的自由。”

④ 《公民权利和政治权利国际公约》第19条规定：一、人人有权持有主张，不受干涉。二、人人有自由发表意见的权利；此项权利包括寻求、接受和传递各种消息和思想的自由，而不论国界，也不论口头的、书写的、印刷的、采取艺术形式的、或通过他所选择的任何其他媒介。三．本条第二款所规定的权利的行使带有特殊的义务和责任，因此得受某些限制，但这些限制只应由法律规定并为下列条件所必需：（甲）尊重他人的权利或名誉；（乙）保障国家安全或公共秩序，或公共卫生或道德。

⑤ 《公民权利和政治权利国际公约》第20条规定：一、任何鼓吹战争的宣传，应以法律禁止之；二、任何鼓吹民族、种族或宗教仇恨之主张，构成煽动歧视、敌视或强暴者，应以法律禁止之。

表达自由在区域性国际人权公约中同样得到充分肯定。《欧洲人权公约》① 和《美洲人权公约》② 均以不同形式规定，人人都可通过自己选择的任何其他手段，享有表达自由的权利。1982 年，欧洲理事会通过《表达自由和信息自由宣言》，强调表达自由“为一个社会、文化共同体、国家和国际社会的和谐发展与进步创造必要的条件”，对于通过互联网进行交流的意义，该宣言强调不断发展的信息技术和通信技术应当服务于促进表达自由权和信息自由权，使个人能够无论国界都能通过各种渠道去“表达、寻求和发送信息与观念”，并规定成员国政府对于言论表达应当避免“武断控制、限制”、以合理的方式提供充足的设施、利用新的信息技术和设施扩大信息自由和表达自由的范围。③ 1994 年，欧洲地区安全与合作五十五国集团发布《迈向真正合作伙伴关系的新欧洲》宣言，提出所有签约国都应当以保护表

① 《欧洲人权公约》第 10 条规定：1. 人人享有表达自由的权利。此项权利应当包括持有主张的自由，以及在不受公共机构干预和不分国界的情况下，接受和传播信息和思想的自由。本条不得阻止各国对广播、电视、电影等企业规定许可证制度。2. 行使上述各项自由，因为负有义务和责任，必须接受法律所规定的和民主社会所必需的程式、条件、限制或者是惩罚的约束。这些约束是基于对国家安全、领土完整或者公共安全的利益，为了防止混乱或者犯罪，保护健康或者道德，为了保护他人的名誉或者权利，为了防止秘密收到的情报的泄露，或者为了维护司法官员的权威与公正的因素的考虑。

② 《美洲人权公约》第 13 条规定：1. 人人都有思想和表达自由。这种权利包括寻求、接受和传递各种信息和思想的自由。而不论国界，或者通过口头、书写、印刷和艺术形式，或者通过自己选择的任何其他手段表达出来。2. 前款所规定的权利的行使不应接受事先审查，但随后应当受到法律明确所规定的义务的限制，其限制程度确保达到下列条件所必需：（1）尊重他人的权利或者名誉；（2）保护国家安全、公共秩序、公共卫生或者道德。3. 表达自由不得以间接的方法或者手段加以限制，如滥用政府或者私人对新闻、广播频率或者对用于传播信息的设备的控制，或者采取任何其他有助于阻止各种思想和意见的联系和传播的手段。4. 尽管有上述第 2 款规定，但是依照法律仍可事先审查公共开支的文娱节目，其唯一目的就是为了对儿童和未成年人进行道德上的保护而控制观看这些节目。5. 任何战争宣传和任何鼓吹民族、种族或者宗教仇恨，构成煽动非法暴力行为，或者以任何其他理由，包括以种族、肤色、宗教、语言或者国籍为由，对任何人或者一群人煽动任何其他类似的非法活动，都应当视为法律应当予以惩罚的犯罪行为。

③ 为促进信息自由和表达自由，欧洲理事会成员国同意以下目标：（1）对于信息传送过程的参与者、媒体的内容、或其他传送和散发信息行为，政府应当避免审查或任何形式的武断控制、限制。（2）成员国应当为国内和国际范围内以合理的方式传送、散发信息和观念提供充足的设施使其具有可行性和可操作性。（3）保证新的信息和交流技术和设施在人们能够使用的地方，有效地为扩大信息自由和表达自由的范围而服务。

达自由作为指导性的准则，对于“新闻媒体中最独立和最多元化”的因特网，应当给予“最有力的保护”，避免对互联网上的信息流进行不当限制。

中华人民共和国成立后，历次宪法对言论自由均作出了明确的保护性规定[①]，而且从不同法律层面对之进行多重保护。《中华人民共和国立法法》第五条规定：立法应当体现人民的意志，发扬社会主义民主，保障人民通过多种途径参与立法活动。这为公民表达自己关于立法的主张和意见提供了法律依据。《全国人民代表大会和地方各级人民代表大会代表法》第二十九条规定：“代表在人民代表大会各种会议上的发言和表决，不受法律追究。”这为特定对象充分享有表达自由以更好参政议政提供了有力的法律保障。2011 年，中国发布《中国互联网状况》白皮书，明确提出“保障公民互联网言论自由”。这是对网络表达自由权利的确认和彰显。

进入全媒体时代，互联网应用已成为人们的生活习惯和方式。习近平指出，为了让互联网成为发扬人民民主、接受人民监督的新渠道，对广大网民，要多一些包容和耐心。“对网上那些出于善意的批评，对互联网监督，不论是对党和政府工作提的还是对领导干部个人提的，不论是和风细雨的还是忠言逆耳的，我们不仅要欢迎，而且要认真研究和吸取。”[②]“我多次强调，要把权力关进制度的笼子里，一个重要手段就是发挥舆论监督包括互联网监督的作用。这一条，各级党政机关和领导干部特别要注意，首先要做好。”[③]在以人民为中心的思想指引下，网信事业发展是为了让亿万人民在共享互联网发展成果上有更多获得感。因而，刑法介入网络空间信息治理必须受到宪法约束，不但要避免侵犯公民正当的表达权利，而且理应在更大范围、更大程度上保障公民表达权利的实现，以为互联网监督创造良好的舆论生态。

---

① 我国《宪法》第三十五条规定：中华人民共和国公民有言论、出版、集会、结社、游行、示威的自由。

② 习近平：《习近平谈治国理政》（第二卷），外文出版社 2017 年版，第 336 页。

③ 习近平：《习近平谈治国理政》（第二卷），外文出版社 2017 年版，第 337 页。

即通过限制或剥夺特定少数人的权利，从而为不特定多数人创造更好、更充分行使表达权利的环境。作为从属性的法益保护手段，刑法的根本任务是使公民在由宪法所保障的基本权利获得维护的前提下，自由而和平地共同生活在一起。[①]

为了充分保障公民正当的公共表达权利，刑法介入网络空间信息治理要将谣言传播与思想表达行为区分开来。谣言主要体现为信息或事实，是外在于人的存在，而思想是人之为人的根本。如《春秋谷梁传》所言，“人之所以为人者，言者。人而不能言，何以为人?”互联网给广大民众提供了前所未有的表达机会和空间，一个人在进行思想和意见表达时，若无意充当了谣言传播者，且客观上没有直接造成严重危害后果，社会应给予最大包容，切不能以造谣“映射现实”为由而动辄诉诸刑罚手段，这方面的历史教训足够深刻。很多国家保护言论表达自由区分事实与观点，也正是出于这方面的考虑。

表达自由是一把“双刃剑”。正是看到了表达自由不当行使可能带来的破坏力，如何根据不同国情对其进行适当限制的问题一直存在。其中，比较具有世界影响的当属美国最高法院大法官霍姆斯在1919年申克诉合众国（Schenck v. UnitedStates）一案中提出的“明显而即刻的危险”原则。终生不懈倡导自由的约翰·密尔（John Stuart Mill）也承认，当发表的意见可能带来某种祸害的积极煽动时，这种自由也要失去其特权。[②] 对于“明显而即刻的危险”原则，米克尔约翰（Alexander Mciklcjohn）则分析认为，美国宪法绝对保护的只有公共性或政治性言论，与政治利益无关的“私言论”，并没有资格要求得到第一修正案的无条件保障。如果不能清晰、明确地区别开社会的公共利益和公民个人或团体的私人利益，第一修正案就永远是含混不清和不可理解的。而且，“公言论”的绝对自由原则仅仅是适合于自治社会。在一个缺乏民主传统的地方，该原则将“丧失政治上的

① ［德］罗可辛：《对批判立法之法益概念的检视》，陈璇译，载《法学评论》2015年第1期。

② ［英］约翰·密尔：《论自由》，许宝骙译，商务印书馆2012年版，第65页。

根据”。[①] 可见，表达自由在美国同样存在“公”“私”分界线，可在现实生活中，公、私言论往往难以截然分开，对其判断受到价值立场、意识形态等诸多因素影响。即言之，对于表达自由的确权或限制均应将特定的环境和语境作为前提条件，其实质上并不具有放之四海而皆准的普适性意义。

表达自由是矛盾复合体。对其进行适当限制虽无争议，但前提是这种限制必须是确定的和能够被理解的，而且要有明确的法律规定。联合国《世界人权宣言》第19条充分肯定了表达自由，第29条同时规定了表达自由的限定条件，即表达自由不能损害旁人的权利和自由，同时应适应道德、公共秩序和普遍的正当需要。《欧洲人权公约》第20条第1款重在保护良心及表达自由，第2款同时规定了言论自由的限制条件。[②] 法国《人权宣言》[③]、英国《人权法1998》[④] 和《公民权利和政治权利国际公约》都对表达自由权利的行使进行了明确限定。

表达自由是民主法治社会高效运转的核心动力，也是其他自由得以生长的基本条件。失去表达自由的支撑，人就失去了人之为人的基本条件。从另一个层面来看，只有最大开放网络公共表达空间，充分有序释放表达自由，网络空间才能获得充足生命力，从而真正成长为推动人类社会发展的“第五疆域”（继陆、海、空、天之后）。然而，在复杂多变的国际形势下，全球网络空间的实际境况并不十分乐观：

> 如果我们对正在发生的一切没有给予足够重视，全世界互联

---

① ［美］亚历山大·米克尔约翰：《表达自由的法律限度》，侯健译，贵州人民出版社2003年版，第73—78页。

② 《欧洲人权公约》第20条第2款规定：行使上述自由时必须承担义务和责任，因此，为了国家安全、领土完整或公共和平的利益，为了防止秩序混乱或犯罪，为了阻止秘密获取的信息的泄露，或者为了司法的权威和公正，自由应该受到由法律规定的、且是民主社会所必需的诸如方式、条件、限制或惩罚等因素的制约。

③ 法国《人权宣言》第4条规定：“自由在于能够做不损害他人的任何事；因此，每个人行使自然权利的仅有限制，乃是那些保证社会其他成员享受同样权之限制。”

④ 英国《人权法1998》第17条规定：“任何国家、集团或个人没有权利从事或者直接实施旨在破坏他人权利和自由的行为。”

> 网用户将面临着失去互联网开放性和自由性的风险，而恰恰是这自由和开放带给了民众如此丰富与充实的选择。①

当网络空间公共表达缺乏动力机制，激发公众参与意识至为关键。公众参与是网络空间发展创新的重要源泉，而要激发公众参与的积极性与创造性，一个重要前提就是充分赋予公众公共表达权利。公众参与和公共表达互为前提，相辅相成。前者构成网络空间的“体量”，后者关乎网络空间的“内质”。为激发公众参与公共事务讨论的动能，应最大程度拓展网络空间开放性和多元性。正如上文所述，刑法介入网络空间信息治理，其根本目的应是以超常规的强制性力量，为公众创造活跃、包容和规范的公共传播和表达环境，而不能矫枉过正，为了一时之需而从根本上损害公众正当的公共表达权利。任何以实质牺牲公共表达权利为代价的网络信息治理之举，从长远来看都将是得不偿失。由此言之，能否最大限度激发网络公共表达的势能与效能，营造健康清朗的网络舆论生态，是判断网络信息治理成效的一块“试金石”。

① ［美］劳拉·德拉迪斯：《互联网治理全球博弈》，覃庆玲等译，中国人民大学出版社2017年版，第270—271页。

第六章　刑法介入网络空间信息治理的原则与边界

随着网络社会与现实社会日益交互渗透，刑法介入网络空间信息治理已成必然趋势。从有关国家情况来看，刑法介入网络空间信息治理的路径及力度有所差异，一方面是由于在不同的政治社会环境中对刑法理念、本质及功能的认识与理解不同，另一方面更为深层次的原因，是国家刑罚权的运用存在制度和文化上的差异。确立刑法介入网络空间信息治理的原则与边界，应从上述两个层面加以考察和分析。

第一节　刑法理念的演变

刑法适用离不开刑法理念的指导。刑法理念作为刑法精神的集中体现，在很大程度上决定刑事法治实践的方向。刑法理念受益于刑法哲学的发展，是对刑法所作的一种形而上的、应然的思考。[①] 可是，刑法理念并不是纯粹形而上学的产物，它只有根植于现实社会土壤，才能富有活力和灵魂，成为推动刑事法治实践的内生动力。一个国家选择和适用什么样的刑法理念，主要由其所处的时代背景与社会环境所决定。在动态复杂的法律实践中，刑法理念随之不断发生变化。从刑法理念的演变轨迹中，可以窥见一个国家的法治发展状况。

---

① 陈兴良：《刑法理念导读》，中国检察出版社 2008 年版，第 5 页。

一　刑法边界扩张以人权保障为前提

在封建专制社会，刑法成为帝王统治权术的工具。为克服封建刑法罪刑擅断的缺陷，古典刑法理论以人权保障为核心目的，确立了罪刑法定的至上原则。这一原则要求坚持刑法的谦抑性，严格限制刑法边界的扩张。然而，随着工业化和城市化推动人口流动不断加快，贫富差异和阶级分化渐趋加重，社会犯罪问题也因之日益凸显，从而导致刑法的谦抑性原则显得力不从心，难以起到强有力的社会防卫效果。在这种社会情势促动下，刑法边界呈现扩张趋势，从打击犯罪、重视个体权益保护，逐渐转向注重犯罪预防、强调社会防卫，刑法之目的发生了根本变化。

古典刑法理论孕育成长于传统农业社会，初期主要用于维护封建统治秩序。伴随资产阶级革命中个人本位主义的兴起，刑法转变为针对封建专制时期国家权力对于公民个人的侵害。资本主义狂飙突进带来了生产力快速发展，但同时也使得社会矛盾集中爆发，犯罪率节节攀升。出于强化管制和维护社会治安的迫切需要，一些国家却又转而推动刑法理念由注重个体权利保护走向社会防卫。这种转变在第二次世界大战中的德国有着极端化体现。为达到高度管治社会之目的，德国由古典刑法急剧过渡到权威刑法，最终因过分放大刑法的国家防卫功能，导致人权遭受严重践踏。

第二次世界大战之后，罪刑法定原则的价值再次受到重视，刑法对于人权保障的重要意义也得到更加强调。罪刑法定原则是世界公认的刑法基本原则之一，在日本被称为“罪刑法定主义”，在英国、意大利、法国等西方国家多被称为“法制原则”或“合法性原则”。对于罪刑法定原则，大体有形式主义和实质主义两种理解方式。形式主义罪刑法定原则主张“善法恶法都是必须遵守的法”，实质主义罪刑法定原则主张“恶法非法”，坚持任何不合理、不公平、与人民意愿背道而驰、与社会需要格格不入的“法”就不是法，另一方面某种行为只要对社会造成的危害达到足够程度，即使没有具体的“法律”规定，该行为也应因侵犯了社会共同利益而必须作为犯罪对待。应该说，罪刑法定原则的形式要求与实质要求是基于不同的价值立场而作出的判断，对其是非优劣难以简单评价，更难以作出明晰的界限之分。在复杂的现实社会中，两者其实并非呈现相互否定与排斥的关系，而是在不同问题层面上可以起到相互补充乃至相互促进的作用。由于价值和立场的差异化，对于如何理解罪刑法定原则存在争议也就在所难免。从1997年刑法修订以来，我国学界一般是从形式主义的角度来归纳罪刑法定原则的内容，[①] 从刑法的立法精神来看也能得到充分体现。[②] 一般的教科书都认为，罪刑法定原则以"排除习惯法""禁止类推""禁止溯及以往""禁止绝对不定期刑"四个从属性原则为内容。[③] 总体而言，在法治环境和法治水平尚有待完善和发展的情况下，偏向于形式主义的罪刑法定原则应是利大于弊。当然，如上所述，从长时段的发展眼光来看，这两种形式的罪刑法定原则并非呈现非此即彼的关系，在法律实践中更多体现为如何结合或取舍的问题。

刑法具有极强的威慑力和惩罚性，为防止刑罚权的扩张和滥用，在司法实践中刑法的边界意识日益彰显，罪刑法定原则要求刑罚被限定在与责任相均衡的边界之内。[④] 罪刑相适应或罪刑均衡的原则由此得到确立和重视。罪刑相适应原则在我国刑法第五条有所体现，"刑罚的轻重，应当与犯罪分子所犯罪行和承担的刑事责任相适应"。这一表述旨在说明犯罪人"所犯的罪行"和"承担的刑事责任"是决定刑罚轻重的根据，具有强调罪责自负，反对扩大打击范围这一刑法基本原则的意义。[⑤]

---

① 陈忠林：《刑法的界限——刑法第1—12条的理解、适用与立法完善》，法律出版社2015年版，第73—77页。

② 《中华人民共和国刑法》第三条规定："法律明文规定为犯罪行为的，依照法律定罪处罚；法律没有明文规定为犯罪行为的，不得定罪处罚。"

③ 高铭暄主编：《新中国刑法学研究综述》，河南人民出版社1986年版，第48页。

④ 陈家林：《外国刑法通论》，中国人民公安大学出版社2009年版，第63—65页。

⑤ 陈忠林：《刑法的界限——刑法第1—12条的理解、适用与立法完善》，法律出版社2015年版，第172页。

进入21世纪，不确定性的社会风险，随着网络空间蔓延和扩散而呈现加剧趋势，国家面临的非传统安全问题日益突出。面对纷繁复杂的国内外形势，为达到强力“保护社会”之目的，一些国家开始采用超常规手段，如扩张犯罪圈、刑法提前介入、降低犯罪证明要求等，刑法不可避免地向风险积聚之地的网络空间延伸和扩张。在这种新形势下，有学者甚至主张，罪刑法定原则的内涵应该有所调整，其主要目的是确保而不是限制国家刑罚权的行使，最高目标是惩罚犯罪保护社会，而不是保障个人自由。[①] 保护社会固然非常重要，但并非必然以牺牲个人自由为代价。作为对刑罚权启用的刚性约束，以人权保障为前提的刑法谦抑性原则必须得到严格遵守。这个底线不容突破。

从世界范围来看，刑法边界的扩张并非概不合理，所要反对或避免的是突破罪刑均衡原则，进而导致各种形式的刑法过度扩张。任何刑法要达至良法善治的目标，均需顺应社会形势的变化，对国家、社会与公民的合法权益做到动态平衡保护。而在法律实践中要总体平衡好个体合法权益与社会公共法益的关系，需要凭借高超的立法智慧与司法水平，这是一个有机的系统化过程，并非机械单一的短期行为。

刑罚是国家利用公权力对于犯罪行为人施予的严厉制裁。为充分保障人权，限制公权力滥用成为刑事法治的应有之义。因应社会形势变化的需要，刑法边界的适度扩张尽管存在合理性及必要性，但也应以人权保障为前提，对公民权益不可避免的侵害程度须达到最小化程度。[②] 我国刑法第一条规定了其立法宗旨：“为惩罚犯罪，保护人民，依据宪法，结合我国人民同犯罪斗争的实践经验和具体情况，制定本法。”由此可知，“保护人民”是我国刑法立法的根本目的，“惩罚犯罪”只是达致此目的之手段。此谓“保护人民”既包括保护作为我国人民根本利益集中反映的国家利益和社会利益，也包括所有受到我国

① 刘艳红：《刑法的目的与犯罪论的实质化》，《环球法律评论》2008年第1期。

② 皮勇、黄琰：《论刑法中的“应当知道”——兼论刑法边界的扩张》，《法学评论》2012年第1期。

法律保护的个人利益。[①] 换言之，不能反映人民根本利益的“国家利益”和“社会利益”不受刑法保护，或者说不是刑法首位保护的对象。另外，为保障国家和社会整体利益，以实现公共利益最大化，刑法边界的扩张只要符合法律原则和程序，公民在其承受范围内让渡部分权益，亦并非实质性地违背法治精神。

随着高风险社会加速演进，刑法调控社会的价值功能日益彰显。在充分保障人权的前提约束下，刑法边界顺应情势而变得时紧时松也是正常现象。在此意义上，刑法发展史就是刑法边界的扩张和收缩史。因此，为维护网络空间和现实社会双重秩序，对于刑法介入网络空间信息治理，我们应该抱持理性和发展的眼光，既要看到其中存在的合理性与必要性，又要充分认识到其可能带来的破坏性与危害性。

二　防卫社会：从消极刑法转向积极刑法

惩罚犯罪与预防犯罪是刑事惩罚的两个主要目的。惩罚犯罪是出于惩恶即善的观念，其可追溯到古代的“以眼还眼，以牙还牙”的复仇法，通俗而言即是犯罪是一种恶，应受到刑罚之报应。刑罚是对犯罪的扬弃，且这种扬弃在一定意义上表现为复仇。“尽管刑罚在一定意义上包含了复仇，但是绝对不能把刑罚等同于复仇，特别是个人复仇。”刑罚代表的是一种普遍的意志，为了保证社会正义的实现，需要有法院来执行，以此“避免复仇的无限循环”。[②] 在刑法理论中，以报复为价值取向的刑罚观被称为报应主义。与刑法报应主义相对的是刑法功利主义，其利用的是刑罚的威慑效果，以社会利益为本位，惩罚犯罪人重在保护社会而非报复个人。

刑法功利主义的两大代表人物是意大利启蒙思想家切萨雷·贝卡利亚（Cesare Beccaria）和英国法理学家杰里米·边沁（Jeremy Ben-

① 陈忠林：《刑法的界限——刑法第1—12条的理解、适用与立法完善》，法律出版社2015年版，第50—51页。

② ［德］黑格尔：《法哲学原理》，范扬、张企泰译，北京大学出版社2007年版，第46—49页。

tham)。贝卡利亚认为国家刑罚的政治目的在于“对他人的威慑”。“一种正确的刑罚，它的强度只要足以阻止人们犯罪就够了。”[①] 边沁则将苦乐或幸福视为刑罚功利原则的判断标准，在他看来，一切刑罚都是恶，“只有当它可能排除某个更大的恶的情况下，才应该被允许”。“行为是否需要加以惩罚，必须依其倾向于社会幸福的程度而定，依其有害倾向的程度而定。”最终是“取决于行为结果的总和，也就是取决于其善果总量和恶果总量之差额”。[②] 可见，相较于贝卡利亚的预防主义，边沁所持结果主义取向。报应主义和功利主义是影响刑法价值取向的两个基本因素。在法律实践中，两者并不能截然分开，在不同性质问题和社会发展阶段往往是各有侧重，不可能完全偏向任何一个极端。

刑法主要针对的是社会上发生的或迫近发生的严重危害。刑法上的危害分为实害与危险两种。刑法报应主义注重惩罚实害，强调对具体法益特别是个体法益的保护。刑法功利主义注重对危险的预防，侧重于对抽象的公共法益或集体法益的保护。自刑法古典学派以来，刑法被定位为法益保护法，区别于封建时期的专政工具论。但刑法偏向于保护何种“法益”，则主要取决于权力主导方的价值判断与制度选择。对于法益保护的不同立场，决定了刑法权力配置的不同走向。由于对法益的判断及评价存在一定的主观性及可变性，这在客观上也导致刑法干预社会生活的触角可以表现出伸张趋势，故更有必要确立刑罚权使用的边界。从现实情况来看，刑法只有总体偏向于保护具体可感的法益，特别是注重保护被实质侵害的特定法益，才能有效防止其过度扩张，最大限度恪守刑法谦抑性的原则。

严重社会危害性通常被视为犯罪的本质特征。社会危害性是刑法功利主义的核心概念。顺应社会形势的变化，我国将社会危害性纳入刑法规制范围，主要是强调刑法的社会控制功能，具有浓烈的国家本

① ［意］贝卡利亚：《论犯罪与刑罚》，黄风译，中国法制出版社 2005 年版，第 59 页。

② ［英］边沁：《论道德和立法的原则》，程立显、宇文利译，陕西人民出版社 2009 年版，第 54、130 页。

位主义、阶级性和政治性。[①] 本书所重点关注的编造、传播虚假信息罪，网络空间寻衅滋事罪以及拒不履行信息网络安全管理义务罪等罪名，均是不同程度基于社会危害性理论而创立的。犯罪表现为三个特征：严重社会危害性、刑事违法性和应受刑罚惩罚性。从现实发生的实际案例来看，怎样防止将社会危害性等同于刑事违法性？两者之间存在怎样的转化关系？对此问题作何考量，将直接牵涉刑法边界的区划。

刑法层面的社会危害性是一种抽象法益。从积极方面来讲，刑法注重对社会危害性进行预防，有利于增强社会整体安全感。从消极方面来看，它也可能导致公民个体自由空间的限缩。特别是在紧迫现实压力之下，刑法制裁抽象的社会危险犯，是否可能带来侵害其他相关法益往往容易被忽视，其重点在于考虑这种抽象社会危害性对于国家安全和社会稳定是否构成“威胁”。在这种价值取向下，“以结果为本位”的刑法，便转向了“以行为为本位”的刑法。即言之，一个行为是否受到刑罚制裁，关键不是看其造成的实质结果（后果），而是在于这个行为的性质，也就是只要这个行为被认为具有足够的社会危害性，就有必要遭受刑罚制裁。如在个别案例中，有些公权力部门将互联网视为罪魁祸首，认为对当地政府再有不同意见也不能将之“捅”到网上，使其扩散开来造成社会负面影响，故这种“十分恶劣”的行为必须受到应有处罚。[②] 这显然是刑罚的“行为价值论”。对于社会危害性行为的过分看重，不仅导致刑法法益观发生转变，而且推动其从消极刑法（注重法益实害）走向积极刑法（注重法益的抽象危险）。[③] 这带来的可能结果是刑法对于社会生活不仅“管得宽”，而且

---

① 姜敏：《刑法修正案犯罪化及限制》，中国法制出版社2015年版，第160页。

② 在王帅帖案中，当地警察要求王帅写“悔过书”，认为其在网上发帖是造谣，“实在是太过分了，简直是胡说八道……这样说给我们灵宝带来多坏的影响！”“做事就要承担责任，受到一定惩罚，至少有点教训，下次不会再犯错。”中国法院网发表评论认为，“王帅帖案”虽以喜剧收场（当地党政主要领导赔礼道歉，并作深刻检查），但像王帅一样不被当成“精神病”的幸运儿只是特例。参见张军兴《“巡帖之喜”莫走向“王帅帖案”之悲》，https：//www. chinacourt. org/article/detail/2009/05/id/356372. shtml，2021年2月24日。

③ 周光权：《积极刑法立法观在中国的确立》，《法学研究》2016年第4期。

"管得严"。

三　防止社会治理"过度刑法化"

在多种因素推动下，刑法从消极刑法走向积极刑法，将可能导致社会治理出现"过度刑法化"。过度刑法化是指在社会治理过程中严重依赖刑事制裁手段的现象，其主要体现为国家刑罚权的膨胀与越位。从世界范围来看，过度刑法化是比较普遍的现象，欧美国家将之称为立法的"灵活化"，日本称为立法的"活性化"。刑法过度问题曾一度成为引人注目的社会现象，美国学者于 20 世纪 60 年代就发出警告："今天，我们面临着严峻的刑事制裁的困境。总体来说，现在的社会治理比起过去更严重依赖刑事制裁这一社会控制手段，而这种手段的哲学基础和实际操作已经受到严厉的批评。"①

过度刑法化是刑法工具主义的极端化体现，对于社会治理可能造成巨大风险。在刑事立法方面，其主要表现是刑事立法日趋频繁，覆盖面越来越宽，而且伴随着刑法前置化的倾向。在刑事司法层面，主要是在执法过程中表现出高压态势，动辄使用公诉手段，或者以刑事手段制裁行政民事违法行为，刑法自洽性受到严重削弱。② 在价值观念层面，过度刑法化主要体现为"刑法浪漫主义"或"刑法万能主义"：遇到紧迫棘手的社会治理难题，认为动用刑罚威慑手段即能药到病除，一管就"灵"，起到立竿见影之效。

改革开放以来，我国刑事立法和罪名数量一直处于增长中，特别是近年来刑法修正案频频颁布所呈现出的刑法立法活性化，使当前的社会治理一定程度上染上了刑法浪漫主义色彩，整个社会对刑法功能期望过高和过于乐观，进一步强化了政策导向型工具刑罚观。③ 在这

---

① ［美］哈伯特·L. 帕克：《刑事制裁的界限》，梁根林等译，法律出版社 2008 年版，第 360 页。

② 孙万怀：《违法相对性理论的崩溃——对刑法前置化立法倾向的一种批评》，《政治与法律》2016 年第 3 期。

③ 何荣功：《刑法与现代刑法治理》，法律出版社 2020 年版，第 130 页。

种价值取向下，随着网络空间信息治理面临日趋复杂严峻的形势，一些人便主张从重从严打击网络违法信息犯罪。“网络犯罪的特点，决定了必须实行法益保护的早期化”“当今社会比以往更加依赖刑罚……刑法谦抑性的具体内容会随着社会的发展而变化。”[①] 由于受众数量剧增，网络信息散布型犯罪的社会危害性不断扩大，从应然层面看，刑法对于此类犯罪应该进行“从早、从重、从严打击”，《刑法修正案（九）》增设网络信息犯罪类型即是对此的能动性回应。[②] 这类观点具有多大合理性需要结合实际情况进行具体分析，但其背后反映或透露出的社会心态值得琢磨和反思。

社会治理过程中出现过度刑法化现象存在多方面原因，其中不排除有些合理的客观因素。随着新技术发展带来诸多不可预知的新情况和新问题，采用传统的行政管理措施乃至一般性的法律手段往往难以有效遏制日趋增多却又不好定性的违法行为。为防范这种“行为”带来的社会危害性进一步扩大和蔓延，有必要通过增设新罪名或扩大刑法解释等手段，对此新型违法行为予以有力打击，以免造成严重的不利后果。一些国家加快网络领域刑事立法进程，降低网络空间犯罪门槛，即是对此形势作出的积极反应。

刑法积极参与社会治理关键在于掌握法律尺度。刑法提前介入社会治理可作为特殊情况下的应急措施，若其受不当因素推动而演变为常态之举，不仅会导致刑法资源配置错位，而且可能扰乱社会结构秩序，从而削弱社会运行的动力和活力。更重要的是，在刑法工具主义导向下，过度刑法化将导致刑罚权的滥用并由此可能带来公权力的膨胀，进而可能侵蚀罪刑法定原则，动摇法治大厦的根基。

网络空间拓展了犯罪形态，刑法理念面临着是否调整以及如何调整的问题。在社会转型关键时期，社会治理压力日趋增大，特别要增

---

① 张明楷：《网络时代的刑法理念——以刑法的谦抑性为中心》，《人民检察》2014 年第 9 期。

② 刘宪权：《刑事立法应力戒情绪——以〈刑法修正案（九）〉为视角》，《法学评论》2016 年第 1 期。

强刑事立法的科学性与全局性，以及刑事司法的公正性与稳定性，切忌情绪性立法与“补漏式”立法，对于具有社会危害性但暂时难以定性的违法行为，应谨慎作犯罪化处理。当前刑法参与社会治理，不仅要做到有所为，更要做到有所不为。只有牢牢恪守刑法边界，才能从根本上削弱刑法扩张的冲动。

为防止社会治理过度刑法化，应当强化刑法“司法法”属性，避免“行政化”导向。在紧迫形势下，刑法发挥防卫社会机能也不能摈弃保护人权的重要使命。从治理现代化的角度来看，刑法参与社会治理要力求最小化，对刑法政策不能过度回应。[①] 刑法一旦丧失独立性和边界感，必然沦为管控社会的器用工具，其走向过度扩张也就在所难免。因而，在刑法介入网络空间信息治理实践中，社会防卫和人权保障应尽可能做到统筹兼顾，而不能将两者割裂开来。

第二节 风险刑法的价值选择

进入互联网时代，各种危害性内容随着网络空间不定向扩散，维护网络秩序的现实压力与日俱增。出于应对和“抗制”风险的迫切需要，刑法的触角不断向网络空间延展。一定意义上，风险刑法的价值选择，决定着刑法介入网络空间信息治理的尺度和路向。

一 风险刑法理论的源起

风险刑法是刑法学者汲取社会学者研究成果的一个范畴。[②] 随着高风险社会加速度演进，强调人权保障和社会保护并重的传统刑法观已力不从心，风险社会治理的唯一选择，就是“构建以安全保卫为核心的风险刑法”。[③] 进入高风险社会后，刑法的压制和威慑功能远远超过甚至覆盖了人权保障功能，刑罚有时便成为使社会福祉最大化的

① 何荣功：《社会治理“过度刑法化”的法哲学批判》，《中外法学》2015 年第 2 期。

② 付强、孙利：《风险刑法质疑》，《中国刑事法杂志》2014 年第 1 期。

③ 刘艳红：《刑法的目的与犯罪论的实质化》，《环球法律评论》2008 年第 1 期。

“完全合理的政治工具”。①

风险刑法理论源于风险社会治理的现实需要。2003 年以来，我国接连爆发“太湖蓝藻”“三鹿奶粉”“黑砖窑奴工”等重大公共事件，对政府部门应急处置能力提出了严峻考验和挑战。为了充分发挥刑法调控社会的价值功能，风险刑法理论应运而生。由于切中特定社会现实需求，风险刑法不仅成为“最为活跃的一个学术领域”，甚至成为我国近十余年刑法理论发展的两大“学术干流”之一。而且，随着网络时代的来临，这一学术干流的内容不断充实，“渐成洪流之势”。②从实际影响来看，全球风险社会与网络社会的交替交织，孕育了当代刑法积极预防风险的时代任务，犯罪化、危险犯配置、安全价值优位、刑罚积极预防，已成为预防性立法的集中具象表现。③

由于具有明显的价值导向，我国学界对风险刑法理论评价不一，见仁见智。赞成者大多主张以刑罚手段强力管控新型社会风险。劳东燕是国内较早提出风险刑法观的学者，在其看来，当代社会的风险性质使得刑法变成管理不安全性的控制工具，风险成为塑造刑法规范与理论的重要社会力量。随着刑法体系由罪责刑法向安全刑法转变，只要必须、可行并且结果好，任何原则都可以存在例外。在法定犯中，惩罚根据主要取决于风险行为本身，现实的侵害结果退居其次。④郝艳兵认为，控制风险与防御危害已成为刑法重要功能之一，在安全刑法的逻辑结构中，惩罚被延伸到行为方式上，即如果一个行为被证明将可能对社会造成伤害，那么这个行为就应当是被禁止的。⑤程岩进而提出，为应对社会存在的高风险，刑法只有采取主动出击的方式，

---

① ［英］威廉姆·威尔逊：《刑法理论的核心问题》，谢望原等译，中国人民大学出版社 2016 年版，第 51 页。

② 劳东燕：《风险刑法理论的反思》，《政治与法律》2019 年第 11 期。

③ 高铭暄、孙道萃：《预防性刑法观及其教义学思考》，《中国法学》2018 年第 1 期。

④ 劳东燕：《公共政策与风险社会的刑法》，《中国社会科学》2007 年第 3 期；劳东燕：《犯罪故意理论的反思与重构》，《政法论坛》2009 年第 1 期。

⑤ 郝艳兵：《风险社会下的刑法价值观念及其立法实践》，《中国刑事法杂志》2009 年第 7 期。

提前介入风险治理，才能达到风险预防之目的。[①]

在积极倡导之时，反思、批判乃至质疑否定之声始终相伴相随。反对者主要是质疑风险刑法观的价值立场。陈兴良认为，刑法不可能取向任何一个极端，而风险刑法观却构造了“法益保护刑法”与“风险控制刑法”的二元对立，故其“并不能成为刑法的核心与基石”。[②]田宏杰提出，风险刑法观日益凸现，其实昭示的是国家中心治理能力的不足以及传统法律刚性治理模式的失败。[③]金日秀进而认为，风险刑法主要针对的是后工业社会或网络信息社会带来的新危险源，肯定刑法的扩张和早期介入，使作为刑事政策最后手段的刑法，演变为解决社会问题的最优先手段。在某种层面上，这是严惩主义“敌人刑法观”的体现，存在轻视传统刑法保障人权之危险。[④]

从总体倾向来看，大多数人持中间立场，就是既承认风险刑法的存在价值，同时又强调不能将之立于过高位置。龙敏提出，刑法对风险社会提出的新需求以其价值重心的转变作出回应是应该的，但必须谨慎前行，“不能盲目追求风险的应对而摧毁自由”。[⑤]薛晓源等认为，风险社会的刑法只是社会安全的“最后一道阀门”，在很多情况下并非解决安全问题的最佳方案，未来当是更多运用相较于刑法不具有侵犯人权危险的社会手段或政策来达致安全目标。[⑥]

概而言之，风险刑法之争主要集中在两方面：一是质疑风险刑法的理论基础。风险社会理论所指风险主要限于技术风险，与刑法规制的风险不是同一个概念，而风险刑法理论将两类风险混同，可能导致刑法风险的泛化。由于风险刑法理论与风险社会理论难以做到

① 程岩：《风险社会中刑法规制对象的考察》，《刑事法评论》2011 年第 2 期。

② 陈兴良：《风险刑法理论的法教义学批判》，《中外法学》2014 年第 1 期。

③ 田宏杰：《风险社会的刑法立场》，《法商研究》2011 年第 4 期。

④ ［韩］金日秀：《风险刑法、敌人刑法与爱的刑法》，《吉林大学社会科学学报》2015 年第 1 期。

⑤ 龙敏：《秩序与自由的碰撞——论风险社会刑法的价值冲突与协调》，《甘肃政法学院学报》2010 年第 5 期。

⑥ 参见薛晓源、刘国良《法治时代的危险、风险与和谐——德国著名法学家、波恩大学法学院院长乌·金德霍伊泽尔教授访谈录》，《马克思主义与现实》2005 年第 3 期。

“无缝对接”，风险刑法理论就会变得“根基不稳”①；或认为风险社会理论不能成为风险刑法正当性的理论基础，风险刑法出现了“理论错位”。② 二是质疑风险刑法的价值导向。有学者认为风险刑法违背了刑法基本原则，存在“理论上的危机”。风险社会中的风险具有时空上的延展性，刑法在风险显现之时适用则为时已晚，在风险显露之前适用又将违背刑法谦抑性原则，这势必使风险刑法“陷入二律背反的逻辑困境之中”。③ 如何看待风险刑法既回应社会安全之需求，又一并带来刑法风险的“法治悖论”，已成为刑法理论的“重大命题”。④

无论风险社会怎么演变，实质罪责始终是刑事处罚的基本原则，风险预防只是作为后者的一个考量因素。某种行为具有实质罪责且有排他性的预防必要性，采用刑罚手段无疑有充足的正当性根据。某种行为如若没有实质性罪责，纵有再大的预防必要性，也不能动用刑罚权。当然也存在一种情况，就是具有罪责但没有预防必要性，通常情况下也可考虑不予刑罚或减轻刑罚。风险刑法反映了刑法理论与社会发展的互动关系，切合特定的社会现实需求。但要防止风险刑法观过于强调刑法对于社会风险预防的必要性与紧迫性，而有意无意地忽视刑法的价值定位和本质。从长远来看，这种理论缺乏与常态社会发展相契合的生命力，把握不好尺度，其倡导的价值取向在实践中将可能产生误导作用，甚而助长公权力滥用职权行为。因而，对于风险刑法理论和话语，我们应该抱持客观理性的态度，既要分析其存在的社会根源，正视其存在的合理价值，又要辩证把握其背后的价值取向，防止由此带来难以预估的破坏性。

二　秩序与自由：风险刑法的安全边际

安全是人的根本需求。面对风险社会给人们的安全需求带来的冲

---

① 陈兴良：《风险刑法理论的法教义学批判》，《中外法学》2014 年第 1 期。

② 胡彦涛：《风险刑法的理论错位》，《环球法律评论》2016 年第 5 期。

③ 李宏杰：《“风险刑法”理论纷争的反思与出路》，《山东社会科学》2015 年 5 月。

④ 姜涛：《社会风险的刑法调控及其模式改造》，《中国社会科学》2019 年第 7 期。

击，刑法必须作出回应，发挥应有的社会调控作用。刑法对社会风险应采取什么预防原则，以至于做到不越界，不过度？美国哈佛大学法学院教授凯斯·R. 桑斯坦（Cass R. Sunstein）对此提出了安全边际的概念。他认为，风险的不确定性造成的恐惧程度，决定刑法预防原则的安全边际。即言之，刑法预防风险的安全边际，与风险带来的恐惧程度成正比，且这个恐惧程度必须是可感知或可测度的，不能依据主观臆想而随意扩大，更不能以权力意志为转移。

刑法安全边际的设置，是对法律价值平衡的结果。安全、秩序与自由都是法律追求的基本价值。秩序是安全的基础。失去秩序，安全犹如无本之木。为了社会整体安全，则必须确保基本秩序的存在。为了维系秩序，求得安全，固不能以实质牺牲自由为代价，但在特定情况下有时却不得不放弃部分自由，以实现公共利益的最大化。安全边际只有保持在适当位置，才有可能做到安全、秩序与自由的动态平衡。风险刑法的安全边际设置过高，将可能导致对秩序的要求随之水涨船高，甚至翻倍增长，这带来的必然结果是对自由的侵蚀和压制。反言之，安全边际设置过低，则也可能导致秩序的混乱，从而影响自由实现的普惠性和饱和度。刑法介入网络空间信息治理，应当动态把握安全边际的高度，既不能为了过度追求秩序而遏止网络信息正常自由流动，又不能漠视安全隐患而任由违法信息滋长蔓延，从而给国家、社会和个人带来严重危害。

设置安全边际关涉秩序与自由的冲突与调适。保障社会安全，是今天的刑法必须遵循的基本条件，而不仅是对侵害的反应。[①] 对于不同的国家和民族，安全边际的标准和重心往往有所不同。中国总体上比较缺乏自由传统，因而不能随着刑法价值重心转向而盲目追求风险防控。[②] 追求安全应当在不过分干涉自由的范围内进行。[③] 对于正常运

---

① 参见薛晓源、刘国良《法治时代的危险、风险与和谐——德国著名法学家、波恩大学法学院院长乌·金德霍伊泽尔教授访谈录》，《马克思主义与现实》2005 年第 3 期。

② 龙敏：《秩序与自由的碰撞———论风险社会刑法的价值冲突与协调》，《甘肃政法学院学报》2010 年第 5 期。

③ 郝艳兵：《风险社会下的刑法价值观念及其立法实践》，《中国刑事法杂志》2009 年第 7 期。

行的社会而言，安全、秩序与自由都不可或缺，只是在不同时期和不同环境下，三者之间的关系结构有所不同。如何根据不同情况合理设置安全边际的高度，考验的是主政者和立法者的水平与智慧。信息是网络空间的基本元素，只有始终保持信息流动的势能，网络空间才能持续焕发出活力和动力。网络空间是各种利益和矛盾的交汇之所，设置合理的安全边际至关重要。由此而言，刑法介入网络空间信息治理，一个重要的考量因素是对安全边际的调适能否控制好力度和尺度，从而使网络空间信息流动阀门的口径大小保持在合理区间。

如何辩证理性地看待风险是守住刑法安全边际，防范风险刑法转化为刑法风险的前提和基础。任何社会都难以完全避免风险，只要将风险控制在社会承受范围内，适当的风险有时不但无甚大碍，反而可成为推动社会进步的动力。处处力求消除风险的社会，其结果只能是停滞不前。刑法不能简单地以风险的最小化乃至根除风险作为追求目标。① 否则，将不断推高刑法调控社会的安全边际，进而出现过度刑法化的现象。刑法介入网络空间信息治理，同理不能为了一味追求“安全”，而盲目简单地将“根除风险”作为行动目标。

风险社会来临加剧了价值分化与冲突。出于某些功利化需求，刑法法益不时呈现抽象化、社会化、空幻化的倾向。② 这种倾向主要表现在抽象的社会法益（公共秩序）、观念法益（社会危害性）取代个人法益，成为刑法重点保护乃至提前保护的对象。化解刑法安全边际的压力，根本之举是返璞归真，尽可能回归刑法传统法益观，即强调保护具体的、实际的法益，而不是注重预防抽象的社会危害。如此，刑法才能切实成为“法益保护法”，而不是“风险防控法”，更不是“行政管理法”。

三　坚定捍卫刑法谦抑性

“刑法谦抑性”形成于“第二次世界大战”之后，由日本引入我

---

① 劳东燕：《公共政策与风险社会的刑法》，《中国社会科学》2007 年第 3 期。

② 郝艳兵：《风险社会下的刑法价值观念及其立法实践》，《中国刑事法杂志》2009 年第 7 期。

国刑法学界。刑法的谦抑性是相对于刑法的扩张性而言的，是指刑罚权的发动必须受到节制，特别是要防止公权力的滥用。刑法对于防范社会风险可以发挥重要作用，但也不能过于高估刑法的社会治理功能。刑法的暴力性带有极强的外溢效应，故刑法的启用理当保持最大限度的克制。失去谦抑性的约束，刑法将可能带来极大的破坏性。

刑法的积极扩张是特定社会背景下的客观现象。风险刑法理论在本质上与刑法谦抑性并不矛盾，更无必然冲突。从积极意义上讲，风险刑法是强调要充分发挥刑法防控社会风险的前置性作用，并不意味其必然突破刑法谦抑性原则，更不意味必然以牺牲后者为代价。在特定条件下，风险刑法理论只要建基于刑法谦抑性原则之上，完全可以取得积极正向的社会防卫效果。反言之，一旦突破刑法谦抑性原则，风险刑法必然带来刑法风险。坚定捍卫刑法谦抑性，是刑法介入网络空间信息治理必须坚守的底线原则。

网络违法信息肆虐传播具有多方面原因，往往并非单一因素所致。消除社会风险只有综合运用多种手段，才可能标本兼治，从而更好达到维护社会秩序的作用。作为守护社会安全的“最后一道阀门”，刑法只是一个辅助性规则体系，[①] 其在社会治理过程中具有不可避免的局限性，往往并非优先考虑的最恰当手段，在很多情况下或可以采取比刑法更没有侵犯人权风险的手段。面对来自风险社会的挑战，更多时候需要的并不是刑罚权的扩张，而是牢牢坚守刑法谦抑性。如前文所言，刑法的积极前伸有时凸显的反而是国家治理能力的不足。面对紧迫棘手的治理难题，在常态社会运行中找到破坏性最小且具长效作用的应对之策，是提升社会治理能力现代化水平的重要体现。对于强健的法治社会而言，谦抑性并不意味着刑法的软弱，而是更能彰显刑法的刚性有力。某种意义上，能否坚守刑法谦抑性，是对刑法品格和法治定力的考验。

---

① 薛晓源、刘国良：《法治时代的危险、风险与和谐——德国著名法学家、波恩大学法学院院长乌·金德霍伊泽尔教授访谈录》，《马克思主义与现实》2005 年第 3 期。

刑法谦抑性的实现，主要体现在两个方面：在立法上是犯罪圈的划定（定罪），在司法上是刑罚量的配置（量刑）。从《刑法修正案（九）》来看，我国刑法结构继续朝着“严而不厉”的方向发展：在犯罪圈扩大的同时，平均个罪的法定刑朝着更为轻缓的方向发展。这从轻微罪在整个刑法中的比例以及轻微罪刑事案件在整个刑事案件中不断攀升的比例可以看出。我国刑法发展的理想目标，是在犯罪圈扩大的情况下，通过调控刑罚的配置，最终实现刑罚总量的下降。① 当然，犯罪圈的扩大并不必然意味着违反刑法谦抑性原则，犯罪圈的扩大有时是因应社会治理需要而不得不严密刑事法网。这在一定程度上可以强化公民的守法意识，维护急剧变动的社会秩序，是刑法面向时代和社会发展的必然要求。只要在刑罚的量上作些适当平衡，适当减轻刑事惩罚的程度，同样可以总体实现刑法谦抑性的原则要求。

由于网络违法信息犯罪影响大，手段新，运用既有刑法罪名体系予以规制往往力有不逮，适当扩大犯罪圈便成必然选择。在这种情况下，要实现刑法的谦抑性，只能在刑罚的入罪条件、启用程序及量刑上进行节制，以实现总体平衡，从而达到“严而不厉”的状态。如《刑法修正案（九）》虽然增设了拒不履行信息网络安全管理义务罪，在立法层面加大网络服务提供者的刑法制裁力度，而事实上进入司法层面的实际案例并不多。在法信数据库以“拒不履行信息网络安全管理义务罪”为标题或关键词进行检索，截至本章写作之时仅有 2 份刑事判决书。尽管可能存在因想象竞合而择其他重罪论处的情形，可依然不能否定“本罪适用率过低”的现实。这实亦可视为刑法谦抑性在司法实践层面的体现。

与坚守刑法谦抑性相比，依靠暴力固然能够快速维护和扩展秩序，但依靠任何手段构建的秩序，只有取得广泛社会认同，才能获得充足的正当性，进而转化为持续有效的制度规范与价值理念。刑法作为极

---

① 储槐植、何群：《刑法谦抑性实践理性辨析》，《苏州大学学报》（哲学社会科学版）2016 年第 3 期。

具威慑力的暴力手段，在社会治理过程中要发挥其积极功能，从根本来说不是依靠强制性力量，而是建基于社会认同之上的谦抑性原则。刑法只有严守“不作为”之界，才能最大限度上提高“作为”的效率与层级水平。这是提高刑法权威性与威慑力的根本之策。滥刑刑法带来的各种形式的暴力，只能引发更大的抵抗与混乱。刑法介入网络空间信息治理同样如此，滥用刑罚手段只能造就更大的信息真空和“信息黑市”，从而引发更大范围乃至更大限度上的网络社会秩序混乱。

第三节　刑法介入网络空间信息治理的原则

随着互联网影响日益增大，互联网已从犯罪对象、犯罪工具升级为犯罪空间，网络社会“犯罪场”不断扩展。网络社会犯罪场是指以潜在犯罪人为中心、以网络生活环境为背景的犯罪主客体诸要素之间相互影响、相互作用的共同体。网络社会犯罪场具有传统犯罪所没有的特点，即犯罪空间广阔、犯罪发展迅速。[①] 随着网络空间风险加大，网络信息犯罪多发，刑法介入网络空间信息治理的驱动力不断滋长。

刑事立法是以社会危害性的有无和大小为圭臬。社会危害性决定犯罪圈的大小，决定法定刑的轻重。[②] 网络违法信息的社会危害性，有时并非取决于内容本身，而是信息赖以滋生的社会环境。在社会媒介化和媒介社会化双向变革构织的开放式传播环境下，网络空间不断滋生蔓延的虚假信息特别是谣言类虚假信息往往被认为是加剧社会风险的诱发性因素，动用刑法提前介入斩断其传播链条，也因而被认为是强有力的“灭火”之举。上文已述，由于网络信息治理没有既有经验可循，传统规制手段又基本失效，刑法介入网络空间信息治理有时追求的并不完全是实际效果，更多是起到政治宣誓的象征性作用，以此表明有关政府部门应对网络空间舆情风险和危机的态度与决心。

① 皮勇：《网络安全法导论》，中国人民公安大学出版社 2008 年版，第 34 页。
② 赵秉志：《社会危害性理论之当代中国命运》，《法学家》2011 年第 6 期。

正义、幸福、安定性是法的目的和理念。这既是对刑法的价值导引，又是对刑法的边界约束。刑法的基本价值导向是保护主义（维护社会秩序），而非惩罚主义。德国学者耶赛克和魏根特认为，刑法目的在于“保护人类社会的共同生活秩序”。共同生活秩序是指刑法通过保护个体达致保护社会的共存秩序，以及通过保护社会结构以保护社会的共存秩序。[①] 维护共同生活秩序必须以保护个体合法权益为前提，失去个体自由度与价值感的共同生活秩序，无疑是虚幻的表象。基于保护主义的立场，刑法介入网络空间信息治理，从长远来看是为了构建共同的生活秩序，而不仅是在于对违法信息传播者个人的报复和惩罚。

实现人的自治和促进个人福利最大化，是现代社会发展的根本宗旨。只有充分弘扬人的理性，扩大人的自由范围，人与社会才能美美与共，实现和谐共融发展。作为人类社会的创造，法律包括刑法旨在构建更有利于人类生存和发展的秩序，其根本目的是扩大人类自由，或为实现人类自由创造更好的环境，而不是成为自由的束缚物。当然，这种自由不是简单的个体意义上的行为自由，而是为人类创造更安宁、更长久的自由发展空间，是一种更高价值层面的自由。从历史上来看，法律虽然具有暴力性的一面，但它至今仍是实现人类集体生活的最佳方式。[②] 包括刑法在内的任何法律，只有充分保障个体免受非法侵害，从根本上促进社会福祉，维护国家与民族安定团结，才是正义的，从而成为公众认可并自觉遵循的良法或善法。

从更深层次角度思考，探讨刑法的目的必须追问：刑罚或刑法之于人类究竟有何本质意义？国家持有刑罚权的正当性何在？如何保障国家正当行使刑罚权？这些都是刑法学的基本问题。“国民的欲求”是刑法制定的原动力。制定刑法整体适应国民欲求，属于正常的“生理现象”，不适应则是“病理现象”。为什么在国家行为中不时会产生

① 贾健：《刑法目的论——以关系本体论为视角》，法律出版社 2014 年版，第 20—32 页。

② ［英］马丁·洛克林：《剑与天平——法律与政治关系的省察》，高秦伟译，北京大学出版社 2011 年版，第 8 页。

这种病理现象呢？当旧的生产关系与新发展起来的生产力之间的矛盾激化，阶级统治当然会产生病理现象。① 在某种意义上，刑法介入网络空间信息治理正是为了化解网络空间信息生产力与生产关系之间的矛盾，其要防止出现“病理现象”，关键在于刑法介入行为不能漠视更不能践踏正当的“国民的欲求”。在“后真相”传播乱象滋生的网络空间，这种欲求主要表现为对于多元、优质信息的刚性需求。

网络空间是人类生活的新型场域，也是人类栖息的精神空间。人是社会交往的动物，信息传播和精神交往是其生存发展的基本需求，也是社会得以维系的基本条件。刑法介入网络空间信息治理必须充分尊重并保护人与社会的基本需求。同时也应看到，网络空间信息传播的匿名性、开放性及弥散性，使得网络空间既可为人类生活带来革命性进步，又可成为催生社会震荡乃至颠覆国家政权的媒介场域。如何做到既彰显前者又抑制后者，是刑法介入网络空间信息治理应该遵循的总体原则。当前特别要避免为了防范后者而有意忽视乃至牺牲前者，否则将可能使得网络空间成为操演和规训之地。

刑法介入网络空间信息治理是有限度的，而不应当是全面的介入。基于刑法价值功能和互联网发展规律，刑法介入网络空间信息治理应当遵循三大基本原则。

一　以实质危害性为主要前提的社会防卫原则

网络空间具有不同于真实世界的结构、规则及行为方式，是自治与他治博弈共生的新型场域。网络空间是多元主体参与形成的开放式结构，难以适用自上而下行政管理式的硬性规制模式。网络信息治理是多方主体协商、合作和博弈的过程，而非单方权力操控行为的结果。在法律范围内，信息生产与流动是维系社会正常运行的需要，也是公民践行言论自由权利的体现。不能因为网络空间较现实环境下的信息传播可能带来更大的社会危害性，就对之施以非同一般的严厉管制。

① ［日］西原春夫：《刑法的根基与哲学》，顾肖荣等译，法律出版社 2004 年版，第 127 页。

为此，刑法介入网络空间信息治理原则上应以实质危害性为前提，即只有网络违法信息传播行为已经严重侵害或有足够证据表明将迫近侵害特定重大法益，如危及国家政权稳定、社会公共秩序或公民人身安全等，方可考虑动用刑事制裁手段。

将编造、传播网络虚假信息的犯罪行为定位为结果犯，而不是行为犯或抽象危险犯，是坚持实质性危害原则的重要体现。就诽谤罪而言，实质危害性原则要求行为人编造、传播的网络虚假信息造成被害人的名誉权遭受严重贬损以致出现精神失常、自杀等严重后果才能考虑量刑治罪；就网络空间寻衅滋事罪而言，实质危害性原则要求造成现实生活公共秩序出现严重混乱的实际后果，行为人编造、传播网络虚假信息“起哄闹事”的行为才构成入罪的基本要件。如果不严格限制将抽象的社会危害性作为刑法介入网络空间信息治理的原则，带来的结果将可能是公权力的滥用，在刑罚高压之下，亦可能同时造成言论“沉寂化”（人人自危而默不作声）局面。

预防刑法的本质是以社会危害性作为社会防卫的主要依据。近年来，预防刑法成为国家刑事政策导向，是国际社会在与恐怖主义、网络犯罪等新型犯罪斗争中出现的一种新趋势。预防刑法不再严格强调以罪责为基础，而是着眼于未来，重在防范“潜在的法益侵害危险”，以实现社会有效控制。[①] 从历史上来看，“社会防卫”是19世纪末期由刑事实证学派提出的概念，主张刑罚目的在于保护社会免受犯罪之害，而不仅是对个人的报复和威慑。第二次世界大战之后，出于对刑法过分强调社会保护而可能带来侵犯人权后果的反思，一些欧洲学者提出了“新社会防卫论”，其核心主张是社会防卫的刑法理论应立足于让罪犯“重返社会”，而不能让其感到自己是“一个敌对分子”。[②] 这为当下刑法介入网络空间信息治理提供了诸多启示和警醒：在刑事立法和司法过程中须避免将网络谣言传播者视为想象中的“敌对分

---

① 何荣功：《刑法与现代社会治理》，法律出版社2020年版，第6—7页。

② 康树华：《新社会防卫论评析》，《贵州社会科学》1992年第2期。

子”，而不计“后果”对之进行报复式打击。

网络违法信息传播入罪的构成要件，是必须造成“严重扰乱社会秩序”之后果。“严重扰乱社会秩序”是相对模糊的用语，不同司法机关对此界定往往存在差异，故在实践中容易造成执法标准不一。从已有刑事审判案例来看，这是导致网络违法信息传播犯罪化扩张的一个重要突破口，即主要依据网络违法信息传播数量标准入罪，这实际是将“信息网络秩序”类同于“现实社会秩序”。如在“曾某编造传播虚假警情信息案”① 中，广东省惠东县某公司员工曾某将本发生在外地的刑事案件“移植”到本地，并编辑文字说明以“一家七口横尸满地！现场惨不忍睹，太恐怖了！”为题发布于其所在公司微信公众号，从而导致“该虚假信息点击阅读量超过十万次”，并引发大量不明真相的网民和当地外出务工人员“对家乡的社会治安及当地政府工作不满”。安徽省阜南县人民法院审理认为，被告人曾某明知是虚假警情而故意在信息网络上传播，“严重扰乱社会秩序”，构成编造、故意传播虚假信息罪，被判处有期徒刑二年。又如在2018年判决的“李某寻衅滋事案”② 中，广东省恩平市李某为了“增加微博粉丝数量”而借助“昆山反杀案”事件编造了多条不实信息，其中一条“阅读量达到760万、点赞数2.9万、评论数4256”。法院审理认为，这“严重扰乱了网络公共秩序并造成了恶劣的社会影响”，遂以寻衅滋事罪判处李某有期徒刑六个月。从有关材料及审判逻辑可以看出，上述两个案例中出现的造成严重扰乱“社会秩序”与“网络公共秩序”的后果，主要是在与将来的可能性关系中对危险程度的“评价”，基本是处于“认识上的构想”，较难从中看出对现实社会秩序造成实际损害及其是否达到了“严重扰乱社会秩序”的地步。

---

① 中国法院网：《编造、故意传假信息一女子获刑两年》，2016年7月，https://www.chinacourt.org/article/detail/2016/07/id/2020998.shtml，2020年1月9日。

② 法信网：《编造虚假消息在信息网络上散布造成公共秩序严重混乱的应认定为寻衅滋事罪》，http://www.faxin.cn/lib/cpal/AlyzContent.aspx? isAlyz = 1&gid = C1341981&libid = 0202&userinput = 信息网络寻衅滋事罪，2020年1月9日。

为防止不当扩大刑法打击面，从近年出台的司法解释以及立法机关对其的理解与适用来看，现实危害性的入罪导向逐渐得到强调和确认。《最高人民法院关于审理编造、故意传播虚假恐怖信息刑事案件适用法律若干问题的解释》第二条对“严重扰乱社会秩序”明确列举了六种情形，分别为：

> （一）致使机场、车站、码头、商场、影剧院、运动场馆等人员密集场所秩序混乱，或者采取紧急疏散措施的；（二）影响航空器、列车、船舶等大型客运交通工具正常运行的；（三）致使国家机关、学校、医院、厂矿企业等单位的工作、生产、经营、教学、科研等活动中断的；（四）造成行政村或者社区居民生活秩序严重混乱的；（五）致使公安、武警、消防、卫生检疫等职能部门采取紧急应对措施的；（六）其他严重扰乱社会秩序的。

由上可见，前五条实质性规定均指向“现实社会秩序”，如公共场所秩序、公共交通秩序、正常工作秩序、居民生活秩序等。上文已述，为防止网络空间寻衅滋事罪过度扩张，立法机关特别解释说，对于该罪中“造成公共秩序严重混乱”的后果，必须基于“客观主义”立场从严把握，其不单是造成“信息网络秩序”严重混乱，同时要对“现实社会秩序”造成严重混乱，如引发重大群体性事件、引发民族宗教冲突等，可见其严重程度远非一般意义上的社会秩序混乱。最高人民法院、最高人民检察院、公安部、司法部联合发布的《关于办理利用信息网络实施黑恶势力犯罪刑事案件若干问题的意见》也特别强调，涉黑网络犯罪的构成要件必须在“网络空间和现实社会”造成重大影响，“单纯通过线上方式实施的违法犯罪活动，且不具有为非作恶、欺压残害群众特征的，一般不应作为黑社会性质组织行为特征的认定依据”。可见，网络违法信息对于社会秩序的扰乱必须结合线上、线下状况进行综合认定，严格执行双重秩序结构标准。

值得注意的是，将现实危害性作为网络违法信息传播行为犯罪化的主要价值导向，在有些审判案例中已有所体现。如在“编造传播毕节女童被性侵假信息案”[①] 中，被告赵某、尤某分别被判处有期徒刑六年和四年六个月，不仅是因其编造传播的谣言虚假信息“共引发9.07 亿人阅读、37.2 万次讨论”，扰乱了“信息网络秩序”，而且造成涉事地区部分群众不敢将孩子送幼儿园，有关部门为全面排查核实信息内容也耗费了大量人力、物力、财力，可见对当地居民生活秩序和工作秩序确实造成严重危害。在“卢月宏编造、故意传播虚假信息案”[②] 中，福建省南平市光泽县人民法院判处被告人卢月宏有期徒刑十个月，缓刑一年，不仅仅是因被告编造传播的虚假警情视频“点击量达 13232 人次”，“损害了人民警察的形象”，更重要的是引发当事人“纠集不明真相的群众封堵道路”，严重扰乱了当地正常交通秩序和生活秩序。在前文提到的“韩兴昌诽谤案”中，审理此案的陕西省汉中市汉台区人民法院就曾提出，网络诽谤无疑侵害了互联网的安全与管理秩序，但网络空间具有虚拟性，只有当对网络秩序的侵害会影响到现实社会秩序时，保护网络秩序才具有现实意义，故对“严重危害社会秩序”的判断，应仍以现实社会秩序是否受到侵害为标准，而不能采用单一的网络秩序侵害标准。

历史和现实足以证明，防卫社会的口径一旦肆意张开，不以实质危害加以约束，在特定条件下其将会演变为压制言论自由的合法手段。刑法介入网络空间信息治理，只有当容忍度实已突破社会承受底线，即网络违法信息传播已对国家安全、社会秩序或个体权益造成了严重的实质性侵害后果，并达到非用刑法不足以救济之地步，方能不得已而为之。

二　最大限度的必要性原则

在互联网领域慎重立法，遵守最低限度的必要性原则，是欧美国家普遍认同的价值理念及行为原则。在 1997 年发布的《全球电子商务

---

① 人民网：《编造传播毕节女童被性侵假信息两人被判刑》，http：//legal. people. com. cn/n1/2020/0101/c42510 - 31531185. html，2020 年 1 月 9 日。

② 参见福建省南平市光泽县人民法院（2016）闽 0723 刑初 85 号刑事审判书。

框架》中，美国政府明确提出，尊重互联网的特性，避免不必要的立法，实有必要才能采取适当的管理政策。欧盟在其文件中更是明确提出最低限度的立法原则：除非必要，成员国不能针对互联网进行专门的立法。而且，互联网立法必须是积极的和促进的，对电子商务、电子政务发展不会带来实质性的负面影响。[①] 由于事关公民言论自由，网络信息传播犯罪化理当保持最大的克制和最为严苛的标准，但凡能用其他手段解决的问题，则不必动用刑法手段。从这个意义上讲，最大限度的必要性原则又可称为“最后化原则”。

网络谣言传播犯罪属于主观故意犯罪，除了造成严重后果，一般还须达到“情节恶劣”的程度。“情节恶劣”主要表现在行为人非但出于故意，而且具有“主观恶性”，如发泄私愤、报复社会等。在2018年发生的“田雨寻衅滋事案”[②] 中，河南省泌阳县人民法院以寻衅滋事罪判处被告田雨有期徒刑一年零两个月，系后者因彩礼纠纷向公安机关报案谎称被骗17000元，在公安机关作出不予立案决定后，田雨为发泄私愤，利用信息网络“辱骂公安民警数百次”，并称办案民警孙某、姚某压案不查是“黑公安”“黑刑警”，可见被告明显具有主观恶性，对之进行刑事处罚实有一定必要。但立法机关认为，对于普通网民在网络上发泄不满，辱骂他人，未对现实的社会秩序造成实际破坏的，一般不宜追究刑事责任。[③] 由此而言，在“田雨寻衅滋事案”中，被告严格说来并未对“现实的社会秩序”造成实际破坏，故是否有最大限度的必要对其判处长达一年零两个月的有期徒刑，多少存有讨论余地。此外，在上文提及的“曾某编造传播虚假警情信息案”和“李某寻衅滋事案”等案例中，行为人编辑转发虚假视频信息主要是出于博取关注、“增加阅读量”或“增加粉丝量”之目的，其结果虽给当地社会治安状况及政府形象带来一定负面评价，但总体上

---

① 刘正荣：《互联网立法和内容传播责任》，《网络传播》2007年第4期。

② 参见河南省泌阳县人民法院（2018）豫1726刑初75号刑事审判书。

③ 最高人民法院刑事审判三庭编著：《网络犯罪司法实务研究及相关司法解释理解与适用》，人民法院出版社2014年版，第167—172页。

均未对“现实的社会秩序”造成实际破坏，在这种情况下是否有足够必要对行为人采取刑罚制裁，更有讨论空间。

对于那些一时冲动，或出于好奇，偶然触及网络犯罪之人在追究刑事责任时要特别慎重，刑罚应作为社会治理的最后手段，以达到“打击极少数，教育大多数”的社会效果。[①] 与此对照，在“顾德广、贺景莉诉尤逢尧诽谤案”[②] 中，因自己侄子发生交通事故死亡，尤某将之归因于侄子原班主任顾德广，遂先后在大小网站以多个网名发表了《江苏变态老师逼死 5 名学生，隐瞒导致死亡增加 11 人》等文章，并称顾德广是“恶魔”“变态”，并声称“他辱骂男学生是色狼，辱骂学艺术的女学生是女流氓、女痞子、泼妇等”。对于另一个被侵害人贺景莉，尤某在文章中谎称：“她是县委主要领导人的同学，两个人有非正常的关系。”这些言论内容发布后“在网上浏览人次达数千人，跟帖近百人”，致使顾德广不能正常工作，贺景莉精神遭受打击，经医院诊断为抑郁症。两位受害人据此提出刑事自诉。庭审中，被告辩护律师认为，尤某在网上发帖的动机，是呼吁社会对其侄子非正常死亡予以关注，且认罪态度较好，故建议法庭对其从轻处罚。睢宁县人民法院最终审理认为，作为死者亲属，本应依照法律维护自身权益，但被告人尤某采取了伤及自诉人的方法来达到自己目的，使自诉人人格无辜受辱、名誉受损，“其犯罪动机不能成为对其从轻处罚的理由”，客观上也造成了“自诉人社会评价的贬损及身心的巨大伤害”，而且这种负面影响不可能通过被告人的赔礼道歉而立刻消失，遂以触犯诽谤罪判处被告人有期徒刑一年，缓刑二年。《网络诽谤解释》规定了“情节严重”的四种情形，其中第二条为“造成被害人或者其近亲属精神失常、自残、自杀等严重后果”。此案发生在《网络诽谤解释》施行之前，现今若对此案进行重新审视，其后果显然未达到“情节严重”之地步，故此案中刑法介入是否符合最大必要性原则，实有

① 最高人民法院刑事审判三庭编著：《网络犯罪司法实务研究及相关司法解释理解与适用》，人民法院出版社 2014 年版，第 14 页。

② 参见江苏省睢宁县人民法院（2008）睢刑自初字第 27 号刑事判决书。

讨论的余地。

从实际情况来看，由于社会敏感度较高，有关部门对采取刑罚手段打击网络谣言总体是采取比较审慎的态度。人民网对2016年上半年中国移动舆论场中的450个谣言案例进行全景式研究发现，网络谣言问题虽在网络信息治理工作中显得尤其突出，但在处罚措施上基本是采用行政手段，如依法行政拘留、删帖、封号等，很少采用刑事处罚措施。[①] 2020年年初新冠肺炎疫情暴发之初，针对武汉警方刑拘8名“散布不实消息者”，最高人民法院官方微博专门发文指出，执法机关在查处类似案件时，应全面审查谣言编造者、传播者的主观恶意与行为在客观上造成的影响，对其“应以批评教育为主，以行政处罚为辅，刑事处罚在非极端情况下不予考虑”。[②]

网络谣言治理是综合系统工程，非单一法律手段所能为。信息生产和分发的社会化与多元化造就了谣言生成传播的土壤，而真正造成社交网络谣言传播加剧的原因是信息反馈机制的缺失。[③] 有学者对中国近年来网络谣言传播典型案例进行实证研究后发现，在特定的政治生态下，突发事件中网络谣言传播不仅与传播媒介、信息透明度有关，更与制度化参与渠道不足以及社会公信力缺失密切相关。[④] 网络谣言治理的根本之举是从源头和制度上消除网络谣言滋生蔓延的社会土壤，故在具体情况下必须对网络传谣造谣入罪的效果及代价进行充分权衡，一旦失去最大限度必要性支撑，其有效性必会大打折扣，甚至引起逆反效应。例如，韩国通过颁布《信息通信基本法》创立了“传播虚假信息罪”，但在执行过程中却发现，对网络谣言治罪非但不能达到预

---

① 参见人民网《〈网络谣言传播及成年人认知情况研究报告〉在京发布》，2016年8月，http：//society. people. com. cn/n1/2016/0802/c229589－28605156. html，2019年12月30日。

② 参见唐兴华《怎么看待“武汉处理8名发布不实信息者”》，2020年1月，http：//news. sina. com. cn/c/2020－01－28/doc－iihnzahk6772012. shtml，2020年2月3日。最高人民法院官方微博这样解释发文意图：人民法院作为国家审判机关，不可能冲在治理谣言第一线，但有责任向全社会表达自己对解决谣言问题的法律思考。

③ 喻国明：《双因机制：移动互联网时代的谣言生成》，《新闻与写作》2018年第3期。

④ 苏宏元、黄晓曦：《突发事件中网络谣言的传播机制》，《当代传播》2018年第1期。

期目的，反而激化了社会矛盾、制造了更多的麻烦，因而最终以违宪为由废除了该法。[①]

刑法具有极大威慑力，既可产生正面效果，又隐含着极大的破坏性。在现实生活中，对特定利益侵害行为的制裁，或者对个体权利的救济，通常是采取民法和行政法手段，只有待前两类手段不足以遏制违法行为，并且这种违法行为已经造成严重后果，或者可预见的严重后果迫在眉睫，非要通过刑罚对施害人进行惩处，才能达到权利救济以实现公平正义之时，刑罚的启用才具有足够的必要性和正当性。

从另一方面来讲，刑法介入网络空间信息治理应该体现最大限度的必要性原则，意味着对网络违法信息传播行为应尽量使用最低限度的刑罚手段。上文已述，在言论领域严格控制刑事手段，是世界大多数国家的普遍做法。某种意义上，言论型犯罪是体现国家法治水平的重要依据。正是由于因言获罪在历史上酿出诸多丑剧、悲剧或惨剧，世界很多国家在宪法中都明确昭示，严禁对公民表达自由进行暴力侵犯。1945 年，针对黄炎培提出的中共能否跳出“其兴也勃焉，其亡也忽焉”的历史困境，毛泽东给出了答案：“只有让人民起来监督政府，政府才不敢松懈，只有人人起来负责，才不会人亡政息。”[②] 表达权是人民监督政府和参政议政的重要手段。在改革开放初期，为了扫清社会主义市场经济发展道路上的思想障碍，邓小平对言论禁锢带来的“鸦雀无声”局面提出了尖锐批评，才得以及时扭转开历史倒车的现象，使国家发展重新步入正轨。可见，保持充足的言论自由空间对于持续推动国家和社会发展有多么重要，它在某种历史关头甚至可起到决定性作用。

网络信息治理直接关乎公民言论自由，刑法若成为优先乃至常用治理手段，则容易伤及言论自由的肌理，破坏言论自由的整体氛围。对网络违法有害信息进行刑法规制，要对其必要性及其代价进行充分

① 汤磊：《美韩两国网络谣言法律规制问题研究》，《陕西行政学院学报》2014 年第 2 期。

② 黄炎培：《八十年来》，文史资料出版社 1982 年版，第 148 页。

考量和权衡。一旦失去最大限度必要性支撑，刑法介入网络空间信息治理的合法性与正当性将会大打折扣。刑法严厉整肃带来的后果，将可能是因信息流动受阻而使社会运转失去活力和动力，陷入另种无序的亚健康状态。

三　最少伤害的比例原则

必要性原则是回答刑法有无必要介入网络信息治理的问题，比例原则则是解决刑法介入网络空间信息治理的尺度问题，以防止出现通常所说的“用大炮打麻雀”。

刑法介入网络空间信息治理不能以压制或剥夺人的基本需求和基本权利为代价。前文已述，人类社会对于互联网的基本需求，是对于自由展开言论表达与精神交往的追求和向往。意思自治是人的本真状态。创造条件充分实现人的意思自治，是现代法治国家的根本任务。网络空间相比现实社会具有更大的延展性，为拓展人的自由与价值提供了巨大的可塑性空间，这也是推动互联网持续发展的源动力。为充分发挥互联网对于人类社会的积极价值，刑法介入网络空间信息治理不能悖逆网络空间“人心”所向，这个最大的人心就是人们寄托于网络空间的内在需求与基本权利。“人心”之基越稳，网络社会发展空间越大。

网络空间信息传播是交互式的合作行为，而非单方主体的封闭性呈现。这是一个主体间性的有机过程，也是新媒介环境下探寻真相与凝聚共识的重要路径。在开放式传播环境下，难免会出现多元混杂的信息或声音，只要由此带来的后果能够做到总体可控，则不宜考虑动用刑罚制裁手段。为了避免出现打压言论的行为，应严格区分尖锐的批评言论和恶意的煽动言论，从而使谈论国事的公民不会轻易受到刑罚。[①] 刑法重在维护基本底线，对于批评、建言的网络言论，即使有部分内容失实、评论偏激，也应保持司法克制。[②]

① 陈小彪、佘杰新：《网络谣言刑法治理的基本立场》，《吉首大学学报》2014 年 1 月。

② 最高人民法院刑事审判三庭编著：《网络犯罪司法实务研究及相关司法解释理解与适用》，人民法院出版社 2014 年版，第 154 页。

为切实遵循打击犯罪与保护人权并重的原则，刑法规制网络违法信息须实行动机、情节和后果三位一体的要件结构。后果是直接体现社会危害性的客观依据，动机和情节是加重或减轻社会危害程度的重要考量因素。即言之，有些行为人虽实施了网络造谣传谣行为且造成必要后果，若其主观上并没有扰乱社会秩序的动机和恶意，在定罪量刑上可实行“避重就轻”的原则。同时也要全面、综合判定谣言传播行为与实际后果之间的因果关系，准确查明造成“现实公共秩序严重混乱”是否因行为人在信息网络上散布虚假信息所致，以避免不适当扩大打击面。[①] 如在上文提及的诸多案例中，被告被判刑主要因其编造传播的虚假信息造成当地治安状况及政府工作评价降低，从而“扰乱了社会秩序”。这两者之间是否存在或在多大程度上存在必然对应的因果关系，并非那么简单明了。“社会秩序”被“严重扰乱”通常是有关问题长期积压的结果，网络谣言只不过是诱发因素或众多因素中的一个。如在“曾某编造传播虚假警情信息案”中，被告因把发生在外地的一起普通刑事案件“移植”到本地，而被认为“抹黑”了家乡的治安状况及政府工作形象，这种基于本位主义的判决结果是否存在超比例使用刑罚之嫌，实可进一步分析和讨论。

对于“明知而散布”的网络造谣行为入罪，具有“明知”的主观心理态度是其必要条件之一。刑法上的明知通常包括两种情形：“知道”和“应当知道”。大众网民转发网络信息渐成一种生活方式，对其注意义务不宜要求过高、过严。在推定“应当知道”时，对于把握不准的，应当本着“就低不就高”“有利行为人”的原则。在构成犯罪的恶意诽谤行为与普通网民的一般转发行为之间必须划清界限，以避免不当扩大打击面。[②] 网络违法信息传播犯罪化切实贯彻最少伤害的比例原则，可给普通网民留下最大的自由空间，对于保持互联网发

① 最高人民法院刑事审判三庭编著：《网络犯罪司法实务研究及相关司法解释理解与适用》，人民法院出版社 2014 年版，第 168 页。

② 最高人民法院刑事审判三庭编著：《网络犯罪司法实务研究及相关司法解释理解与适用》，人民法院出版社 2014 年版，第 147—148 页。

展活力至关重要。反言之，网络空间刑罚手段的超比例使用不但难以产生同等比例的实质作用，一旦突破临界点，将可能带来难以修复的损害。事实证明，刑法扩大打击网络谣言，不仅会严重破坏网络空间正常生态，更重要的是，超比例使用刑罚容易陷入器用格局，从而沦为维护秩序的人治之术。[①] 在当下网络谣言犯罪圈日趋扩张的大背景下，禁止超比例使用刑罚已成必须坚守的最后底线。

网络空间并非法外之地。随着各种利益和力量不断渗入，网络空间已成为多方主体表达诉求和展开博弈的新型场域。如果不适时构建刚性规则体系，网络空间将滑向失序和失范的境地。当网络违法有害信息传播给现实生活秩序带来日益严峻的冲击时，适当利用刑事手段对此予以干预不时成为紧迫之需。当然，作为和平时期最具暴力性的权力样态，刑罚手段的不当使用也可能带来难以预估的后果。为把“伤害”降到最低，刑法介入网络空间信息治理的适用条件及程序必须受到最严格的限定。

网络信息治理是复杂系统工程。只有顺应互联网发展规律，综合运用各种手段，网络信息治理才能收到长效。网络社会的显著特点是不确定性成为常态，这也是其区别于现实社会的本质差异。以刑罚手段规制网络违法信息传播行为是穷尽所有可能手段的最后选择，应做到适可而止，留有余地。超比例动用刑罚权可能出现两种结果：一是难以产生同等比例的实质作用，主要起到象征性效果，损害刑法权威；二是产生自毁性后果，在解决问题的同时，也须付出更大的代价，最终得不偿失（“大炮打麻雀”即是如此）。

刑事法治的核心问题是防止刑罚权滥用及其对公民权利造成专断干预。刑法或刑罚的使用超常规突破比例原则，将会异变为人类社会的反面力量，不仅不能成为公民权利最强有力的保护者，反而可能演变为侵蚀乃至剥夺公民权利的手段和途径。刑法介入网络空间信息治理遵循最小伤害的比例原则，主要是防止带来不必要的负面效应，从而为公民也给网络社会留出最大的自由空间。

---

① 许其勇：《论现代刑法的自由精神》，博士学位论文，华东政法大学，2013 年。

第四节　刑法介入网络空间信息治理的边界

刑法介入网络空间信息治理，关键在于动态调适网络秩序与表达自由之间的紧张与冲突。探讨网络信息治理的刑法边界，在很大程度上就是区划网络言论自由与网络言论犯罪的合理区间。言论自由是宪法赋予公民的基本权利，其实现有赖于包括刑法在内的各层级法律给予合力保障。在刑事立法和司法实践中，既要适度打击网络言论型犯罪，又须充分保障公民言论自由，最大限度上使两者保持总体衡平，是刑法介入网络空间信息治理追求的理想目标。

我国网络信息治理的主要目标是维护网络传播秩序。从这个意义上，网络信息治理实质上亦可视为网络传播秩序治理。只有大体区划网络传播秩序治理的刑法边界，才能切实筑牢刑法介入网络空间的正当性根基。在我们生活其间的社会中，我们的行动之所以有着良好的机会去实现它们所指向的目标，是因为我们的思维和行动受到这样一些“规则”的调整——这些规则并不是出于人的设计，而是经由一种选择过程而演化出来的“世世代代的经验的产物”，这构成了我们“共同的文化传统”的一部分。[①] 探索构建网络信息治理的刑法边界，即是基于“共同的文化传统”而不断摸索世代性“经验”与建构普遍性“规则”的过程。

大体而言，刑法界限（边界）研究主要体现在三个层面。其一，从刑罚权的正当性来分析。乔尔·范伯格（Joel Feinberg）在《刑法的道德界限》中提出，只有“损害原则”和“冒犯原则”能够为刑事立法提供正当性辩护，在司法实践中隐现的“法律家长主义”和“法律道德主义”则不具有正当性。[②] 结合司法案例，有学者提出了刑法界

---

① ［美］弗里德利希·冯·哈耶克：《法律、立法与自由》（第一卷），邓正来等译，中国大百科全书出版社2000年版，第7—89页。

② 郑玉双：《为犯罪化寻找道德根基——评范伯格的〈刑法的道德界限〉》，《政法论坛》2016年第2期。

限的“四无”原则[①]：(1)“无害”原则，即只要行为总体无害，刑法不予惩罚；(2)“无效”原则，即不能起到防止损害的作用，不予启用刑罚；(3)“无益”原则，即代价过高不予启用刑罚；(4)“无必要”原则，即以较小代价便可防止或停止损害行为，则无必要启用刑罚。

其二，从刑法的宪法性界限来分析。即认为宪法的理念和原则应当成为对刑法的价值限制，宪法的规范应当成为对刑法的直接限制。确立刑法的宪法性界限，有利于法治体系的完善与统一，有助于“刑法真正发挥授权法、保护法和塑造法的功能”。[②]

其三，从刑法解释的界限来分析。刑法具有较强的安定性，对于变动现实社会的干预和调控，很多是通过出台相关司法解释来进行。刑法解释的界限介于被允许的扩张解释和被禁止的类推解释之间，关键要在刑法解释的明确性与妥当性之间实现均衡。这个设定标准既属于刑法中的“价值判断问题”，又属于“利益安排问题”，事关刑事法律关系双方即国家和犯罪人在权力（利）与义务上的不同配置。[③]

网络空间规则体系尚不健全，而网络传播秩序又亟待规范，刑法表现出积极扩张的倾向在特定情况下确是不得已的“最后选择”。网络空间权力结构处于变动之中，确立边界意识有利于守住底线。确立刑法介入边界不可能如楚汉界线般清晰可见，其主要目的在于强化一种规则和底线意识。从当下现实情况来看，有必要从三个层面确立网络信息治理的刑法边界。

一　刑法介入网络空间信息治理不能突破网络空间秩序结构的边界

网络空间秩序结构是在互联网长期发展过程中形成的相对稳定的规则、架构等，是互联网赖以生存发展的根基。基本秩序结构一旦遭到实质性破坏，网络空间发展进程将严重受阻。作为人类社会生活的

① 卢建平：《从“黄碟案”看刑法的界限》，《法学家》2003 年第 3 期。

② 张海鸥：《论刑法的宪法性界限》，《法制与社会》2015 年 6 月（中）。

③ 王充：《明确性与妥当性之间——论刑法解释界限的设定标准》，《社会科学研究》2012 年第 1 期。

“第五疆域”，网络空间形成了不同于现实社会的秩序结构，它是互联网本质与规律的集中体现。从这个意义上讲，破坏网络空间基本秩序结构，实质是对互联网本质属性的漠视与践踏。

网络空间基本秩序结构大体可分为两个层面：一是主体结构，对应的是权力配置，主要决定网络空间的发展路向；二是价值结构，其主要功能在于塑造网络空间的精神气质。前者是后者的外在体现，后者是前者的内在根据。刑法介入网络空间信息治理，既不能破坏主体结构之平衡，又不能侵蚀价值结构之根基。

刑法维护秩序要义是基于保护主义，而非一种惩罚主义。如上文所言，刑法最终目的是保护人类社会的共同生活秩序。共同生活秩序涵盖个体和社会两个层面，两者是辩证统一的关系，即社会结构以个体为基础，失去个体自由度与价值感的社会结构，必将失去活力与韧性；反言之，没有结构秩序的稳定，个体保护也将失去依托或支撑。

刑法介入网络空间信息治理重在维护和规范网络空间共同生活秩序，其是推动构建网络空间人类命运共同体的内在要求。网络空间要形成共同生活秩序，基本前提是合理配置权力结构，使网络主体之间形成平等、信任而又相互制约的关系。只有切实形成共建共治共享的治理格局，才有可能在网络空间逐步形成“自生自发秩序”，从而推动网络社会不断向好发展。不当或过度依靠外在支配力量（如刑罚手段等）构建“人造的秩序”，易造成网络空间秩序结构的失衡，以至于形成一方独大的权力结构，这显然不利于构造良好的网络共同生活秩序。刑法积极介入网络信息治理或能维护一时之秩序，实质上却可能破坏了网络空间主体结构的平衡，致使网络空间处于更加不安全的境地。如一些地方政府动用刑事手段高调打击“网络造谣者”（如“跨省追捕”“进京抓捕”等），这种权力碾压行动可造成网络主体之间形成或对立或依附的非正常关系，其将带来两种极端情况：一是顺向导致“寒蝉效应”，以致难以听到不同声音；二是反向激发“破窗效应”，从而造就更大的“信息黑市”。这无疑是对网络空间基本秩序结构的极大破坏。

刑法介入网络空间信息治理，重在维护而不是破坏网络空间基本秩序结构。相比于现实社会秩序而言，网络空间传播秩序更加复杂，处于更多的变动之中。新兴媒体价值多元、实时交互的传播特点，使得网络空间往往具有自我平衡、自我净化、自我解构的机制与动能，对于化解现实风险可起到“隔离层”或“缓冲地带”的作用。另外，网络信息传播行为要引发现实社会秩序混乱通常需要辅以诸多条件因素，并非刺激—反应式的连锁反应。从可能效果来看，刑法介入网络空间信息治理本意是维护网络秩序，可实际上是破坏了网络空间内在的基本结构秩序。

刑法介入网络空间信息治理不能突破网络空间基本秩序结构边界，意味着不能把现实社会中的刑法理念及手段简单延伸或者变本加厉地运用到网络空间，无视互联网的基本特性与发展规律。自由、效率与秩序是网络空间秩序结构的价值根基。三者不可分割，相辅相成。刑法介入网络空间信息治理不能破坏自由、效率、秩序构成的“三位一体”格局。只要切实维护“三位一体”格局，刑法介入网络空间信息治理才不会轻易突破底线，迷失方向。

从内容规制走向平台规制，是刑法介入网络空间信息治理的总体趋向。在网络空间传播格局中，作为中介平台的网络服务提供者拥有强大的技术优势和支配地位。为以更高“效率”达致“安全”需求，有关机构倾向于使网络服务提供者等关键主体承担更大的责任权重，对其加大刑事处罚力度，显然是以非常规手段进一步压实平台内容管理的主体责任。从理论上来看，这种治理思路和方向是可取的，在一定条件下也是有效的。我国刑法专门创立“拒不履行信息网络安全管理义务罪”，重点制裁“经监管部门责令采取改正措施而拒不改正”的网络服务提供者，其用意即在于抓住“关键少数”。可是，对于网络服务提供者是否有能力“改正”以及应该为此承担多大的责任，从最初颁布实施的法律规范来看并没有予以充分考量，导致在司法实践中留下了弹性扩张空间。正是基于此，“两高”在后续联合发布的《帮助网络犯罪解释》中，进一步明确了拒不履行网络安全管理义务罪的定罪量刑标准和有关法律适用问题。

这种以低成本达到高效管控的治理思路固然具有合理性，然其前提是必须遵循对等责任原则。法律漠视行为主体的能力范围，要求其做不可能之事，这违背了法律的基本精神，也是对人性尊严的冒犯。[①]还是从拒不履行信息网络安全管理义务罪来分析，“两高”发布《帮助网络犯罪解释》对于网络服务提供者承担刑责设置了诸多限定性条件，这在某种意义上是体现了对等责任原则。但从另一个层面来分析，网络服务提供者为了自身“安全”，在网络空间缺乏整体性权责配置以至于缺乏内部制约的情况下，这种单方施予的法律“义务”实则可转化为一种合法性的“权力”，即在强大的刑罚压力之下，其作为网络平台运营者所能采取的措施就是可以不受约束地加大内容监控与“删帖”力度。而且，这种利益交织形成的权力在刑法严苛责任刺激之下，很可能出现非理性增长乃至异变，其最终损害的则可能是网络空间的“自由”及更大更高层面的“效率”。当然，这并不是否认上述罪名设置的适当性，而是旨在说明网络空间基本结构秩序是一个生态系统，需要从多方面着手进行系统性维护，任何层面的变动都可能影响系统的稳定性。反言之，某一个点上对其实施的破坏，带来的影响都可能是全局性的，也往往是难以修复的。由此而言，作为一种暴力性手段，刑法介入网络空间信息治理更应该从全局和长远的角度进行考量，以防止对网络空间基本结构秩序造成实质性破坏。

二　刑法介入网络空间信息治理不能突破罪刑法定的边界

随着恐怖主义、民粹主义等不稳定因素向网络空间渗透与转移，网络空间力量博弈呈现日益复杂的局面，在一些关键问题上甚至到了白热化程度。网络安全成为国家战略重要内容，网络信息安全重要性随之不断凸显。为遏制网络违法信息传播触发社会风险，刑法工具主义在特定条件下便可能向网络空间延伸。在这种情况下，强调刑法介

---

① 沈宗灵：《现代西方法理学》，北京大学出版社 1992 年版，第 65 页。

入网络空间信息治理不能逾越罪刑法定的边界，无疑具有特别的针对性与紧迫性。

因法治环境和社会背景不同，不同国家对网络违法信息传播入罪化的理念与路径存在一定差异，但有一个共同底线必须遵守，就是不能突破罪刑法定的边界。因具有强大的渗透力和破坏力，网络谣言成为网络信息治理的重点对象。对于规制网络谣言，刑事立法与司法既不能丧失法律传统与原则，又不能脱离社会形势及互联网发展状况。只有紧紧把握网络谣言入罪的合法性、正当性，减少刑事司法的功利性、随意性、权宜性，才能更好发挥刑法促进社会发展的功能。网络谣言入罪不能逾越罪刑法定的边界，是回归刑法本性之需要。罪刑法定原则旨在对刑法进行约束，以从源头上控制刑罚的滥用。由此言之，要防止网络谣言入罪成为“治人之术”，关键在于严格遵守罪刑法定原则。即网络谣言入罪必须真正于法有据，依法定程序执行，不能轻易根据法的类推解释或扩大解释而贸然行之。即便如此，这种“类推”或“解释”也必须严格符合法的精神及法律规范本意。中国政府在发布的《关于加强社会主义法治文化建设的意见》中特别提出，坚持科学立法，把社会主义核心价值观融入法律法规的立改废释全过程，使法律法规、司法解释等更好体现国家价值目标、社会价值取向和公民价值准则，以良法保障善治。由此可言，出台司法解释只有真正体现“国家价值目标”“社会价值取向”和“公民价值准则”三位一体的原则，才可能更好防止出现依附权力意志的“解释”或“类推”，从而避免后者成为过度刑法化的突破口。

过度刑法化是刑法工具主义在社会治理中的极端化体现，其主要特征是对刑事制裁手段出现严重依赖，在刑事司法层面就是表现出高压态势，动辄使用公诉手段，或者以刑事手段制裁行政民事违法行为，从而使刑法自洽性受到严重削弱。[①] 谣言往往表现为一种“反权力”，

---

① 孙万怀：《违法相对性理论的崩溃——对刑法前置化立法倾向的一种批评》，《政治与法律》2016 年第 3 期。

政府官员对此充满忌惮，互联网出现后更是加剧了这种畏惧心理。在这种情况下，网络谣言犯罪化更要加强刑事立法的科学性与全局性，切忌情绪性立法。①

当前正处于社会转型关键时期，刑法介入网络空间信息治理特别要防止出现“新刑法工具主义”取向。这种立法活动以“安抚民意、稳定民心、减少转型危机所可能带来的政治风险为立法导向”,② 其可能导致罪名形式化、空洞化、黑洞化，严重削弱刑法的自洽性。③ 从另一个方面来分析，刑法介入网络空间信息治理要真正做到罪刑法定须“确保立法有实证支撑”，如在立法前收集足够多的案例样本，并对国外的通常处理方式进行比较研究，从而对立法必要性的阐释做到“具有足够说服力”④，以防止其变成情绪性立法或补漏式立法。

有关部门通过出台司法解释等方式加大刑法治理网络谣言类违法信息的力度，是一种变通性的法律行为，对于及时应对新形势和新问题确有必要。但如前文所述，司法解释不能逾越立法精神与法条本意，更不能以司法解释来填补所谓的法律“漏洞”。一些法律盲区只能通过立法方式解决，以创设性的法律解释来弥补所谓的法律“漏洞”，将可能造成解释替代立法，这是舍本逐末的做法。⑤ 刑法介入行为应做到最大限度的审慎，否则其后果将是导致立法权的萎缩与司法权的过度膨胀，从而动摇罪刑法定原则这一现代刑事法治的根基。⑥ 从另一方面来分析，罪刑法定原则的必要代价，是对值得处罚但法无明文规定的行为不予处罚。⑦ 在这个意义上，有学者主张应当从逻辑上明

① 刘宪权:《刑事立法应力戒情绪——以〈刑法修正案（九）〉为视角》,《法学评论》2016年第1期。

② 参见魏昌东《新刑法工具主义批判与矫正》,《法学》2016年第2期。

③ 参见孙万怀《违法相对性理论的崩溃——对刑法前置化立法倾向的一种批评》,《政治与法律》2016年第3期。

④ 刘宪权:《刑事立法应力戒情绪———以〈刑法修正案（九）〉为视角》,《法学评论》2016年第1期。

⑤ 张书琴:《网络谣言刑法治理的反思》,《学海》2014年第2期。

⑥ 李翔:《论创设性刑法规范解释的不正当性》,《法学》2012年第12期。

⑦ 陈兴良:《形式解释论的再宣示》,《中国法学》2010年第4期。

确《刑法修正案（九）》增设的编造、故意传播虚假信息罪对网络型寻衅滋事罪具有“否定效果”，以重返罪刑法定的轨道。[①] 这种观点更多是从立法层面强调罪刑法定原则的重要性，其实上述两罪客体并不完全重合，价值指向也并不尽相同，故很难说一个对另一个具有直接“否定效果”。总之，要避免以解决当下棘手问题为导向，以司法解释的形式将传统刑法简单生硬地嫁接或扩张至网络空间。这实质是漠视罪刑法定的原则，最终可能导致以权释法，以权代法。

要强调的是，罪刑法定原则的首要前提是此“法”必须是公意的体现，而非私欲的彰显。在封建专制时期，刑法沦为统治者的治人之术，很大程度上就是因为其逾越了罪刑法定的原则精神，使“法”（包括立法和释法两个层面）变成了随心所欲的权力意志。随着高风险社会来临，在风险刑法观的推动下，刑法有可能被作为用来防范或化解风险的应急手段，以期达到立竿见影之效。事实上，从长远来看，其带来的破坏性作用非常之大。刑法介入网络空间信息治理，在某种层面上具有紧急矫正之功能，在实践中要防止其逾越法律边界，则必须回归刑法本性，严格遵守罪刑法定原则。

刑法规范供给与犯罪事实之间通常难以做到同步，对于新型网络空间而言则更是如此。从这个角度来看，适时出台司法解释有利于缓解两者之间的不相协调，这是立法能动性与灵活性的体现，具有积极意义。最重要的是将司法解释的扩张性限定在适当的法律区间。早在18世纪，刑法学奠基者贝卡里亚就提出，扩大法律解释“等于放弃堤坝，让位给汹涌的歧见”。[②] 随着罪刑法定观念逐渐深入忍心，如今冲击罪刑法定堤坝的已由“解释”转移至“类推”。[③] “类推”与“解释”是性质不同的两种法律行为。从表现形态来看，两者往往相互交融，难以完全区分开来。如“类推”可成为“解释”的一种方式或手

① 姜瀛：《网络寻衅滋事罪“口袋效应”之实证分析》，《中国人民公安大学学报》（社会科学版）2018年第2期。

② ［意］贝卡里亚：《论犯罪与刑罚》，黄风译，中国大百科全书出版社1993年版，第12页。

③ 欧阳本祺：《论网络时代刑法解释的限度》，《中国法学》2017年第3期。

段，反之亦然。从实际效果来看，“类推”比“解释”更具扩张性，也更易突破罪刑法定的边界。我国在法律上虽然禁止类推，但由于对其难以准确界定和把握，在实践中也导致可能出现模棱两可的情况。例如，在网络空间寻衅滋事罪中，《网络诽谤解释》将网络空间“公共秩序”等同于刑法中的“公共场所秩序”，这是属于“解释”还是“类推”，至今仍是值得讨论和思考的问题。综上所言，刑法介入网络空间信息治理不能突破罪刑法定的边界，意味着必须切实体现法的精神以及法律规范本意，所用司法手段必须严格符合法律程序。从现实情况来看，当前特别要防止在执法中出现依附权力意志的“解释”或“类推”，同时要杜绝将刑事司法手段滥用为权力私用的工具。

三　刑法介入网络空间信息治理不能突破刑罚权正当性的边界

刑事司法实践在不同程度和不同层面上都会指向刑罚正当性的说明和论证，即刑罚在何种情形下以何种力量、何种方式来实施，才可能为人们所认可和接受。刑法规制网络违法信息传播行为首要考虑的问题是“刑罚权出现的正当性根据”。[①]

刑罚是对行为人自由人身权利的剥夺或者限制，具有很强的暴力性和惩罚性。刑罚正当性主要体现为程序正当性与实质正当性。程序正当性即刑罚的启用是否符合法定程序，实质正当性是指刑罚的结果是否符合社会公平与正义。社会意义上的公平与正义没有恒定的绝对标准，随着时代和环境变迁对其的界定及追求往往有所不同，因而，刑罚实质正当性的实现是一个动态化的建构过程。这实际上超越了纯粹的法律层面，是法律与社会交互作用的结果。相对而言，程序正当性不仅更易理解与操作，而且是保障实质正当性的前提和基础。

在当下社会背景下，刑法介入网络空间信息治理重在防范突破程序正当性之边界。网络空间违法信息传播犯罪呈现快速增长势头，采

① 时延安：《以刑罚威吓诽谤、诋毁、谣言？——论刑罚权对网络有害信息传播的干预程度》，《法学论坛》2012 年第 4 期。

用传统刑法罪名体系予以规制不时显得力有不逮，适当扩大犯罪圈也不失为正当之举。在这种情况下，刑法介入网络空间信息治理更多只能在刑罚的启用程序及量刑上进行节制，以在刑法扩张与谦抑之间实现总体平衡，从而达到“严而不厉”的状态。国家刑罚权启用与否或何时启用，均只能由司法机关根据实际情况做出独立判定。在现实生活中，由于网络谣言不同程度含有针砭时弊的成分，在刑罚权的启用程序上若不严格限制，强化其司法化属性，类似“秦中飞‘诽谤’县委书记案”（即“彭水诗案”）、“山西稷山3名科级干部‘诽谤’县委书记案”还可能会不断上演：为了阻止“诽谤者”散布“网络谣言”，某些地方“一把手”利用职权动用治下公检法系统，将自诉案办成公诉案件。[①] 这类“因言获罪”的案例虽只是极端少数，但它对整体言论环境以至法治文明带来的冲击却是根本性的。公安部早于2013年发布的《关于进一步加强和改进刑事执法办案工作切实防止发生冤假错案的通知》就强调，广大民警履行职责绝不能因为“舆论压力、领导意志、立功心切等”，突破法律底线，违法违规办案，要把“保证有罪的人受到刑事追究”和“保障无罪的人不受刑事追究”摆在同等重要的位置。

任何法律权力设置本质上都是为了保障人们的正当权利不受侵犯，最大限度实现人们的自由和幸福。基于此，应从个体性权利出发，对刑罚权配置和运作的正当性进行分析和论证。以权利观念来制衡刑罚权的运作，实际上就是保障人们应有的自由不受侵犯。[②] 网络信息治理动用刑罚权不仅要达到维护秩序之目的，更要维护司法公正与权威。维护秩序以丧失司法公正与权威为代价，不仅会严重损害司法形象，挫伤司法公信力，更是对法律精神的践踏，必定引发更大的秩序混乱。

刑法介入网络空间信息治理的正当性考量，主要在于全面而充分地保障网络空间多元主体的合法权益，切不能顾此失彼，更不能以一

---

① 郭延军：《地方“一把手”不可公器私用违法止“谤”——评山西稷山“诽谤”案的侦检审》，《法学》2007年第6期。

② 时延安：《刑罚的正当性探究——从权利出发》，《法制与社会发展》2010年第2期。

方压制另一方。失去这个大的前提，刑罚权的正当性基础难以变得坚实，甚或可能招致质疑。大体而言，刑法介入网络空间信息治理主要有三种情况应该审慎考量刑罚权的正当性。

（一）行使宪法权利的行为。作为国家根本大法，宪法是对公民基本权利最强有力的保障。在宪法范围内，公民的任何行为都不能被认定为有罪。只要公民行使宪法权利没有给他人和社会造成法定权益的严重损害，刑法就不能以维护秩序为由对之加以惩罚。在大多法治国家，违宪审查是判断政府监管网络言论自由行为是否得当的必要程序。如在美国，法官在审查政府对网络言论监管的合宪性过程中发展出两个理论："双轨理论"与"双阶理论"。后者主要是根据言论内容的价值高低进行分阶保护，即言论内容社会价值越低，政府监管程度越高，为此将一般性的"意见或观点表达"作为低价值言论，而把"政治性言论"作为高价值言论，相对前者受到更加严格的保护。总体来看，政府规制网络言论是一种必然趋势，只是监管的方式或多或少会受到一国宪法的制约。[①]

实施任何法律制裁必须在宪法规定的范围内进行。刑罚权启用同样必须接受宪法约束。言论自由是宪法赋予公民的基本权利。我国《刑法》第 246 条在对诽谤罪作出规定时，赋予人格尊严和名誉权高于言论自由的价值，这样的价值选择对于私人言论而言是合理的。若没有例外地将该规定同样适用于公共言论，将会对公民言论自由造成一定的冲击。公民在网络上对公共事务和政府官员进行批评，即便这样的批评可能存在错误陈述的情形，但也是宪法精神价值的体现。有学者主张，为了充分实现公共言论自由的宪法价值，避免发表公共言论的公民受到不当追诉，应当在《刑法》第 246 条的基础上增加针对

① 双轨（two-track）理论将监管区分为"以内容为依据之监管'与'针对内容中立言论之监管"。前者以监管言论内容的传播为目的，法院需要判断受监管言论的内容是属于受保护/不受保护抑或价值高/价值低，以此判定言论监管的范围与程度。后者监管重心则不在于言论内容，而是为了追求其他政策目标，如公共利益的保护等。"双阶（two-layer）理论"以"双轨理论"为基础，通过衡量言论社会价值而对言论保护进行价值排序。参见张雨、敖双红《论网络言论自由的界限——以权利与权力的关系为视角》，《湖南师范大学社会科学学报》2016 年第 3 期。

公共言论的免责条款。① 由此言之，刑法介入网络空间信息治理不仅不能侵犯公民宪法意义上的言论自由权利，而且要进一步保障公民言论自由权利的实现，不能为了达到“少数人”之特定目的，而损害乃至剥夺大多数人正当的表达权利。在当今中国，互联网成为公民参政议政的重要通道，也是推进中国民主政治发展的重要载体，只要没有实质恶意，且没有造成严重危害后果，公民在网络空间参与公共事务讨论当属于正当的言论表达范畴，社会应给予足够的容忍度，只要不突破底线原则都应免受刑事制裁。

（二）纯粹的思想表达行为。思想是人之为人的根本。正因为人有了思想，社会才会进步，也才能变得更加富有活力。诽谤罪的核心要件是传播虚假“事实”，而非思想观点表达层面的价值判断。纵有再多的价值判断，没有“事实”的描述，原则上是不能作为诽谤罪认定的。② 任何一个人纯粹的思想表达行为，都应视为其不可剥夺的自然权利，任何法律不能对此予以干涉。在很多国家中，言论自由保护区分事实与观点，即是出于这方面的考虑。如德国将言论区分为“事实陈述性言论”与“价值判断性言论”。德国《基本法》第5条第1款规定：众人皆有表达并传播其观点之权利，而不论其表达途径为何，均不受任何阻碍。可见德国基本法主要保护的是狭义的观点表达自由，没有如美国一样将所有的言论自由纳入保护范围（更没有对政治性言论进行绝对保护），而是直接禁止那些显而易见或明知是非真实的言论，如种族仇视言论、淫秽言论、暴力言论以及恐怖言论等。德国联邦宪法法院对此作出解释：言论表达的目的在于向周围之人传达智慧效果，使之受人信任，并有助于形成观点。价值判断性言论应受保护，而不论其表达是有价值或无价值，正确或错误，情绪化或理性化；事

① 雷志春、孙峥：《言论双层区分语境下网络诽谤犯罪的刑法规制》，《中国检察官》2019年第12期（上）。

② 参见胡杰、任卓冉《论诽谤罪事实的界定——以洪道德诉陈光武诽谤罪案为例》，《人民论坛》2015年10月（中）；程余《学者起诉律师诽谤罪，看点何在?》，《人民政协报》2016年4月5日第12版。

实性言论也应受保护，因为观点自由表达这一基本权利需要以之为基础才能得以形成。只有虚假的事实性言论才被排除在基本法保护的范围之外，因为其不能形成宪法上预期应得到保护的观点表达自由权。[①]

言论有界，思想无罪。纯粹的思想表达行为，只要没有实质恶意，理不应受到法律追究，更不能纳入刑事制裁范围。在美国言论自由史上，实质恶意被确立为公共表达的边界，如今已被很多国家接受或予以创造性转化运用。“实质的恶意”是指明知所言虚假，而漠视或纵容其可能带来的后果。在此意义上，公民基于客观中立的立场对公共事件发表纯粹的观点，即使言辞非常犀利，只要没有实质恶意且未造成实际严重后果，切不能因为所谓立场问题或分析失当，就以“映射现实”“抹黑政府”等理由追究“诽谤者”或“造谣者”的刑事责任。当然，思想表达可以外化为具体行为，若因其带有导向性或煽动性而直接导致出现严重危害后果，自然亦应当受到刑事制裁。

（三）正当合理的职务行为。社会保持正常秩序离不开各行各业有条不紊地运转。而要做到这点，一个重要前提是必须对正当合理的职务行为予以充分法律保障。由于各种不可预知的客观因素，正当合理的职务行为即使造成了某种后果（如信差投递带有恐怖威胁内容的信件），只要当事人尽到了足够的注意义务，通常亦不应追究其法律责任特别是刑事责任。否则，这种过当的惩罚会造成社会结构秩序的破坏，进而给社会带来更大的不安定。

由此而言，网络服务提供者作为合法的商业主体，其从事正当合理的职业行为只要符合市场经济规则，并尽到了合理注意义务，即使客观上造成了比较严重的后果，一般也不宜对其苛以过重的刑事责任。上文已述，对网络服务提供者处以拒不履行网络安全管理义务罪，主要依据是存在法律意义上的“不作为”。而作为与不作为之界限，更

---

① Lothar Determann, “The New German Internet Law”, Hastings International and Comparative Law Review, Fall, 1998.

多只能在市场秩序与法律秩序的动态平衡中加以分析与认定，不能为了过于追求“效率”而将主观设定的标准简单适用于所有情况。此外，刑法制裁网络服务提供者需要遵守类型区分的责任原则。网络空间信息生产与流动是多元主体参与的协作式行为和过程，具有较大的不确定性与可变性，与相对可控的大众传播有着本质不同。刑法介入网络空间信息治理必须基于清晰的责任区分原则，而不能仅仅根据违法信息传播的危害后果乃至预设性后果，就对信息传播链条中的关键主体如网络服务提供者施以刑事责罚，或者对所有相关主体一概追责，以达到威慑性管控之目的。不同类型主体之间只有做到权责明确，才能从制度规范层面更好地体现刑罚正当性原则，从而形成稳定的网络秩序治理体系。从长远来看，对网络空间不同主体进行层次化的刑事责任区分，是推进网络空间法治化的基础工程，也是提升网络治理现代化能力的重要之举。

网络服务提供者是以构建聚集性平台而彰显其竞争优势，这种聚集性是一种自发的、裂变式的行为，网络服务提供者通常对其只能进行宏观把控，在发展中不断完善系统规则。刑法制裁网络服务提供者，如果以阻碍行业发展或破坏市场经济环境为代价，显然背离了刑法维护网络空间共同生活秩序的本质要求。因此，对于网络空间主体正常范围内的职务行为，刑法介入必须是迫不得已的最后选择。

刑法是惩治犯罪的利器，过度使用不但难以解决应有问题，反而可能激发更大的社会矛盾。历史证明，严刑峻法只能诱发更多、更严重的犯罪，对社会长治久安构成莫大威胁。刑法介入网络空间信息治理，必须坚定捍卫刑法谦抑性原则和刑罚权正当性原则，严把罪与非罪的界限，力求做到罪责刑相适应，防止出现过度刑法化的不良倾向。

需要说明的是，本书主要是从宏观价值层面提出了三重刑法边界，除此之外，亦可在微观层面如通过公布典型案例等方式，在法律实践中确立刑法介入网络空间信息治理的边界。这种方式不仅具有可操作性，而且融原则性与灵活性于一体，或可成为未来倡导和探索的方向。

总之，刑法介入网络空间信息治理关键在于进行边界约束，其从根本意义上而言是为了调适和平衡网络空间多元主体间动态演进的权力结构，致力于构建“自由、效率、秩序”三位一体的治理架构，而不仅是基于惩罚主义而采取的特定行动。

结　语

网络信息治理不同于传统媒体管理，需要树立新的思维，采取新的手段，探索新的模式。在互联网历经商业化运用二十余年之后，中国正致力于从互联网大国向互联网强国迈进。互联网强国之“强”，不能仅用“体量”来指代，而是更多体现在互联网制度与文化层面。互联网治理能力是互联网制度与文化的综合体现。国际社会在网络治理领域的角力，从长远来看是互联网制度与文化的竞争。好的制度与文化是社会自觉内化的结果，系天时、地理、人和的有机融合，而非外力强制所能达成。从这个意义来讲，探析网络信息治理的刑法边界并非止于“术”的追求，而是旨在从“道”或“理”的层面将之上升为互联网治理的制度和文化，以最大程度达致天时、地理、人和的有机融合。

面对网络恐怖主义与新型网络违法犯罪不断滋生，国家重视刑法社会调控功能合乎正当性。但同时也应看到，随着国民安全需求提升和法益侵害风险不确定性增加，未来社会对刑法积极参与社会治理的诉求将会变得日益强烈，风险刑法观甚至可能成为“一种无法避免的趋势”。[①] 在此背景下，刑法介入网络空间信息治理在世界范围内虽已成为普遍趋向，但从实然、未然与应然的角度而言，防止网络信息治理走向过度刑法化，亦当成为亟待正视的问题。刑法在法律体系中属

① 何荣功：《刑法与现代社会治理》，法律出版社 2020 年版，第 2—3 页。

于最后序位，若其非理性跃至前位，并被作为社会治理优先使用的威慑性手段，这显然是一种“非常态”，必将带来诸多消极后果。

刑法维护秩序的根本目的，是更好达致社会公平与正义，而非仅仅立足于个体意义上的惩罚主义。刑法的本质是司法法，其一旦沦为社会管理法，将可能面临“变性”的风险：由“民众的法”变成“立法者的法”。[①] 法律性质的蜕变，将导致刑法权威度受到削弱，进而伤及法治大厦的根基。从人权保障的角度而言，刑事法治的核心要务是限制刑罚权的滥用。刑法是维护法律秩序与保障法治文明的最后防线。在不当因素侵入下，刑法要避免成为“单纯的行政性利益”的保护法，也不能被作为“挽救一切道德败坏的药方”[②]，更不能成为权力操控的器用工具。刑法介入网络空间信息治理，当以此为界。

以不确定性为表征的高风险社会的到来，正在全方位改变社会运行机制与社会权力机构。在社会心理和大众认知层面，互联网通常被视为加剧社会风险的“催化剂”，这为刑法介入网络空间信息治理提供了“正当性”的事由和动力。由于高风险社会快速演变不断增加国家治理的压力，动用刑罚手段也往往被认为可达到强力维护秩序之效。基于此，要有效消减刑法介入网络空间信息治理的冲动与惯性，首先必须从制度和观念层面着手，彻底摆脱刑法过度政策工具化的思维范式，从而才能更好避免将刑法作为优先采用的应急管理手段。

在风险刑法观念影响和促动下，刑法扩张在某种层面上带来的过度刑法化现象，需要多方共同努力才能有效化解。进入互联网时代，当代刑法立法的功能性导向在新型高风险领域表现得日益明显。由于不确定性风险增多，人们往往将漠然的不安集中于对犯罪的不安，并试图通过重刑化来快速消除这种不安，以求获得精神上的安宁。安全无疑是好事情，但也不能指望其一劳永逸“带来太平盛世”。互联网

① 刘艳红：《当下中国刑事立法应当如何谦抑？——以恶意欠薪行为人罪为例之批判性分析》，《环球法律评论》2012 年第 2 期。

② ［英］威廉·葛德文：《政治正义论》（下卷），何慕李译，商务印书馆 1980 年版，第 141 页。

的本质是开放和共享，如果为了求得十足安全而走向封闭，显然背离了时代发展潮流。对于如何处理发展和安全的关系，习近平一方面强调，“没有网络安全就没有国家安全”，另一方面又强调“没有信息化就没有现代化”。[①] 这意味着在信息化中既要保障网络安全，又不能违背现代化发展潮流。两者呈现为事物的一体两面，不可走向任何一个极端。

互联网时代背景下，信息化和现代化交互形成的合力，有助于整体推进国家治理现代化水平。为了过好“执政关”，公权力部门不能将互联网视为“洪水猛兽”，而应将其视为实现党的统一领导、社会主义发展、民族伟大复兴、人民更美好生活和国家治理转型的“新契机”，是把我国制度优势更好转化为国家治理效能的“生产力基础”。[②] 习近平特别指出：“有一种观点认为，互联网很复杂、很难治理，不如一封了之、一关了之。这种说法是不正确的，也不是解决问题的办法。中国开放的大门不能关上，也不会关上。”[③] 全过程人民民主是社会主义民主政治的本质属性。“我国全过程人民民主不仅有完整的制度程序，而且有完整的参与实践。”为此，“要在党的领导下，不断扩大人民有序政治参与，加强人权法治保障，保证人民依法享有广泛权利和自由”。[④] 毫无疑问，互联网是我国人民群众参与全过程人民民主实践的重要渠道。因而，刑法介入网络空间信息治理当抱持积极、开放、包容的心态，避免陷入刑法浪漫主义的实践误区，更不能在刑法工具主义推动下阻碍互联网促进人类美好生活和人类政治文明进步的愿景。

刑法介入网络空间信息治理关键在于把握好刑法制裁与秩序调控

---

① 习近平：《努力把我国建设成为网络强国》，《习近平谈治国理政》，外文出版社 2014 年版，第 198 页。

② 罗梁波：《“互联网”时代国家治理现代化的基本场景：使命、格局和框架》，《学术研究》2020 年第 9 期。

③ 习近平：《在网络安全和信息化工作座谈会上的讲话》，《人民日报》2016 年 4 月 26 日。

④ 习近平：《全过程人民民主是最广泛、最真实、最管用的社会主义民主》，《习近平谈治国理政》（第四卷），外文出版社 2022 年版，第 260—261 页。

之间的内在张力，其底线是刑罚手段使用不能违背刑法的价值功能，更不能轻易破坏乃至践踏网络空间内生性的结构秩序和规则体系。在网络传播秩序治理过程中，什么情况下适用刑法，什么情况下慎用刑法，什么情况下不能动用刑法，必须有着严格的界限约束。否则，刑法对于秩序“安全性”价值的惯性追求，将可能消减乃至窒息互联网发展活力与空间。

刑法介入网络空间信息治理大体可从规范和价值层面予以界限约束。在规范层面，如何理解网络空间“公共秩序”是把握网络传播秩序治理刑法界限之关键。在司法实践中，网络空间公共秩序只有确立虚拟网络秩序和现实社会秩序“双重结构”的理念，才能有效遏制刑法扩张的惯性与冲动。在价值理念层面，刑法介入网络空间信息治理必须面向不特定的“多数人”，以体现或凝聚最大化公共利益为旨归，而不能沦为实现“特定目的”之手段；不能以实质剥夺人的基本需求与基本权利为代价，而应以促长“自生自发秩序”为长远目标，最大限度保障和拓展网络公众享有的意思自治和个体自由空间。只有这些“规则”为人们普遍遵守的时候，他们的行动得以成功所需依凭的整体秩序才会得以产生。当秩序的复杂程度越高，控制也就会越发依赖于“规则”而不是“具体命令”。[①] 从这个意义来讲，要求刑法介入网络空间信息治理不能突破边界，实则是强化一种整体性的底线“规则”意识。

网络空间不是法外之地。围绕网络空间的价值属性之争，其背后体现出来的问题实质是互联网治理模式的制度化差异。基于不同利益立场，互联网治理模式难有对错之分，多样化与多元化应是其发展的内在要求。由于政治、法律、文化等因素不同，网络治理模式在发达国家与发展中国家之间曾出现两极分化的趋势，如今呈现向混合型协同治理模式演进的普遍趋向。随着网络安全形势变得日趋严峻，越来

① ［美］弗里德利希·冯·哈耶克：《法律、立法与自由》（第一卷），邓正来等译，中国大百科全书出版社2000年版，第7—89页。

越多国家不断加大网络空间法律规制的力度。从制度和规范层面提升网络空间法治化水平，将是网络信息治理的主要进路。

全面推进网络空间法治化水平，有利于更好融入全球互联网发展现代化进程。党的十八大报告提出，“加强网络社会管理，推进网络依法规范有序运行”。习近平指出，网络空间是虚拟的，但运用网络空间的主体是现实的，大家都应该遵守法律，明确各方权利义务。要坚持依法治网、依法办网、依法上网，让互联网在法治轨道上健康运行。[①]《中共中央关于全面推进依法治国若干重大问题的决定》对中国特色社会主义法治建设进行了全面规划部署，提出推进全面依法治国，法治政府建设是重点任务和主体工程，对法治国家、法治社会建设具有示范带动作用，要率先突破。[②] 伴随着全面依法治国战略和法治政府建设的展开，我国互联网法治和规范化建设不断加速，《网络安全法》《数据安全法》《个人信息保护法》等法律法规陆续出台，网络空间法治化体系正在步入深化阶段。

网络信息治理是网络空间法治化的重要领域。网络信息治理是一项复杂系统工程，既没有固有经验可循，又没有普适性模式套用。刑法介入网络空间信息治理，在尊重互联网发展规律的前提下，重在平衡自由、安全与秩序之间的关系。从长远来看，对于网络信息治理中可能出现的过度刑法化进行纠偏或矫正，主要有赖于进一步加大网络空间法治化力度，从社会力量和资源整合的角度推动构建网络空间综合治理体系。只有从制度和观念层面最大限度消减对刑法功利化使用的外在需求与动力，刑法介入网络空间信息治理才能更好地获得正当性与合法性，从而发挥出积极正面的价值功能。

---

① 习近平：《习近平谈治国理政》（第二卷），外文出版社 2017 年版，第 534 页。

② 中央全面依法治国委员会办公室：《坚持以习近平法治思想为指导奋力开创全面依法治国新局面》，http：//www. moj. gov. cn/Department/content/2021 – 03/01/582_ 3267151. html，2021 年 3 月 26 日。

参考文献

一　中文著作

蔡枢衡：《刑法学》，中国民主法制出版社 2011 年版。

陈家林：《外国刑法通论》，中国人民公安大学出版社 2009 年版。

陈力丹：《舆论学：舆论导向研究》，上海交通大学出版社 2012 年版。

陈堂发：《网络公共性表达法治问题研究》，中山大学出版社 2017 年版。

陈新民：《德国公法学基础理论》（上），山东人民出版社 2001 年版。

陈新民：《行政法学总论》，台北：台北三民书局 1997 年版。

陈兴良：《刑法的人性基础》，中国方正出版社 1996 年版。

陈兴良：《刑法理念导读》，中国检察出版社 2008 年版。

陈旋：《刑法中社会相当性理论研究》，法律出版社 2010 年版。

陈绚：《新闻传播伦理与法规概论》，高等教育出版社 2012 年版。

陈绚：《新闻道德与法规——对媒介行为规范的思考》，中国大百科全书出版社 2005 年版。

陈忠林：《刑法的界限——刑法第 1—12 条的理解、适用与立法完善》，法律出版社 2015 年版。

邓子滨：《刑事诉讼原理》，北京大学出版社 2019 年版。

丁灵敏、孔凡宇、周兴文：《网络诽谤犯罪“自诉转公诉”的法理评析——以杭州诽谤案为视角》，《中国检察官》2021 年 5 月（下）。

范伯格：《自由、权利和社会正义》，贵州人民出版社 1998 年版。

高铭暄：《新编中国刑法学》（下册），中国人民大学出版社 1998 年版。

高铭暄主编：《新中国刑法学研究综述》，河南人民出版社 1986 年版。
顾理平：《新闻权利与新闻义务》，中国广播电视出版社 2010 年版。
韩德强主编：《网络空间法律规制》，人民法院出版社 2015 年版。
何荣功：《自由秩序与自由刑法理论》，北京大学出版社 2013 年版。
何荣功：《刑法与现代社会治理》，法律出版社 2020 年版。
胡康生、李福成主编：《中华人民共和国刑法典释义》，法律出版社 1997 年版。
黄荣坚：《基础刑法学》（上），台北：台湾元照出版公司 2015 年版。
黄惟勤：《互联网上的表达自由——保护欲规制》，法律出版社 2011 年版。
黄炎培：《八十年来》，文史资料出版社 1982 年版。
贾健：《刑法目的论——以关系本体论为视角》，法律出版社 2014 年版。
姜敏：《刑法修正案犯罪化及限制》，中国法制出版社 2015 年版。
金观涛、刘青峰：《观念史研究》，法律出版社 2009 年版。
黎宏：《日本刑法精义》，中国检察出版社 2004 年版。
李海英：《网络空间法治化的全球视野与中国实践》，法律出版社 2016 年版。
李婕：《论抽象危险犯的法益构造与界限》，陈兴良主编：《刑事法评论（辑刊）》（第 36 卷），北京大学出版社 2016 年版。
李良荣：《以互联网寻路国家治理方式与治理能力现代化》，载张志安主编《网络空间法治化——互联网与国家治理年度报告（2015）》，商务印书馆 2015 年版。
梁根林：《刑事法网：扩张与限缩》，法律出版社 2005 年版。
梁治平：《寻求自然秩序中的和谐中国传统法律文化研究》，商务印书馆 2016 年版。
刘海龙：《宣传：观念、话语及其正当化》，中国大百科全书出版社 2013 年版。
刘建明：《社会舆论原理》，华夏出版社 2002 年版。
吕光：《大众传播与法律》，台北：台湾商务印书馆 1981 年版。

吕宗力：《民间言论与社会和谐——从汉代的流言、讹言、妖言、谣言谈起》，载《“21 世纪中华文化世界论坛”第五次国际学术研讨会论文集》，暨南大学出版社 2011 年版。
马志刚：《中外互联网管理体制研究》，北京大学出版社 2014 年版。
倪延年：《中国新闻法制通史》，南京师范大学出版社 2015 年版。
皮勇：《网络安全法导论》，中国人民公安大学出版社 2008 年版。
邱小平：《表达自由——美国宪法第一修正案研究》，北京大学出版社 2005 年版。
全国人大常委会法制工作委员会刑法室：《〈中华人民共和国刑法修正案（九）〉条文说明、立法理由及相关规定》，北京大学出版社 2016 年版。
全国人大常委会法制工作委员会刑法室编著：《中华人民共和国刑法修正案（九）解读》，臧铁伟主编，中国法制出版社 2015 年版。
阮齐林：《刑法学》，中国政法大学出版社 2008 年版。
沈宗灵：《现代西方法理学》，北京大学出版社 1992 年版。
宋小卫：《媒介消费的法律保障——兼论媒体对受众的底线责任》，中国广播电视出版社 2004 年版。
唐贤兴：《大国治理与公共政策变迁——中国的问题与经验》，复旦大学出版社 2020 年版。
王四新：《表达自由——原理与应用》，中国传媒大学出版社 2008 年版。
王四新：《网络空间的表达自由》，社会科学文献出版社 2007 年版。
王作富：《刑法分则实务研究》（上），中国方正出版社 2003 年版。
汪辉勇：《公共价值论》，合肥工业大学出版社 2014 年版。
吴镝鸣：《中国互联网的公共表达》，高晓虹、隋岩主编：《中国新闻传播研究 2009》，中国传媒大学出版社 2014 年版。
魏永征：《新闻法新论》，中国海关出版社 2002 年版。
习近平：《高举中国特色社会主义伟大旗帜　为全面建设社会主义现代化国家而团结奋斗——在中国共产党第二十次全国代表大会上

的报告》，人民出版社 2022 年版。

习近平：《加快推动媒体融合发展》，《习近平谈治国理政》（第三卷），外文出版社 2020 年版。

习近平：《坚持以全面依法治国新理念新思想新战略为指导，坚定不移走中国特色社会主义法治道路》，《习近平谈治国理政》（第三卷），外文出版社 2020 年版。

习近平：《建设网络良好生态，发挥网络引导舆论、反映民意的作用》，《习近平谈治国理政》（第二卷），外文出版社 2017 年版。

习近平：《论党的宣传思想工作》，中央文献出版社 2020 年版。

习近平：《论坚持全面依法治国》，中央文献出版社 2020 年版。

习近平：《努力把我国建设成为网络强国》，《习近平谈治国理政》，外文出版社 2014 年版。

习近平：《全过程人民民主是最广泛、最真实、最管用的社会主义民主》，《习近平谈治国理政》（第四卷），外文出版社 2022 年版。

习近平：《全面推进中国特色社会主义法治体系建设》，《习近平谈治国理政》（第四卷），外文出版社 2022 年版。

习近平：《习近平谈治国理政》（第二卷），外文出版社 2017 年版。

习近平：《在网络安全和信息化工作座谈会上的讲话》，《人民日报》2016 年 4 月 26 日。

习近平：《自主创新推进网络强国建设》，载《习近平谈治国理政》（第三卷），外文出版社 2020 年版。

谢希仁编著：《计算机网络》（第 5 版），电子工业出版社 2008 年版。

徐松林：《以刑释罪——一种刑法实质解释方法》，法律出版社 2015 年版。

徐迅：《新闻（媒体）侵权研究新论》，法律出版社 2009 年版。

杨保军：《新闻观念论》，复旦大学出版社 2014 年版。

于志刚、郭旨龙：《网络刑法的逻辑与经验》，中国法制出版社 2015 年版。

于志刚：《共同犯罪的网络异化研究》，中国方正出版社 2010 年版。

喻海松：《刑法的扩张——〈刑法修正案（九）〉及新近刑法立法解释司法适用解读》，人民法院出版社2015年版。

张金玺：《美国公共诽谤法研究：言论自由与名誉权保障的冲突与平衡》，中国人民大学出版社2016年版。

张康之：《公共行政中的哲学与伦理》，中国人民大学出版社2008年版。

张明楷：《刑法学》，法律出版社2016年版。

张千帆：《宪法学导论》，法律出版社2004年版。

赵秉志、吴振兴：《刑法学通论》，高等教育出版社1993年版。

赵鹏：《平台公正：互联网平台法律规制的基本原则》，《学术前沿》2021年11月（上）。

赵云泽：《作为政治的传播中国新闻传播解释史》，中国人民大学出版社2017年版。

郑文明：《诽谤的法律规制——兼论媒体诽谤》，法律出版社2011年版。

周道鸾、张军主编：《刑法罪名解释》（下），人民法院出版社2013年版。

周光权：《刑法各论》，中国人民大学出版社2008年版。

周其华：《中国刑法罪名释考》，中国方正出版社2001年版。

周少华：《刑法之适应性：刑事法治的实践逻辑》，法律出版社2012年版。

周源：《发达国家出版管理制度》，时事出版社2001年版。

最高人民法院刑事审判二庭编著：《网络犯罪司法实务研究及相关司法解释理解与适用》，人民法院出版社2014年版。

中共中央马克思恩格斯列宁斯大林著作编译局：《马克思恩格斯选集》（第1卷），人民出版社1995年版。

中共中央宣传部：《中国共产党宣传工作简史》（下卷），人民出版社2022年版。

二 中文译著

安德鲁·查德威克：《互联网政治学：国家、公民与新传播技术》，任孟山译，华夏出版社 2010 年版。

阿尔温·托夫勒：《创造一个新的文明：第三次浪潮的政治》，陈峰译，生活·读书·新知三联书店 1996 年版。

安东尼·吉登斯：《失控的世界》，周红云译，江西人民出版社 2001 年版。

贝卡里亚：《论犯罪与刑罚》，黄风译，中国法制出版社 2005 年版。

本杰明·N. 卡多佐：《法律的成长——法律科学的悖论》，董炯、彭冰译，中国法制出版社 2002 年版。

彼得·L. 伯格、托马斯·卢克曼：《现实的社会建构：知识社会学论纲》，吴肃然译，北京大学出版社 2019 年版。

边沁：《论道德和立法的原则》，程立显、宇文利译，陕西人民出版社 2009 年版。

伯尔曼：《法律与宗教》，梁治平译，生活·读书·新知三联书店 1991 年版。

伯特兰·罗素：《权威与个人》，储智勇译，商务印书馆 2012 年版。

博登海默：《法理学：法律哲学与法律方法》，邓正来译，中国政法大学出版社 1998 年版。

卜思天·M. 儒攀基奇：《刑法：刑罚理念批判》，何慧新译，中国政法大学出版社 2002 年版。

丹尼尔·C. 哈林、［意］保罗·曼奇尼：《比较媒介体制媒介与政治的三种模式》，陈娟、展江等译，中国人民大学出版社 2012 年版。

丹尼斯·罗伊德：《法律的理念》，张茂柏译，新星出版社 2005 年版。

丹宁：《法律的正当程序》，李克强等译，法律出版社 2011 年版。

道格拉斯·胡萨克：《过罪化及刑法的限制》，姜敏译，中国法制出版社 2015 年版。

德沃金：《认真对待权利》，信春鹰等译，中国大百科全书出版社 1998 年版。

邓穗欣：《制度分析与公共治理》，张铁钦、张印琦译，复旦大学出版社 2019 年版。

弗里德利希·冯·哈耶克：《法律、立法与自由》（第一卷），邓正来等译，中国大百科全书出版社2000年版。

格奥尔格·耶里内克：《人权与公民权利宣言——现代宪法史论》，李锦辉译，商务印书馆2013年版。

格雷厄姆·沃拉斯：《政治中的人性》，朱曾汶译，商务印书馆1997年版。

哈伯特L. 帕克：《刑事制裁的界限》，梁根林等译，法律出版社2008年版。

汉娜·阿伦特：《人的条件》，竺乾威译，上海人民出版社1999年版。

何塞·范·迪克：《连接——社交媒体批评史》，晏青、陈光凤译，中国人民大学出版社2021年版。

黑格尔：《法哲学原理》，范扬、张企泰译，北京大学出版社2007年版。

霍布豪斯：《自由主义》，朱增汶译，商务印书馆1996年版。

简·梵·迪克：《网络社会：新媒体的社会层面》，蔡静译，清华大学出版社2014年版。

凯斯·桑斯坦：《网络共和国网络社会中的民主问题》，黄维明译，上海人民出版社2003年版。

劳拉·德拉迪斯：《互联网治理全球博弈》，覃庆玲等译，中国人民大学出版社2017年版。

劳伦斯·莱斯格：《代码2.0：网络空间中的法律》，李旭、沈伟伟译，清华大学出版社2009年版。

李斯特：《德国刑法教科书》（修订译本），徐久生译，法律出版社2006年版。

刘易斯·芒福德：《技术与文明》，陈允明、王克仁、李华山译，中国建筑工业出版社2015年版。

马丁·洛克林：《剑与天平——法律与政治关系的省察》，高秦伟译，北京大学出版社2011年版。

马克思、恩格斯：《德意志意识形态》（节选本），中共中央马恩列斯著作编译局编译，人民出版社2018年版。

马克思、恩格斯：《马克思恩格斯选集》（第 1 卷），人民出版社 1995 年版。
马克斯·韦伯：《经济与社会》，林荣运译，商务印书馆 1997 年版。
孟德斯鸠：《论法的精神》，许明龙译，商务印书馆 2009 年版。
弥尔顿：《论出版自由》，吴之椿译，商务印书馆 2016 年版。
弥尔顿·L. 穆勒：《网络与国家互联网治理的全球政治学》，周程等译，上海交通大学出版社 2015 年版。
尼古拉斯·盖恩、戴维·比尔：《新媒介：关键概念》，刘君、周竞男译，复旦大学出版社 2015 年版。
尼克·库尔德利：《媒介、社会与世界：社会理论与数字媒介实践》，何道宽译，复旦大学出版社 2020 年版。
欧文·M. 费斯：《言论自由的反讽》，刘擎、殷莹译，新星出版社 2015 年版。
庞德：《通过法律的社会控制：法律的任务》，沈宗灵译，商务印书馆 1984 年版。
让 - 诺埃尔·卡普费雷：《谣言：世界上最古老的传媒》，郑若麟译，上海人民出版社 2008 年版。
塞缪尔·亨廷顿：《变化社会中的政治秩序》，王冠华等译，生活·读书·新知三联书店 1989 年版。
山口厚：《刑法总论》，付立庆译，中国人民大学出版社 2011 年版。
汤姆·斯丹迪奇：《从莎草纸到互联网社交媒体 2000 年》，林华译，中信出版社 2015 年版。
托比·曼德尔：《信息自由多国法律比较》，龚文痒等译，社会科学文献出版社 2011 年版。
威廉·葛德文：《政治正义论》（下卷），何慕李译，商务印书馆 1980 年版。
威廉姆·威尔逊：《刑法理论的核心问题》，谢望原等译，中国人民大学出版社 2016 年版。
西原春夫：《刑法的根基与哲学》，顾肖荣等译，法律出版社 2004 年版。

新闻自由委会:《一个自由而负责的新闻界》,展江等译,中国人民大学出版社2004年版。

亚历山大·米克尔约翰:《表达自由的法律限度》,侯建译,贵州人民出版社2003年版。

以赛亚·伯林:《自由论》,胡传胜译,译林出版社2003年版。

约翰·密尔:《论自由》,许宝骙译,商务印书馆1959年版。

约翰·密尔:《论自由》,许宝骙译,商务印书馆2012年版。

詹姆斯·柯兰等:《互联网的误读》,何道宽译,中国人民大学出版社2014年版。

三 中文期刊

白淑英:《论虚拟秩序》,《学习与探索》2009年第4期。

蔡尚伟、曹旭:《从"谷歌事件"看中国互联网政策》,《今传媒》2010年第4期。

蔡雯、郭翠玲:《"公民新闻"的兴起与传统媒体的应对——对西方新闻变革的观察与分析》,《新闻战线》2009年第9期。

蔡雯:《媒介融合前景下的新闻传播变革——试论"融合新闻"及其挑战》,《国际新闻界》2006年第5期。

蔡曦蕾:《"谣言刑事规制对比考察"》,《国家检察官学院学报》2015年第2期。

车浩:《谁应为互联网时代的中立行为买单?》,《中国法律评论》2015年第1期。

车浩:《诽谤罪的法益构造与诉讼机制》,《中国刑事法杂志》2021年第1期。

陈洪兵:《网络中立行为的可罚性探究——以P2P服务提供商的行为评价为中心》,《东北大学学报》(社会科学版)2009年第3期。

陈凯、白英彩:《网络存储技术及其发展趋势》,《电子学报》2002年第S1期。

陈伟、石莹:《网络平台安全管理义务的归责反思及其重塑》,《理论探索》2019 年第 2 期。
陈小彪、刘佳伶：《网络诽谤刑民界分的困境与应对》，《学术交流》2021 年第 7 期。
陈兴良：《社会危害性理论：一个反思性检讨》，《法学研究》2000 年第 1 期。
陈兴良：《“风险刑法”与刑法风险：双重视角的考察》，《法商研究》2011 年第 4 期。
陈兴良：《风险刑法理论的法教义学批判》，《中外法学》2014 年第 1 期。
陈兴良：《形式解释论的再宣示》，《中国法学》2010 年第 4 期。
陈兴良：《在技术与法律之间》，《法庭内外》2016 年第 10 期。
程岩：《风险规制的刑法理性重构——以风险社会理论为基础》，《中外法学》2011 年第 1 期。
程岩：《风险社会中刑法规制对象的考察》，《刑事法评论》2011 年第 2 期。
崔保国、刘金河：《论网络空间中的平台治理》，《全球传媒学刊》2020 年第 1 期。
储槐植、何群：《刑法谦抑性实践理性辨析》，《苏州大学学报》（哲学社会科学版）2016 年第 3 期。
褚松燕：《中国互联网治理：秩序、责任与公众参与》，《探索与争鸣》2015 年第 1 期。
党俊琦：《德国〈网络强制法〉的现状及其对我国的启示》，《铁道警察学院学报》2018 年第 2 期。
董运生：《网络秩序的建构：共同体与公共性》，《中共中央党校学报》2015 年第 4 期。
樊鹏、李妍：《驯服技术巨头：反垄断行动的国家逻辑》，《文化纵横》2021 年第 1 期。
方兴东、张静：《中国特色的网络治理演进历程和治网之道——中国网络治理史纲要和中国路径模式的选择》，《汕头大学学报》（人文社会科学版）2016 年第 2 期。
冯建华：《公共传播的意涵及语用指向》，《新闻与传播研究》2017 年第 4 期。
冯建华：《试论网络传播秩序治理的刑法界限》，《新闻大学》2020 年第 11 期。
冯建华：《网络信息安全的辩证观》，《现代传播》（中国传媒大学学报）2018 年第 10 期。
冯建华：《网络谣言入罪的尺度与限度——以风险刑法为分析视角》，《新闻与传播研究》2020 年第 2 期。
冯建华：《中国网络秩序观念的生成逻辑与意涵演变》，《南京社会科学》2020 年第 11 期。
冯志峰：《中国运动式治理的定义及其特征》，《中共银川市委党校学报》2007 年第 4 期。
付强、孙利：《风险刑法质疑》，《中国刑事法杂志》2014 年第 1 期。
高磊：《论 P2P 共享服务提供者的刑事责任——以快播案为视角》，《环球法律评论》2017 年第 5 期。
高铭暄、孙道萃：《预防性刑法观及其教义学思考》，《中国法学》2018 年第 1 期。
高铭暄、张海梅：《网络诽谤构成诽谤罪之要件——兼评“两高”关于利用信息网络诽谤的解释》，《国家检察官学院学报》2015 年第 7 期。
高铭暄：《风险社会中刑事立法正当性理论研究》，《法学论坛》2011 年第 4 期。
高薇：《互联网时代的公共承运人规制》，《政法论坛》2016 年第 4 期。
高献忠、何明升：《网络秩序的生成机理：从分层演化到共生演化》，《生产力研究》2009 年第 8 期。
高中：《中国大陆“诽官案”实证研究》，《湖南大学学报》（社会科学版）2011 年第 4 期。
郜书锴：《数字传播变革的三个面向》，《现代视听》2011 年第 9 期。

葛立刚:《网络服务商不作为刑事责任的边界》,《西南政法大学学报》2016 年第 12 期。
韩德志:《网络存储技术及其进展》,《计算机应用研究》2005 年第 7 期。
郝艳兵:《风险社会下的刑法价值观念及其立法实践》,《中国刑事法杂志》2009 年第 7 期。
何明升、高献忠:《基于公共物品供给理论的网络秩序供给机制分析》,《自然辩证法研究》2008 年第 3 期。
何明升:《中国网络治理的定位及现实路径》,《中国社会科学》2016 年第 7 期。
何明升:《智慧生活:个体自主性与公共秩序性的新平衡》,《探索与争鸣》2018 年第 5 期。
何荣功:《社会治理“过度刑法化”的法哲学批判》,《中外法学》2015 年第 2 期。
何悦、郑文娟:《我国网络信息安全立法研究》,《科技与法律》2011 年第 1 期。
侯健:《诽谤罪、批评权与宪法的民主之约》,《法制与社会发展》2011 年第 4 期。
胡杰、任卓冉:《论诽谤罪事实的界定——以洪道德诉陈光武诽谤罪案为例》,《人民论坛》2015 年 10 月(中)。
胡彦涛:《风险刑法的理论错位》,《环球法律评论》2016 年第 5 期。
黄旗绅、李留英:《网络空间信息内容安全综述》,《信息安全研究》2017 年第 12 期。
黄仁伟:《中美秩序之争与网络治理》,《信息安全与通信保密》2015 年第 10 期。
江登琴:《美国网络色情刑事处罚的宪法审查——雷诺案的经验与启示》,《国家检察官学院学报》2011 年第 1 期。
姜涛:《社会风险的刑法调控及其模式改造》,《中国社会科学》2019 年第 7 期。

姜瀛：《网络寻衅滋事罪“口袋效应”之实证分析》，《中国人民公安大学学报》（社会科学版）2018 年第 2 期。

金鸿浩：《论互联网时代诽谤罪的公诉范围》，《政治与法律》2021 年第 3 期。

金日秀：《风险刑法、敌人刑法与爱的刑法》，《吉林大学社会科学学报》2015 年第 1 期。

敬力嘉：《论拒不履行网络安全管理义务罪——以网络中介服务者的刑事责任为中心展开》，《政治与法律》2017 年第 1 期。

康树华：《新社会防卫论评析》，《贵州社会科学》1992 年第 2 期。

郎胜：《我国刑法的新发展》，《中国法学》2017 年第 5 期。

劳东燕：《犯罪故意理论的反思与重构》，《政法论坛》2009 年第 1 期。

劳东燕：《风险刑法理论的反思》，《政治与法律》2019 年第 11 期。

劳东燕：《公共政策与风险社会的刑法》，《中国社会科学》2007 年第 3 期。

雷志春、孙峥：《言论双层区分语境下网络诽谤犯罪的刑法规制》，《中国检察官》2019 年第 12 期（上）。

黎宏：《刑法的机能与我国刑法的任务》，《现代法学》2003 年第 4 期。

李川：《网络环境下诽谤罪主观要素认定标准探究》，《暨南学报》（哲学社会科学版）2019 年第 2 期。

李大勇：《谣言、言论自由与法律规制》，《法学》2014 年第 1 期。

李丹、任东来：《霍姆斯、查菲与言论自由的司法审查》，《南京大学法律评论》2012 年春季卷。

李继东：《复合规制：媒介融合时代的规制模式探微》，《国际新闻界》2013 年第 7 期。

李昊：《网络诽谤案件公诉情形中“损害国家形象”的宪法学思考》，《社会科学研究》2017 年第 4 期。

李良荣：《以互联网寻路国家治理方式与治理能力现代化》，载《网络空间法治化——互联网与国家治理年度报告（2015）》，张志安主编，商务印书馆 2015 年版。

李龙:《网络秩序的特质与构建》,《法制与社会》2008 年 9 月(中)。
李娜:《“后真相”时代“沉默的螺旋”的出场语境与形态》,《青年记者》2018 年第 5 期。
李蕊:《公共服务供给权责配置研究》,《中国法学》2019 年第 4 期。
李翔:《论创设性刑法规范解释的不正当性》,《法学》2012 年第 12 期。
李晓明:《诽谤行为是否构成犯罪不应由他人的行为来决定——评“网络诽谤”司法解释》,《政法论坛》2014 年第 1 期。
李艳:《当前国际互联网治理改革新动向探析》,《现代国际关系》2015 年第 4 期。
李源粒:《网络安全与平台服务商的刑事责任》,《法学论坛》2014 年第 11 期。
李忠:《因特网与言论自由的保护》,《法学》2002 年第 2 期。
廉波:《论网络谣言入罪的正当性——兼评〈刑法修正案(九)〉相关条款》,《人民论坛》2015 年 11 月(中)。
廖斌、何显兵:《论网络虚假信息的刑法规制》,《法律适用》2015 年第 3 期。
林爱珺、何艳明:《数字媒介依赖的新表征与伦理反思》,《学术研究》2022 年第 5 期。
林涛、李晓、吴小军:《利用信息网络实施诽谤、寻衅滋事犯罪的区分认定》,《人民司法(案例)》2014 年第 18 期。
林钰雄:《诽谤罪之实体要件与诉讼证明——兼评大法官释字第五〇九号解释》,《台大法学论丛》2002 年第三十二卷第二期。
刘家银、倪雪莉:《Web3.0 时代的舆论、舆情与意识形态》,《江苏警官学院学报》2022 年第 5 期。
刘期湘:《人工智能时代网络诽谤“积量构罪”的教义学分析》,《东方法学》2019 年第 5 期。
刘守芬、丁鹏:《网络共同犯罪之我见》,《法律科学》(西北政法学院学报)2005 年第 5 期。
刘守芬、牛广济:《试析我国宪法中的言论自由在刑法中的规制》,

《法学家》2006 年第 3 期。
刘宪权:《网络犯罪的刑法应对新理念》,《政治与法律》2016 年第 9 期。
刘宪权:《网络造谣、传谣行为刑法规制体系的构建与完善》,《法学家》2016 年第 6 期。
刘宪权:《刑事立法应力戒情绪——以〈刑法修正案(九)为视角〉》,《法学评论》2016 年第 1 期。
刘远、曹希国:《论刑法分则的价值构造》,《中国刑事法杂志》2005 年第 3 期。
刘艳红:《当下中国刑事立法应当如何谦抑?——以恶意欠薪行为人罪为例之批判性分析》,《环球法律评论》2012 年第 2 期。
刘艳红:《网络时代言论自由的刑法边界》,《中国社会科学》2016 年第 10 期。
刘艳红:《网络中立帮助行为可罚性的流变及批判》,《法学评论》2016 年第 5 期。
刘艳红:《我国应停止犯罪化的刑事立法》,《法学》2011 年第 11 期。
刘艳红:《无罪的快播与有罪的思维——"快播案"有罪论之反思与批判》,《政治与法律》2016 年第 12 期。
刘艳红:《象征性立法对刑法功能的损害——二十年来中国刑事立法总置评》,《政治与法律》2017 年第 3 期。
刘艳红:《刑法的目的与犯罪论的实质化——"中国特色"罪刑法定原则的出罪机制》,《环球法律评论》2008 年第 1 期。
刘媛媛:《刑法谦抑性及其边界》,《理论探索》2011 年第 5 期。
刘正荣:《互联网立法和内容传播责任》,《网络传播》2007 年第 4 期。
刘志强、宋海超:《寻衅滋事罪司法解释"三性"审视》,《学术界》2020 年第 5 期。
龙敏:《秩序与自由的碰撞——论风险社会刑法的价值冲突与协调》,《甘肃政法学院学报》2010 年第 5 期。
卢恒飞:《网络谣言如何扰乱了公共秩序?——兼论网络谣言型寻衅

滋事罪的理解与适用》,《交大法学》2015 年第 1 期。
卢建平:《从“黄碟案”看刑法的界限》,《法学家》2003 年第 3 期。
鲁传颖:《试析当前网络空间全球治理困境》,《现代国际关系》2013 年第 11 期。
罗静:《国外互联网监管方式的比较》,《世界经济与政治论坛》2008 年第 6 期。
罗梁波:《“互联网”时代国家治理现代化的基本场景:使命、格局和框架》,《学术研究》2020 年第 9 期。
麻宝斌、郭蕊:《权责一致与权责背离:在理论与现实之间》,《政治学研究》2010 年第 1 期。
马长山:《互联网时代的双向构建秩序》,《政法论坛》2018 年第 1 期。
马玉宁:《“后真相”时代网络政治表达与传媒公共性重塑》,《北方民族大学学报》2021 年第 5 期。
倪星、王锐:《权责分立与基层避责:一种理论解释》,《中国社会科学》2018 年第 5 期。
欧树军:《国外网络色情的法律规管》,《网络传播》2005 年第 9 期。
欧阳本祺:《论网络时代刑法解释的限度》,《中国法学》2017 年第 3 期。
彭文华:《网络服务商之刑事责任探讨》,《佛山科学技术学院学报》(社会科学版)2008 年第 3 期。
皮勇、黄琰:《论刑法中的“应当知道”——兼论刑法边界的扩张》,《法学评论》2012 年第 1 期。
皮勇:《网络恐怖活动犯罪及其整体法律对策》,《环球法律评论》2013 年第 1 期。
秦前红李少文:《网络公共空间治理的法治原理》,《现代法学》2014 年第 6 期。
邱陵:《拒不履行信息网络安全管理义务罪探析》,《法学杂志》2020 年第 4 期。
曲新久:《论社会秩序的刑法保护与控制》,《政法论坛》(中国政法大学学报）1998 年第 4 期。
曲新久：《论刑法中的“公共安全”》，《人民检察》2010 年第 9 期。
全燕：《“后真相时代”社交网络的信任异化现象研究》，《南京社会科学》2017 年第 7 期。
阙天舒：《在虚拟与现实之间——论网络空间公共风险的消解与控制》，《天津行政学院学报》2014 年第 3 期。
邵鹏：《人类命运共同体：全球传播新秩序的中国方向》，《浙江工业大学学报》（社会科学版）2019 年 3 月。
邵国松：《诽谤入罪的判决标准：国际比较的视角》，《南京社会科学》2016 年第 10 期。
沈昌祥：《关于加强信息安全保障体系的思考》，《计算机安全》2002 年第 19 期。
沈国麟、陈晓媛：《政府权力的扩张与限制：国家信息安全与美国政府网络监管》，《新闻记者》2009 年第 12 期。
沈逸：《控制优先：911 后的美国国家信息安全政策》，《复旦学报》（社会科学版）2006 年第 4 期。
时飞：《网络谣言的法理意蕴——基于信息纠偏、社会公正和社会公议的视角》，《科技与法律》2013 年第 3 期。
时延安：《刑罚的正当性探究——从权利出发》，《法制与社会发展》2010 年第 2 期。
时延安：《以刑罚威吓诽谤、诋毁、谣言？——论刑罚权对网络有害信息传播的干预程度》，《法学论坛》2012 年第 4 期。
史安斌、王沛楠：《传播权利的转移与互联网公共领域的“再封建化”——脸谱网进军新闻业的思考》，《新闻记者》2017 年第 1 期。
苏宏元、黄晓曦：《突发事件中网络谣言的传播机制》，《当代传播》2018 年第 1 期。
孙平：《诽谤罪与言论规制“调适期”》，《环球法律评论》2014 年第 3 期。
孙萍、刘瑞生：《网络生态视角下社交媒体的内容管理探析》，《现代传播》2019 年第 12 期。
孙万怀、卢恒飞：《刑法应当理性应对网络谣言——对网络造谣司法解释的实证评估》，《法学》2013 年第 11 期。
孙万怀、郑梦凌：《中立的帮助行为》，《法学》2016 年第 1 期。
孙万怀：《违法相对性理论的崩溃——对刑法前置化立法倾向的一种批评》，《政治与法律》2016 年第 3 期。
孙笑侠、郭春镇：《法律父爱主义在中国的适用》，《中国社会科学》2006 年第 1 期。
孙禹：《论网络服务提供者的保护规则——以刑事责任的限制为视角》，《北方法学》2019 年第 2 期。
孙煜华：《网络诽谤罪司法解释的合宪性审视》，《中国法律评论》2015 年第 4 期。
檀有志：《网络空间全球治理：国际情势与中国路径》，《世界经济与政治》2013 年第 12 期。
汤磊：《美韩两国网络谣言法律规制问题研究》，《陕西行政学院学报》2014 年第 2 期。
唐煜枫、王明辉：《论言论自由的刑法保障——一个罪刑法定视野的关照》，《甘肃政法学院学报》2010 年第 2 期。
田宏杰：《“风险社会”的刑法立场》，《法商研究》2011 年第 4 期。
童德华、马嘉阳：《拒不履行信息网络安全管理义务罪之“义务”的合理性论证及类型化分析》，《法律适用》2020 年第 21 期。
涂龙科：《网络内容管理义务与网络服务提供者的刑事责任》，《法学评论》2016 年第 3 期。
王辰瑶、方可成：《不应高估网络言论——基于 122 个网络议题的实证分析》，《国际新闻界》2009 年第 5 期。
王充：《明确性与妥当性之间——论刑法解释界限的设定标准》，《社会科学研究》2012 年第 1 期。
王华伟：《网络服务提供者的刑法责任比较研究》，《环球法律评论》2016 年第 4 期。

王君君：《自媒体时代的网络治理：基于网络围观现象的考察》，《北京警察学院学报》2016 年第 5 期。

王琳：《刑法触角的边界在哪里》，《人民检察》2010 年第 7 期。

王肃之：《论拒不履行信息网络安全管理义务的不作为性质》，《南大法学》2020 年第 3 期。

王世伟：《论信息安全、网络安全、网络空间安全》，《中国图书馆学报》2015 年 3 月。

王文华：《拒不履行信息网络安全管理义务罪适用分析》，《人民检察》2016 年第 6 期。

魏昌东：《新刑法工具主义批判与矫正》，《法学》2016 年第 2 期。

魏永征：《吴虹飞微博事件言论面面观》，《新闻界》2013 年第 16 期。

乌·金德霍伊泽尔：《安全刑法：风险社会的刑法危险》，《马克思主义与现实》2005 年第 3 期。

吴贵森：《刑法上"公共"概念之辨析》，《法学评论》（双月刊）2013 年第 1 期。

习近平：《关于〈中共中央关于全面深化改革若干重大问题的决定〉的说明》，《求是》2013 年第 22 期。

习近平：《加快推动媒体融合发展构建全媒体传播格局》，《求是》2019 年第 6 期。

夏甄陶：《论目的》，《中国社会科学》1981 年第 1 期。

薛可、梁海、陈晞、余明阳：《网络论坛公共表达与议题上升的结构研究》，《上海交通大学学报》（哲学社会科学版）2013 年第 2 期。

邢馨宇、邱兴隆：《刑法的修改：轨迹、应然与实然——兼及对刑法修正案（八）的评价》，《法学研究》2011 年第 2 期。

熊静波：《表达自由和人格权的冲突与调和——从基本权利限制理论角度观察》，《法律科学》2007 年第 1 期。

熊永明：《我国罪名建言热潮之隐忧及其批判》，《法学评论》2015 年第 6 期。

徐蕾、李莎、宁焕生：《Web3.0 概念、内涵、技术及发展现状》，《工程科学学报》2023 年第 45 卷第 5 期。

徐远太、陆银清：《网络服务商中立行为犯罪化及其限度——兼议刑法修正案（九）第二十九条》，《预防青少年犯罪研究》2016 年第 2 期。

薛斌：《网络中介服务提供者知识产权侵权责任的发展与革新》，《科技与法律》2015 年第 6 期。

薛晓源、刘国良：《法治时代的危险、风险与和谐——德国著名法学家、波恩大学法学院院长乌·金德霍伊泽尔教授访谈录》，《马克思主义与现实》2005 年第 3 期。

阎二鹏：《形式解释视域下言论自由的刑法边界》，《兰州学刊》2013 年第 7 期。

闫晓丽：《网络治理的概念及构成要素》，《网络空间安全》2018 年第 5 期。

严茜：《美国互联网的内容管制与表达自由的冲突问题——以 CDA 被判违宪为案例》，《新闻界》2009 年第 4 期。

杨保军：《我国职业新闻传播观念的几个宏观转向——以“后新闻业时代”开启为背景》，《新闻记者》2014 年第 5 期。

杨彩酉：《网络不作为犯罪新论》，《求索》2007 年第 2 期。

杨锦芳：《秩序——刑罚的伦理价值目标》，《云南民族大学学报》（哲学社会科学版）2011 年第 3 期。

杨君佐：《发达国家网络信息内容治理模式》，《法学家》2009 年第 4 期。

杨蓝：《浅析编造、故意传播虚假网络信息的刑法规制》，《法治与社会》2016 年 6 月（中）。

杨柳：《“诽谤信息转发 500 次入刑”的法教义学分析——对“网络诽谤”司法解释质疑者的回应》，《法学》2016 年第 7 期。

杨嫚：《网络表情包的亚文化风格构建：从自我表达到公共空间》，《西安交通大学学报》（社会科学版）2017 年第 5 期。

殷勤：《网络谣言的犯罪化及其限度——以刑法修正案（九）编造、

故意传播虚假信息罪为依据》,《人民司法》2016 年第 1 期。

尹建国:《我国网络有害信息的范围判定》,《政治与法律》2015 年第 1 期。

尹培培:《“诽谤信息转发 500 次入刑”的合宪性评析》,《华东政法大学学报》2014 年第 4 期。

于冲、巩宸宇:《违法犯罪信息公开的功能定位与模式选择》,《中州学刊》2020 年第 7 期。

于冲:《“二分法”视野下网络服务提供者不作为的刑事责任划界》,《当代法学》2019 年第 5 期。

于志刚、郭旨龙:《网络恐怖活动犯罪与中国法律应对——基于 100 个随机案例的分析和思考》,《河南大学学报》(社会科学版) 2015 年第 1 期。

于志刚:《网络犯罪与中国刑法应对》,《中国社会科学》2010 年第 3 期。

于志刚:《“双层社会”中传统刑法的适用空间——以“两高”〈网络诽谤解释〉的发布为背景》,《法学》2013 年第 10 期。

于志刚:《全媒体时代与编造、传播虚假信息的制裁思路》,《法学论坛》2014 年第 2 期。

俞可平:《重构社会秩序走向官民共治》,《国家行政学院学报》2012 年第 4 期。

俞可平:《民主还是民粹——中国的民意政治》,《中国治理评论》2014 年第 1 期。

喻国明、焦建、张鑫:《“平台型媒体”的缘起、理论与操作关键》,《中国人民大学学报》2015 年第 6 期。

喻国明:《双因机制:移动互联网时代的谣言生成》,《新闻与写作》2018 年第 3 期。

袁斌:《全媒体时代虚假信息犯罪的刑法治理——兼议〈刑法修正案(九)〉的立法选择》,《内蒙古社会科学》(汉文版) 2014 年第 3 期。

张果、董慧:《自由的整合,现实的重构——网络空间中的秩序与活力探究》，《自然辩证法研究》2009 年第 11 期。
张海梅：《诽谤罪之检视》，《宁夏大学学报》（人文社会科学版）2014 年第 5 期。
张海鸥：《论刑法的宪法性界限》，《法制与社会》2015 年 6 月（中）。
张明楷：《“风险社会”若干刑法问题反思》，《法商研究》2011 年第 5 期。
张明楷：《网络诽谤的争议问题探究》，《中国法学》2015 年第 3 期。
张明楷：《网络时代的刑法理念——以刑法的谦抑性为中心》，《人民检察》2014 年第 9 期。
张明楷：《言论自由与刑事犯罪》，《清华法学》2016 年第 1 期。
张千帆：《刑法适用应遵循宪法的基本精神——以“寻衅滋事”的司法解释为例》，《法学》2015 年第 4 期。
张书琴：《网络谣言刑法治理的反思》，《学海》2014 年第 2 期。
张文祥、周妍：《对 20 年来我国互联网新闻信息管理制度的考察》，《新闻记者》2014 年第 4 期。
张新宝：《论网络信息安全合作的国际规则制定》，《中州学刊》2013 年第 10 期。
张训：《口袋罪视域下的寻衅滋事罪研究》，《政治与法律》2013 年第 3 期。
张颖军：《打击网络犯罪中的少数人权利保护》，《中南民族大学学报》（人文社会科学版）2011 年第 2 期。
张雨、敖双红：《论网络言论自由的界限——以权利与权力的关系为视角》，《湖南师范大学社会科学学报》2016 年第 3 期。
张彦、魏颖：《网络表达：美好生活现代化叙事的一种方式》，《山西师大学报》（社会科学版）2021 年第 6 期。
张兆曙、段君：《网络平台的治理困境与数据使用权创新——走向基于网络公民权的数据权益共享机制》，《浙江学刊》2020 年第 6 期。
张卓、王瀚东：《中国网络监管到网络治理的转变——从“网络暴力”谈起》，《湘潭大学学报》（哲学社会科学版）2010 年第 1 期。

赵秉之、张新平：《试论网络共同犯罪》，《政法论坛》（中国政法大学学报）2002 年第 10 期。

赵秉志、彭新林：《“严重危害社会秩序和国家利益”的范围如何确定——对刑法典第 246 条第 2 款但书规定的理解》，《法学评论（双月刊）》2009 年第 5 期。

赵秉志：《社会危害性理论之当代中国命运》，《法学家》2011 年第 6 期。

赵远：《“秦火火”网络造谣案的法理问题研析》，《法学》2014 年第 7 期。

郑玉双：《为犯罪化寻找道德根基——评范伯格的〈刑法的道德界限〉》，《政法论坛》2016 年第 2 期。

郑智航：《网络社会法律治理与技术治理的二元共治》，《中国法学》2018 年第 2 期。

钟育周：《讹言谎语的刑法边界——试论网络谣言入刑的困境与出路》，《法治论坛》2016 年第 44 辑。

周光权：《积极刑法立法观在中国的确立》，《法学研究》2016 年第 4 期。

周光权：《网络服务商的刑事责任范围》，《中国法律评论》2015 年第 4 期。

周光权：《转型时期刑法立法的思路与方法》，《中国社会科学》2016 年第 3 期。

周汉华：《习近平互联网法治思想研究》，《中国法学》2016 年第 3 期。

周恒：《互联网社会的自我秩序化：可能、形式及其意义》，《新闻界》2020 年第 3 期。

周少华：《罪刑法定与刑法机能之关系》，《法学研究》2005 年第 3 期。

周晓虹：《风险社会中的谣言、流言与恐慌》，《南京医科大学学报》（社会科学版）2011 年第 11 期。

周裕琼：《谣言一定是洪水猛兽吗——基于文献综述和实证研究的反思》，《国际新闻界》2009 年第 3 期。

朱振明：《反思“世界信息与传播秩序”——基于福柯考古—系谱学的视角》，《南京社会科学》2017 年第 12 期。

左文君、叶正国：《论网络规制模式的转换及其立法选择》，《学习与实践》2014 年第 12 期。

左亦鲁：《告别“街头发言者”——美国网络言论自由二十年》，《中外法学》2015 年第 2 期。

四　学位论文

班克庆：《煽动性犯罪研究》，博士学位论文，苏州大学，2012 年。

陈小彪：《言论自由的刑法边界》，博士学位论文，西南政法大学，2012 年。

黄惟勤：《论网络表达自由》，博士学位论文，中国社会科学院研究生院，2010 年。

李政：《煽动性言论的刑法边界》，硕士学位论文，山东大学，2016 年。

徐会平：《美国言论自由的观念转向与制度嬗变》，博士学位论文，山东大学，2013 年。

许其勇：《论现代刑法的自由精神》，博士学位论文，华东政法大学，2013 年。

赵杨：《网络规则的生成与演进》，博士学位论文，华东政法大学，2015 年。

朱文雁：《论英国对诽谤的法律规制》，博士学位论文，山东大学，2012 年。

五　报刊

陈霄：《打击网谣法律如何亮剑》，《河南法制报》2013 年 8 月 29 日第 13 版。

陈小彪、佘杰新：《网络谣言刑法治理的基本立场》，《吉首大学学报》2014 年 1 月。

陈欣新：《对信息内容可分级法律规制》，《检察日报》2013 年 1 月 24 日第 3 版。

程余：《学者起诉律师诽谤罪，看点何在?》，《人民政协报》2016 年 4 月 5 日第 12 版。

樊崇义：《诽谤罪之自诉转公诉程序衔接——评杭州郎某、何某涉嫌诽谤犯罪案》，《检察日报》2020 年 12 月 28 日第 3 版。

李宏杰：《“风险刑法”理论纷争的反思与出路》，《山东社会科学》2015 年 5 月。

李贤华：《域外对网络谣言的刑法规制》，《人民法院报》2015 年 1 月 23 日第 8 版。

林劲标：《用法治思维法治方式打击网络谣言》，《人民法院报》2013 年 9 月 11 日第 2 版。

刘金林：《公民非议政府能构成诽谤罪吗》，《检察日报》2009 年 4 月 14 日第 3 版。

刘仁文：《依法惩处网络诽谤强化公民私权和公共利益保护》，《检察日报》2020 年 12 月 28 日第 3 版。

刘仁文、张慧：《刑法修正案九有关网络犯罪的完善建议》，《人民法院报》2015 年 8 月 12 日第 6 版。

皮勇：《网络服务提供者的刑事责任问题》，《光明日报》2005 年 6 月 28 日第 B4 版。

时延安：《“自诉转公诉”的刑法法理分析》，《检察日报》2020 年 12 月 28 日第 3 版。

孙道萃：《民法典时代网络诽谤案件的刑法应对》，《检察日报》2020 年 12 月 28 日第 3 版。

徐向前：《网络大 V“边民”一审获刑》，《法制日报》2014 年 7 月 24 日第 8 版。

赵海建：《多国对网络造谣实施刑事制裁》，《人民代表报》2013 年 9 月 26 日第 8 版。

浙江省人民检察院：《浙江省人民检察院工作报告》，《浙江日报》2021 年 2 月 3 日第 5 版。

郑文明：《互联网治理的进程、模式争议与未来走向》，《新闻与传播评论》2020 年 2 月。

钟声：《切实打击网络恐怖主义》，《人民日报》2013 年 12 月 25 日第

3版。

周光权：《网络不是法外之地，一言一行均需谨慎》，《人民法院报》2022年5月6日第2版。

周破：《"秦火火"一审获刑三年》，《法制日报》2014年4月18日第1版。

左崇年：《"网喷"获刑：别做侮辱诽谤的键盘侠》，《人民法院报》2020年11月2日第2版。

六 英文文献

Ahan Westin, *Privacy and Freedom* (NY. Atheneum, 1967); Richard A. Glenn, *The Right to Privacy* (ABC, chio, California, 2003).

Anne Cheung, Rudolf H. Weber, *Internet Governanceand The Responsibility of Internet Service Providers*, Wis—consinInternational Law Journal, 2008 (26): 403 - 478.

Dan B. Dobbs, *The Law of Torts*, West Group, St. Pauls, Minn, 2000.

Daniel J. Kevels, *The Secret History of Birth Control*, The New York Times, July 22, 2001.

Daniel J. Solove, Paul M. Schwartz, *Information Privacy Law*, *Third Edition*, New York: Wolters Kluwer, 2009.

David H. Kamens, "The Construction of Public Opinion", In Beyond the Nation-State, *Published online*: 08, Mar 2015.

Denno, *The Privacy Rights of Rape Victims in Media and the Law*, 1993.

Don R. Pember, *Mass Media Law* (13thedition), the MeGraw-Hill Companies, 438, 2003.

Jonathan D. Bick, *Why Should the Internel Be Any Different*, 19 Pace L. Rev. 41, 43 (1998).

Leonard W. Levy, *Emergence of a Free Press*, NewYork: Oxford University Press, 1985.

LotharDetermann, "The New German Internet Law", Hastings International and Comparative Law Review, Fall, 1998.

MacDonald/Jones, *A Treatise on the Law of Torts*, Chicago: Callahan, 1998.

See Jack Goldsmith & Tim Wu, Who Controls the Internet? Illusions of Borderless World, Oxford University Press, 2006.

Thieny Gare, *Ledroit des personnes*, 2*ededition*, CollectionConnaissance du droit, Dalloz, 2003.

Wojciech Sadurski, *Freedom of Speech and its Limits*, Kluwer Academic Publishers, 1999.

Xiao Qiang, *The Rising Tide of Opinion in China*, Nieman Reports, 2004.

七　其他

北京市朝阳区人民法院（2013）朝刑初字第2584号刑事审判书。

北京市海淀区人民法院（2015）海刑初字第512号判决书。

陈杭、袁秀月：《北京警方已查处涉疫情谣言案件27起》，https：//www. chinanews. com/sh/2020/02－27/9106732. shtml，2021年4月28日。

董一凡：《特朗普被封，欧洲各国突然醒了》，https：//www. thepaper. cn/newsDetail_ forward_ 10801781，2021年3月24日。

法信网：《编造虚假消息在信息网络上散布造成公共秩序严重混乱的应认定为寻衅滋事罪》，http：//www. faxin. cn/lib/cpal/AlyzContent. aspx? isAlyz＝1&gid＝C1341981&libid＝0202&userinput＝信息网络寻衅滋事罪，2020年1月9日。

福建省南平市光泽县人民法院（2016）闽0723刑初85号刑事审判书。

广东省高级人民法院（2006）粤高法民三终字355号民事判决书。

韩卉：《打击网络谣言维护网络晴空》，http：//www. cac. gov. cn/2018－08/16/c_ 1123278767. htm，2019年12月23日。

杭州市余杭区人民检察院：《郎某、何某诽谤案》（检例第137号），2021年。

河南省泌阳县人民法院（2018）豫1726刑初75号刑事审判书。

江苏省睢宁县人民法院（2008）睢刑自初字第27号刑事判决书。

居宪涛：《“进京赶考”历史答卷的时代意蕴》，http：//dangshi. people. com. cn/n/2014/0620/c85037－25175693. html，2021年5月10日。

全国人大常委会法制工作委员会刑法室编《〈中华人民共和国刑法修正案（九）〉条文说明、立法理由及相关规定》，北京大学出版社2016年版。

人民网：《〈网络谣言传播及成年人认知情况研究报告〉在京发布》，http：//society. people. com. cn/n1/2016/0802/c229589－28605156. html，2019年12月30日。

人民网：《编造传播毕节女童被性侵假信息两人被判刑》，http：//legal. people. com. cn/n1/2020/0101/c42510－31531185. html，2020年1月9日。

人民网：《国家网络安全工作要坚持安全可控开放创新并重》，http：//media. people. com. cn/n1/2019/0917/c40606－31356231. html，2020年3月16日。

人民网：《让互联网更好造福人类》，http：//m. people. cn/n4/2019/1021/c3351－13305715. html，2020年6月28日。

四川省仁寿县人民法院（2019）川1421刑初32号刑事判决书。

宋歆：《网络成为恐怖主义推手应开展网上除暴恐》，http：//www. rmzxb. com. cn/c/2014－06－25/343973. shtml，2021年5月12日。

隋笑飞：《最高检将建立批捕诽谤案件报上一级院审批制度》，http：//www. gov. cn/govweb/ jrzg/2010－08/07/content_ 1673311. htm，2021年11月30日。

唐兴华：《怎么看待“武汉处理8名发布不实信息者”》，2020年1月，http：//news. sina. com. cn/c/2020－01－28/doc－iihnzahk6772012. shtml，2020年2月3日。

王亦君：《两高出台司法解释划定网络言论法律边界》，《中国青年报》2013年9月10日，第1版。http：//zqb. cyol. com/html/2013－09/10/nw. D110000zgqnb_ 20130910_ 5－01. htm，2019年8月28日。

习近平:《关于〈中共中央关于全面深化改革若干重大问题的决定〉的说明》, http://politics.people.com.cn/n/2013/1116/c1024-23560847.html, 2017年9月5日。

习近平:《在第二届世界互联网大会开幕式上的讲话》, http://www.xinhuanet.com/world/2015-12/16/c_1117481089.htm, 2017年9月5日。

习近平:《在全国宣传思想工作会议上的讲话》, http://www.cac.gov.cn/2014-08/09/c_1115324460.htm, 2017年9月10日。

习近平:《在网络安全和信息化工作座谈会上的讲话》, http://www.cac.gov.cn/2016-04/25/c_1118731366.htm, 2017年9月5日。

《习近平谈治国理政》(第二卷), 外文出版社2017年版。

《习近平谈治国理政》, 外文出版社2014年版。

新华社:《习近平:坚持安全可控和开放创新并重》, http://www.gov.cn/xinwen/2019-09/16/content_5430185.htm, 2020年6月28日。

新华网:《2020年防控新型网络安全风险将成为重中之重》, http://www.xinhuanet.com/legal/2020-01/19/c_1210444193.htm, 2020年7月17日。

张军兴:《"巡帖之喜"莫走向"王帅帖案"之悲》, https://www.chinacourt.org/article/detail/2009/05/id/356372.shtml, 2021年2月24日。

浙江省丽水市中级人民法院(2011)浙丽民终字第40号民事判决书。

中国法院网:《编造、故意传假信息一女子获刑两年》, https://www.chinacourt.org/article/detail/2016/07/id/2020998.shtml, 2020年1月9日。

中国法院网《人民日报刊发十起后果严重的网络谣言案例》, https://www.chinacourt.org/article/detail/2012/04/id/478611.shtml, 2022年2月24日。

中央全面依法治国委员会办公室:《坚持以习近平法治思想为指导奋力开创全面依法治国新局面》, http://www.moj.gov.cn/Department/

content/2021 - 03/01/582_ 3267151. html，2021 年 3 月 26 日。

综合《财经》杂志、新华社、《环球时报》等媒体内容，可参见胡闲鹤：《澳大利亚强制平台向媒体付费，巨头应承担更多公共责任?》，https：//finance. sina. com. cn/tech/2021 - 03 - 02/doc - ikftssap9685535. shtml；郝亚琳《澳通过媒体议价法案政府同科技巨头博弈迈出第一步》，https：//baijiahao. baidu. com/s? id = 1692720698154296871&wfr = spider&for = pc；张涛甫《澳媒体议价法案值得关注和深思》，https：//fddi. fudan. edu. cn/2d/82/c18965a273794/page. htm，2021 年 3 月 24 日。

附录　互联网信息内容管理的法律法规（摘要）

一　关于“删帖”的规定

（一）《全国人民代表大会常务委员会关于维护互联网安全的决定》

七、各级人民政府及有关部门要采取积极措施，在促进互联网的应用和网络技术的普及过程中，重视和支持对网络安全技术的研究和开发，增强网络的安全防护能力。有关主管部门要加强对互联网的运行安全和信息安全的宣传教育，依法实施有效的监督管理，防范和制止利用互联网进行的各种违法活动，为互联网的健康发展创造良好的社会环境。从事互联网业务的单位要依法开展活动，发现互联网上出现违法犯罪行为和有害信息时，要采取措施，停止传输有害信息，并及时向有关机关报告。任何单位和个人在利用互联网时，都要遵纪守法，抵制各种违法犯罪行为和有害信息。人民法院、人民检察院、公安机关、国家安全机关要各司其职，密切配合，依法严厉打击利用互联网实施的各种犯罪活动。要动员全社会的力量，依靠全社会的共同努力，保障互联网的运行安全与信息安全，促进社会主义精神文明和物质文明建设。

（二）《全国人民代表大会常务委员会关于加强网络信息保护的决定》

五、网络服务提供者应当加强对其用户发布的信息的管理，发现法律、法规禁止发布或者传输的信息的，应当立即停止传输该信息，采取消除等处置措施，保存有关记录，并向有关主管部门报告。

八、公民发现泄露个人身份、散布个人隐私等侵害其合法权益的网络信息，或者受到商业性电子信息侵扰的，有权要求网络服务提供者删除有关信息或者采取其他必要措施予以制止。

十、有关主管部门应当在各自职权范围内依法履行职责，采取技术措施和其他必要措施，防范、制止和查处窃取或者以其他非法方式获取、出售或者非法向他人提供公民个人电子信息的违法犯罪行为以及其他网络信息违法犯罪行为。有关主管部门依法履行职责时，网络服务提供者应当予以配合，提供技术支持。

（三）《中华人民共和国反恐怖主义法》

第十九条 电信业务经营者、互联网服务提供者应当依照法律、行政法规规定，落实网络安全、信息内容监督制度和安全技术防范措施，防止含有恐怖主义、极端主义内容的信息传播；发现含有恐怖主义、极端主义内容的信息的，应当立即停止传输，保存相关记录，删除相关信息，并向公安机关或者有关部门报告。

网信、电信、公安、国家安全等主管部门对含有恐怖主义、极端主义内容的信息，应当按照职责分工，及时责令有关单位停止传输、删除相关信息，或者关闭相关网站、关停相关服务。有关单位应当立即执行，并保存相关记录，协助进行调查。对互联网上跨境传输的含有恐怖主义、极端主义内容的信息，电信主管部门应当采取技术措施，阻断传播。

第八十四条 电信业务经营者、互联网服务提供者有下列情形之一的，由主管部门处二十万元以上五十万元以下罚款，并对其直接负责的主管人员和其他直接责任人员处十万元以下罚款；情节严重的，处五十万元以上罚款，并对其直接负责的主管人员和其他直接责任人员，处十万元以上五十万元以下罚款，可以由公安机关对其直接负责的主管人员和其他直接责任人员，处五日以上十五日以下拘留：

（一）未依照规定为公安机关、国家安全机关依法进行防范、调查恐怖活动提供技术接口和解密等技术支持和协助的；（二）未按照主管部门的要求，停止传输、删除含有恐怖主义、极端主义内容的信息，保存相关记录，关闭相关网站或者关停相关服务的；（三）未落实网络安全、信息内容监督制度和安全技术防范措施，造成含有恐怖主义、极端主义内容的信息传播，情节严重的。

（四）《中华人民共和国网络安全法》

第十二条　国家保护公民、法人和其他组织依法使用网络的权利，促进网络接入普及，提升网络服务水平，为社会提供安全、便利的网络服务，保障网络信息依法有序自由流动。

任何个人和组织使用网络应当遵守宪法法律，遵守公共秩序，尊重社会公德，不得危害网络安全，不得利用网络从事危害国家安全、荣誉和利益，煽动颠覆国家政权、推翻社会主义制度，煽动分裂国家、破坏国家统一，宣扬恐怖主义、极端主义，宣扬民族仇恨、民族歧视，传播暴力、淫秽色情信息，编造、传播虚假信息扰乱经济秩序和社会秩序，以及侵害他人名誉、隐私、知识产权和其他合法权益等活动。

第四十六条　任何个人和组织应当对其使用网络的行为负责，不得设立用于实施诈骗，传授犯罪方法，制作或者销售违禁物品、管制物品等违法犯罪活动的网站、通讯群组，不得利用网络发布涉及实施诈骗，制作或者销售违禁物品、管制物品以及其他违法犯罪活动的信息。

第四十七条　网络运营者应当加强对其用户发布的信息的管理，发现法律、行政法规禁止发布或者传输的信息的，应当立即停止传输该信息，采取消除等处置措施，防止信息扩散，保存有关记录，并向有关主管部门报告。

第五十条　国家网信部门和有关部门依法履行网络信息安全监督管理职责，发现法律、行政法规禁止发布或者传输的信息的，应当要求网络运营者停止传输，采取消除等处置措施，保存有关记录；对来源于中华人民共和国境外的上述信息，应当通知有关机构采取技术措施和其他必要措施阻断传播。

第六十七条　违反本法第四十六条规定，设立用于实施违法犯罪活动的网站、通讯群组，或者利用网络发布涉及实施违法犯罪活动的信息，尚不构成犯罪的，由公安机关处五日以下拘留，可以并处一万元以上十万元以下罚款；情节较重的，处五日以上十五日以下拘留，可以并处五万元以上五十万元以下罚款。关闭用于实施违法犯罪活动的网站、通讯群组。

单位有前款行为的，由公安机关处十万元以上五十万元以下罚款，并对直接负责的主管人员和其他直接责任人员依照前款规定处罚。

第六十八条 网络运营者违反本法第四十七条规定，对法律、行政法规禁止发布或者传输的信息未停止传输、采取消除等处置措施、保存有关记录的，由有关主管部门责令改正，给予警告，没收违法所得；拒不改正或者情节严重的，处十万元以上五十万元以下罚款，并可以责令暂停相关业务、停业整顿、关闭网站、吊销相关业务许可证或者吊销营业执照，对直接负责的主管人员和其他直接责任人员处一万元以上十万元以下罚款。

电子信息发送服务提供者、应用软件下载服务提供者，不履行本法第四十八条第二款规定的安全管理义务的，依照前款规定处罚。

第六十九条 网络运营者违反本法规定，有下列行为之一的，由有关主管部门责令改正；拒不改正或者情节严重的，处五万元以上五十万元以下罚款，对直接负责的主管人员和其他直接责任人员，处一万元以上十万元以下罚款：

（一）不按照有关部门的要求对法律、行政法规禁止发布或者传输的信息，采取停止传输、消除等处置措施的；

（二）拒绝、阻碍有关部门依法实施的监督检查的；

（三）拒不向公安机关、国家安全机关提供技术支持和协助的。

第七十条 发布或者传输本法第十二条第二款和其他法律、行政法规禁止发布或者传输的信息的，依照有关法律、行政法规的规定处罚。

（五）《互联网信息服务管理办法》

第十六条 互联网信息服务提供者发现其网站传输的信息明显属于本办法第十五条（正文中所言的“九不准”）所列内容之一的，应当立即停止传输，保存有关记录，并向国家有关机关报告。

第十八条　国务院信息产业主管部门和省、自治区、直辖市电信管理机构，依法对互联网信息服务实施监督管理。新闻、出版、教育、卫生、药品监督管理、工商行政管理和公安、国家安全等有关主管部门，在各自职责范围内依法对互联网信息内容实施监督管理。

（六）《互联网新闻信息服务管理规定》

第二十条　互联网新闻信息服务单位应当建立新闻信息内容管理责任制度。不得登载、发送含有违反本规定第三条第一款、第十九条规定内容的新闻信息；发现提供的时政类电子公告服务中含有违反本规定第三条第一款、第十九条规定内容的；应当立即删除，保存有关记录，并在有关部门依法查询时予以提供。

第二十三条　国务院新闻办公室和省、自治区、直辖市人民政府新闻办公室，应当对互联网新闻信息服务进行监督；发现互联网新闻信息服务单位登载、发送的新闻信息或者提供的时政类电子公告服务中含有违反本规定第三条第一款、第十九条规定内容的，应当通知其删除。互联网新闻信息服务单位应当立即删除，保存有关记录，并在有关部门依法查询时予以提供。

第二十七条　互联网新闻信息服务单位登载、发送的新闻信息含有本规定第十九条禁止内容，或者拒不履行删除义务的，由国务院新闻办公室或者省、自治区、直辖市人民政府新闻办公室给予警告，可以并处1万元以上3万元以下的罚款；情节严重的，由电信主管部门根据有关主管部门的书面认定意见，按照有关互联网信息服务管理的行政法规的规定停止其互联网信息服务或者责令互联网接入服务者停止接入服务。

（七）《互联网跟帖评论服务管理规定》

第五条　跟帖评论服务提供者应当严格落实主体责任，依法履行以下义务：

（一）按照“后台实名、前台自愿”原则，对注册用户进行真实身份信息认证，不得向未认证真实身份信息的用户提供跟帖评论服务。

（三）对新闻信息提供跟帖评论服务的，应当建立先审后发制度。

（五）建立健全跟帖评论审核管理、实时巡查、应急处置等信息安全管理制度，及时发现和处置违法信息，并向有关主管部门报告。

第七条 跟帖评论服务提供者及其从业人员不得为谋取不正当利益或基于错误价值取向，采取有选择地删除、推荐跟帖评论等方式干预舆论。跟帖评论服务提供者和用户不得利用软件、雇佣商业机构及人员等方式散布信息，干扰跟帖评论正常秩序，误导公众舆论。

第八条 跟帖评论服务提供者对发布违反法律法规和国家有关规定的信息内容的，应当及时采取警示、拒绝发布、删除信息、限制功能、暂停更新直至关闭账号等措施，并保存相关记录。

第九条 跟帖评论服务提供者应当建立用户分级管理制度，对用户的跟帖评论行为开展信用评估，根据信用等级确定服务范围及功能，对严重失信的用户应列入黑名单，停止对列入黑名单的用户提供服务，并禁止其通过重新注册等方式使用跟帖评论服务。

（八）《网络信息内容生态治理规定》

第十二条 网络信息内容服务平台采用个性化算法推荐技术推送信息的，应当设置符合本规定第十条、第十一条规定要求的推荐模型，建立健全人工干预和用户自主选择机制。

第二十二条 网络信息内容服务使用者和网络信息内容生产者、网络信息内容服务平台不得通过发布、删除信息以及其他干预信息呈现的手段侵害他人合法权益或者谋取非法利益。

第二十四条 网络信息内容服务使用者和网络信息内容生产者、网络信息内容服务平台不得通过人工方式或者技术手段实施流量造假、流量劫持以及虚假注册账号、非法交易账号、操纵用户账号等行为，破坏网络生态秩序。

（九）《最高人民法院、最高人民检察院关于办理利用信息网络实施诽谤等刑事案件适用法律若干问题的解释》

第六条 以在信息网络上发布、删除等方式处理网络信息为由，威胁、要挟他人，索取公私财物，数额较大，或者多次实施上述行为的，依照刑法第二百七十四条的规定，以敲诈勒索罪定罪处罚。

第七条 违反国家规定，以营利为目的，通过信息网络有偿提供删除信息服务，或者明知是虚假信息，通过信息网络有偿提供发布信息等服务，扰乱市场秩序，具有下列情形之一的，属于非法经营行为“情节严重”，依照刑法第二百二十五条第（四）项的规定，以非法经营罪定罪处罚：

（一）个人非法经营数额在五万元以上，或者违法所得数额在二万元以上的；（二）单位非法经营数额在十五万元以上，或者违法所得数额在五万元以上的。

实施前款规定的行为，数额达到前款规定的数额五倍以上的，应当认定为刑法第二百二十五条规定的“情节特别严重”。

二 关于“关闭账号”的规定

（一）《全国人民代表大会常务委员会关于加强网络信息保护的决定》

五、网络服务提供者应当加强对其用户发布的信息的管理，发现法律、法规禁止发布或者传输的信息的，应当立即停止传输该信息采取消除等处置措施，保存有关记录，并向有关主管部门报告。

（二）《中华人民共和国反恐怖主义法》

第十九条 电信业务经营者、互联网服务提供者应当依照法律、行政法规规定，落实网络安全、信息内容监督制度和安全技术防范措施，防止含有恐怖主义、极端主义内容的信息传播；发现含有恐怖主义、极端主义内容的信息的，应当立即停止传输，保存相关记录，删除相关信息，并向公安机关或者有关部门报告。

网信、电信、公安、国家安全等主管部门对含有恐怖主义、极端主义内容的信息，应当按照职责分工，及时责令有关单位停止传输、删除相关信息，或者关闭相关网站、关停相关服务。有关单位应当立即执行，并保存相关记录，协助进行调查。对互联网上跨境传输的含有恐怖主义、极端主义内容的信息，电信主管部门应当采取技术措施，阻断传播。

第八十四条 电信业务经营者、互联网服务提供者有下列情形之一的，由主管部门处二十万元以上五十万元以下罚款，并对其直接负责的主管人员和其他直接责任人员处十万元以下罚款；情节严重的，处五十万元以上罚款，并对其直接负责的主管人员和其他直接责任人员，处十万元以上五十万元以下罚款，可以由公安机关对其直接负责的主管人员和其他直接责任人员，处五日以上十五日以下拘留：

（一）未依照规定为公安机关、国家安全机关依法进行防范、调查恐怖活动提供技术接口和解密等技术支持和协助的；（二）未按照主管部门的要求，停止传输、删除含有恐怖主义、极端主义内容的信息，保存相关记录，关闭相关网站或者关停相关服务的；（三）未落实网络安全、信息内容监督制度和安全技术防范措施，造成含有恐怖主义、极端主义内容的信息传播，情节严重的。

（三）《互联网信息服务管理办法》

第十八条 国务院信息产业主管部门和省、自治区、直辖市电信管理机构，依法对互联网信息服务实施监督管理。新闻、出版、教育、卫生、药品监督管理、工商行政管理和公安、国家安全等有关主管部门，在各自职责范围内依法对互联网信息内容实施监督管理。

（四）《微博客信息服务管理规定》

第六条 微博客服务提供者应当落实信息内容安全管理主体责任，建立健全用户注册、信息发布审核、跟帖评论管理、应急处置、从业人员教育培训等制度及总编辑制度，具有安全可控的技术保障和防范措施，配备与服务规模相适应的管理人员。

微博客服务提供者应当制定平台服务规则，与微博客服务使用者签订服务协议，明确双方权利、义务，要求微博客服务使用者遵守相关法律法规。

第七条 微博客服务提供者应当按照“后台实名、前台自愿”的原则，对微博客服务使用者进行基于组织机构代码、身份证件号码、移动电话号码等方式的真实身份信息认证、定期核验。微博客服务使用者不提供真实身份信息的，微博客服务提供者不得为其提供信息发布服务。

微博客服务提供者应当保障微博客服务使用者的信息安全，不得泄露、篡改、毁损，不得出售或者非法向他人提供。

第十二条　微博客服务提供者和微博客服务使用者不得利用微博客发布、传播法律法规禁止的信息内容。

微博客服务提供者发现微博客服务使用者发布、传播法律法规禁止的信息内容，应当依法立即停止传输该信息、采取消除等处置措施，保存有关记录，并向有关主管部门报告。

(五)《即时通信工具公众信息服务发展管理暂行规定》

第三条　国家互联网信息办公室负责统筹协调指导即时通信工具公众信息服务发展管理工作，省级互联网信息内容主管部门负责本行政区域的相关工作。互联网行业组织应当积极发挥作用，加强行业自律，推动行业信用评价体系建设，促进行业健康有序发展。

第八条　即时通信工具服务使用者从事公众信息服务活动，应当遵守相关法律法规。对违反协议约定的即时通信工具服务使用者，即时通信工具服务提供者应当视情节采取警示、限制发布、暂停更新直至关闭账号等措施，并保存有关记录，履行向有关主管部门报告义务。

(六)《互联网用户账号名称管理规定》

第三条　国家互联网信息办公室负责对全国互联网用户账号名称的注册、使用实施监督管理，各省、自治区、直辖市互联网信息内容主管部门负责对本行政区域内互联网用户账号名称的注册、使用实施监督管理。

第七条　互联网信息服务使用者以虚假信息骗取账号名称注册，或其账号头像、简介等注册信息存在违法和不良信息的，互联网信息服务提供者应当采取通知限期改正、暂停使用、注销登记等措施。

第八条　对冒用、关联机构或社会名人注册账号名称的，互联网信息服务提供者应当注销其账号，并向互联网信息内容主管部门报告。

(七)《互联网新闻信息服务单位约谈工作规定》

第四条　互联网新闻信息服务单位有下列情形之一的，国家互联网信息办公室、地方互联网信息办公室可对其主要负责人、总编辑等进行约谈：

（一）未及时处理公民、法人和其他组织关于互联网新闻信息服务的投诉、举报情节严重的；（二）通过采编、发布、转载、删除新闻信息等谋取不正当利益的；（三）违反互联网用户账号名称注册、使用、管理相关规定情节严重的；（四）未及时处置违法信息情节严重的；（五）未及时落实监管措施情节严重的；（六）内容管理和网络安全制度不健全、不落实的；（八）年检中问题突出的；（九）其他违反相关法律法规规定需要约谈的情形。

（八）《区块链信息服务管理规定》

第五条 区块链信息服务提供者应当落实信息内容安全管理责任，建立健全用户注册、信息审核、应急处置、安全防护等管理制度。

第十条 区块链信息服务提供者和使用者不得利用区块链信息服务从事危害国家安全、扰乱社会秩序、侵犯他人合法权益等法律、行政法规禁止的活动，不得利用区块链信息服务制作、复制、发布、传播法律、行政法规禁止的信息内容。

第十六条 条区块链信息服务提供者应当对违反法律、行政法规规定和服务协议的区块链信息服务使用者，依法依约采取警示、限制功能、关闭账号等处置措施，对违法信息内容及时采取相应的处理措施，防止信息扩散，保存有关记录，并向有关主管部门报告。

第二十一条 区块链信息服务提供者违反本规定第十条的规定，制作、复制、发布、传播法律、行政法规禁止的信息内容的，由国家和省、自治区、直辖市互联网信息办公室依据职责给予警告，责令限期改正，改正前应当暂停相关业务；拒不改正或者情节严重的，并处二万元以上三万元以下罚款；构成犯罪的，依法追究刑事责任。

（九）《网络信息内容生态治理规定》

第三十一条 各级网信部门对网络信息内容服务平台履行信息内容管理主体责任情况开展监督检查，对存在问题的平台开展专项督查。

网络信息内容服务平台对网信部门和有关主管部门依法实施的监督检查，应当予以配合。

第三十二条　各级网信部门建立网络信息内容服务平台违法违规行为台账管理制度，并依法依规进行相应处理。

第三十九条　网信部门根据法律、行政法规和国家有关规定，会同有关主管部门建立健全网络信息内容服务严重失信联合惩戒机制，对严重违反本规定的网络信息内容服务平台、网络信息内容生产者和网络信息内容使用者依法依规实施限制从事网络信息服务、网上行为限制、行业禁入等惩戒措施。

三　关于“打击网络谣言”的规定

（一）《中华人民共和国刑法》

第一百零五条　第二款以造谣、诽谤或者其他方式煽动颠覆国家政权、推翻社会主义制度的，处五年以下有期徒刑、拘役、管制或剥夺政治权利；首要分子或罪行重大的，处五年以上有期徒刑。

第二百二十一条　捏造并散布虚伪事实，损害他人的商业信誉、商品声誉，给他人造成重大损失或者有其他严重情节的。处二年以下有期徒刑或者拘役，并处或单处罚金。

第二百四十六条　以暴力或者其他方法公然侮辱他人或者捏造事实诽谤他人，情节严重的，处三年以下有期徒刑、拘役、管制或者剥夺政治权利。

第二百九十一条　第二款编造爆炸威胁、生化威胁、放射威胁等恐怖信息，或者明知是编造的恐怖信息而故意传播，严重扰乱社会秩序的，处五年以下有期徒刑、拘役或管制；造成严重后果的，处五年以上有期徒刑。

第二百九十九条　第一款侮辱、诽谤或者以其他方式侵害英雄烈士的名誉、荣誉，损害社会公共利益，情节严重的，处三年以下有期徒刑、拘役、管制或者剥夺政治权利。

（二）《最高人民法院最高人民检察院关于办理利用信息网络实施诽谤等刑事案件适用法律若干问题的解释》

第一条　具有下列情形之一的，应当认定为刑法第二百四十六条第一款规定的“捏造事实诽谤他人”：(一) 捏造损害他人名誉的事实，在信息网络上散布，或者组织、指使人员在信息网络上散布的；(二) 将信息网络上涉及他人的原始信息内容篡改为损害他人名誉的事实，在信息网络上散布，或者组织、指使人员在信息网络上散布的；明知是捏造的损害他人名誉的事实，在信息网络上散布，情节恶劣的，以“捏造事实诽谤他人”论。

第二条 利用信息网络诽谤他人，具有下列情形之一的，应当认定为刑法第二百四十六条第一款规定的“情节严重”：

(一) 同一诽谤信息实际被点击、浏览次数达到五千次以上，或者被转发次数达到五百次以上的；(二) 造成被害人或者其近亲属精神失常、自残、自杀等严重后果的；(三) 二年内曾因诽谤受过行政处罚，又诽谤他人的；(四) 其他情节严重的情形。

第三条 利用信息网络诽谤他人，具有下列情形之一的，应当认定为刑法第二百四十六条第二款规定的“严重危害社会秩序和国家利益”：

(一) 引发群体性事件的；(二) 引发公共秩序混乱的；(三) 引发民族、宗教冲突的； (四) 诽谤多人，造成恶劣社会影响的；(五) 损害国家形象，严重危害国家利益的；(六) 造成恶劣国际影响的；(七) 其他严重危害社会秩序和国家利益的情形。

第四条 一年内多次实施利用信息网络诽谤他人行为未经处理，诽谤信息实际被点击、浏览、转发次数累计计算构成犯罪的，应当依法定罪处罚。

第五条 利用信息网络辱骂、恐吓他人，情节恶劣，破坏社会秩序的，依照刑法第二百九十三条第一款第（二）项的规定，以寻衅滋事罪定罪处罚。

编造虚假信息，或者明知是编造的虚假信息，在信息网络上散布，或者组织、指使人员在信息网络上散布，起哄闹事，造成公共秩序严重混乱的，依照刑法第二百九十三条第一款第（四）项的规定，以寻衅滋事罪定罪处罚。

第六条　以在信息网络上发布、删除等方式处理网络信息为由，威胁、要挟他人，索取公私财物，数额较大，或者多次实施上述行为的，依照刑法第二百七十四条的规定，以敲诈勒索罪定罪处罚。

第七条　违反国家规定，以营利为目的，通过信息网络有偿提供删除信息服务，或者明知是虚假信息，通过信息网络有偿提供发布信息等服务，扰乱市场秩序，具有下列情形之一的，属于非法经营行为"情节严重"，依照刑法第二百二十五条第（四）项的规定，以非法经营罪定罪处罚：

（一）个人非法经营数额在五万元以上，或者违法所得数额在二万元以上的；（二）单位非法经营数额在十五万元以上，或者违法所得数额在五万元以上的。

实施前款规定的行为，数额达到前款规定的数额五倍以上的，应当认定为刑法第二百二十五条规定的"情节特别严重"。

第八条　明知他人利用信息网络实施诽谤、寻衅滋事、敲诈勒索、非法经营等犯罪，为其提供资金、场所、技术支持等帮助的，以共同犯罪论处。

第九条　利用信息网络实施诽谤、寻衅滋事、敲诈勒索、非法经营犯罪，同时又构成刑法第二百二十一条规定的损害商业信誉、商品声誉罪，第二百七十八条规定的煽动暴力抗拒法律实施罪，第二百九十一条之一规定的编造、故意传播虚假恐怖信息罪等犯罪的，依照处罚较重的规定定罪处罚。

（三）《中华人民共和国治安管理处罚法》

第二十五条　散布谣言，谎报险情、疫情、警情或者以其他方法故意扰乱公共秩序的，处五日以上十日以下拘留，并可以处五百元以下罚款；情节较轻的，处五日以下拘留或者五百元以下罚款。

第四十二条　公然侮辱他人或者捏造事实诽谤他人的，处五日以下拘留或者五百元以下罚款；情节较重的，处五日以上十日以下拘留，可以并处五百元以下罚款。

（四）《全国人民代表大会常务委员会关于维护互联网安全的决定》

二、为了维护国家安全和社会稳定，对有下列行为之一，构成犯罪的，依照刑法有关规定追究刑事责任：（一）利用互联网造谣、诽谤或者发表、传播其他有害信息，煽动颠覆国家政权、推翻社会主义制度，或者煽动分裂国家、破坏国家统一；

六、利用互联网实施违法行为，违反社会治安管理，尚不构成犯罪的，由公安机关依照《治安管理处罚法》予以处罚；违反其他法律、行政法规，尚不构成犯罪的；由有关行政管理部门依法给予行政处罚；对直接负责的主管人员和其他直接责任人员，依法给予行政处分或者纪律处分。利用互联网侵犯他人合法权益，构成民事侵权的，依法承担民事责任。

七、从事互联网业务的单位要依法开展活动，发现互联网上出现违法犯罪行为和有害信息时，要采取措施，停止传输有害信息，并及时向有关机关报告。任何单位和个人在利用互联网时，都要遵纪守法，抵制各种违法犯罪行为和有害信息。人民法院、人民检察院、公安机关、国家安全机关要各司其职，密切配合，依法严厉打击利用互联网实施的各种犯罪活动。要动员全社会的力量，依靠全社会的共同努力，保障互联网的运行安全与信息安全，促进社会主义精神文明和物质文明建设。

（五）《中华人民共和国侵权责任法》

第三十六条 网络用户、网络服务提供者利用网络侵害他人民事权益的，应当承担责任。网络用户利用网络服务实施侵权行为的，被侵权人有权通知网络服务提供者采取删除、屏蔽、断开链接等必要措施。

网络服务提供者接到通知后未及时采取必要措施的，对损害的扩大部分与该网络用户承担连带责任。网络服务提供者知道网络用户利用其网络服务侵害他人民事权益，未采取必要措施的，与该用户承担连带责任。

（六）《互联网信息服务管理办法》

第十五条 互联网信息服务提供者不得制作、复制、发布、传播含有下列内容的信息：

（六）散布谣言，扰乱社会秩序，破坏社会稳定的；

第十八条　国务院信息产业主管部门和省、自治区、直辖市电信管理机构，依法对互联网信息服务实施监督管理。新闻、出版、教育、卫生、药品监督管理、工商行政管理和公安、国家安全等有关主管部门，在各自职责范围内依法对互联网信息内容实施监督管理。

（七）《互联网新闻信息服务管理规定》

第十九条　互联网新闻信息服务单位登载、发送的新闻信息或者提供的时政类电子公告服务，不得含有下列内容：

（七）散布淫秽、色情、赌博、暴力恐怖或者教唆犯罪的；

第二十条　互联网新闻信息服务单位应当建立新闻信息内容管理责任制度。不得登载、发送含有违反本规定第三条第一款、第十九条规定内容的新闻信息；发现提供的时政类电子公告服务中含有违反本规定第三条第一款、第十九条规定内容的，应当立即删除，保存有关记录，并在有关部门依法查询时予以提供。

第二十三条　国务院新闻办公室和省、自治区、直辖市人民政府新闻办公室，应当对互联网新闻信息服务进行监督；发现互联网新闻信息服务单位登载、发送的新闻信息或者提供的时政类电子公告服务中含有违反本规定第三条第一款、第十九条规定内容的，应当通知其删除。互联网新闻信息服务单位应当立即删除，保存有关记录，并在有关部门依法查询时予以提供。

第二十七条　互联网新闻信息服务单位登载、发送的新闻信息含有本规定第十九条禁止内容，或者拒不履行删除义务的，由国务院新闻办公室或者省、自治区、直辖市人民政府新闻办公室给予警告，可以并处 1 万元以上 3 万元以下的罚款；情节严重的，由电信主管部门根据有关主管部门的书面认定意见，按照有关互联网信息服务管理的行政法规的规定停止其互联网信息服务或者责令互联网接入服务者停止接入服务。

互联网新闻信息服务单位登载、发送的新闻信息含有违反本规定

第三条第一款规定内容的，由国务院新闻办公室或者省、自治区、直辖市人民政府新闻办公室依据各自职权依照前款规定的处罚种类、幅度予以处罚。

（八）《微博客信息服务管理规定》

第十一条 微博客服务提供者应当建立健全辟谣机制，发现微博客服务使用者发布、传播谣言或不实信息，应当主动采取辟谣措施。

（九）《即时通信工具公众信息服务发展管理暂行规定》

第六条 即时通信工具服务提供者应当按照“后台实名、前台自愿”的原则，要求即时通信工具服务使用者通过真实身份信息认证后注册账号。

即时通信工具服务使用者注册账号时，应当与即时通信工具服务提供者签订协议，承诺遵守法律法规、社会主义制度、国家利益、公民合法权益、公共秩序、社会道德风尚和信息真实性等“七条底线”。

（十）《互联网用户账号名称管理规定》

第六条 任何机构或个人注册和使用的互联网用户账号名称，不得有下列情形：

（六）散布谣言，扰乱社会秩序，破坏社会稳定的；

（十一）《网络出版服务管理规定》

第二十四条 网络出版物不得含有以下内容：

（六）散布谣言，扰乱社会秩序，破坏社会稳定的；

（十二）《网络信息内容生态治理规定》

第六条 网络信息内容生产者不得制作、复制、发布含有下列内容的违法信息：

（四）歪曲、丑化、亵渎、否定英雄烈士事迹和精神，以侮辱、诽谤或者其他方式侵害英雄烈士的姓名、肖像、名誉、荣誉的；

（八）散布谣言，扰乱经济秩序和社会秩序的；

第三十四条 网络信息内容生产者违反本规定第六条规定的，网络信息内容服务平台应当依法依约采取警示整改、限制功能、暂停更新、关闭账号等处置措施，及时消除违法信息内容，保存记录并向有关主管部门报告。

（十三）《出版管理条例》

第二十五条　任何出版物不得含有下列内容：

（八）侮辱或者诽谤他人，侵害他人合法权益的；

第四十条　印刷或者复制单位、发行单位不得印刷或者复制、发行有下列情形之一的出版物：

（一）含有本条例第二十五条、第二十六条禁止内容的；

第四十五条　出版物进口经营单位进口的出版物，不得含有本条例第二十五条、第二十六条禁止的内容。

第六十二条　有下列行为之一，触犯刑律的，依照刑法有关规定，依法追究刑事责任；尚不够刑事处罚的，由出版行政主管部门责令限期停业整顿，没收出版物、违法所得，违法经营额 1 万元以上的，并处违法经营额 5 倍以上 10 倍以下的罚款；违法经营额不足 1 万元的，可以处 5 万元以下的罚款；情节严重的，由原发证机关吊销许可证。

（一）出版、进口含有本条例第二十五条、第二十六条禁止内容的出版物的；（二）明知或者应知出版物含有本条例第二十五条、第二十六条禁止内容而印刷或者复制、发行的；（三）明知或者应知他人出版含有本条例第二十五条、第二十六条禁止内容的出版物而向其出售或者以其他形式转让本出版单位的名称、书号、刊号、版号、版面，或者出租本单位的名称、刊号的。

四　关于“惩治传播淫秽色情信息”的规定

（一）《全国人民代表大会常务委员会关于维护互联网安全的决定》

三、为了维护社会主义市场经济秩序和社会管理秩序，对有下列行为之一，构成犯罪的，依照刑法有关规定追究刑事责任：

（五）在互联网上建立淫秽网站、网页，提供淫秽站点链接服务，或者传播淫秽书刊、影片、音像、图片。

六、利用互联网实施违法行为，违反社会治安管理，尚不构成犯罪的，由公安机关依照《治安管理处罚法》予以处罚；违反其他法律、行政法规，尚不构成犯罪的，由有关行政管理部门依法给予行政处罚；对直接负责的主管人员和其他直接责任人员，依法给予行政处分或者纪律处分。利用互联网侵犯他人合法权益，构成民事侵权的，依法承担民事责任。

七、各级人民政府及有关部门要采取积极措施，在促进互联网的应用和网络技术的普及过程中，重视和支持对网络安全技术的研究和开发，增强网络的安全防护能力。有关主管部门要加强对互联网的运行安全和信息安全的宣传教育，依法实施有效的监督管理，防范和制止利用互联网进行的各种违法活动，为互联网的健康发展创造良好的社会环境。从事互联网业务的单位要依法开展活动，发现互联网上出现违法犯罪行为和有害信息时，要采取措施，停止传输有害信息，并及时向有关机关报告。任何单位和个人在利用互联网时，都要遵纪守法，抵制各种违法犯罪行为和有害信息。人民法院、人民检察院、公安机关、国家安全机关要各司其职，密切配合，依法严厉打击利用互联网实施的各种犯罪活动。要动员全社会的力量，依靠全社会的共同努力，保障互联网的运行安全与信息安全，促进社会主义精神文明和物质文明建设。

（二）《互联网信息服务管理办法》

第十五条 互联网信息服务提供者不得制作、复制、发布、传播含有下列内容的信息：

（七）散布淫秽、色情、赌博、暴力、凶杀、恐怖或者教唆犯罪的；

第十六条 互联网信息服务提供者发现其网站传输的信息明显属于本办法第十五条所列内容之一的，应当立即停止传输，保存有关记录，并向国家有关机关报告。

第十八条 国务院信息产业主管部门和省、自治区、直辖市电信管理机构，依法对互联网信息服务实施监督管理。新闻、出版、教育、卫生、药品监督管理、工商行政管理和公安、国家安全等有关主管部门，在各自职责范围内依法对互联网信息内容实施监督管理。

（三）《互联网新闻信息服务管理规定》

第十九条　互联网新闻信息服务单位登载、发送的新闻信息或者提供的时政类电子公告服务，不得含有下列内容：

（七）散布淫秽、色情、赌博、暴力、恐怖或者教唆犯罪的；

第二十条　互联网新闻信息服务单位应当建立新闻信息内容管理责任制度。不得登载、发送含有违反本规定第三条第一款、第十九条规定内容的新闻信息；发现提供的时政类电子公告服务中含有违反本规定第三条第一款、第十九条规定内容的，应当立即删除，保存有关记录，并在有关部门依法查询时予以提供。

第二十三条　国务院新闻办公室和省、自治区、直辖市人民政府新闻办公室，应当对互联网新闻信息服务进行监督；发现互联网新闻信息服务单位登载、发送的新闻信息或者提供的时政类电子公告服务中含有违反本规定第三条第一款、第十九条规定内容的，应当通知其删除。互联网新闻信息服务单位应当立即删除，保存有关记录，并在有关部门依法查询时予以提供。

第二十七条　互联网新闻信息服务单位登载、发送的新闻信息含有本规定第十九条禁止内容，或者拒不履行删除义务的，由国务院新闻办公室或者省、自治区、直辖市人民政府新闻办公室给予警告，可以并处1万元以上3万元以下的罚款；情节严重的，由电信主管部门根据有关主管部门的书面认定意见，按照有关互联网信息服务管理的行政法规的规定停止其互联网信息服务或者责令互联网接入服务者停止接入服务。

互联网新闻信息服务单位登载、发送的新闻信息含有违反本规定第三条第一款规定内容的，由国务院新闻办公室或者省、自治区、直辖市人民政府新闻办公室依据各自职权依照前款规定的处罚种类、幅度予以处罚。

（四）《互联网用户账号名称管理规定》

第六条　任何机构或个人注册和使用的互联网用户账号名称，不得有下列情形：

（七）散布淫秽、色情、赌博、暴力、凶杀、恐怖或者教唆犯罪的；

（五）《中华人民共和国刑法》

第三百六十三条 以牟利为日的，制作、复制、出版、贩卖、传播淫秽物品的，处3年以下有期徒刑、拘役或者管制，并处罚金；情节严重的，处3年以上10年以下有期徒刑，并处罚金；情节特别严重的，处10年以上有期徒刑或者无期徒刑，并处罚金或者没收财产。

第三百六十四条 传播淫秽的书刊、影片、音像、图片或者其他淫秽物品，情节严重的，处2年以下有期徒刑、拘役或者管制。

第三百六十七条 本法所称淫秽物品，是指具体描绘性行为或者露骨宣有关人体生理、医学知识的科学著作不是淫秽物品。包含有色情内容的有艺术价值的文学、艺术作品不视为淫秽物品。

（六）《中华人民共和国治安管理处罚法》

第六十八条 制作、运输、复制、出售、出租淫秽的书刊、图片、影片、音像制品等淫秽物品或者利用计算机信息网络、电话以及其他通讯工具传播淫秽信息的，处十日以上十五日以下拘留，可以并处三千元以下罚款；情节较轻的，处五日以下拘留或者五百元以下罚款。

（七）《中华人民共和国未成年人保护法》

第三十四条 禁止任何组织、个人制作或者向未成年人出售、出租或者以其他方式传播淫秽、暴力、凶杀、恐怖、赌博等毒害未成年人的图书、报刊、音像制品、电子出版物以及网络信息等。

第六十四条 制作或者向未成年人出售、出租或者以其他方式传播淫秽、暴力、凶杀、恐怖、赌博等图书、报刊、音像制品、电子出版物以及网络信息等的，由主管部门责令改正，依法给予行政处罚。

（八）《网络出版服务管理规定》

第二十四条 网络出版物不得含有以下内容：

（七）宣扬淫秽、色情、赌博、暴力或者教唆犯罪的；

（九）《最高人民法院、最高人民检察院关于办理利用互联网、移动通讯终端、声讯台制作、复制、出版、贩卖、传播淫秽电子信息刑事案件具体应用法律若干问题的解释》

第一条　以牟利为目的，利用互联网、移动通讯终端制作复制、出版、贩卖、传播淫秽电子信息，具有下列情形之一的，依照刑法第三百六十三条第一款的规定，以制作、复制、出版、贩卖、传播淫秽物品牟利罪定罪处罚：

（一）制作、复制、出版、贩卖、传播淫秽电影、表演、动画等视频文件二十个以上的；（二）制作、复制、出版、贩卖、传播淫秽音频文件一百个以上的；（三）制作、复制、出版、贩卖、传播淫秽电子刊物、图片、文章、短信息等二百件以上的；（四）制作、复制、出版、贩卖、传播的淫秽电子信息，实际被点击数达到一万次以上的；（五）以会员制方式出版、贩卖、传播淫秽电子信息，注册会员达二百人以上的；（六）利用淫秽电子信息收取广告费、会员注册费或者其他，违法所得一万元以上的；（七）数量或者数额虽未达到第（一）项至第（六）项规定标准，但分别达到其中两项以上标准一半以上的；（八）造成严重后果的。

利用聊天室、论坛、即时通信软件、电子邮件等方式，实施第一款规定行为的，依照刑法第三百六十三条第一款的规定，以制作、复制、出版、贩卖、传播淫秽物品牟利罪定罪处罚。

第二条　实施第一条规定的行为，数量或者数额达到第一条第一款第（一）项至第（六）项规定标准五倍以上的，应当认定为刑法第三百六十三条第一款规定的“情节严重”；达到规定标准二十五倍以上的，应当认定为“情节特别严重”。

第三条　不以牟利为目的，利用互联网或者移动通讯终端传播淫秽电子信息，具有下列情形之一的，依照刑法第三百六十四条第一款的规定，以传播淫秽物品罪定罪处罚：

（一）数量达到第一条第一款第（一）项至第（五）项规定标准二倍以上的；（二）数量分别达到第一条第一款第（一）项至第（五）

项两项以上标准的；（三）造成严重后果的。

利用聊天室、论坛、即时通信软件、电子邮件等方式，实施第一款规定行为的，依照刑法第三百六十四条第一款的规定，以传播淫秽物品罪定罪处罚。

第四条 明知是淫秽电子信息而在自己所有、管理或者使用的网站或者网页上提供直接链接的，其数量标准根据所链接的淫秽电子信息的种类计算。

第五条 以牟利为目的，通过声讯台传播淫秽语音信息，具有下列情形之一的，依照刑法第三百六十三条第一款的规定，对直接负责的主管人员和其他直接责任人员以传播淫秽物品牟利罪定罪处罚：

（一）向一百人次以上传播的；（二）违法所得一万元以上的；（三）造成严重后果的。实施前款规定行为，数量或者数额达到前款第（一）项至第（二）项规定标准五倍以上的，应当认定为刑法第三百六十三条第一款规定的“情节严重”；达到规定标准二十五倍以上的，应当认定为“情节特别严重”。

第六条 实施本解释前五条规定的犯罪，具有下列情形之一的，依照刑法第三百六十三条第一款、第三百六十四条第一款的规定从重处罚：

（一）制作、复制、出版、贩卖、传播具体描绘不满十八周岁未成年人性行为的淫秽电子信息的；（二）明知是具体描绘不满十八周岁的未成年人性行为的淫秽电子信息而在自己所有、管理或者使用的网站或者网页上提供直接链接的；（三）向不满十八周岁的未成年人贩卖、传播淫秽电子信息和语音信息的；（四）通过使用破坏性程序、恶意代码修改用户计算机设置等方法，强制用户访问、下载淫秽电子信息的。

第七条 明知他人实施制作、复制、出版、贩卖、传播淫秽电子信息犯罪，为其提供互联网接入、服务器托管、网络存储空间、通讯传输通道、结算等帮助的，对直接负责的主管人员和其他直接责任人员，以共同犯罪论处。

第八条　利用互联网、移动通讯终端、声讯台贩卖、传播淫秽书刊、影片、录像带、录音带等以实物为载体的淫秽物品的，依照《最高人民法院关于审理非法出版物刑事案件具体应用法律若干问题的解释》的有关规定定罪处罚。

第九条　刑法第三百六十七条第一款规定的“其他淫秽物品”，包括具体描绘性行为或者露骨宣扬色情的诲淫性的视频文件、音频文件、电子刊物、图片、文章、短信息等互联网、移动通讯终端电子信息和声讯台语音信息。

（十）《最高人民法院、最高人民检察院关于办理利用互联网、移动通讯终端、声讯台制作、复制、出版、贩卖、传播淫秽电子信息刑事案件具体应用法律若干问题的解释（二）》

为依法惩治利用互联网、移动通讯终端制作、复制、出版、贩卖、传播淫秽电子信息，通过声讯台传播淫秽语音信息等犯罪活动，维护社会秩序，保障公民权益，根据《中华人民共和国刑法》、《全国人民代表大会常务委员会关于维护互联网安全的决定》的规定，现对办理该类刑事案件具体应用法律的若干问题解释如下：

第一条　以牟利为目的，利用互联网、移动通讯终端制作、复制、出版、贩卖、传播淫秽电子信息的，依照《最高人民法院、最高人民检察院关于办理利用互联网、移动通讯终端、声讯台制作、复制、出版、贩卖、传播淫秽电子信息刑事案件具体应用法律若干问题的解释》第一条、第二条的规定定罪处罚。

以牟利为目的，利用互联网、移动通讯终端制作、复制、出版、贩卖、传播内容含有不满十四周岁未成年人的淫秽电子信息，具有下列情形之一的，依照刑法第三百六十三条第一款的规定，以制作、复制、出版、贩卖、传播淫秽物品牟利罪定罪处罚：

（一）制作、复制、出版、贩卖、传播淫秽电影、表演、动画等视频文件十个以上的；（二）制作、复制、出版、贩卖、传播淫秽音频文件五十个以上的；（三）制作、复制、出版、贩卖、传播淫秽电子刊物、图片、文章等一百件以上的；（四）制作、复制、出版、贩卖、传播的淫秽电子信息，实际被点击数达到五千次以上的；（五）以会员制方式出版、贩卖、传播淫秽电子信息，注册会员达一百人以上的；（六）利用淫秽电子信息收取广告费、会员注册费或者其他费用，违法所得五千元以上的；（七）数量或者数额虽未达到第（一）项至第（六）项规定标准，但分别达到其中两项以上标准一半以上的；（八）造成严重后果的。

实施第二款规定的行为，数量或者数额达到第二款第（一）项至第（七）项规定标准五倍以上的，应当认定为刑法第三百六十三条第一款规定的“情节严重”；达到规定标准二十五倍以上的，应当认定为“情节特别严重”。

第二条 利用互联网、移动通讯终端传播淫秽电子信息的，依照《最高人民法院、最高人民检察院关于办理利用互联网、移动通讯终端、声讯台制作、复制、出版、贩卖、传播淫秽电子信息刑事案件具体应用法律若干问题的解释》第三条的规定定罪处罚。

利用互联网、移动通讯终端传播内容含有不满十四周岁未成年人的淫秽电子信息，具有下列情形之一的，依照刑法第三百六十四条第一款的规定，以传播淫秽物品罪定罪处罚：

（一）数量达到第一条第二款第（一）项至第（五）项规定标准二倍以上的；（二）数量分别达到第一条第二款第（一）项至第（五）项两项以上标准的；（三）造成严重后果的。

第三条 利用互联网建立主要用于传播淫秽电子信息的群组，成员达三十人以上或者造成严重后果的，对建立者、管理者和主要传播者，依照刑法第三百六十四条第一款的规定，以传播淫秽物品罪定罪处罚。

第四条 以牟利为目的，网站建立者、直接负责的管理者明知他人制作、复制、出版、贩卖、传播的是淫秽电子信息，允许或者放任他人在自己所有、管理的网站或者网页上发布，具有下列情形之一的，依照刑法第三百六十三条第一款的规定，以传播淫秽物品牟利罪定罪处罚：

（一）数量或者数额达到第一条第二款第（一）项至第（六）项规定标准五倍以上的；（二）数量或者数额分别达到第一条第二款第（一）项至第（六）项两项以上标准二倍以上的；（三）造成严重后果的。

实施前款规定的行为，数量或者数额达到第一条第二款第（一）项至第（七）项规定标准二十五倍以上的，应当认定为刑法第三百六十三条第一款规定的“情节严重”；达到规定标准一百倍以上的，应当认定为“情节特别严重”。

第五条 网站建立者、直接负责的管理者明知他人制作、复制、出版、贩卖、传播的是淫秽电子信息，允许或者放任他人在自己所有、管理的网站或者网页上发布，具有下列情形之一的，依照刑法第三百六十四条第一款的规定，以传播淫秽物品罪定罪处罚：

（一）数量达到第一条第二款第（一）项至第（五）项规定标准十倍以上的；（二）数量分别达到第一条第二款第（一）项至第（五）项两项以上标准五倍以上的；（三）造成严重后果的。

第六条 电信业务经营者、互联网信息服务提供者明知是淫秽网站，为其提供互联网接入、服务器托管、网络存储空间、通讯传输通道、代收费等服务，并收取服务费，具有下列情形之一的，对直接负责的主管人员和其他直接责任人员，依照刑法第三百六十三条第一款的规定，以传播淫秽物品牟利罪定罪处罚：

（一）为五个以上淫秽网站提供上述服务的；（二）为淫秽网站提供互联网接入、服务器托管、网络存储空间、通讯传输通道等服务，收取服务费数额在二万元以上的；（三）为淫秽网站提供代收费服务，收取服务费数额在五万元以上的；（四）造成严重后果的。

实施前款规定的行为，数量或者数额达到前款第（一）项至第（三）项规定标准五倍以上的，应当认定为刑法第三百六十三条第一款规定的“清节严重”；达到规定标准二十五倍以上的，应当认定为“情节特别严重”。

第七条 明知是淫秽网站，以牟利为目的，通过投放广告等方式向其直接或者间接提供资金，或者提供费用结算服务，具有下列情形之一的，对直接负责的主管人员和其他直接责任人员，依照刑法第三百六十三条第一款的规定，以制作、复制、出版、贩卖、传播淫秽物品牟利罪的共同犯罪处罚：

（一）向十个以上淫秽网站投放广告或者以其他方式提供资金；（二）向淫秽网站投放广告二十条以上的；（三）向十个以上淫秽网站提供费用结算服务的；（四）以投放广告或者其他方式向淫秽网站提供资金数额在五万元以上的；（五）为淫秽网站提供费用结算服务，收取服务费数额在二万元以上的；（六）造成严重后果的。

实施前款规定的行为，数量或者数额达到前款第（一）项至第（五）项规定标准五倍以上的，应当认定为刑法第三百六十三条第一款规定的“情节严重”；达到规定标准二十五倍以上的，应当认定为“情节特别严重”。

第八条　实施第四条至第七条规定的行为，具有下列情形之一的，应当认定行为人“明知”，但是有证据证明确实不知道的除外：

（一）行政主管机关书面告知后仍然实施上述行为的；（二）接到举报后不履行法定管理职责的；（三）为淫秽网站提供互联网接入、服务器托管、网络存储空间、通讯传输通道、代收费、费用结算等服务，收取服务费明显高于市场价格的；（四）向淫秽网站投放广告，广告点击率明显异常的；（五）其他能够认定行为人明知的情形。

第九条　一年内多次实施制作、复制、出版、贩卖、传播淫秽电子信息行为未经处理，数量或者数额累计计算构成犯罪的，应当依法定罪处罚。

第十条　单位实施制作、复制、出版、贩卖、传播淫秽电子信息犯罪的，依照《中华人民共和国刑法》、《最高人民法院、最高人民检察院关于办理利用互联网、移动通讯终端、声讯台制作、复制、出版、贩卖、传播淫秽电子信息刑事案件具体应用法律若干问题的解释》和本解释规定的相应个人犯罪的定罪量刑标准，对直接负责的主管人员和其他直接责任人员定罪处罚，并对单位判处罚金。

第十一条　对于以牟利为目的，实施制作、复制、出版、贩卖、传播淫秽电子信息犯罪的，人民法院应当综合考虑犯罪的违法所得、社会危害性等情节，依法判处罚金或者没收财产。罚金数额一般在违法所得的一倍以上五倍以下。

第十二条　《最高人民法院、最高人民检察院关于办理利用互联网、移动通讯终端、声讯台制作、复制、出版、贩卖、传播淫秽电子信息刑事案件具体应用法律若干题的解释》和本解释所称网站，是指可以通过互联网域名、IP 地址等方式访问的内容提供站点。以制作、复制、出版、贩卖、传播淫秽电子信息为目的建立或者建立后主要从事制作、复制、出版、贩卖、传播淫秽电子信息活动的网站，为淫秽网站。

第十三条　以前发布的司法解释与本解释不一致的，以本解释为准。

（十一）《关于认定淫秽及色情出版物的暂行规定》

第一条　为了实施《国务院关于严禁淫秽物品的规定》和《关于重申严禁淫秽出版物的规定》，明确淫秽及色情出版物的认定标准特制定本暂行规定。

第二条　淫秽出版物是指在整体上宣扬淫秽行为，具有下列内容之一，挑动人们的性欲，足以导致普通人腐化堕落，而又没有艺术价值或者科学价值的出版物：（一）淫亵性地具体描写性行为、性交及其心理感受；（二）公然宣扬色情淫荡形象；（三）淫亵性地描述或者传授性技巧；（四）具体描写乱伦、强奸或者其他性犯罪的手段、过程或者细节，足以诱发犯罪的；（五）具体描写少年儿童的性行为；（六）淫亵性地具体描写同性恋的性行为或者其他性变态行为，或者具体描写与性变态有关的暴力、虐待、侮辱行为；（七）其他令普通人不能容忍的对性行为的淫亵性描写。

第三条　色情出版物是指在整体上不是淫秽的，但其中一部分有第二条（一）至（七）项规定的内容，对普通人特别是未成年人的身心健康有毒害，而缺乏艺术价值或者科学价值的出版物。

第四条　夹杂淫秽、色情内容而具有艺术价值的文艺作品；表现人体美的美术作品；有关人体的解剖生理知识、生育知识、疾病防治和其他有关性知识、性道德、性社会学等自然科学和社会科学作品，不属于淫秽出版物、色情出版物的范围。

第五条 淫秽出版物、色情出版物由新闻出版署负责鉴定或者认定。新闻出版署组织有关部门的专家组成淫秽及色情出版物鉴定委员会，承担淫秽出版物、色情出版物的鉴定工作。

各省、自治区、直辖市新闻出版局组织有关部门的专家组成淫秽及色情出版物鉴定委员会，对本行政区域内发现的淫秽出版物及色情出版物提出鉴定或者认定意见报新闻出版署。

第六条 本规定所称的出版物包括书籍、报纸、杂志、图片、画册，挂历、音像制品及印刷宣传品。本规定所称的普通人是指生理和精神正常的成年。

（十二）《互联网低俗信息专项整治中公布的低俗信息认定标准》

为遏制网上低俗之风蔓延，进一步净化网络文化环境，全国整治互联网低俗之风专项行动办公室发布了专项行动中对低俗信息的认定标准，这些情形绝大部分可被认定为有关法规中界定的“淫秽色情”信息或“危害社会公德”的内容。具体包括：

1. 直接暴露和描写人体性部位的内容；2. 表现或隐晦表现性行为、具有挑逗性或者侮辱性的内容；3. 以带有性暗示、性挑逗的语言描述性行为、性过程、性方式的内容；4. 全身或者隐私部位未着衣物，仅用肢体掩盖隐私部位的内容；5. 带有侵犯个人隐私性质的走光、偷拍、漏点等内容；6. 以庸俗和挑逗性标题吸引点击的内容；7. 相关部门禁止传播的色情和有伤社会风化的文字、音视频内容，包括一些电影的删节片段；8. 传播一夜情、换妻、性虐待等的有害信息；9. 情色动漫；10. 宣扬暴力、恶意谩骂、侮辱他人等的内容；11. 非法性药品广告和性病治疗广告等相关内容；12. 恶意传播侵害他人隐私的内容；13. 推介淫秽色情网站的和网上低俗信息的链接、图片、文字等内容。

后　记

这本拙著是在笔者博士学位论文的基础上修改而成。为尽量保留原作印记，笔者对博士学位论文的主体结构基本未作改变，只是对有些章节内容进行了充实和完善，另外增补引用了最新的学术成果及司法案例。

当初选择做这个题目可谓是“无知者无畏”。2015 年，《刑法修正案（九）》增设了拒不履行信息网络安全管理义务罪，这是针对网络服务提供者的专有罪名，旨在从刑法层面强化网络平台信息管理的主体责任。在此前后，“快播案”的发生“引发了全民关于网络与法律关系的集体关注”，其核心焦点在于作为内容聚合平台的网络服务提供者，应该承担何种与其角色功能相匹配的信息网络安全管理义务？对其进行刑事处罚的法律边界何在？自 2013 年“两高”通过司法解释将寻衅滋事罪引入网络空间以来，不少网民包括网络大 V 在内不时受到刑事制裁，经媒体报道后引发社会高度关注。刑法为何介入网络空间信息治理？其背后有着怎样的社会动因和制度逻辑？如何把握刑法介入网络空间空间信息治理的尺度与边界？这些都是有待于从学术层面深入分析和回答的重要问题。

凭借隐约而又强烈的学术直觉，在一次与陈绚老师共同监考的间隙，当聊到博士学位论文选题时，我“斗胆”汇报了初步想法，没想得到了导师的认可和支持（当时的场景仍历历在目），而当时本人在刑法理论及相关文献资料储备上可谓严重不足，几乎处于“懵懂无知”的状态。从事新闻传播法研究虽有十余年，可既往研究主要限于民法特别是侵权法领域，对刑法仅有粗浅涉猎。现在想来，如果当时没有得到老师的积极肯定，我是无论如何没有后来的学术勇气；如果没有发乎内心强烈问题意识的推动，我更是无论如何硬着头皮也恐难以完成此项研究的。

在拙著即将付梓之际，我特别想念和感激陈绚老师。她的猝然离世，对于我们这些深爱她的学生，是个无比沉重的打击。在即将结束生命的最后日子里，她默默承受着所有痛苦，没有跟任何师友和学生告别，只是为了把最美好的一面留给我们。她刚中带柔的人格之美，犹如旷野中一朵绚丽的花朵，永远盛放在我们心中。这本拙著的出版，是我向远在天堂的陈绚老师，寄予的深切情思和告念。

我的博士学位论文从开题、预答辩到答辩，杨保军教授全程参与，而且每次都是主持人兼答辩委员会主席。保军老师与陈绚老师师出同门，感情深厚，从他身上我能感受到特别的亲缘和关爱之情。在求学中遇到坎坷，我第一个想到寻求帮助的就是保军老师，他每次给予我的也是最贴心、最有力的支持。他对于学术事业的纯粹和执着，更是深深感染了我。顾理平教授是我的硕士生导师。顾老师既是我的学术启蒙者，又是我的人生引路人。在南京师范大学攻读硕士的三年，是我人生的重要转折点。在关键的时候，我能顺利跨过这一步，主要得益于背后默默扶持我的顾理平老师。经过“弯弯绕绕”走上学术之路，追根溯源离不开顾老师的影响。他的言传身教，让我懂得如何保持初心，做人做学问。郭庆光、唐绪军、胡正荣，钱莲生等老师，他们慷慨给予的襄助和鼓励，让我能够迈过一道道难关，这份情点点滴滴在心间。

博士三年，宋小卫老师对我学术指导最多，是我的“第二导师”。我在学术上能迈出小小一步，与宋老师的倾心助力密不可分。隔段时间约上宋老师，在小食堂吃完饭，找个地方坐下来谈谈学术，已成人生过往中的美好回忆。我与李继东老师一见如故。在生活中，我们是挚友。当遇到学术困惑，闲来无事之时，去他办公室，喝杯茶，聊聊天，心境豁然开朗。学术路上能得一二知己，足矣！

这本拙著最终能够获得资助出版，倾注了魏永征老师很多心血，在此要致以特别的敬意和感谢！无论是把握方向，还是斟酌表述，魏老师都给予了悉心指导，让我在修改完善本书过程中获益良多，尤其是他作为前辈学者一丝不苟的治学精神，更是让吾辈后学感动至深。此外，还要感谢中国社会科学院新闻与传播研究所学术委员会的各位老师，以及本书责任编辑陈肖静博士，正是仰赖他们高效而专业的工作，才使得本书评审及出版流程能够顺利进行。

一路走来，家人始终是我的精神支柱。每逢遇到学术攻坚时期，爱人永峰都会更多承担家务工作，并乐意帮我查找资料，调整论文格式。虽专业不同，写好的文章，经她提出意见，常常让我有种意想不到的收获。让我最难忘怀的，是为了赶写毕业论文，全家为我留在北京过春节，无奈临近除夕，爱女苗苗在玩轮滑时意外摔成粉碎性骨折。这一下子打乱了我的计划。就在方寸大乱之际，她们母女俩却表现得非常坚强。为了尽到悉心照顾之责，妻子在沙发床上陪女儿睡了一个多月，每天给她买一个礼物，从未间断。在爱意感染下，女儿也显得格外懂事，一向好动的她，整天困守沙发后，不仅很少发脾气，而且每天用笑脸迎接我们下班回家。我剧烈波动的心绪，很快得以平复，从而能够顺利推进毕业论文写作。任凭风吹雨打，她们永远是我的彼岸。

最后，我要特别感谢耄耋之年的双亲。从“小中师”读到博士，从江西农村老家当老师，再到北京工作和生活，父母双亲一直是我坚强的后盾。他们均出身于贫农家庭，既经历过食不果腹的大饥荒时代，又遭遇过人心惶惶的大动荡时代，对生活中的艰辛与磨难有切肤之痛。可在时代的大变迁中，他们始终保持一颗向善之心，对美好生活心生向往。父母双亲的质朴、豁达、乐观，犹如晨曦中的阳光和雨露，照我前行，润我心扉。这种包容之爱，厚重之爱，当自己身为人父，益发感觉弥足珍贵。

谨此铭记那段艰难困苦的岁月！

感恩前行路上给予我温暖和激励的所有人！

冯建华

2023 年 6 月 19 日